THEOLOGISCHE WISSENSCHAFT
Sammelwerk für Studium und Beruf

Carl Andresen, Werner Jetter,
Herausgegeben von
Wilfried Joest, Otto Kaiser,
Eduard Lohse

Band 2

ANTONIUS H. J. GUNNEWEG

Geschichte Israels bis Bar Kochba

Dritte, neu bearbeitete Auflage

VERLAG W. KOHLHAMMER
STUTTGART BERLIN KÖLN MAINZ

CIP-Kurztitelaufnahme der Deutschen Bibliothek

Gunneweg, Antonius H. J.:
Geschichte Israels bis Bar Kochba / Antonius H. J. Gunneweg. –
3., neu bearb. Aufl.
Stuttgart, Berlin, Köln, Mainz: Kohlhammer, 1979.
  (Theologische Wissenschaft; Bd. 2)
  ISBN 3-17-004981-X

Dritte, neubearbeitete Auflage 1979
Alle Rechte vorbehalten
© 1972 Verlag W. Kohlhammer GmbH
Stuttgart Berlin Köln Mainz
Verlagsort: Stuttgart
Umschlag: hace
Gesamtherstellung: W. Kohlhammer GmbH
Grafischer Großbetrieb Stuttgart
Printed in Germany

Inhalt

Zur zweiten Auflage 7
Zur dritten Auflage 7
Einleitende Bemerkungen zur Methode 9
I. Die geschichtliche Lage im Alten Orient um die Zeit der Konsolidierung Israels (um 1200 v. Chr.) 11
II. Israels Vorgeschichte 18
1. Die Patriarchenüberlieferungen 19
2. Exodus und Errettung am Schilfmeer 22
3. Die Wüstenwanderung 28
4. Der Sinai 30
III. Israels Seßhaftwerdung in Kanaan 34
1. Zur Frage der Chronologie 34
2. Die Seßhaftwerdung 36
3. Die Landnahmeerzählungen 39
4. Landnahme und soziale Umschichtung 41
IV. Das vorstaatliche Israel 45
1. Die altisraelitische »Amphiktyonie« 45
2. Die Auseinandersetzung mit Nachbarvölkern 54
V. Die Staatenbildung Sauls 59
1. Die Philisternot 59
2. Sauls Königtum 61
3. Die verlorene Schlacht auf dem Gebirge Gilboa 66
VI. David und seine Zeit 71
1. Davids Aufstieg 71
2. Die Reichsgründung 80
3. Kriege, Aufstände und Thronwirren 83
VII. Das Zeitalter Salomos 91
1. Salomos Regierung 91
2. Politische Situation und geistiges Leben 94
VIII. Die Reichsteilung und die Geschichte der Staaten Israel und Juda bis zum Untergang des Nordreiches 98
1. Die Reichsteilung von 926 v. Chr. und die Gründung des Staates Israel 98
2. Von Jerobeams I. Tod (907/06) bis zur Revolution des Jehu (845) ... 103
3. Das Jahrhundert der Jehu-Dynastie 109
4. Der Untergang des Staates Israel 112

IX. Juda von 722—586 116
1. Juda unter assyrischer Vorherrschaft 116
2. Die Episode der Josianischen Restauration 120
3. Das Ende des Staates Juda 122
X. Die Jahrzehnte babylonischer Vorherrschaft von 586—538 126
1. Die Situation der im Lande Verbliebenen 126
2. Die babylonische Diaspora 129
XI. Das persische Zeitalter 135
1. Von Kyros bis zur Errichtung des Zweiten Tempels 135
2. Die Gemeinde des Zweiten Tempels bis 450 140
3. Das Reformwerk Esras und Nehemias 142
4. Das spätpersische Zeitalter 147
5. Die geistige und religiöse Lage des Judentums am Ende der persischen Zeit 150
XII. Das Zeitalter des Hellenismus 153
1. Alexander der Große 153
2. Das samaritanische Schisma 154
3. Die Herrschaft der Ptolemäer und Seleukiden und die Begegnung mit
   dem Hellenismus 155
4. Der Aufstand der Makkabäer 160
5. Das Königtum der Hasmonäer 167
6. Religiöses Leben, theologische Strömungen und Parteien in der Zeit der
   Hasmonäer 171
XIII. Die römische Zeit 177
1. Herodes und die Herodianer 177
2. Der Jüdische Krieg (66—73) 186
3. Der Bar-Kochba-Aufstand (132—135) 191
Zeittafel 193
Stellenregister 198
Namenregister 202
Karte zur Geschichte Israels 211

Zur zweiten Auflage

Die Neuauflage läßt Konzeption und Charakter des Buches unverändert. Von der Behebung einiger Versehen und Druckfehler abgesehen, unterscheidet sie sich von der ersten Auflage vor allem dadurch, daß die Literaturangaben nicht nur auf den derzeit letzten Forschungsstand gebracht, sondern überhaupt vermehrt worden sind. Die zusätzlich genannte Literatur möge dem Leser tiefere Einarbeitung in die Phänomene und Probleme der einzelnen Epochen erleichtern und zu solcher Beschäftigung mit der israelitisch-jüdischen Geschichte anregen.
Folgende Änderungen gegenüber der Erstauflage seien hier angezeigt: Die Ausführungen auf S. 62 zur Thronnachfolgegeschichte Davids mußten nach Erscheinen von E. Würthweins einschlägiger Studie zu dieser Geschichtsquelle umgearbeitet werden. In der Frage des zeitlichen Verhältnisses von Syrerkriegen und Omridendynastie meine ich, daß eine nochmalige Überprüfung der Quellenlage die zeitliche Ansetzung der Syrernot in der Omridenzeit ausschließt. Eine entsprechende Änderung wurde auf S. 97 angebracht. Schließlich mußte die Arbeit von E. Kutsch zur Datierung der Eroberung Jerusalems in der neubabylonischen Epoche berücksichtigt werden; das ist auf S. 113 geschehen.
Jeder Kenner der Materie weiß und auch der Anfänger spürt es alsbald, daß die Vor- und Frühgeschichte Israels die historische Forschung vor die größten Schwierigkeiten stellt. Wer sich in der Erkenntnis, daß die Beantwortung der hier aufbrechenden Fragen das Wesen Israels unmittelbar berührt und darum von unmittelbar theologischer Bedeutung ist, nicht bei einem Nescio beruhigen kann, bleibt auf mühsame Konstruktionen so oder so angewiesen. Diese lassen sich unter dem Begriff der Amphiktyonie subsumieren. Der Terminus, seit Noths epochalem Werk eingebürgert, wird auch in der vorliegenden Darstellung beibehalten, freilich mit einem nicht unerheblich modifizierten Inhalt gefüllt. Eine eingehende Begründung unter Aufarbeitung der neueren wissenschaftlichen Debatte würde das Gleichgewicht der Teile dieses Buches stören und den gesteckten Rahmen sprengen. Sie ist jedoch für die nächste Zukunft anderweitig in Aussicht genommen.

Zur dritten Auflage

Die dritte Auflage ist vor allem bestrebt, den neueren Erkenntnissen bezüglich der Landnahmevorgänge und den damit zusammenhängenden Ergebnissen der Debatte über die Amphiktyonie-Hypothese gerecht zu werden und dem Leser zu diesen Problemkreisen zusätzliche Information zu bieten. Dazu wurden die Abschnitte III.4: Landnahme und soziale Umschichtung und IV.1: Die altisraelitische »Amphiktyonie« in erheblichem Maße überarbeitet oder neu geschrieben. Die an der älteren Amphiktyonie-Hypothese geübte Kritik und die sehr förderlichen kritischen Erwägungen von C.H.J. de Geus sowie die von ihm herangezogene Literatur wurden berücksichtigt und für eine eingehendere Begründung der eige-

nen, modifizierten Amphiktyonie-Hypothese fruchtbar gemacht. Damit wurde zugleich versucht, einem in der Kritik an der früheren Fassung gelegentlich mit Recht geäußerten Wunsch zu entsprechen. Mit allem dem sollte die ursprüngliche Konzeption nicht geändert, sondern nur konsequenter zur Darstellung gebracht werden. Die im Vorwort zur 2. Auflage in Aussicht gestellte Aufarbeitung der Amphiktyonie-Diskussion wurde mittlerweile verdienstvollerweise — und sei es auch nicht in ohnehin kaum erreichbarer Vollständigkeit — von O. Bächli (Amphiktyonie im AT, 1977) vorgelegt. Verwiesen werden kann auch auf den Literaturbericht von M. Metzger in VuF 22, 1977.
Außer einzelnen Berichtigungen, welche die fortschreitende Forschung erforderte — etwa die vermeintlichen Stallungen Salomos in Megiddo —, wurden die Literaturangaben insbesondere zu den Fragen der Frühgeschichte erheblich vermehrt, damit der Leser in den Stand gesetzt werde, sich in die hier immer wohl strittig bleibenden Fragen einzuarbeiten und sich ein eigenes Urteil zu bilden.
Daß dieser Band auch in der überarbeiteten Gestalt das Interesse an der, trotz allem Vergleichsmaterial, einmaligen Geschichte des Volkes Israel wecken und wachhalten möge, ist der Wunsch des Verfassers.

Einleitende Bemerkungen zur Methode

Die wissenschaftliche Disziplin der Geschichte Israels ist eine synthetische; sie beruht auf der Synthese exegetischer Ergebnisse, die mittels der historisch-kritischen Exegese der atlichen Texte gewonnen werden. Ihre Notwendigkeit wurzelt in der exegetischen Einsicht, daß das vom AT selbst entworfene Bild von der Geschichte Israels (die »biblische Geschichte«) Ausdruck von Israels Glaube und Glaubenszeugnis und nicht reine Beschreibung des wirklichen Verlaufs von Geschichtstatsachen ist und sein will. Die Geschichte Israels fragt nach den Ereignissen und Vorgängen, die in und von den atlichen Geschichtsbildern und Glaubenszeugnissen reflektiert werden, und versucht, diese Ereignisse chronologisch und im Zusammenhang auch mit der übrigen Geschichte des Alten Vorderen Orients zu rekonstruieren und zu verstehen. Diese historische Rekonstruktion, welche zumal für Israels Vor- und Frühgeschichte infolge der bruchstückhaften Überlieferung und des Zeugnischarakters atlicher Texte teilweise immer hypothetisch bleiben wird, beabsichtigt nicht, das atliche Geschichtsbild wissenschaftlich zu überbieten oder gar zu ersetzen, sondern hat eine theologisch dienende Funktion. Die rechte historisch-kritische Unterscheidung zwischen dem, was an rekonstruierbaren und datierbaren Faktren geschah, und dem anderen Faktum der israelitischen Geschichtsreflexionen und Glaubenszeugnisse dient dazu, insbesondere diese letzteren in ihrer eigenen Intention historisch verstehen zu lehren. Die Disziplin der Geschichte Israels, welche auf exegetischen Ergebnissen beruht, ist insofern wiederum eine Hilfsdisziplin der Exegese.
Das AT ist die wichtigste Quelle, aus der die Geschichte Israels schöpft. Auf weite Strecken ist es die einzige Quelle. Wo sie vollends versiegt, bieten die Archäologie — derjenige Zweig der Altertumswissenschaft, der sich mit den materiellen Überresten vergangener Kulturen beschäftigt — und auch die Auswertung der außerbiblischen literarischen Dokumente keinen vollwertigen Ersatz, sofern diese sich nicht oder nur indirekt auf Israel beziehen. Es ist selbstverständlich, daß auch die Nebenquellen nicht unkritisch benutzt werden dürfen. Von wesentlicher Bedeutung ist die rechte Zuordnung der biblischen Zeugnisse und der archäologischen Befunde. Die Archäologie kann die aus dem AT geschöpften Geschichtskenntnisse illustrieren, konkretisieren und verdeutlichen und sie läßt die historischen Vorgänge in ihrem weiteren Rahmen erscheinen. Sie dient aber nicht der Bestätigung von atlichen Erzählungen, die selbst ihrer ursprünglichen Intention nach keine Geschichtsberichte oder gar Tatsachenreportage sein und in in diesem Sinne gar nicht »recht haben« wollen.
Die hier gebotene Geschichte Israels legt Wert darauf und ist bestrebt, die Darstellung auf die biblischen und außerbiblischen Quellen hin transparent zu halten. Deshalb konnte, zumal in den die Vor- und Frühgeschichte behandelnden Abschnitten, auf literatur- und traditionskritische Erörterungen nicht verzichtet werden.
Die Literaturangaben finden sich jeweils am Schluß der Unterabschnitte oder, wo es aus sachlichen Gründen geboten war, am Ende der Hauptstücke. Schriftliche außerbiblische Quellen werden nach dem Sammelwerk von J. B. Pritchard, Ancient Near Eastern Texts Relating to the OT, 1955[2] und K. Galling, Textbuch zur Geschichte Israels, 1968[2] angegeben. Die Abkürzungen entsprechen den in RGG[3] üblichen.

Lit.: M. Noth, Grundsätzliches zur geschichtlichen Deutung archäologischer Befunde auf dem Boden Palästinas, PJB 34, 1938, S. 7—22 = Aufs. 1, 1971, S. 3—16; ders., Hat die Bibel doch recht? FS G. Dehn, 1957, S. 8—22 = ibid., S. 17—33; ders., Der Beitrag der Archäologie zur Geschichte Israels, SVT 7, 1960, S. 262—282 = ibid., S. 34—51; J. A. Soggin, Ancient Biblical Traditions and Modern Archaeological Discoveries, BA 23, 1960, S. 95—100; ders., Alttestamentliche Glaubenszeugnisse und geschichtliche Wirklichkeit, TZ 17, 1961, S. 385—398; R. de Vaux, Method in the Study of Early Hebrew History, The Bible in Modern Scholarship, 1965, S. 16—29; ders., On Right and Wrong Uses of Archaeology, Near Eastern Archaeology in the Twentieth Century, Essays in Honor of Nelson Glueck, 1970, S. 64—80.

I. Die geschichtliche Lage im Alten Orient um die Zeit der Konsolidierung Israels (um 1200 v. Chr.)

Die Epoche der Seßhaftwerdung und der Konsolidierung Israels und später der Staatenbildung unter Saul und David ist eine solche des politischen Verfalls von Israels Nachbarn gewesen. Das gilt zunächst von Ägypten. Man pflegt die ägyptische Geschichte in drei Reiche einzuteilen, nämlich in ein Altes Reich (2850–2200), eine Erste Zwischenzeit (2200–2050), das Mittlere Reich (2000–1780), die Zweite Zwischenzeit oder Hyksoszeit (1780–1570), und schließlich das Neue Reich (1570–1200). Darauf folgen die Spät- und die Ptolemäerzeit.
Dem Namen nach waren um 1200 die ägyptischen Pharaonen in Syrien-Palästina die Oberherren. Diese Herrschaft hatten sie ihrerseits von den Hyksos übernommen, welche in der Zeit zwischen dem Mittleren und dem Neuen Reich die Herren Ägyptens und auch des syrisch-palästinischen Gebietes gewesen waren. Der spätägyptische Priester Manetho, der eine fragmentarisch erhaltene Geschichte Ägyptens verfaßte, die er in dreißig Dynastien einteilte, schreibt über die Hyksos: »Unvorhergesehen hatten Menschen einer unbekannten Rasse, die aus dem Osten kamen, den Mut, unser Land zu überfallen und sie eroberten es ohne Schwierigkeiten und ohne Kampf mit Gewalt ...« Interessant an dieser Notiz ist vor allem, daß die Hyksosherrschaft offenbar mehr die Folge einer Infiltration und einer Unterwanderung als einer Eroberung gewesen ist. An Manethos Mitteilung stimmt nicht, daß die Hyksos fremder Rasse gewesen seien. Sie waren vorwiegend Semiten, hatten jedoch Elemente anderer Herkunft in sich aufgenommen. Das zeigt sich an den vielen nichtsemitischen Namen, welche die Urkunden der Zeit nach der Hyksosherrschaft für den syrisch-palästinischen Bereich nennen. Und dies ist für die Geschichte Israels von direkter Bedeutung, weil es bezeichnend für die Art der Bevölkerung des Landes Kanaan ist, also des Landes, das Israel als das gelobte und den Vätern verheißene in Besitz nahm.
Die Hyksos benutzten den pferdebespannten Streitwagen. Auch dieser Umstand wurde für Israels Frühgeschichte von direktem Belang. Der Gebrauch der neuen Waffenart führte in dem von den Hyksos beherrschten Gebiet zu einer neuen sozialen Ordnung. Roß und Streitwagen sind ja keine Waffe, über die jedermann verfügen kann; sie zeichnen vielmehr den, der sie besitzt und mit ihr umzugehen gelernt hat, als Ritter aus. Tatsächlich entstand in dieser Epoche eine Art Rittertum, das sich in den befestigten Orten Kanaans als Herrenschicht konsolidierte. Die neue ritterliche Sozialordnung hat das Ende der Hyksosherrschaft überdauert. Wenn später israelitische Stämme sich gegen ihnen überlegene Kanaanäerkönige wehren müssen, so sind diese gefürchteten Streitwagenkämpfer die Nachfahren jener Hyksosritter.
Die nationale Befreiung Ägyptens ist von Theben in Oberägypten ausgegangen und war die Leistung der Pharaonen Kamose und Ahmose, die als die Begründer des Neuen Reiches gelten können. Das Neue Reich trat unter den bedeutenden Pharaonen Thutmose III., Amenophis III. und Amenophis IV. auch in

Syrien-Palästina das Erbe der Hyksos an. Kanaan galt ihnen als ägyptisches Hoheitsgebiet. Ob und inwiefern freilich Ägypten in Kanaan real Macht ausüben konnte, entschied sich von Fall zu Fall je nach Maßgabe der faktischen Machtverhältnisse zwischen dem Pharao und seinen ritterlichen Vasallen. Anders als das Alte und das Mittlere war das Neue Reich weniger zentralistisch organisiert. An seiner Spitze stand zwar der gottähnliche Pharao, aber viele seiner hohen Beamten waren seine Lehnsmänner. Deren ritterliche Eigenmacht wuchs, sooft sich die Zügel lockerten.

Einen Einblick in diese Epoche gewährt, gelegentlich sogar recht detailliert, die Tell-el-Amarna-Korrespondenz. Sie ist enthalten in rund 400 Tontafeln, die seit 1887 aus einem ägyptischen Ruinenhügel (= Tell) herausgeholt werden konnten. Dieser Tell stellt die Überreste der Residenz des Pharao Amenophis IV. (1377—1360) dar, des Theologen auf dem Pharaonenthron, wie man ihn wegen seiner monotheistisch orientierten Religionspolitik wohl genannt hat, und liegt am Ostufer des Nils zwischen Memphis und Theben. Die hier gefundenen Keilschrifttafeln bilden einen Teil des diplomatischen Archivs des genannten Pharaos, nl. dort eingegangene Briefe ausländischer Fürsten und Vasallen des Pharaos, dazu auch Duplikate der ausgehenden Post an eben diese Fürsten und Vasallen, namentlich in Syrien und Palästina (ANET S. 483 ff.; TGI² S. 24 ff.). Dieses politische Archiv zeigt, in welchem Maße die lokalen Herrengeschlechter in Kanaan und Syrien praktisch selbständig sind und ihre eigene Politik führen oder aber von anderen Mächten abhängig werden.

Die Pharaonen der 19. Dynastie, vor allem Sethos I. (1308—1290), Ramses II. (1290—1223) und Merneptah (1223—1210) haben die ägyptische Vorherrschaft auf diese Gebiete noch einmal gefestigt, aber seit 1200 verfiel das Neue Reich und damit auch der Einfluß, den es auf Israels Land durch Jahrhunderte hindurch gehabt hat. Der Verfall der ägyptischen Macht ist die eine Ursache, daß im kanaanäisch-syrischen Bereich ein Machtvakuum entstand. Dieses Machtvakuum wurde zur Bedingung der Möglichkeit, daß Israel sich konsolidieren, entfalten und einen eigenen bedeutenden Staat bilden konnte.

Israel bildete sich in einem Machtvakuum. Das wird noch deutlicher, wenn man nun den Blick von Ägypten weg nach Osten und Nordosten richtet. In der sogenannten Frühdynastischen Zeit Babyloniens, vor 2400, war das Land in Stadtstaaten aufgeteilt, die von Sumerern und semitischen Akkadern beherrscht wurden. Sargon von Akkad gelang es um 2300 (die Chronologie ist nicht unumstritten) zum erstenmal, ein Großreich semitischer Prägung zu schaffen. Dieses Reich überdauerte aber seinen Schöpfer nicht sehr lange. Zu einer zweiten Großreichbildung kam es erst wieder unter Hammurabi von Babylon (1700). Hammurabi vertritt eine neue, zwar ebenfalls semitische, aber nicht mehr akkadische Bevölkerungsschicht, die Amoriter, die nach allem, was sich noch erkennen läßt, aus ehemaligen nomadischen Elementen hervorgegangen war, welche in das babylonische Kulturland eingesickert waren. Interessant ist, daß die Sprache dieser neuen Herrenschicht Verwandtschaft zeigt mit den Sprachen des sogenannten kanaanäischen Sprachzweiges, wozu auch das Hebräische gehört. Deshalb wird die diese Sprache sprechende Bevölkerung auch als Ostkanaanäer bezeichnet. Von diesen neu zugewanderten Elementen ist die neue Staatenbildung ausgegangen. Man pflegt sie als das Altbabylonische Reich zu bezeichnen: *alt*babylonisch im Gegensatz zu dem in der 1. Hälfte des 1. Jahrtausends vor Chr. aufkommenden, von neuen semitischen Zuwanderern getragenen *neu*babylonischen Reiche, dem 587 v. Chr. Jerusalem zum Opfer fiel; und *alt*babylonisch nach dem Herrschaftszentrum Babylon. Das große Gesetzeswerk, Codex Hammurabi genannt (1901/02 in Susa aufgefunden, jetzt Louvre, Paris), sollte dem neuen Reich die rechtliche Ordnung geben. Dieses Staatsgebilde hatte keine sehr lange Dauer. Um 1550 wurde ihm von den aus Kleinasien stammenden Hethitern ein Ende bereitet. Wieder war es eine neue, zugewanderte Schicht, aus welcher sich die neuen Herren rekrutierten: die Kassiten. Die kassitischen Herrscher haben freilich nie eine bedeutende, über den Kernbesitz von Babylon hinausgehende Macht entfalten können.

Bis zum Aufstieg des schon erwähnten Neubabylonischen Reiches wurde aber ein anderes Machtzentrum bedeutend, das ebenfalls auf jene ostkanaanäische oder amoritische Einwanderungsschicht zurückzuführen ist: das assyrische Reich beiderseits des Tigris. Samsi-Adad I. hatte hier um 1730 die Macht übernommen und von Assur aus Mesopotamien erobert. Nach Verfall dieses Altassyrischen Reiches und einer Zeit der Abhängigkeit wurde Assyrien unter Assur-uballit I. wieder selbständig. Um 1350 bildete sich das sogenannte Mittlere Assyrische Reich, das bald auch Einfluß auf Babylonien gewann. Wenig später schon legten sich assyrische Könige den Titel »König der Gesamtheit« bei, woraus zu entnehmen ist, daß Assur einen Machtanspruch auf ganz Vorderasien zu erheben begann. Bald blieb es auch nicht bei dem bloßen Anspruch. Salmanassar I. und sein Nachfolger Tukulti-Ninurta I. eroberten im 13. Jahrhundert Mesopotamien und Babylonien; die Stadt Babylon wurde zerstört. Hier ist bereits die ganze spätere assyrische Politik vorgezeichnet, deren Opfer im Jahre 722 der größte Teil Israels werden sollte. Tiglatpileser I. (1116—1077) erreichte als erster assyrischer Großkönig Syrien und drang bis zum Mittelmeer vor (ANET S. 274 f.). Dann trat, wenigstens zeitweise, eine rückläufige Bewegung ein. Diese hängt mit der sogen. »Aramäischen Wanderung« zusammen. Mit diesem nicht ganz eindeutigen Ausdruck pflegt man eine vielschichtige und komplexe Völkerbewegung zu bezeichnen, die sich gegen Ende der Bronzezeit vollzog. Nomadische und halbnomadische Verbände drangen von den Steppen in die Kulturländer ein. Spätestens seit etwa 1100 wurden die semitischen Aramäer in Mesopotamien ansässig, wo verschiedene Aramäerstaaten entstanden. In Babylonien unterwanderten sie die einheimische Bevölkerung und stellten hier später im Neubabylonischen Reich die Herrenschicht der Chaldäer. Auch Nord- und Mittelsyrien zog diese neuen Bevölkerungselemente an. Die Aramäische Wanderung hat die assyrische Großmachtpolitik zeitweilig abgebremst und wurde damit ein weiterer wichtiger Faktor, daß jenes Machtvakuum auf dem Boden Palästinas entstehen konnte. Überhaupt ist die Entstehung des alttestamentlichen Israel als Teil der Aramäischen Wanderung zu sehen. Auch Israels kleinere Nachbarvölker im Osten, die Ammoniter, Moabiter und Edomiter und ihre Staaten sind das Produkt derselben Bewegung. Israel wußte sich mit diesen Völkern verwandt.

Auch das Hethiterreich ist in diesem Zusammenhang von Bedeutung. Bis zum Ende des vorigen Jahrhunderts hatte man von Hethitern nur aus dem AT gehört. Dieses aber bietet kaum mehr als den Namen. Man nahm deshalb an, es handle sich um ein kleines Völkchen unter andern, von welchem einzelne Gruppen einen Teil der kanaanäischen Bevölkerung ausgemacht hätten. Archäologische Untersuchungen und Ausgrabungen in Kleinasien lehrten jedoch, daß die Hethiter das bedeutendste Volk Kleinasiens gewesen sein müssen. Auch aus ägyptischen Nachrichten ergab sich, daß die Ägypter des Neuen Reiches mit eben diesen Hethitern schwere Auseinandersetzungen gehabt haben, daß das Hethiterreich dem ägyptischen also zeitweise mindestens ebenbürtig gewesen sein muß. 1905 entdeckte der Orientalist Hugo Winckler in der Nähe von Ankara

bei dem Dorf Boghazköi die antike Hethiter-Hauptstadt Hattuša mit einem großen königlichen Archiv mit Tausenden von Tontafeln, welche authentischen Aufschluß gaben über die wahre Bedeutung der Hethiter. Sie bildeten die — indogermanische — Herrenschicht in ganz Kleinasien. In der ersten Hälfte des 2. Jahrtausends setzte, nachdem aus einer Vielzahl von hethitischen Staatsgebieten und Stadtstaaten das Hethiterreich entstanden war, eine Expansion nach Süden und Südosten bis nach Babylonien ein. Es waren, wie schon erwähnt, die Hethiter, die dem altbabylonischen Reich, jener Gründung Hammurabis, ein Ende bereiteten. In der Folgezeit dehnte sich die Macht dieses Reiches weiter nach Süden, nach Syrien, aus. Der Umstand, daß die Pharaonen Amenophis III. und Amenophis IV. ihre syrischen Vasallen nicht genügend unterstützten, begünstigte noch die Ausweitung der hethitischen Einflußsphäre. Manche dem Namen nach ägyptische Vasallen wurden faktisch vom hethitischen Großkönig abhängig. Welche Stellung die Hethiter tatsächlich innehatten, geht auch daraus hervor, daß zwischen dem ägyptischen Hof und den Hethitern sogar vereinbart werden konnte, daß eine ägyptische Prinzessin einen hethitischen Prinzen zum Gemahl bekommen sollte, was angesichts der Exklusivität ägyptischer Kultur desto bezeichnender ist. Welches die Ursachen waren, daß um 1200 das Hethiterreich, wie es scheint, plötzlich, von der weltpolitischen Bühne verschwand, ist in den Einzelheiten noch dunkel. Sicher ist wohl, daß es die Seevölker waren, deren Vordringen die hethitische Macht gebrochen hat.
Die Seevölker stehen im Zusammenhang mit den aus dem AT bekannten Philistern. Die Bewegung der Seevölker gehört, grob gerechnet, in etwa dieselbe Zeit wie die Aramäerwanderung. Es handelt sich um eine umfangreiche Wanderungswelle, welche sowohl Ägypten berührte als auch Kreta, wo der minoischen Kultur ein Ende bereitet wurde. Ein Angriff auf Ägypten hatte allerdings keinen Erfolg. Die Ägypter drängten die Seevölker ab und siedelten sie in der südwestlichen Küstenebene Palästinas an, wo diese »Philister« zunächst die ägyptische Oberhoheit anerkannten. Später, als Ägyptens Macht verfiel, machten die Philisterfürsten sich vollends selbständig und wurden für längere Zeit die gefährlichsten Feinde Israels.
Überschaut man die altorientalische Geschichte als ganze, so kann man mit dem gleichnamigen Titel einer Studie Albrecht Alts von 1944 vom Rhythmus der Geschichte Syriens und Palästinas im Altertum sprechen, Rhythmus immer neuer Unterwanderungen von der Wüste her, welche das Kulturland semitisieren und im Kommen und Gehen immer neuer Herrenschichten die Geschichte in Bewegung halten.
Aus dem Obigen ist bereits deutlich geworden, daß Kanaan längst bewohntes Kulturland war und schon eine bewegte Geschichte hinter sich hatte, als Israel sich hier niederließ. Die ägyptischen sogenannten Ächtungstexte — Zauberrituale, welche die Ächtung, die Bannung von Feinden bewirken wollten — aus dem 18. Jahrhundert zeigen, daß Kanaan zu der Zeit nicht ein einheitlicher Staat war, sondern eine Vielzahl von kleineren Herrschaftsgebilden aufwies, deren jedes sich um ein städtisches Zentrum lagerte (ANET S. 328 f.). Dieses politische System hat im großen und ganzen die Zeit der Hyksos überstanden. Über die Zeit des ägyptischen Neuen Reiches informieren die Amarnatafeln. Das Neue Reich machte Syrien-Palästina botmäßig, freilich nicht so, daß dies Gebiet nun zur ägyptischen Provinz geworden wäre. Die Pharaonen haben vielmehr die von ihnen vorgefundenen, seit der Hyksoszeit gewachsenen Verhältnisse so belassen und nur verlangt und mit wechselndem Erfolg auch erreicht,

daß der ritterliche Adel in den lokalen Herrschaftssitzen ihnen als Lehnsmänner die Treue hielt. D. h. also, daß faktisch die Macht in den Händen der lokalen Adelsgeschlechter in den einzelnen Städten und Stadtstaaten des Landes verblieb. Aus dem 15. Jahrhundert ist eine Städteliste des Pharao Thutmose III. erhalten (ANET S. 242 f.). Sie zeigt, daß eine eigentliche, dichtere Besiedlung nur in der Küstenebene und in den Tälern zwischen den bewaldeten Bergen und Hügeln existierte und daß die kleinen Stadtstaaten oft nur wenige Kilometer voneinander entfernt lagen. Jedes kleinstaatliche Gebildet umfaßte nur die kleine Stadt, die angrenzende Flur und allenfalls einige nahgelegene Dörfer. Daß diese kleinen Stadtstaaten dennoch selbständig waren, lehr der Umstand, daß sie ihren eigenen diplomatischen Verkehr mit Ägypten unterhielten. Auf den Gebirgen war die Besiedlung dünner. Allerdings zeigen die ägyptischen Quellen, daß es auch hier Stadtstaaten gab. Jerusalem und Bethlehem werden genannt. Aus dem Archiv des Amenophis III. und Amenophis IV. ergibt sich, daß es auf dem Gebirge auch ein politisches Gebilde größeren Umfangs gegeben hat, nämlich das Staatsgebilde um Sichem, das möglicherweise von der Gegend nördlich Jerusalems bis zur Jesreelebene reichte. Als Fürst wird hier ein gewisser Labaja genannt, der sich praktisch von Ägypten losmachte und die anderen Vasallenstaaten auf kanaanäischem Boden und auch Jerusalem bedrohte. Ähnliche Verhältnisse scheinen auf dem galiläischen Gebirge existiert zu haben, wo mit Hazor als Zentrum ein größerer Staat entstand. All diese Kenntnisse sind der Amarnakorrespondenz zu entnehmen. Für die Jahrhunderte danach sind nicht genügend Nachrichten vorhanden, aber es ist mit an Sicherheit grenzender Wahrscheinlichkeit anzunehmen, daß sich im Prinzip an dieser politischen Ordnung nichts geändert hat bis zu der Zeit, als Israel Kanaan in Besitz nahm. Denn in eben diesen Jahrhunderten verfiel die ägyptische Macht nur noch mehr, und man kann vermuten, daß dementsprechend die Selbständigkeit der kanaanäischen Fürsten zunächst nur desto größer geworden ist.

Im ganzen werden obige Feststellungen auch vom archäologischen Befund bestätigt. In den Ebenen finden sich zahllose Ruinenhügel, welche die Überreste dieser städtischen Siedlungen darstellen. Auf dem Gebirge hingegen sind die Schuttanhäufungen, also die früheren festen Orte, sehr viel weniger zahlreich. Hier war somit die Besiedlung noch äußerst dünn. Die Seßhaftwerdung Israels fällt zusammen mit dem Übergang von der Spätbronzezeit zur Eisenzeit. Die vorisraelitischen Siedlungen gehören also der Spätbronzezeit an. Man kann sich diese »Städte« kaum klein genug vorstellen: Das kanaanäische, aber zuerst auch noch das davidische Jerusalem war ganze 100 × 400 m groß; das bronzezeitliche Hazor war mit einem Umfang von 1100 × 650 m eine extrem große Stadt. Wie man bei Ausgrabungen festgestellt hat, standen die Häuser ziemlich wahllos, kreuz und quer nebeneinander. Von einer planvollen Anlage von Wegen und Straßen kann in der Regel keine Rede sein; Straße war der freigebliebene Raum zwischen den Häusern. Diese hatten steinerne Fundamente, waren aber ansonsten aus Lehmziegeln erbaut und hatte flache Dächer. Daß es sich in der Bronzezeit tatsächlich um kleine Stadtstaaten handelt, geht auch daraus hervor, daß diese Siedlungen meistens eine Burg, eine Art Akropolis, besaßen. Das Ganze der Stadt wurde umschlossen von einer Mauer, welche aus einem steinernen Fundament mit aufgesetzten Lehmziegeln bestand. Dem Umstand der Ummauerung ist es zu verdanken, daß diese Städte als Ruinenhügel erhalten sind: die Mauer hielt wie ein Gefäß durch die Zeiten hindurch die Schutthaufen zusammen. Wo eine solche Mauer fehlte oder weniger stabil gebaut worden war, wie es in der frühen Eisenzeit, also gerade in der frühisraelitischen Epoche, der Fall ist, haben Regen und Wind und Wetter die Überreste viel mehr eingeebnet und die einzelnen Schichten verwischt.

Diese geschichtliche Situation und der Rhythmus der Geschichte des Alten Vorderen Orients sind nicht unabhängig vom Rhythmus der Natur und des Klimas. Klima und Geographie Palästinas haben weitgehend auch den Rhythmus der Geschichte in diesem Gebiet bestimmt. Palästina (= Philisterland = der späte lateinische Name, der zur Bezeichnung der römischen Provinz in der Zeit nach den jüdischen Aufständen anstatt »Judäa« üblich wurde und seither ist) und Syrien bilden die Länderbrücke zwischen Ägypten und Mesopotamien und Kleinasien. Daher erklärt sich das Interesse, das die jeweiligen Großmächte hüben und drüben für dieses Gebiet bekundeten, und der Anspruch, den sie darauf erhoben. Nur in Zeiten eines Gleichgewichts der Kräfte konnte sich hier selbständige Politik und politisches Eigenleben entwickeln.
Ebenso wichtig für die Geschichte Palästinas sind die klimatischen Verhältnisse. Das Klima ist subtropisch. Der Winter ist die Regen-, der Sommer die trockene Periode. Im Winter fällt der Regen wieder in einzelnen Perioden als Frühregen im Oktober, als Hauptregen im Januar und im März schließlich als Spätregen. In der trockenen Zeit kann der Kalkboden fast gänzlich austrocknen, nur die »ewig fließenden« Quellen und Bäche führen dann noch Wasser. Auf diesen ohnehin spärlichen Regen ist die Vegetation und mit ihr der Mensch angewiesen. Bleibt zur rechten Zeit der Regen aus, so hat dies verheerende Folgen. Der Rhythmus von feuchter und trockener Zeit bedingt auch den Rhythmus des menschlichen Lebens. Gepflügt und gesät wird mit dem Einsetzen des neuen Jahres im Herbst, die Ernte ist im Frühling, nur die Weinlese und die Ernte der Baumfrüchte fallen in eine spätere Jahreszeit. Der Wechsel von Regenzeit und trockener Zeit macht die Grenzen des Kulturlandes zur Steppe hin fließend. In der Regenzeit hat auch die Steppe Vegetation und bietet den Wanderhirten und ihrem Vieh Nahrung. Nach dem Spätregen hört aber dort die Vegetation auf und die Hirten sind zum Weidewechsel genötigt, sie treiben ihre Herden ins Kulturland, wo man auch im trockenen Sommer auf den abgeernteten Feldern noch einiges Futter findet und wo immer noch einige Quellen und Bäche fließen. Zu Beginn der feuchteren Jahreszeit, wenn auch in der Steppe wieder Nahrung sprießt, wandert man dorthin zurück. Solcher Weidewechsel ist also kein einmaliger historischer Vorgang, sondern er vollzieht sich alljährlich. Er entspricht dem Rhythmus des Klimas. Wohl aber hat er geschichtliche Folgen. Denn es kam immer wieder vor, daß Wanderhirten danach strebten, das Kulturland, das sie alljährlich betraten, nicht mehr zu verlassen und dort dauernd seßhaft zu werden. Ob ihnen das gelang oder nicht, hing von dem jeweiligen Kräfteverhältnis zwischen den Kulturlandbewohnern und diesen Halbnomaden ab. In Zeiten, da die Kulturlandbewohner schwach waren, in Epochen politischen Verfalls etwa, war eine solche Unterwanderung von der Steppe her am ehesten möglich.
In diesem sehr weiten Rahmen, der von der Geographie und den klimatischen Verhältnissen gesteckt wird, ist auch die Seßhaftwerdung Israels, nicht anders als die anderen Unterwanderungswellen von den Steppen her in die Kulturlandgebiete hinein, zu sehen. Der Rhythmus der Geschichte, von welchem A. Alt gesprochen hat, entspricht dem Rhythmus der geographischen Lage und des Klimas.

Lit.: A. Alt, Der Rhythmus der Geschichte Syriens und Palästinas im Altertum, III, S. 1—19; R. D. Barnett, The Sea Peoples, CAH II, Ch 33, 1966; J. R. Bartlett, The Rise and Fall of the Kingdom of Edom, PEQ 104, 1972, S. 26—37; Th. Bauer, Die Ostkanaanäer. Eine philologisch-historische Untersuchung über die Wanderschicht der sogen. »Amoriter«, 1926;

F. Bilabel, Geschichte Vorderasiens und Ägyptens, 1927; K. Bittel, Grundzüge der Vor- und Frühgeschichte Kleinasiens, 1950²; J. H. Breasted-H. Ranke, Geschichte Ägyptens, 1936; A. Goetze, Das Hethiterreich, AO 27, 2, 1928; ders., Kleinasien, 1957²; O. R. Gurney, The Hittites, 1954²; A. Haldar, Who were the Amorites?, MANE 1, 1971; W. Helck, Die Beziehungen Ägyptens zu Vorderasien im 3. und 2. Jahrtausend v. Chr., ÄA 5, 1971²; K. M. Kenyon, Amorites and Canaanites, SchL 1966; K. A. Kitchen, The Third Intermediate Period in Egypt (1100—650 BC), 1972; H. Klengel, Geschichte Syriens I—III, 1965—70; S. N. Kramer, The Sumerians, 1963; B. Meißner, Babylonien und Assyrien, 2 Bde 1920—25; M. Noth, WAT, 1962⁴, S. 165—266; A. L. Oppenheim, Ancient Mesopotamia, 1964; E. Otto, Ägypten, 1955²; A. Scharff-A. Moortgat, Ägypten und Vorderasien im Altertum, 1950; J. van Seters, The Hyksos, 1967²; M. Weippert, Edom. Studien und Materialien zur Geschichte der Edomiter aufgrund schriftlicher und archäologischer Quellen, 1971; D. J. Wiseman (hrsg.), Peoples of Old Testament Times, 1973; A. H. van Zyl, The Moabites, POS 3, 1960.

II. Israels Vorgeschichte

Das Bild, das die Geschichtsschreibung von Israels Vor- und Frühgeschichte entwirft, hängt in sehr erheblichem Maße von der Beurteilung der Quellen und der Methode ihrer Auswertung ab. Wo die alttestamentlichen Bücher Gen bis Jos, die als Geschichtsquelle für die früheste Zeit in Betracht kommen, mehr oder weniger als direkter Niederschlag zuverlässiger Erinnerung an historische Fakten und Personen angesehen werden, wird die Darstellung mehr oder weniger »konservativ« ausfallen. Der Entwurf wird dann in etwa dem Geschichtsbild, das die biblische Geschichte selbst darbietet, entsprechen. Als Beispiel extrem konservativer Behandlung sei die Arbeit von Y. Kaufmann genannt; auch angloamerikanische Darstellungen der Vor- und Frühgeschichte, wie die von J. Bright, neigen vielfach zu solchem Konservatismus. Wo hingegen die in den Büchern Gen bis Jos und noch darüber hinaus enthaltenen Überlieferungen primär als sagenhafte und zeugnishafte Traditionsbildung des bereits im Lande ansässigen Israel verstanden werden, wird das historisch-kritisch gewonnene Bild von Israels Anfängen erheblich von der biblischen Geschichte abweichen. Von diesem Ansatz aus — der hier auf Grund der literarkritischen und überlieferungsgeschichtlichen Analyse der Quellen bejaht wird — ist es methodisch geboten, die Darstellung der Geschichte Israels an der Stelle zu beginnen, wo sie in der historischen Wirklichkeit begann. Die Geschichte Israels begann in Kanaan. Eine Israel heißende Größe begegnet historisch nirgend außerhalb Kanaans, sondern erst auf kanaanäischem Boden. Gemessen an der biblischen Geschichte nach der Bücherfolge des ATs hebt die Geschichte Israels also erst mit den Begebenheiten des zweiten Teiles des Josuabuches oder wohl noch besser mit denen des Richterbuches an. Es ist deshalb unbestreitbar richtig, wenn die immer noch vorbildliche Darstellung der Geschichte Israels von Martin Noth mit »Israel als Zwölfstämmebund« eingesetzt und die Überlieferungen über Ägypten, die Erzväter und den Sinai als religiöse Traditionen des bereits in Kanaan ansässigen Israel behandelt.

Aus praktischen Gründen der Übersichtlichkeit wird hier von diesem Ansatz und Einsatz zugunsten eines rein chronologischen Vorgehens abgewichen. Die gewiß historisch zuerst und einzig in Kanaan begegnende Größe Israel hat zweifelsohne eine Vorgeschichte gehabt. Der Umstand, daß in historischer Zeit Israel immer nur als eine in Kanaan ansässige Größe begegnet, schließt auch nicht aus, daß die Vorgeschichte Israels sich ganz oder teilweise außerhalb Kanaans zugetragen hat. Dies ist ja auch die durchgängige Meinung der im Pentateuch und im Josuabuch enthaltenen religiösen Traditionen Israels. Diese Traditionen sind freilich sagenhafter Natur. Ihre Auswertung zum Zwecke der Rekonstruktion von Israels Vorgeschichte muß diesem Umstand ständig Rechnung tragen. Sie wird noch schwieriger dadurch, daß sich der Rahmen, der diese Erzählungen zusammenhält, in der literarkritischen und insbesondere überlieferungskritischen Forschung als sekundär erwiesen hat. Auch wenn es gelingen sollte, aus den Abrahams-, Isaaks-, Jakobssagen, aus der Josephsnovelle, der Ägypten- und Auszugstradition, aus den Wüstenwanderungssagen und der Sinaitradition die einzelnen historischen Kerne herauszuschälen, wäre es methodisch unerlaubt, diese Kerne in der vorgegebenen Reihenfolge aneinander zu reihen und so einen historischen Ablauf zu rekonstruieren. Der vorgegebene Rahmen ist kein historisch-chronologisches Gerüst. So kann z. B. der eventuelle historische Kern der Abrahamsüberlieferung auch nach dem der Jakobserzählungen und ebenso der historische Gehalt der Sinaiperikope auch vor dem der Auszugstradition liegen; es kann sich aber ebenso auch um Gleichzeitigkeit handeln. Ja, die Destruktion des Pentateuchrahmens hat noch weitergehende Folgen: Die hier rahmenmäßig aneinandergereihten Überlieferungen können ursprünglich in verschiedenen Gruppen, deren Nachkommen das historische Israel bildeten, zu Hause gewesen sein. Das diesen verschiedenen Gruppen Gemeinsame ist mit historischer Sicherheit nur dies, daß sie später miteinander die Größe Israel darstellten. Die Destruktion des Pentateuchrahmens bedeutet ferner auch, daß die einzelnen Überlieferungen primär als selbständige Traditionen jeweils besonderer Gruppen zu behandeln und zu verstehen sind. Die hier befolgte Reihenfolge der Behandlung der einzelnen Themen besagt also nichts über die wahre Chronologie der historischen Ereignisse, auf die sich die behandelten Überlieferungen beziehen. Weil in diesem vorhistorischen Bereich die Chronologie unsicher bleibt, hält sich die Behandlung an die Reihenfolge der Themen, die das AT bietet.

Lit.: J. Bright, A History of Israel, 1959; Y. Kaufmann, The Biblical Account of the Conquest of Palestine, 1953.

1. Die Patriarchenüberlieferungen

Die Rahmenerzählung des Pentateuchs stellt die Patriarchen Abraham, Isaak und Jakob als die Stammväter Israels dar. Diese Darstellung kann der historischen Wirklichkeit nicht entsprechen. Kein Volk stammt von einem Stammvater oder einer Stammfamilie ab. Ihre Funktion als Stammväter ist offensichtlich auch nicht die ursprüngliche Bedeutung dieser Gestalten. Schon die Art der Genealogie ist auffällig. Erst schreitet sie gradlinig bis Jakob fort, dann fächert sie sich in 12 Söhne=Stämme. Wollte das spätere Israel sich von einem Stammvater herleiten, hätte es genügt, eine Genealogie Jakob=Israel — 12 Söhne= Stämme zu konstruieren. Der Vorbau Abraham-Isaak wäre in einer solchen Genealogie überflüssig. Das genealogische Interesse ist bei dieser Traditionsbildung somit nicht primär. Diese Gestalten müssen also eine ursprünglichere, ältere Bedeutung abgesehen von ihrer jetzigen genealogischen Funktion haben. Die genealogische Verknüpfung ist ein Teil des auch in dieser Hinsicht sekundären Rahmens. Diese Erkenntnis nötigt dazu, die einzelnen Überlieferungen je für sich zu untersuchen. Folgende Eigentümlichkeiten fallen sogleich auf: Abraham, Isaak und Jakob werden als nicht seßhaft dargestellt. Ihre Lebensweise ist die der Wanderhirten mit Kleinviehherden (Schafe und Ziegen). Sie sind noch keine Kamelnomaden, sondern sie gehören zu jenen weidewechselnden Halbnomaden, von denen oben bereits die Rede war; darauf läßt das Kolorit des älteren Bestandes dieser Überlieferungen mit Eindeutigkeit schließen.

Daß diese Überlieferungen in ihrem Kernbestand sehr alt und vorisraelitisch sind, verraten auch gewisse Rechtsbräuche, welche im AT nur hier begegnen und ihre Entsprechung in den aus der Zeit um 1500 v. Chr. stammenden Texten von Nuzi, östlich des mittleren Tigris, finden. Hierzu gehört das Recht, einen Sklaven an Sohnes statt als Erben einzusetzen, oder auch die rechtliche Möglichkeit, daß die kinderlose Ehefrau ihrem Ehemann eine Sklavin besorgte, damit diese an ihrer statt Kinder gebäre. Solche Rechtsbräuche werden Gen 15 und 16 sowie Gen 30 vorausgesetzt. Auf Grund solcher Übereinstimmungen hat man sogar eine sehr frühe zeitliche Ansetzung der Patriarchengestalten befürwortet, insbesondere in der angloamerikanischen Forschung. Auch wenn man hierzu wegen der dann entstehenden überlieferungsgeschichtlichen Schwierigkeiten nicht bereit ist — die israelitische Seßhaftwerdung ist mit Sicherheit um 1200 anzusetzen; wie sollten sich nichtisraelitische Überlieferungen so lange erhalten haben und in das spätere Israel eingegangen sein? —, so bleiben doch jene Parallelen ein deutliches Anzeichen für das hohe Alter dieser Überlieferungen. Ein weiteres Indiz hierfür stellen die hier begegnenden eigentümlichen Namen dar. Es sind Satznamen, die mit dem Imperfekt eines Verbums und einer Gottesbezeichnung gebildet werden, aber auch als Kurzform ohne Gottesnamen begegnen können (Isra-el, Jizhak-el, Jakob-el bzw. Jizhak, Jakob, Joseph). Diese Namensbildung ist typisch für mesopotamische Texte des frühen zweiten Jahrtausends. Auch dies nötigt wiederum nicht dazu, den ältesten Kern der Patriarchenerzählungen so früh anzusetzen. Wohl aber sind die Wurzeln dieser Überlieferungen zweifelsohne sehr alt. Es handelt sich um Traditionen präsraelitischer Wanderhirten.

Die älteren Interpretationsversuche, die an Gestalten der frommen Volksphantasie oder an ehemalige Gottheiten, die später zu Heroen depotenziert seien, oder auch an Eponymen von Stämmen dachten, sind seit Albrecht Alts grundlegender Schrift über dieses Problem samt und sonders überholt. Die als Gott Abrahams, Gott Isaaks und Gott Jakobs bezeichnete Gottheit ist ein Gott des religionsgeschichtlichen Typus der Vätergötter. Charakteristisch für diese Götter ist, daß sie sich nicht an einen bestimmten Ort oder ein festes Heiligtum binden, sondern zu einer sie verehrenden Menschengruppe ein personales Verhältnis eingehen. Der Vätergott hat darum keinen Eigennamen, sondern wird nach dem Namen dessen benannt, der ihn zuerst verehrte und seinen Kult stiftete, dem dieser Gott zuerst erschien, um ihm bestimmte Verheißungen zu geben. Entsprechend heißt er »Gott meines Vaters«, »Gott deines Vaters« oder, in einem späteren Stadium »Gott Abrahams«, »Gott Isaaks«, »Gott Jakobs« und schließlich, nach Identifizierung der einzelnen Vätergötter, »Gott Abrahams, Isaaks, Jakobs«. Das immer wiederkehrende Motiv der Verheißung von Nachkommenschaft und Landbesitz ist nicht etwa spätere Übermalung, sondern alt und entspricht den sehnlichsten Wünschen jener Wanderhirten in der Situation des Weidewechsels. Es ist möglich, in der Vätergottreligion die nomadische oder halbnomadische Ausprägung der gemeinsemitischen Elverehrung zu sehen.

Dieses Verständnis der Väter und der Väterreligion ist gewiß hypothetisch, aber diese Hypothese erklärt folgende sonst unerklärbare Eigentümlichkeiten: 1. das Kolorit der Erzählungen, das die typische Situation des Weidewechsels widerspiegelt 2. die eigenartigen Gottesbezeichnungen 3. es läßt sich so der Umstand verstehen, daß immer wieder von ganz spezifischen Verheißungen die Rede ist und 4. daß diese alten, präsraelitischen Überlieferungen überhaupt tradiert wurden, erhalten blieben und in jahwistischer Gestalt gemeinisraelitisches Traditionsgut werden konnten. Denn dieser Gott der Väter, obwohl er nicht mit Jahwe identisch ist, hat doch eine gewisse Verwandtschaft mit dem Gott, den das spätere Israel verehrte. Er ist ein Gott, der in der Geschichte handelt. Landbesitz und Volkwerdung sind ja geschichtliche Vorgänge, wenngleich sie mit den natürlichen Bedingungen von Geographie und Klima zusammenhängen. Und wie Jahwe an das spätere Volk Israel, so ist auch der Gott der Väter primär an eine bestimmte Menschengruppe und nicht an einen bestimmten Kultort gebunden. Eine spätere Identifizierung dieser Vätergottheit mit Jahwe war also möglich und lag nahe.

Die ursprünglichen Verehrer dieser Sippengötter waren landsuchende Halbnomaden in der Situation des ständigen Weidewechsels. In diesen Überlieferungen spiegelt sich eine frühe Phase der Landnahme in Kanaan. Man kann die Patriarchenerzählungen in der Tat als Landnahmeerzählungen betrachten: diese Landnahme war kein Einmarsch und keine Eroberung mit fliegenden Fahnen und schallenden Posaunen, sondern ein friedliches Einsickern und Fußfassen.

Dieses Verständnis der Patriarchenüberlieferungen gilt freilich nur für deren älteren Bestand. Schon die jetzt vorhandenen Lokalisierungen (Sichem, Bethel, Hebron, Beerseba usw.) sind gegenüber diesem ältesten Bestand sekundär. Sie zeigen an, wo und in welchen Gegenden die Abraham-, Isaak- und Jakobleute später endgültig Fuß faßten und wo die mitgebrachten Überlieferungen weiter tradiert und ausgestaltet wurden. Die

Lokalisierung ist in den drei verschiedenen Komplexen deren ursprünglicher Selbständigkeit gemäß je verschieden. Die Abrahamerzählungen haben jetzt ihren lokalen Haftpunkt an einem Heiligtum im Süden, in Mamre bei Hebron. Es kann aber sein, daß diese Lokalisierung eine Motivübertragung von Isaak auf Abraham ist. Überhaupt ist die Abrahamtradition mit Motiven der Isaaküberlieferung angereichert worden, so daß die Abrahamüberlieferung auf Kosten der Isaaktradition stark angewachsen ist. Manches wird bekanntlich von Abraham und Isaak gleichermaßen erzählt; bei all diesen Dubletten ist Isaak die ursprünglichere Überlieferungsgestalt. Auf Grund dieses Überlieferungsbestandes läßt sich sagen, daß Abraham im äußersten Süden Heimat fand und das heißt, daß der Kreis, der den Gott Abrahams verehrte, dort Fuß gefaßt hat und diese Tradition dort einbrachte und heimisch machte. In dem überlieferungsgeschichtlichen Vorgang, daß die Abrahamüberlieferung die Isaaktradition aufsog, spiegelt sich ein historischer Vorgang: die Abrahamleute trafen im Süden mit vorher schon seßhaft gewordenen Isaakleuten zusammen und eigneten sich deren Überlieferungsstoffe an.

Die recht schmal gewordene Isaaküberlieferung läßt sich noch einigermaßen sicher lokalisieren. Gen 26, das Kompendium der Isaaküberlieferung, weist eindeutig in den Süden, in das Grenzgebiet des Kulturlandes, wo den Isaakleuten einige Wasserquellen anheimfallen. Genannt wird der Umkreis der Stadt Gerar, etwa 20 km nordwestlich des Quellengebietes von Beerseba, als Gebiet, wo sich Isaak mit den Seinen in einer Zeit der Hungersnot aufhielt. Was in der Sage als einmaliger Aufenthalt wegen einer einmaligen Hungersnot dargestellt wird, kann so gedeutet werden, daß das genannte Gebiet in der sommerlichen Trockenperiode überhaupt der Weideplatz für die Isaaksippen war.

Am kompliziertesten ist die Lokalisierungsfrage bei der Jakobüberlieferung. Diese Überlieferungsgestalt scheint einmal im Bereich der späteren mittelpalästinischen Stämme, in Sichem und Bethel beheimatet gewesen zu sein (Gen 28,11 ff.; 33,18; 35,9 ff; 48,22). Daneben besteht aber eine andere Tradition, die im Ostjordanland zu Hause ist (Gen 32,1 ff.; vgl. 31,44 ff.; 50,10 f.). Beide Traditionskomplexe sind jetzt zwar kunstvoll durch Jakobs Flucht nach dem Ostjordanlande, seinen Aufenthalt dort und seine Rückkehr nach Westen verbunden, aber es bleibt deutlich, daß beide ursprünglich selbständig waren. Die Frage, wie dieser Befund zu erklären sei, ist nicht eindeutig zu beantworten. Es hat Befürworter der Ursprünglichkeit des einen und des anderen »Jakob« gegeben. Feststehen dürfte auch hier, daß die Lokalisierung im Kulturland überhaupt sekundär ist. Auch Jakob gehörte ursprünglich in den Grenzbereich der Steppe. Das scheint einem ostjordanischen Jakob die Priorität zu geben. Wie Jakob vom Osten nach Sichem und Bethel wandert, so wanderte sein Verehrerkreis von Ost nach West ins Kulturland und wurde im Umkreis dieser Orte seßhaft. Damit ist dann nicht gesagt, daß die sämtlichen ostjordanischen Erzählungen ursprünglicher als die westjordanischen sind. Schon der Stil dieses Komplexes — Stil der ausgeführten, beinahe novellistischen Sage — erweist den östlichen Jakob als jung. Diese Erzählungen haben die ältere östliche Überlieferung, vielleicht bis auf das Rudiment einer Notiz über ein Jakobgrab im Ostjordanland (Gen 50,10 ff.), verdrängt. Es ist also mit einer Wanderung der Jakobüberlieferung von Ost nach West und einer Rückwanderung nach Osten zu rechnen. Auch in diesen traditionsgeschichtlichen Wanderungen finden vor- und frühhistorische Vorgänge einen Niederschlag.

Wie die Isaak- und Abrahamleute im Süden eine Heimat fanden, so die Jakobleute im mittelpalästinischen Gebiet bei Sichem und Bethel. In späterer Zeit drangen ephraimitische Siedler vom Westen her über den Jordan und gestalteten die von ihnen mitgebrachte Jakobüberlieferung in der neuen Heimat den neuen Verhältnissen entsprechend aus.

Die vorisraelitischen Patriarchenüberlieferungen wurden von Israel rezipiert. Der Gott der Väter, früher schon mit dem Gott El, wie er an den verschiedenen Lokalheiligtümern verehrt wurde, gleichgesetzt, verschmolz mit Jahwe, dem Gotte Israels. Die Identifikation des Vätergottes mit Jahwe erfolgte so, daß Jahwe nunmehr erfüllte, was er als der Gott der Väter verheißen hatte. Zwischen die Verheißung und die Erfüllung schoben sich die Wanderung der Väter als Fremdlinge im verheißenen Lande und die Knechtschaft und Wüstenwanderung ihrer »Nachkommen«. Diese geschichtstheologische Kombination und Reflexion liegt voll ausgebildet in dem Werk des Jahwisten (Zeit Davids und Salomos) vor. Hier werden die Patriarchen zu Präfigurationen Israels und zu Chiffren gläubiger und ungläubiger Existenz. Die Patriarchenerzählungen reflektieren somit eine Geschichtsstrecke von drei bis vier Jahrhunderten, welche von der frühesten Phase der Landnahme bis zur theologischen Arbeit in der salomonischen Zeit reicht.

Lit.: A. Alt, Der Gott der Väter, I, S. 1—78; F. M. Cross jr, Yahweh and the Gods of the Patriarchs, HThR 55, 1962, S. 225 ff.; J. Hoftijzer, Die Verheißungen an die drei Erzväter, 1956; O. Kaiser, Einltg, 1975³, S. 73 ff.; M. Noth, ÜPent, 1948, S. 58 ff.; G. v. Rad, History and the Patriarchs, ET 72, 1961, S. 213—216; L. Rost, Die Gottesverehrung der Patriarchen im Lichte der Pentateuchquellen, SVT 7, 1960, S. 346—359; H. Seebass, Der Erzvater Israel, BZAW 98, 1966; Sellin-Fohrer, Einltg, 1965, S. 131 ff.; J. van Seters, Abraham in History and Tradition, 1975; Th. L. Thompson, The Historicity of the Patriarchal Narratives. The Quest for the Historical Abraham, BZAW 133, 1974; R. de Vaux, Die hebräischen Patriarchen und die modernen Entdeckungen, 1961; H. Weidmann, Die Patriarchen und ihre Religion im Lichte der Forschung seit J. Wellhausen, FRLANT 94, 1968; C, Westermann, Die Verheißungen an die Väter. Studien zur Vätergeschichte, FRLANT 116, 1976.

2. Exodus und Errettung am Schilfmeer

Das Urbekenntnis Israels lautet, Jahwe habe Israel aus Ägypten geführt und sei durch das Heilshandeln dieser Befreiungstat zum Gott Israels geworden. Während man den Vorbau der Vätergeschichten als Verlängerung nach rückwärts und als Vertiefung des israelitischen Bekenntnisses betrachten kann, kreist das Urbekenntnis Israels selbst um das Auszugsthema. Das Thema Ägypten und Auszug begegnet also primär als ein Credendum und Credo.
Was aber verbirgt sich historisch gesehen hinter diesem Glaubensbekenntnis? War Israel in Ägypten? Wann ist dieser Aufenthalt zeitlich anzusetzen? Wie kam es dazu und zu dem Auszug? Wie müssen diese Vorgänge historisch gedacht werden? Welche Rolle spielte Mose hierbei? Das sind die Fragen, vor die dieser Komplex stellt, und nicht alle können mit Sicherheit beantwortet werden. Aber immerhin einiges kann mit einem hohen Maße an Wahrscheinlichkeit noch ermittelt und rekonstruiert werden.
Da ist zunächst negativ festzustellen, daß von einem Aufenthalt *Israels* in Ägypten keine Rede sein kann. Der überlieferungskritische Umstand, daß die einzelnen Pentateuchthemen ursprünglich je selbständig waren, verbietet es, von einem »Israel« in Ägypten zu sprechen. Es können allenfalls präisraelitische Gruppen in Ägypten gewesen sein, welche später das Bekenntnis vom Auszug in Israel einbrachten und mit diesem ihrem Bekenntnis in der auch sie umfassenden Größe Israel aufgegangen sind. In Israel hat dann allerdings ihr Bekenntnis zentrale Bedeutung bekommen. Das deutet darauf hin, daß die »Ägyptengruppe« — wie sie am besten genannt wird — in Israel entweder eine besonders hervorragende Rolle gespielt hat, oder doch, daß dieses ihr Credendum als für die Gesamtheit von zentraler Wichtigkeit verstanden und rezipiert wurde.
Aus ägyptischen Quellen ist über die hier in Frage stehenden Ereignisse direkt nichts zu entnehmen. Eine Erwähnung von Ägyptenaufenthalt und Exodus

außerhalb des ATs findet sich nicht. Wohl hilft bei der Frage nach den allgemeinen Umständen und dem historischen Kolorit ein ägyptisches Dokument etwas weiter. Der Papyrus Anastasi VI, der sich im British Museum befindet (ANET S. 259, TGI² S. 37 ff.), enthält den Bericht eines ägyptischen Grenzbeamten, der sich an der Ostgrenze Ägyptens im östlichen Nildelta aufhält. Er berichtet, er habe den Durchzug von Beduinen aus dem Gebiet von Edom erlaubt, um sie auf ägyptisches Gebiet kommen zu lassen, und zwar genauer in das Sumpfgebiet von Pithom in Teku. Gemeint ist das »Land Gosen«, das Gen 47,1; Ex 8,18; 9,26 als Gebiet, wo sich die Jakobsöhne aufhalten, erwähnt wird. Bemerkenswert ist ferner, daß dieser ägyptische Grenzbeamte diese Beduinen zuläßt, um sie und ihr Vieh »am Leben zu erhalten«. Das entspricht in der Formulierung Gen 50,20, wo es heißt, Gott habe alles zum besten gefügt, um ein zahlreiches Volk am Leben zu erhalten. Das Dokument macht den Eindruck, daß das von diesem Grenzbeamten Berichtete nicht außergewöhnlich war und daß es öfter vorkam, daß in Zeiten der Trockenheit solche Beduinen mit ihren Herden ägyptisches Kulturland betreten durften. Der Vorgang erinnert an die Wanderungen der Patriarchen. Der Papyrus stammt aus der Zeit kurz vor 1200, der Regierungszeit Sethos II. (19. Dynastie). Das ist gerade die hier in Betracht kommende Zeit. Der Papyrus hat freilich nur den Wert eines indirekten Zeugnisses. Es ist unbeweisbar, daß die hier gemeinten Beduinen aus Edom identisch mit der präsrealitischen Ägyptengruppe sind. Das Dokument zeigt vielmehr, daß deren Aufenthalt im ägyptischen Deltagebiet in der Geschichte Ägyptens kein einmaliges Ereignis war. Freilich zeigt der Bericht auch, daß der Aufenthalt in Ägypten keine freie Erfindung, sondern historisch durchaus möglich ist.

Durch einen umsichtigen Vergleich der sorgfältig analysierten Erzählungen von Ex 1 ff. mit außerbiblischen Quellen läßt sich noch einiges mehr ermitteln. In den Erzählungen des Exodusbuches fällt die häufige Bezeichnung »Hebräer« auf. Dieser Terminus Hebräer = 'ibri ist etymologisch nicht sicher ableitbar. Parallele Wortbildungen finden sich in zahlreichen Vorkommen außerhalb des ATs. Die Amarnatafeln (s. o. S. 12), die Nuzitexte (s. o. S. 19), die Maritexte (= über 20 000 Keilschrifttafeln der alten Stadt Mari) aus dem 18. Jahrh. v. Chr., die Texte von Ugarit (Ugarit an der nordsyrischen Küste = ras esch-schamra, Fundort von u. a. aus dem Anfang des 14. Jahrhunderts v. Chr. stammenden, vorwiegend religiösen Texten), hethitische Dokumente und auch ägyptische Urkunden enthalten Belege. Es kann kein Zweifel sein, daß zwischen den Hebräern des ATs und den akkadischen Chabiru und den ägyptischen 'pr eine Verbindung bestehen muß (vgl. für den ägyptischen Bereich ANET S. 22.255.261.486 f.; TGI² S. 34 ff.).

Die ältere Annahme, es handle sich um ein bestimmtes Volk, wurde unmöglich, als immer mehr Texte mit Belegen ans Licht kamen, die, wie die obige Übersicht zeigt, aus sehr verschiedenen Gebieten stammen. Die Chabiru-Hebräer sind kein Volk, sondern diese offenbar gemeinorientalische Bezeichnung meint Leute oder Gruppen von Menschen, die zu einer niedrigeren Ordnung als die autochthone Bevölkerung des Landes gehören, wo sie sich aufhalten; oder, was unter antik-agrarischen Verhältnissen dasselbe ist, sie haben keinen Grund und Boden und sind darum minderen Rechtes. Das kann sich dann entweder so auswirken, daß Chabiru zu bestimmten Fronarbeiten oder auch zu Kriegsdiensten herangezogen werden. Letzteres geht z. B. aus den Amarnabriefen hervor, wo sie in Diensten von Stadtfürsten in Syrien-Palästina stehen, die sich gegen die ägyptische Oberherrschaft auflehnen, oder aber Chabiru führen ein Leben außerhalb

der »bürgerlichen Ordnung« als Freibeuter und Räuber. Und diese Existenzform läßt sich schnell gegen jene eintauschen. Dieses soziologische Verständnis der Chabiru definiert diese Personen also nicht als eine einheitliche Größe und legt sie nicht einseitig auf eine bestimmte Existenzform fest. Der Begriff läßt sich allenfalls nur negativ definieren: es handelt sich um Personen, die nicht zur etablierten Ordnung gehören, sich von ihr trennten oder aus ihr ausgeschieden wurden.
Diese soziologische Interpretation des Hebräerphänomens dürfte trotz gelegentlich dagegen erhobener Einwände wegen der Fülle der verschiedenen Belege aus unterschied-
möglicherweise »völkisch« überlagert worden sind.
lichen und entfernten Bereichen besser sein als das »völkische« Verständnis, das unter Hebräern (»Söhne des Eber« Gen 10,24 f.) einen auch Israel umfassenden Kreis von Völkern begreifen möchte. Daß einzelne Stellen, wo »Hebräer« begegnen, in diesem Sinne »völkisch« interpretiert werden können, ist dadurch bedingt, daß die Texte aus einer Zeit stammen, als das Volk Israel seine eigene Herkunft bereits »völkisch« zu verstehen begonnen hatte. Es kommt hinzu, daß die Chabiru schon in der Amarnazeit sich mit einer von Osten kommenden Einwanderungsbewegung vermischten und von dieser

Ist der oben angenommene Zusammenhang von Chabiru-'pr-Hebräern richtig, so ist aus den entsprechenden ägyptischen Belegen Wichtiges über die präisraelitische Ägyptengruppe zu entnehmen. Aus der Zeit Ramses II. (1290—1223) stammt ein ägyptischer Bericht, in welchem von »Hebräern« die Rede ist, welche Steine für den Bau von Festungen herbeischleppen müssen. Ähnliches wird aus der Zeit von Ramses III. und IV. berichtet (TGI² S. 34 ff.). Dies ist eine interessante Parallele zu den im Buche Exodus berichteten Frondiensten der Hebräer, die laut Ex 1,11 die Städte Pithom und Ramses bauen mußten. Solche Parallelität beweist freilich nicht die Identität der in den alttestamentlichen und ägyptischen Texten gemeinten Personen. Wohl aber wird der allgemeine Rahmen und das Kolorit der biblischen Überlieferung hier von außerbiblischen Quellen als durchaus real und glaubwürdig erwiesen.
Was die Dauer des Ägyptenaufenthalts betrifft, läßt sich den vorhandenen Quellen nichts Sicheres entnehmen. Ägyptische Quellen erwähnen ja diesen Aufenthalt niemals direkt. Das für Israels Glauben entscheidende Ereignis hat die Ägypter nicht sonderlich interessiert und berührt. Das AT hingegen bietet auch keine zuverlässige Datierung. Die Notiz über die Dauer des Aufenthaltes in Ägypten von 430 Jahren in Ex 12,40 steht in der jungen Priesterschrift und gehört zur künstlichen Chronologie dieser Quelle, welche mit 2666 Jahren von der Weltschöpfung bis zum Exodus, d. h. mit zwei Drittel einer Weltära von 4000 Jahren, rechnet. Nach der vermutlich älteren Mitteilung von Gen 15,16 währte der Aufenthalt vier Generationen lang; das ist wahrscheinlicher.
Ein anderes Problem ist die Datierung des Auszuges. Hier pflegt man sich auf die Mitteilung von Ex 1,11 über den Bau von Pithom und Ramses zu stützen. Wenn in dieser Notiz historisch zutreffende Erinnerung festgehalten sein sollte, so ermöglicht diese Stelle eine ziemlich genaue Datierung. Pithom und Ramses, im östlichen Nildelta gelegen, sind Lokalitäten, die insbesondere in der Zeit Ramses II. eine Rolles pielten. Ramses wurde von diesem Pharao als Residenz erbaut und in Pithom ließ er Kornsilos errichten. Trifft die Kombination dieser Ex-Stelle mit den ägyptischen Nachrichten zu, so ist Ramses II. der Pharao des Auszugs oder wenigstens des ägyptischen Aufenthaltes.
Der Auszug selbst ist nach dem ältesten vorliegenden Bericht von Ex 14,5 — einem Bericht, der auch schon sagenhaften Charakter hat — eine Flucht gewesen.

Auf dieser Flucht verfolgt von einer ägyptischen Streitmacht, gerieten die Fliehenden in einem sumpfigen Gelände in höchste Gefahr, wurden aber auf wunderbare Weise errettet, während ihre Verfolger umkamen.
Die Lokalisierung dieser Ereignisse ist schwierig und, mehr noch als dies, methodisch problematisch. Eine genaue Lokalisierung bietet Ex 14,2, wo die Lokalitäten Pi-Hachiroth zwischen Migdol und dem Meer angesichts von Baal-Zaphon genannt werden. Von diesen Namen ist Baal-Zaphon identifizierbar. Es handelt sich, wie der Name anzeigt, um ein Heiligtum. Der Gott Baal-Zaphon wurde auch in Ugarit verehrt (ANET S. 249 f.). In hellenistischer Zeit wurde hier Zeus Kasios verehrt. Das Heiligtum befand sich in der Gegend des Sirbonischen Sees, an der Mittelmeerküste östlich des Nildeltas. Das würde allerdings ausgezeichnet passen. Die Notiz steht freilich in der jungen Quellenschrift P. Es kommt hinzu, daß gerade die älteren Quellen nur vom »Meer« oder vom »Schilfmeer« sprechen. Diese Bezeichnung Schilfmeer meint aber sonst niemals eine Gegend östlich des Nildeltas, sondern den Golf von Akaba (man vgl. die unverdächtige Notiz 1 Kön 9,26). Auch diese Ortsangabe ist somit historisch unbrauchbar.
Die jüngere und jüngste Forschung dürfte freilich gezeigt haben, daß die Frage, wohin die Ägyptengruppe gezogen und wo in der Gegend des Nildeltas sie errettet worden sei, falsch gestellt ist. Diese Frage setzt ja die ursprüngliche Zusammengehörigkeit von Auszug und Schilfmeerwunder voraus. Diese ist aber überlieferungskritisch gesehen auf Grund folgender Erwägungen zweifelhaft:
1. Die Bezeichnung »Meer« oder »Schilfmeer« als Ort der wunderbaren Errettung ist alt, paßt aber nicht, wenn diese gleich nach dem Auszug aus Ägypten stattgefunden haben soll; das Schilfmeer liegt in der Gegend des Golfes von Akaba. 2. Das Passahfest mit der Passahlegende, die in Ex 1—14 enthalten ist, feiert und vergegenwärtigt die Unterdrückung in Ägypten und den Exodus, aber nicht auch eine Errettung am Schilfmeer. 3. Das Mirjamlied Ex 15,21, der älteste erhaltene Hymnus, besingt das Schilfmeerwunder allein, nicht auch den Exodus. 4. Das Mirjamlied besingt Jahwe als den Gott, der am Schilfmeer eingriff; dieses Eingreifen ist als ein kriegerisches verstanden, wie es für den älteren Jahweglauben typisch ist. Hingegen sind Ägyptenaufenthalt und Exodus nicht unbedingt von allem Anfang an jahwistische Themen.
Wenn wirklich zwischen beiden Motiven — Exodus und Schilfmeer — überlieferungskritisch unterschieden werden muß, so kann deren Verknüpfung nicht mehr historisch so ausgewertet werden, daß Daten und Lokalitäten, die zum einen Motiv gehören, zur Lokalisierung des anderen Themas benutzt werden. Man braucht deshalb an der Historizität des Schilfmeerereignisses nicht zu zweifeln. Der »jahwistische« Charakter seiner gläubigen Deutung und die Lokalisierung in der Umgegend des Golfes von Akaba legen jedoch einen Zusammenhang mit den Sinaiereignissen näher.

Ein anderes historisches Bild muß sich ergeben, wenn man an einer ursprünglichen überlieferungsgeschichtlichen Zusammengehörigkeit von Exodus (und Schilfmeerereignis) und Sinaigeschehen meint festhalten zu müssen (Beyerlin). Dafür scheint die inhaltliche, »theologische« Zusammengehörigkeit des Exodusthemas mit dem Thema der Sinaiüberlieferung zu sprechen: Das Heilshandeln Gottes im Exodus und gesetzliche Bestimmungen, die am Sinai ergehen, scheinen aufeinander bezogen zu sein. Auch in hethitischen Verträgen, auf die als Parallelen hingewiesen werden kann, folgen der Erwähnung der Heilstaten des Bundesstifters seine Gebote bzw. Bestimmungen.
Dennoch fragt es sich, ob dieses ausgeprägte Bundesdenken in Israel wirklich alt ist (Perlitt). Vor allem aber ist es keineswegs sicher und eher als höchst unwahrscheinlich

zu bezeichnen, daß der historische Sinai Ort eines Bundesschlusses gewesen ist. Dieser Berg ist, wie noch erörtert werden muß, Stätte der Jahwetheophanie. Theophanie und Bund bzw. Gesetzesbestimmungen sind aber verschiedenartige Themen. Hat der Sinai mit dem Vorstellungsbereich von Bund und Gesetz ursprünglich nichts zu tun, so ist auch der überlieferungsgeschichtliche Zusammenhang von Exodus und Sinai nicht ursprünglich.
Auch das Auftreten Moses, mithin eines und desselben Mittlers in verschiedenen Themenkreisen (Smend), ist alles andere als ein Beweis dafür, daß die also durch diese Überlieferungsgestalt verzahnten Traditionen wirklich ursprünglich zusammengehören. Vielmehr ist zuvor die Frage nach der Geschichte des Mose als einer Überlieferungsgestalt und — danach — die andere Frage nach der Bedeutung des historischen Mose zu stellen und nach Möglichkeit zu beantworten.
Gerade am Moseproblem zeigt sich der enge Zusammenhang von Exegese und historischer Rekonstruktion. Das lehrt auch die lange und breite Geschichte der Erforschung des Moseproblems. Im Zeitalter der reinen Literar- und Gattungskritik war das historisch-kritische Bild, das man sich von Mose machte, prinzipiell immer eine Reduktion. Aus den verschiedenen Sagen, die im Pentateuch über ihn erzählen und welche von Ägypten, wo Mose geboren wird, über die Wüstenwanderung, den Sinaiaufenthalt und die weitere Wanderung bis ins Ostjordanland, wo Mose, 120 Jahre alt, stirbt und begraben wird, führen, rekonstruierte man durch Eliminierung alles Mirakulösen und historisch Unwahrscheinlichen die historischen Kerne, reihte sie zumeist in der von der Tradition vorgegebenen Reihenfolge aneinander und meinte, so das historische Mosebild wiederzufinden und nachzeichnen zu können. Diese Bilder fielen allerdings recht unterschiedlich aus: Mose als Volksführer, als Vater des Vaterlandes, als Religionsstifter, als Gesetzgeber, als prophetischer Offenbarungsempfänger, als Übermensch oder auch als ehemaliger Mondgott. Parallelen zur Rekonstruktion des historischen Jesus liegen am Tag. Von all dem ist in der seriösen Wissenschaft nichts übriggeblieben.

Die überlieferungskritische Destruktion des Pentateuchrahmens verbietet es heute, die eventuellen historischen Kerne von Sagen, in welchen Mose auftritt, aneinanderzureihen. Die Einsicht in die überlieferungsgeschichtliche Selbständigkeit der einzelnen Themen nötigt vielmehr zu der Frage, in welchem dieser Themen die Mosegestalt ursprünglich verwurzelt war. Dabei ist eine Verwurzelung in mehreren Themen zwar nicht a priori auszuschließen, aber doch bei der thematischen Verschiedenartigkeit und den unterschiedlichen Lokalisierungen der einzelnen Überlieferungen nicht wahrscheinlich.

Untersucht man unter diesem Aspekt die verschiedenen Pentateuchthemen, so kommt zunächst die Tradition der Wüstenwanderung nicht in Betracht. Dieser Komplex ist selber wieder aus mehreren lokalen Überlieferungen, die an Oasen oder Quellen haften oder um eigentümliche Erscheinungen in der Wüste kreisen, zusammengesetzt. In keiner dieser Lokalsagen hat Mose eine spezifische, unverwechselbare Aufgabe. Aber auch die Mosegrabüberlieferung von Dt 34,5 f., nach welcher Mose im Moabitischen begraben sei, bietet kein Argument dafür, daß Mose in diesem Bereich, und dann wohl im Zusammenhang mit dortigen Landnahmevorgängen, ursprünglich beheimatet war. Denn so ließe sich kaum noch erklären, wie die Mosegestalt von dort her in sämtliche andern Pentateuchthemen eindringen konnte.
Es bleiben somit der Sinai und Ägypten. Die Entscheidung ist nicht leicht, und beide Möglichkeiten hatten und haben ihre Befürworter. Die überragende Bedeutung, welche die Sinaiereignisse im Pentateuch haben, scheint es nahezulegen, Mose hier unterzubringen. Aber auch hiergegen erwachsen bei näherem Zusehen erhebliche Bedenken. Alle oder fast alle Gesetze, die am Sinai erlassen werden, entstammen dem Kulturlande und sind gewiß nachmosaisch. Als Gesetzgeber kommt Mose also nicht in Betracht. Nun spricht die Sinaiperikope nicht nur vom Gesetz, sondern auch vom Bund. Es ist aber höchst zweifelhaft, ob die Bundesvorstellung ursprünglich etwas mit dem Sinai zu tun

hatte. Wahrscheinlicher ist es, daß die Darstellung des Sinaiereignisses späteren Bundesvorstellungen gemäß übermalt worden ist. Dann war Mose auch kein Bundesmittler. Es kommt hinzu, daß noch eine ältere Bundesschluß-Überlieferung durchschimmert (Ex 24,1.2.9—11), worin Mose noch nicht vorkam; die jetzigen stummen Statisten neben Mose sind überlieferungsgeschichtlich älter als er.
So bleibt nur noch das Motiv der Theophanie Jahwes in Feuer, Rauch und Sturm. Die Art dieser Theophanie schließt es aus, daß sie eine solche vor einem einzelnen Menschen gewesen wäre, der sie dem Volk zu vermitteln gehabt hätte. Die Theophanie schaut das Volk ohne alle Vermittlung. Auch hier kann Mose also nicht ursprünglich sein.
Dann bleibt als primärer Haftpunkt der Mosegestalt die Ägypten-Überlieferung übrig. Für diese Ansetzung spricht auch der ägyptisch klingende Name Mose. Sodann spricht hierfür ein negatives Argument: Die Mosegestalt läßt sich nämlich nicht mit stichhaltigen Gründen aus diesem Komplex entfernen. Wenn nach Ex 5 Mose erst relativ spät in die Verhandlungen mit dem Pharao eingreift, so läßt sich dies einfach als Stilfigur erklären, welche Moses Rettergestalt erst zuletzt einführt. Ein Hinweis, daß Mose hier sekundär ist, liegt nicht vor. Vor allem gilt, daß, wenn die Mosegestalt in dem heilsgeschichtlich alten und zentralen Thema Ägypten eine führende Rolle hatte, deren Hineinwachsen in die übrigen Pentateuchthemen sich unschwer erklären läßt.

Nur auf Basis der traditionskritischen Analyse und ihrer Ergebnisse läßt sich die historische Frage stellen und wenigstens ungefähr beantworten. War die Überlieferungsgestalt des Mose im Exodusthema primär, so liegt es nahe, dem historischen Mose irgendeine Rolle bei diesen Ereignissen zuzuschreiben. Welche Rolle, ist fraglich. Die alttestamentlichen Erzählungen geben keine eindeutige Auskunft. Nach der ältesten Quelle J ist Mose der Ankündiger des Auszugs gewesen (Ex 3,16 f.); er wird hier geschildert als der Gottesbote, der das Heilshandeln Jahwes anzukündigen hat. Aber es ist Jahwe selbst, der Israel aus Ägypten führt. Nach E (Ex 3,9 ff.) aber ist es Mose, der Israel herausführt, hier gilt er offenbar als charismatische Rettergestalt. Es ist historisch schwierig, zu entscheiden, ob das eine oder das andere oder auch beides zutrifft. Die Berufungssage von Ex 3 ist allerdings schon nach Maßgabe eines festen, auch sonst bekannten Berufungsschemas gestaltet, das Elemente aus dem Bereich der Prophetie und des späteren charismatischen Führertums aufweist. Das bedeutet, daß schon die ältesten erhaltenen Sagen die Mosegestalt nach Analogie von Propheten und Gottesmännern interpretieren. Nur daß so gedeutet wurde, läßt sich historisch feststellen, nicht auch ob diese oder jene Deutung den historischen Fakten entspricht. Wegen der Quellenlage kann es über Mose nur Mutmaßungen geben. Irgendeine hervorgehobene Bedeutung muß die Mosegestalt gehabt haben, sonst ließe sich ihre zentrale Rolle im Pentateuch nicht verstehen. Wie die ältesten Sagen diese Bedeutung verstehen, ist vermutlich schon eine Angleichung an spätere Vorstellungen. Man kann aber fragen, Gestalten welcher Art wohl in die mosaische Zeit passen würden. Darauf ließe sich im Sinne einer Vermutung antworten, daß Mose in den Erzvätergestalten eine Parallele haben könnte. Diese sind ja Offenbarungs- und Verheißungsempfänger und Kultstifter; die von ihnen verehrten Gottheiten waren mitwandernde Götter ohne lokale Bindung. Sieht man Mose auf diesem Hintergrund, dann hat er von allem Anfang an eine große Bedeutung gehabt und diese mußte noch durch die erzählerische Eingliederung des Exodusthemas in die gesamtisraelitische Tradition anwachsen. Der Retter-Gott aus Ägypten wäre dann der »Gott Moses« gewesen, ein Gott, der seinen Verehrern Nachkommenschaft und Landbesitz und damit die Freiheit von aller Unterdrückung verheißen hätte. So könnte es in der Tat gewesen sein. Mehr als Vermutungen lassen die Texte nicht zu.

Abschließend kann die Frage gestellt werden, mit welchem späteren israelitischen Stamm die Ägyptengruppe identisch gewesen sein könnte. Man hat angenommen, daß dies die Rahelgruppe der Stämme Joseph und Benjamin gewesen sei. Diese Annahme beruht auf der besonderen Rolle, welche Joseph und sein Bruder Benjamin in Ägypten spielen. Es ist ja Joseph, der die Übersiedlung der Jakobsfamilie ermöglicht. Sodann meinte man, es müsse eine besonders bedeutende Stämmegruppe gewesen sein, wenn ihr Sonderbekenntnis zum zentralen Credo Gesamtisraels werden konnte, und Joseph war gewiß zeitweise ein einflußreicher Stamm. Schließlich argumentierte man, u. a. weil der Jahweverehrer Josua aus Ephraim, also aus josephitischem Gebiet stammt, habe die Jahweverehrung von Joseph aus ihren Siegeslauf angetreten. Diese Jahwereligion aber habe Joseph aus Ägypten mitgebracht, so meinte man mit Sicherheit zu wissen. Aber alle diese Argumente sind anfechtbar. Die Überlieferung über Joseph in Ägypten ist novellistisch und spät und setzt den fast schon fertigen Pentateuchrahmen bereits voraus. Und daß die Jahweverehrung geistiger Besitz der Ägyptengruppe war, ist, wenn man Ägypten-, Schilfmeer- und Sinaithema trennt, wie es oben geschehen mußte, sehr unwahrscheinlich. Überhaupt dürfte die Frage, welcher israelitische Stamm in Ägypten war, unangemessen sein; die Stämme haben sich nachweislich erst auf kanaanäischem Boden gebildet. So bleibt hier nur das Daß: daß eine präsraelitische Gruppe unter den dargestellten Umständen in Ägypten bedrückt und aus solcher Bedrängnis befreit wurde, daß diese Gruppe in Israel aufging und ihr Bekenntnis zu einem Gott, dem diese Erlösung verdankt wurde, zum zentralen israelitischen Glaubenssatz wurde.

Lit.: W. Beyerlin, Herkunft und Geschichte der ältesten Sinaitradition, 1961; H. Cazelles, Hébreu, Ubru et Ḥapiru, Syr 35,1958, S. 198—217; ders., The Hebrews, Peoples of Old Testament Times, ed. J. D. Wiseman, 1973, S. 1—28; B. S. Childs, A Traditio-Historical Study of the Reed Sea Tradition, VT 20, 1970, S. 406—418; G. W. Coats, The Traditio-Historical Character of the Reed Sea Motif, VT 17, 1967, S. 253—265; W. Helck, Die Bedrohung Palästinas durch einwandernde Gruppen am Ende der 18. und am Anfang der 19. Dynastie, VT 18, 1968, S. 472—488; S. Herrmann, Israels Aufenthalt in Ägypten, StBSt 40, 1970; K. Koch, Die Hebräer vom Auszug aus Ägypten bis zum Großreich Davids, VT 19, 1969, S. 37—81; J. Lewy, Ḥabiru and Hebrews, HUCA 14,1939, S. 587—623; G. E. Mendenhall, The 'Apiru Movements in the Late Bronze Age, The Tenth Generation, the Origins of the Biblical Tradition 1973, S. 122—141; E. W. Nicholson, Exodus and Sinai in History and Tradition, 1973; M. Noth, Erwägungen zur Hebräerfrage, FS O. Proksch 1934, S. 99—113; ders., ÜPent, 1948, S. 48 ff.; S. 172 ff.; E. Oßwald, Das Bild des Mose in der kritischen alttestamentlichen Wissenschaft seit Julius Wellhausen, ThA 18, 1962; L. Perlitt, Bundestheologie im AT, WMANT 36, 1969; H. Schmid, Mose, Überlieferung und Geschichte, BZAW 110, 1968; ders., Jahwekrieg und Stämmebund, FRLANT 84, 1963; M. Weippert, Die Landnahme der israelitischen Stämme in der neueren wissenschaftlichen Diskussion, FRLANT 92, 1967.

3. Die Wüstenwanderung

Die Erzählung von der Wanderung von Ägypten zum Sinai und, nach dem Aufenthalt dort, weiter ins Ostjordanland zerfällt, wie bereits angedeutet (oben S. 26), bei überlieferungskritischer Sicht in eine Zusammenstellung von ehemals selbständigen, meistenteils lokal gebundenen Traditionen, welche erst in der sekundären Zusammenordnung einen durchgehenden Wanderweg ergeben und ein umfassendes Thema, das Thema der göttlichen Führung in der Wüste, bekommen. So zusammengestellt und geordnet, stellen diese Sagen das Verbindungsstück zwischen Auszug und Einzug ins gelobte Land dar. Diese Einsicht bedeutet freilich nicht, daß die einzelnen Erzählungen der erzählerischen Phantasie entsprungen wären. Das zeigt allein schon die genaue Lokalisierung einzelner Überlieferungen: Wüste Schur (Ex 15,22), Quelle, also wohl Oase Mara (Ex 15,23), Massa-Meriba (Ex 17,7), die Oase Elim mit 12 Quellen und 70 Palmen (Ex 15,27; 16,1). Nicht alle diese Ortsnamen sind noch identifizierbar, aber die Nennung der Wüste Schur und von Massa und Meriba macht deutlich, daß die Wüste zwischen Ägypten und dem Negeb gemeint ist, und zwar zum Teil dieselbe Gegend, in welcher auch die Abraham- und Isaaküberlieferungen Heimat fanden. Da es sich nicht um frei erfundene Erzählungen handelt, müssen und können sie historisch befragt werden. Sie beruhen gewiß noch auf uralten Erfahrungen der nomadisierenden Lebensweise und halten die Erinnerung fest an Oasen und Quellen, über deren wunderbaren Ursprung man sich zu erzählen wußte. Wie einige Namen noch verraten — so Meriba von dem Stamm rib = Prozeß oder Massa von nasah = prüfen = gerichtliche Untersuchung — wurden an diesen Lokalitäten insbesondere auch Rechtshändel ausgetragen. Die Oasen hatten offenbar Gerichtsquellen (vgl. Gen 14,7). Auf Erfahrungen des Nomadenlebens beruhen auch die Erzählungen über die Speisungen mit Manna und Wachteln. Manna ist ein Sekret der Mannatamariske. Wachteln sind Zugvögel, die sich ziemlich leicht fangen lassen. Diese Erzählungen zeigen wohl, daß Israels Vorfahren teilweise Halbnomaden waren und daß deren israelitische Nachkommen noch Kontakte mit in der südlichen Wüste nomadisierenden Sippen unterhielten. Es ist freilich zu beachten, daß diese Sagen, wenn sie auch auf uralten Erfahrungen beruhen, doch in ihrer heutigen Gestalt vom Standpunkt des Kulturlandbewohners aus erzählt sind, der das Leben in der Wüste als gefährlich und mühsam betrachtet. Diese Überlieferungen reflektieren also wohl allgemeine historische Erfahrungen aus Israels Vor- und Frühgeschichte, geben jedoch keinerlei Auskunft über einzelne historische Ereignisse.

Eine besondere Bedeutung kommt offenbar der Kades genannten Lokalität, einem Quellengebiet in der südlichen Wüste, wo auch die Quelle Meriba liegt, zu. Kades wird in der Abrahamgeschichte (Gen 16,14; 20,1) als irgendwo im Süden gelegen genannt. Es ist der Ort, wo Israel lagert, als die Kundschafter von Süden her ins gelobte Land entsandt werden (Num 13,26, vgl. Dtn 1,19.46; Jos 14,6 f.), bzw. der Ort, wo Israel nach den Sinaiereignissen lange weilt. Num 20 wird Kades als Ausgangspunkt für die Umwanderung des Ostjordanlandes mehrfach genannt.

Auf diese Stellen stützte sich die u. a. von Ed. Meyer und in jüngerer Zeit von H. H. Rowley vertretene These, welche man die Kadeshypothese nennen kann und die, wenn sie richtig wäre, für die Rekonstruktion von Israels Vor- und Frühgeschichte weitreichende Konsequenzen hätte: Nach der ursprünglichen Fassung der Pentateuchsagen, welche die Sinaiperikope noch nicht einbegriff, sei Israel von Ägypten nach Kades gewandert und hier sei der Ort der Jahwetheophanie und der Gesetzgebung durch Mose zu suchen. Die Kadesüberlieferung sei ursprünglicher als die Sinaitradition und die Oase Kades der Quellort des Jahwismus und des Jahwerechtes. Auch Mose sei in Kades beheimatet, und deswegen habe die »mosaische« Jahwereligion in Kades ihren Ursprung.

Gegen diese weitgespannte Hypothese ist freilich einzuwenden, daß sie sich auf Erwähnungen stützt, welche heterogenen Überlieferungen angehören. Die rudimentären Notizen werden überinterpretiert. Daß in ihnen gelegentlich von Recht und Gesetz die Rede ist, läßt sich leichter, wie es oben geschah, damit erklären, daß es sich hier um präisraelitische Gerichtsquellen handelt. Damit soll freilich nicht behauptet werden, daß es überhaupt keine besondere Kadestradition gegeben habe. Dafür dürfte dieser Name doch zu häufig und an zu markanten Stellen — als Ausgangspunkt für die Einwanderung ins Kulturland — begegnen.

Es ist in der Tat anzunehmen, daß bestimmte Gruppen von Israels Ahnen dieses Oasengebiet regelmäßig besuchten, aber auch, daß diese Lokalität eine besondere Bedeutung hatte, weshalb so häufig von ihr die Rede ist. Diese dürfte darin begründet sein, daß für bestimmte Gruppen des späteren Israel der Jahwismus hier seinen Ursprung hatte. Das könnte für die südlichen Stämme im judäischen Gebiet und diejenigen Sippen, die noch südlicher ansässig wurden, gelten. Die Entfernung vom Sinai nach Kades ist nicht groß; Kades liegt im Bereich der Jahwe verehrenden Keniter (das Kainszeichen ist ein Jahwezeichen!) und der Midianiter, deren uralte Verbindung mit Jahwes Offenbarungsstätte, dem Sinai, die alttestamentliche Überlieferung wenigstens noch rudimentär bezeugt. Keniter und Midianiter vermittelten in der Gegend von Kades südlichen präisraelitischen oder israelitischen Gruppen den Jahwismus. Es ist somit mit einem doppelten Ursprung der Jahweverehrung in Israel zu rechnen. Die Jahweverehrung im Süden geht auf die Vermittlung von Kenitern und Midianitern zurück, und Kades wird der Ort solcher Vermittlung gewesen sein. Einen Hinweis darauf gibt auch der Umstand, daß die ebenfalls im Süden in der Gegend von Hebron ansässigen Kalibbiter als Jahweverehrer gelten, ohne doch zu Israel gerechnet zu werden (Num 13,30; 14,30.38; Jos 14,6—15). Hiervon zu unterscheiden ist der Jahwismus der in Mittelpalästina sich niederlassenden israelitischen Stämme, der in einem unmittelbaren Verhältnis zum Sinai stand. Die Annahme eines solchen doppelten Ursprungs erklärt aber nicht nur die Bedeutung der Lokalität Kades, sondern auch den sehr viel wichtigeren Umstand, daß sowohl die Südstämme als auch die Nordstämme Jahweverehrer wurden, obwohl sie doch aller Wahrscheinlichkeit nach vor ihrer Seßhaftwerdung je ihre eigene Geschichte gehabt hatten und auch noch nach der Landnahme bzw. Konsolidierung im Lande, ja noch nach der Staatenbildung, in einem relativ lockeren Verhältnis zueinander standen. Es ist also keineswegs selbstverständlich, daß beide Gruppen, im Norden und im Süden, trotz verschiedener Herkunft und trotz je eigener Vorgeschichte und obwohl zu verschiedenen Zeiten ansässig geworden, denselben Gott Jahwe verehrten. Es ist anzunehmen, daß mit diesem doppelten und wohl auch verschiedenartigen religiösen Ursprung die Verschiedenartigkeit und Gegensätzlichkeit von Nord und Süd, welche sich von den frühesten bis zu den spätesten Zeiten Israels durchhält, zusammenhängt.

Lit.: V. Fritz, Israel in der Wüste, MThSt 7, 1970; A. H. J. Gunneweg, Mose in Midian, ZThK 61, 1964, S. 1—9; Ed. Meyer, Die Israeliten und ihre Nachbarstämme, 1906; M. Noth, ÜPent, 1948, S. 62 ff.; S. 127 ff.; H. H. Rowley, From Joseph to Joshuah, Biblical Traditions in the Light of Archaeology = The Schweich Lectures 1948 (1948), 1950, S. 104 ff.; ders., Mose und der Monotheismus, ZAW 69, 1957, S. 1—21.

4. Der Sinai

Wie bei den übrigen Pentateuchthemen hängen auch bei der Sinaiperikope die exegetischen und insbesondere überlieferungskritischen und die historischen Probleme eng zusammen. Die erste Frage, die hier zu stellen ist, lautet, wie der Kernbestand des Sinaithemas zu bestimmen sei. Wie bereits im Zusammenhang mit dem Moseproblem angedeutet wurde, gehört die Gesetzgebung auf jeden Fall nicht zum ursprünglichen Kern dieser Überlieferung. Die vermeintlich am Sinai erlassenen Gesetze setzen bereits die Kulturlandsituation voraus. Aber auch die Vorstellung eines Bundesschlusses am Sinai dürfte nicht ursprünglich sein. Sie konkurriert auf jeden Fall mit der Darstellung von Josua 24, wonach im Kulturland, in Sichem, ein Bund zwischen Jahwe und Israel geschlossen wurde. Die von der Sinaiperikope unabhängigen und darum unverdächtigen Stellen Dtn 33,2 und Ri 5,4 f. reden von einem Kommen Jahwes vom Sinai her, ohne daß diese Theophanie zu einem Bundesschluß führte oder dessen Auftakt darstellte. Und wenn noch in späterer Zeit nach der Landnahme Elia zum Gottesberg pilgert, so nicht um dort in der Einsamkeit einen Bund zu schließen, sondern damit ihm am heiligen Orte eine Theophanie gewährt werde. Obwohl sich gewiß nicht bestreiten läßt, daß schon die alten Quellen von einem Bund am Sinai zu berichten wissen, so zeigen die Texte doch, daß der Ton weit mehr auf andern Motiven liegt: Gotteserscheinung, Gottesbegegnung, Gottesherrschaft. Solche Motive können unschwer mit dem Bundesgedanken und mit gesetzlichen Verpflichtungen verbunden werden und wurden das ja auch. Dennoch wird man zwischen Bund und Gesetz einerseits und dem Theophaniemotiv andererseits unterscheiden und trennen müssen. Dann ergibt sich, daß der Sinai ursprünglich der Berg der Jahwetheophanie war. Die Art und Weise, wie diese Theophanie geschildert wird: Rauch, Feuer, Wolkensäule usw. läßt an vulkanische Erscheinungen denken. Es ist deshalb wahrscheinlich, daß der Sinai genannte Berg ein Vulkan ist. Dann trifft aber die traditionelle Lokalisierung auf der heute sogenannten Sinaihalbinsel nicht zu. Hier gibt es keine in historischer Zeit tätigen Vulkane. Der im Alten Testament gemeinte vulkanische Gottesberg ist viel mehr in der Gegend östlich des Golfes von Akaba anzusetzen. Hierzu paßt auch die Nähe zu einem »Schilfmeer«, das ebenfalls in der ältesten jahwistischen Tradition eine wichtige Rolle gespielt hat. Diese Lokalisierung dürften auch die schon genannten, von der Sinaiperikope unabhängigen Stellen Dtn 33,2 und Ri 5,4 f. voraussetzen.

Es kann gar kein Zweifel darüber bestehen — was in diesem vorgeschichtlichen Bereich auch sonst immer problematisch sein und bleiben möge —, daß Jahwe und der Sinai aufs engste zusammengehören. Ri 5,5; Ps 68,9 kann Jahwe sogar als **»Der vom Sinai«** tituliert werden. Diese Verbindung von Jahwe und Sinai ist einer der wenigen festen Punkte, von welchen die Rekonstruktion von Israels Vorgeschichte Gebrauch machen muß. Wenn der Jahwename mit dem Sinai zusammengehört und Israel »Israel« heißt, somit einen el-haltigen Namen trägt, so zeigt sich hier eine Zweiheit: Zweiheit der Götter Jahwe und El und Zweiheit der Bereiche und Existenzweisen von Wüste und gelobtem Land. In Israels Vor- und Frühgeschichte geschieht eine allmähliche Einswerdung: aus der Zweiheit erwächst eine spannungsvolle Einheit.

Etwas von diesen Spannungen spiegelt sich übrigens auch in den unterschiedlichen Bezeichnungen, die im AT für den Berg Jahwes begegnen. Beim Jahwisten heißt er, wenn der Jahwist ihn überhaupt namentlich nennt, was nicht immer der Fall ist, Sinai. Im Dtn und in der hiervon abhängigen Literatur begegnet ausschließlich der Name Horeb. Dieser Name ist freilich kein Spezifikum nur dieser Literatur, denn er wird auch anderswo (Ex 33,6; Mal 3,22 und Ps 106,19) verwendet. Daß mit beiden Namen derselbe Berg gemeint sein muß, ist evident, denn es wird vom Sinai genau dasselbe wie vom Horeb erzählt. Das Problem zweier Namen für einen Berg kann folgendermaßen gelöst werden: Der ursprüngliche Name des Berges der Jahweerscheinung ist Sinai gewesen. Eben deshalb kann Jahwe »Der vom Sinai« heißen. Der Sinai liegt beim Golf von Akaba und damit im Bereich der Midianiter. Als im Kulturlande die Sinaitradition von Israel rezipiert wurde und ihre exklusiv israelitische Bedeutung bekam, mußte die ehemalige Verbindung mit Midian und den Midianitern gleichsam »dogmatisch« anstößig werden. Von da an vermied man entweder den Namen Sinai und redete von einem »Gottesberg« ohne Namen oder aber identifizierte den Jahweberg mit dem Horeb, einer heute nicht mehr identifizierbaren Lokalität. Sinai, Horeb und der namenlose Berg der Midianiter von Ex 18 sind identisch.

Die Spannung, von der oben die Rede war, macht sich noch in anderer Hinsicht bemerkbar. Auch noch der ursprünglichste, sehr schmale Bestand der Sinaiperikope scheint den Erzählungsduktus des Pentateuch zu sprengen. Erzählungen über die Wanderung in der Wüste finden sich ähnlich vor und nach den Texten, die es mit dem Sinai zu tun haben. Zu dieser eigentümlichen Sonderstellung des Sinaithemas paßt es, daß in mancherlei Credoformulierungen Israels (Dtn 6,20 ff.; 26,5 ff.; Jos 24,1 ff. u. ö.) vom Sinai eigentümlicherweise überhaupt nicht die Rede ist. Die Sinaitradition hat offenbar relativ spät ihren festen Platz im Pentateuch bekommen, wenngleich schon die ältesten schriftlichen Quellen sie enthalten. Die vorliterarische Überlieferungsbildung war zu der Zeit schon weitgehend abgeschlossen, wie ja auch die Credoformulierungen zeigen. Das bedeutet aber, daß diese Überlieferungsbildung noch lange Zeit ohne das Thema Jahwe vom Sinai sich vollzogen hatte. Dies ist ein weiterer Hinweis auf die ursprüngliche Zweiheit von Jahwe und El und Sinai und Kulturland. Offenbar ist die Jahwisierung der israelitischen Traditionen als eine besondere und spätere Phase der Traditionsbildung und zugleich und in einem damit des Werdens Israels zu betrachten.

Schließlich muß auch hier die im engeren Sinne historische Frage nach den ursprünglichen Trägern dieser Tradition und der historischen Erfahrung, die ihr zugrunde liegt, gestellt werden. Die vielfach in der Forschung vertretene Ansicht, daß die Jahweverehrung im Kulturlande ihr Zentrum im josephitischen Bereich hatte, dürfte zutreffen. Josua, einer der frühesten Jahweeiferer, der mit seinem Hause Jahwe dienen will, ist ein Ephraimit. Das in Mittelpalästina gelegene Sichem wird zu wiederholten Malen in auffälliger Weise als herausragende Stätte der Jahweverehrung genannt (Gen 33,20; Jos 8,30 und Jos 24). Dies deutet darauf hin, daß es hier ansässig werdende Sippen waren, welche die Jahweverehrung mitbrachten und in Mittelpalästina heimisch machten.

Schwieriger ist die Frage, ob ein bestimmtes historisches Ereignis der Sinaitradition und damit der Jahweverehrung den Antrieb gab. War der Sinai, wie oben ausgeführt worden ist, ein heiliger Berg auch für andere Gruppen als nur für die Ahnen Israels, so wird an einen Wallfahrtsberg zu denken sein, und man könnte sich die Theophanie dann als eine kultisch begangene vorstellen. Die hier Versammelten feierten und verehrten Jahwe an dem ihm geheiligten Berg. Die zugrunde liegende Erfahrung wäre in diesem Falle keine einmalige. Es ist aber dennoch nicht auszuschließen — eins und das andere schließen sich ja gegenseitig nicht aus! —, daß ein am Sinai erlebter Vulkanausbruch für die später den Stamm Joseph bildenden und in Israel eingegangenen Sippen das einmalige geschichtliche Erlebnis war, in welchem sie die eifernde Einmaligkeit Jahwes erkannten. Ein Beweis läßt sich nicht führen, aber solche Unwiederholbarkeit geschichtlichen Erlebens würde der Eigenart des Jahweglaubens entsprechen. Auch das uralte jahwistische Mirjamlied besingt Jahwes unwiederholbares, geschichtliches Eingreifen und reflektiert eine Erfahrung, welcher das Erleben der Sinaipilger ähnlich gewesen sein mag.

Lit.: W. Beyerlin, Herkunft und Geschichte der ältesten Sinaitradition, 1961; H. Gese, Bemerkungen zur Sinaitradition, ZAW 79, 1967, S. 137 ff. = Vom Sinai zum Zion. Alttestamentliche Beiträge zur biblischen Theologie, 1974, S. 31–48; ders., Τὸ δὲ Ἀγὰρ Σινὰ ὄρος ἐστὶν ἐν τῇ Ἀραβίᾳ (Gal 4, 25), Fs L. Rost, 1967, S. 81 ff. = ibid. S. 49–62; A. H. J. Gunneweg, Mose in Midian, ZThK 61, 1964, S. 1–9; S. Herrmann, Der alttestamentliche Gottesname, EvTh 26, 1966, S. 281–293; J. Jeremias, Theophanie, WMANT 10, 1965; J. Koenig, La localisation du Sinaï et les traditions des scribes, RHPhR 43, 1963, S. 2 ff.; ders., Le Sinaï, montagne de feu dans un désert de ténèbre, RHR 167, 1965,

S. 129 ff.; ders., Le site de al-Jaw dans l'ancien pays da Madian, 1971; B. Moritz, Der Sinaikult in heidnischer Zeit, AGG NF 16. 2. 1916; A. Musil, The Northern Heğâz, 1926; M. Noth, ÜPent, 1948, S. 63 ff.; ders., Der Wallfahrtsweg zum Sinai (Nu 33), PJ 36, 1940, S. 5 ff. = Aufs. 1, 1971, S. 55–74; L. Perlitt, Bundestheologie im AT, WMANT 36, 1969, S. 156 ff.; H. St. J. Philey, The Land of Midian, 1957; E. Zenger, Die Sinaitheophanie. Untersuchungen zum jahwistischen und elohistischen Geschichtswerk. Forschung zur Bibel 3, 1971; B. Zuber, Studien zu den Ursprüngen Israels. Untersuchungen zur Sinaifrage und zu Problemen der Volks- und Traditionsbildung, 1976.

III. Israels Seßhaftwerdung in Kanaan

1. Zur Frage der Chronologie

Mit der Seßhaftwerdung und Konsolidierung in Kanaan überschreitet Israel die Schwelle von der vorhistorischen zur historischen Zeit, die sich durch schriftliche Dokumente und die Datierbarkeit einzelner Ereignisse unterscheidet. Einige Bemerkungen zur Errechnung der Chronologie seien daher vorausgeschickt. Man pflegt zwischen relativer und absoluter Chronologie zu unterscheiden. Erstere setzt historische Ereignisse und Personen zueinander in zeitliche Relationen; letztere rechnet mit festen »absoluten« Datierungen und Jahreszahlen.
Zur Festlegung der absoluten Chronologie ist man auf astronomische Angaben angewiesen. Die Kalkulation beruht auf astronomisch errechenbaren Daten von Sonnen- und Mondfinsternissen, die gelegentlich in den alten Quellen genannt und hier relativ chronologisch angesetzt werden. Ein solcher fester Punkt ist der 15. Juni des Jahres 763 v. Chr. An diesem Tage fand die Sonnenfinsternis statt, die in einer Eponymenliste des Assyrerreiches erwähnt wird. Ein anderes Mittel, absolute Daten festzustellen, ist die Radio-Carbon-Methode oder C^{14}-Methode die das Alter von Funden an Holz, Holzkohle und anderen organischen Materialien untersucht. Von einem sicher fixierten Datum aus werden anhand von relativ-chronologischen Angaben weitere Berechnungen möglich.
Zur Bestimmung der relativen Chronologie der altorientalischen Geschichte verhilft eine ziemlich große Zahl authentischer Quellen. Für den ägyptischen Bereich ist die Geschichte Ägyptens des Priesters Manetho (um 300 v. Chr.) von Wichtigkeit. Außer der Einteilung in 30 Dynastien von Pharaonen bietet sie zahlreiche Zahlenangaben, von denen viele freilich unzuverlässig sind. Manethos Angaben lassen sich aber teilweise und darum wenigstens prinzipiell anhand bruchstückhafter älterer ägyptischer Dokumente verifizieren. Von diesen ist insbesondere der Turiner Königspapyrus zu nennen, der eine große Königsliste vom Alten bis zum Neuen Reich enthält und die Regierungszeiten einzelner Pharaonen bietet. Das Dokument ist leider nur fragmentarisch erhalten. Ähnliche Annalen mit Königslisten und Zahlenangaben bezüglich der Regierungszeiten einzelner Könige sind aus Mesopotamien erhalten (ANET S. 271 ff.; ANET Suppl. 128 ff.). Genannt seien babylonische Königslisten und die sogen. Babylonische Chronik mit wichtigen synchronistischen Daten; aus Assyrien stammen außer ähnlichen Königslisten auch Verzeichnisse von sogen. Jahreseponymen, d. h. von wichtigen Beamten, mit deren Namen die Jahre gekennzeichnet wurden. Wichtig ist auch eine synchronistische Chronik von assyrischen und babylonischen Königen, welche diese Herrscher nebeneinander aufzählt und sie zueinander in eine zeitliche Beziehung setzt. Die atliche Entsprechung zu diesem System sind die synchronistischen Angaben über die Könige Judas und Israels seit Salomo, welche die Königsbücher bieten. Solche synchronistischen Originalurkunden ermöglichen es, sonstige heterogene Zahlenangaben und Namensnennungen in ein System zu bringen. Das gelingt relativ am sichersten für das 1. Jahrtausend v. Chr. Das

astronomisch gesicherte Datum 15. Juni 763 fällt in die Regierungszeit des assyrischen Königs Assurdan III. Daraus läßt sich die neuassyrische Chronologie errechnen, mit der die israelitische Chronologie vielfach synchronistisch verzahnt ist, so daß auch hier eine genauere zeitliche Festlegung wenigstens prinzipiell möglich wird. Als in diesem Zusammenhang besonders wichtige datierbare Ereignisse gelten: Schlacht bei Karkar, an der der assyrische König Salmanassar III. und Ahab von Israel beteiligt waren (853/52); Jehus Tributzahlung an denselben assyrischen Großkönig (841/40); Menahems Tribut an Tiglatpileser III. (738); Pekahs Sturz und Einsetzung Hoseas durch Tiglatpileser III. (733/32/31); Eroberung Samarias durch Sargon II. (722/21/20); Sanheribs Feldzug und Belagerung Jerusalems (701). Wenn dennoch Ungenauigkeiten bleiben und die wissenschaftlichen Untersuchungen des chronologischen Problems nicht zu einhelligen Ergebnissen führten, so liegt das an der Mehrdeutigkeit der Quellen, die verschiedene Interpretationen zulassen. Es ist nicht immer sicher, wann das Kalenderjahr in Israel und Juda begann. Wahrscheinlich lag der Jahresbeginn in älterer Zeit im Herbst und später im Frühling (Begrich, Jepsen); wann aber diese Kalenderänderung vorgenommen wurde, ist nicht sicher zu bestimmen. Unsicher ist ferner, ob in älterer Zeit das Thronbesteigungsjahr als erstes Regierungsjahr betrachtet (Vordatierung) und in späterer Zeit als erstes Regierungsjahr das erste Jahr nach der Thronbesteigung gerechnet wurde (Nachdatierung; Begrich, Jepsen) oder ob schon die ältere Zeit die Vordatierung kannte (Thiele). Möglich ist auch, daß mlk = »König werden« gelegentlich nicht die faktische Regierungsübernahme, sondern die — spätere — Inthronisation bezeichnet (Andersen). Es ist durch diese Quellenlage bedingt, daß alle chronologischen Untersuchungen doch nur zu ungefähren Ergebnissen gelangen können. Das gilt auch mit Bezug auf das 2. vorchristliche Jahrtausend. Besonders wichtig sind die Mari-Texte, über 20 000 Keilschrifttafeln, welche die politische Korrespondenz nebst juristischen Dokumenten der antiken Stadt Mari am mittleren Euphrat enthalten. Aus ihnen ergibt sich die Gleichzeitigkeit des berühmten Hammurabi von Babylon mit dem König Zimrilim von Mari und dem assyrischen König Samsi-Adad I. Seit Bekanntwerden dieses Synchronismus (1933) wurde es nötig, diese wichtige Epoche sehr erheblich herabzudatieren und statt der »langen« Chronologie (Hammurabi 1955—1913) eine »kurze« zugrunde zu legen (Hammurabi 1728—1686) oder noch stärker herabzugehen (1704—1662). Mit dieser kurzen Chronologie konkurriert freilich wieder eine »mittlere« Chronologie, die Hammurabi 1793—1750 ansetzt. Auch hier bleiben somit nicht unerhebliche Differenzen bestehen; sie sind durch ähnliche Ursachen bedingt, wie sie für das 1. Jahrtausend wirksam sind. Die in diesem Buch gebotenen Jahreszahlen folgen der kurzen Chronologie und beruhen für die Zeit der geteilten Reiche auf den Berechnungen von Begrich und Jepsen; die Zeittafel, welche mehr der synchronistischen Übersicht dient, rundet gelegentlich auf oder ab.

Lit.: W. F. Albright, The Chronology of the Divided Monarchy of Israel, BASOR 100, 1945, S. 16—22; K. T. Andersen, Die Chronologie der Könige von Israel und Juda, StTh 23, 1969, S. 69—114; J. Begrich, Die Chronologie der Könige von Israel und Juda, BHTh 3, 1966; F. Cornelius, Die Chronologie des Vorderen Orients im 2. Jahrtausend v. Chr. AfO 17, 1956, S. 294—310; R. W. Ehrich, Chronologies in Old World Archaeology, 1965; J. Finegan, Handbook of Biblical Chronology, 1964; A. Jepsen, Noch einmal zur israelitisch-jüdischen Chronologie, VT 18, 1968, S. 31—66; A. Jepsen - R. Hanhart, Untersuchungen zur israelitisch-jüdischen Chronologie, BZAW 88, 1964; J. O. D. Johnston, The Problem of Radiocarbon Dating, PEQ 105, 1973, S. 13—26; E. Kutsch, Art. Chronologie III, RGG³; ders., Art. Israel II. Chronologie der Könige von Israel und Juda, RGG³; M. Noth, WAT, 1962⁴, S. 240 ff.; R. A. Parker - W. H. Dubberstein, Babylonian Chronology, 1956; E. A. Samuel, Greek and Roman Chronology, HAW I,7 1972; H. Tadmor, The Campaigns of Sargon II of Assur: A Chronological-Historical Study, JCS 7, 1958, S. 22—40; 77—100; E. R. Thiele, The Mysterious Numbers of the Hebrew Kings, 1951; D. J. Wiseman, Chronicles of Chaldaean Kings (626—556 BC) in the British Museum, 1956.

2. Die Seßhaftwerdung

Für die Rekonstruktion der Vorgänge, die man als Seßhaftwerdung und Konsolidierung Israels in Kanaan bezeichnen kann, kommt folgendes Quellenmaterial in Betracht: 1. die Landnahmeerzählungen des ATs und 2. die atlichen Angaben über die Siedlungsverhältnisse der Stämme im Lande Kanaan, die darüber Auskunft geben, wo die einzelnen Stämme ansässig waren, wie die Grenzen zwischen ihren Gebieten verliefen und welche Orte zu den Siedlungsgebieten gehörten; und 3. außerbiblische Texte insbesondere der Amarnakorrespondenz und archäologische Befunde, die Aufschluß über die Verhältnisse im Lande Kanaan in der Zeit kurz vor der israelitischen Landnahme geben. Die Landnahmeerzählungen haben zumeist sagenhaften und ätiologischen Charakter, sie wissen durchweg von Kämpfen mit den Kanaanäern zu berichten und beziehen sich darum auf eine spätere, kriegerische Phase der Landnahme. Insbesondere der umfangreiche Landnahmeabschnitt Jos 1—12 ist darüber hinaus, wie freilich auch schon Num 32, von der Fiktion geprägt, als sei ganz Israel in geschlossener kriegerischer Aktion in Kanaan eingedrungen.

Es empfiehlt sich deshalb, bei den sehr viel »neutraleren« atlichen Beschreibungen der Besitzverhältnisse der einzelnen Stämme im Kulturlande einzusetzen. Diese finden sich im zweiten Teil des Josua-Buches von Jos 13 an.

Sie sind zusammengearbeitet aus einer Liste von Grenzfixpunkten und einer Ortsliste. Die Liste der Grenzfixpunkte stammt noch aus sehr früher Zeit, wohl noch vor der Staatenbildung. Durch Aufzählung der Grenzorte beschreibt dieses Dokument den Verlauf der Grenzen der Stammesgebiete untereinander und in Abgrenzung gegen nichtisraelitisches Gebiet. Es handelt sich freilich nicht um eine objektive Beschreibung des vorhandenen Besitzstandes, sondern diese Urkunde will zugleich auf Gebiete einen Anspruch erheben, die tatsächlich in der Zeit ihrer Abfassung nicht im Besitz israelitischer Stämme waren. Das lehrt der Vergleich mit Ri 1,21.27—33, wo die zunächst von Israel nicht besetzten Gebiete und Orte angegeben werden, das sogenannte »negative Besitzverzeichnis«, ein anderes in diesem Zusammenhang sehr wichtiges Dokument. Die den Angaben von Jos 13 ff. ebenfalls zugrunde liegende oben genannte Ortsliste ist eine Aufzählung der Orte des Staates Juda, welche späteren Datums ist, vermutlich der Zeit des Königs Josia (7. Jahrh.) entstammt, oder auch noch etwas früher angesetzt werden muß. Es handelt sich somit um authentische Dokumente, deren eines fast bis in die hier behandelte Zeit zurückreicht.

Wertet man die Urkunden in der Weise aus, daß man ihre Angaben mit denjenigen der erhaltenen älteren, außerbiblischen Texte und insbesondere der Amarnakorrespondenz vergleicht, aus welcher sich ja wichtige Auskünfte über die Situation vor der Landnahme, also über den status quo ante, entnehmen lassen, so ergibt sich folgendes: In der vorisraelitischen Zeit war die politische Lage durch viele winzige Stadtstaaten in den Ebenen geprägt; in der israelitischen Zeit sind an die Stelle dieser Vielheit größere Einheiten getreten. In der vorisraelitischen Epoche lag das politische Schwergewicht in den Ebenen und besonders in der Küstenebene; jetzt liegt es auf dem Gebirge, also gerade dort, wo die Besiedlung in der älteren Zeit äußerst dünn war und wo aller Wahrscheinlichkeit nach schon in vorisraelitischer Zeit größere Staatsgebilde wie das von Labaja (s. o. S. 15) auf dem Gebirge Ephraim und das mit dem Zentrum Hazor existiert hatten. Das schon genannte »negative Besitzverzeichnis« zeigt außerdem, daß dieselben kanaanäischen Orte, die in der Amarnazeit Stadtstaatenketten bildeten, in der Zeit, auf die sich das Verzeichnis bezieht, immer noch nicht in israelitischer Hand waren. Daraus ist zu schließen, daß die Siedlungsgebiete der israelitischen Stämme zwischen diesen Riegeln von befestigten Städten lagen, ohne diese selbst mitzuumfassen. Die Israeliten wurden also zunächst nur in den Lücken, die ihnen das Stadtstaatensystem überließ, ansässig. Die nicht in Besitz genommenen Städte trennten ganze Stammesgruppen voneinander. Zwischen den galiläischen Stämmen im Norden und dem Haus Joseph in Mittelpalästina bestand keine Verbindung; eine andere Trennungslinie verlief zwischen Joseph und Benjamin und dem Stamme Juda.

Die hier angewandte Methode nennt man mit und seit A. Alt die »territorialgeschichtliche«, weil sie sich nach Möglichkeit auf authentische, die Territorialgeschichte betreffende Dokumente stützt. Der mit Hilfe dieser Methode durchgeführte Vergleich des Status quo ante et post läßt wichtige Rückschlüsse auf Art und Wesen der Vorgänge zu, die zwischen dem früheren und späteren Zustand sich vollzogen: 1. Die »Einwanderung« war in Wahrheit eine Unterwanderung und Umschichtung der Bevölkerung. 2. Sie war ein zumeist friedlicher Vorgang und auf keinen Fall eine geschlossene Eroberungsaktion. 3. Sie war ein langwieriger Prozeß, dessen zeitliche Dauer man zwar nicht bestimmen kann, der sich aber über mehrere Generationen erstreckt haben muß. 4. Es gibt keine Geschichte der Landnahme Israels, sondern allenfalls eine — kaum noch rekonstruierbare — Geschichte des Ansässigwerdens einzelner Sippen, die im Kulturland in Israel integriert wurden. 5. Die einzelnen Sippen und Verbände sind zu recht verschiedenen Zeiten und auf unterschiedlichen Wegen in ihr Siedlungsgebiet gelangt. Und schließlich 6.: es muß damit gerechnet werden, daß ein nicht unerheblicher Teil der Israeliten, zumal in den nördlichen Gebieten, zur früher hier bereits autochthonen Bevölkerung gehört.

Diese Erkenntnisse lassen sich mit einiger Vorsicht und Umsicht in bezug auf die einzelnen Stämme noch etwas näher differenzieren und präzisieren. Umsicht und Vorsicht sind hier freilich am Platz! Insbesondere die Rekonstruktion von einzelnen Einwanderungsschüben und ihrer relativen Chronologie bleibt angesichts der Texte sehr problematisch. Auch der insbesondere seit Noth beliebten Annahme eines früheren Sechserbundes von Leastämmen (Ruben, Simeon, Levi, Juda, Sebulon und Issachar), der nach dem Rückgang und der Zerstreuung einiger dieser Stämme infolge des Hinzutretens des Hauses Joseph zu einem Zwölferbund erweitert worden sein soll, fehlt die sichere textliche Basis. Von einem Untergang einiger Stämme, etwa von Simeon und Levi, ist nirgends, auch nicht in Gen 34, worauf man sich zu berufen pflegt, die Rede. Das fiktive oder quasi-fiktive Schattendasein einzelner Stämme läßt sich, wie zu zeigen sein wird, auch anders erklären.

Was Weg und Art der Seßhaftwerdung der einzelnen Stämme betrifft, dürfte nur folgendes sicher oder höchst wahrscheinlich sein. Die im Süden ansässigen Gruppen, welche hier den Stamm Juda und den nicht mehr recht lokalisierbaren Stamm Simeon bilden, werden von Süden her in ihr Gebiet eingewandert sein, also genau in entgegengesetzter Richtung, als es Ri 1 darstellt; denn in diesem Text wirkt sich schon die Fiktion aus, daß Gesamtisrael von Ost nach West nach Mittelpalästina vorgestoßen sei: so mußte Juda also von Norden nach Süden in sein Wohngebiet gelangen. Das ist aber historisch undenkbar, da das judäische

Gebiet nur von Süden her offen war, im Norden hingegen, wie dargelegt, bis in die Zeit Davids hinein, durch einen Gürtel kanaanäischer Festungen, wozu auch Jerusalem gehörte, abgeriegelt war. Auch die sogenannte Kundschaftergeschichte von Num 13 f. weist in gleicher Richtung; hier ist ja von einem Versuch die Rede, vom südlichen Steppengebiet her in die Gegend von Hebron einzudringen. Nach der jetzigen Gestalt dieser alten Landnahmesage scheitert das Unternehmen allerdings vollends; aber diese Pointe bekam die Erzählung erst, als die Tradition von der Ost-West-Einwanderung Gesamtisraels sich durchsetzte und kanonisch wurde.

Hingegen wird man bei den mittelpalästinischen Stämmen Joseph und Benjamin mit einer Einwanderung bzw. einem Einsickern von der östlichen Steppe her ins Kulturland rechnen dürfen. Und vermutlich saß Joseph zunächst nur im südöstlichen Teil seines späteren Gebietes und breitete sich dann friedlich durch Rodung des Waldes nach Norden und Nordosten aus (Jos 17,14 ff.).

Ein interessantes Beispiel für eine anfangs nicht gelingende »Landnahme« bietet der Stamm Dan. Daniten hatten zuerst versucht, westlich Jerusalems zwischen dem Gebirge und der Küstenebene Fuß zu fassen, konnten sich hier aber nicht halten, da der Druck der Kulturlandbewohner der Städte, in diesem Falle der Philister, wie die Simsonerzählungen zeigen (Ri 13—16), zu stark wurde. Da zog der Stamm aus dieser südwestlichen Gegend weg und ließ sich endgültig im äußersten Norden bei den Jordanquellen nieder (Jos 19,40—48; Ri 17 f.).

Wieder anders ist die Vorgeschichte der nördlichen Stämme Sebulon, Issachar, Asser und Naphthali zu beurteilen. In Jos 19,10—39 werden die Grenzen ihrer Gebiete beschrieben. Danach hatte Sebulon seine Wohnsitze auf den Bergen am Südrande von Untergaliläa mit der Jesreelebene als Südgrenze. Nordwestlich von Sebulon auf dem westlichen Rande des Gebirges von Galiläa saß Asser, während die Küstenebene zunächst noch kanaanäisch blieb (vgl. Ri 1,31—32). Issachar war in derselben Gegend seßhaft, aber etwas mehr nach Südosten hin mit dem Jordangraben als Westgrenze. Naphthali schließlich wohnte ganz am Ostrande des galiläischen Gebirges oberhalb des Sees von Genezareth. Diese Stammesgebiete geben für die Frage nach dem Weg der Einwanderung praktisch keinerlei Hinweis. Man kann höchstens vermuten, daß diese Stämme aus östlicher Richtung ins Kulturland gekommen sein könnten. Sicher ist das jedoch nicht. Eine andere Möglichkeit ist eher wahrscheinlich. Einige Eigentümlichkeiten anderer Art geben einen Hinweis. Der Name Issachar bedeutet Fron- oder Lohnarbeiter und dem entspricht es, daß Gen 49,14 f. in dem Spruch über ihn gesagt wird, er sei ein Lastesel. Offenbar durfte Issachar nur um den Preis gewisser Dienstbarkeiten gegenüber den Kulturlandbewohnern im Lande wohnen. Dafür scheint es in den Amarnabriefen eine direkte Bestätigung zu geben. Hier wird nämlich berichtet, daß bei der Stadt Sunem, die im Gebiete Issachars lag, Fronarbeiter das Land zu pflügen hatten. Im Falle Issachars kennzeichnet der Name des Stammes in einer heute noch durchsichtigen Weise die Art oder die Lebensweise des Stammes. Zugleich wird deutlich, daß der Stamm diesen Namen überhaupt erst bekommen konnte, als er schon in der von diesem Namen gekennzeichneten Weise lebte, und das heißt, daß dieser Stamm sich erst im Kulturlande so konstituierte. Auch in anderer Hinsicht ist die Parallele der Amarnabriefe aufschlußreich. Man wird die Fronarbeiter der Amarnazeit wohl kaum von dem alttestamentlichen Issachar trennen können. Das würde aber bedeuten, daß dieser Stamm schon in so früher Zeit hier ansässig war. Interessant ist auch, was im Jakobsegen (Gen 49,13) über Sebulon gesagt wird: Sebulon wohnt am Meer bei den Schiffen. Dies scheint zunächst zu der Annahme im Widerspruch zu stehen, daß die Küstenebene zunächst nicht israelitisch wurde. Aber auch dieser Spruch, der eigentümlicherweise ja auch von Schiffen spricht, wird darauf anspielen, daß der Stamm Sebulon von den Städtern in der Küstenebene abhängig und zu Frondiensten in den Häfen verpflichtet war. Dasselbe wird an anderer Stelle auch von Asser, Sebulons Nachbarn, und von Dan ausgesagt (Ri 5,17). So wie man Issachar nicht von jenen Fronarbeitern von Sunem in der Amarnazeit wird trennen können, so wird man auch den Stamm Asser mit Leuten, die mit dem Namen išr bezeichnet werden und von welchen um 1300 bei den Pharaonen Sethos I. und Ramses II. die Rede ist, in Verbindung bringen müssen. Dann ist auch Asser schon in sehr früher Zeit und in abhängiger Position im Lande ansässig gewesen. Unterdrückung und Fronarbeit wurden offenbar nicht nur von der Ägyptengruppe und nicht nur in Ägypten, sondern auch im gelobten Land erfahren. Daß die galiläischen Stämme ihre Gebiete erobert hätten, ist auf jeden Fall sehr unwahrscheinlich. Ihre den Chabiru entsprechende Existenzweise läßt eher vermuten, daß diese Stämme niemals eine »Landnahme« erlebten, sondern autochthone Bewohner des Landes außerhalb der Städte waren, die in wechselndem, vielfach abhängigem Verhältnis zu den städtischen Machthabern standen.

Was schließlich die Stämme Ruben und Gad betrifft, die in der Überlieferung zusammen genannt werden, so ist nur das Siedlungsgebiet Gads mit Sicherheit zu bestimmen. Josua 13,24 ff. gibt an, daß der Stamm Gad im Ostjordanlande ansässig war. Er wird ähnlich wie Joseph und Benjamin von Osten her in sein Gebiet eingerückt sein. Rubens Siedlungsgebiet bleibt ungewiß und seine angebliche Zusammengehörigkeit mit Gad ist ein Notbehelf der Überlieferung, welche diesen Stamm nicht unterzubringen vermochte.

Diese Übersicht über die Siedlungsverhältnisse der einzelnen Stämme bestätigt noch einmal, daß Israels Landnahme im großen und ganzen ein friedlicher Vorgang gewesen sein muß. Eigentlich trifft die Bezeichnung Landnahme diese historische Entwicklung kaum.

Lit.: Siehe am Ende von Abschnitt III, 4.

3. Die Landnahmeerzählungen

Ein total anderes Bild schildern freilich die Landnahmeerzählungen des ATs, allen voran der Komplex Jos 1—12, der nach dem Duktus des jetzigen ATs den eigentlichen Bericht über die Landnahme überhaupt enthält, der alle älteren Darstellungen verdrängen wollte, wenn das auch nicht ganz gelang. Wie ist dieser Komplex zu beurteilen und historisch auszuwerten? Die Antwort hierauf ist nicht sehr schwierig und nicht mehr neu. Sieht man von der Einleitung in Jos 1 und der Zusammenfassung in Jos 12 einmal ab, so kann man sagen, daß der Komplex Jos 2—11 kein durchgehender Bericht ist, sondern eine Sammlung ehemals selbständiger Erzählungen darstellt. Diese haben durchweg ätiologischen Charakter und wollen eigentümliche Phänomene wie große Steinhaufen (7,26; 10,27), unbewohnte Ruinenstätten (Jericho und Ai, Jos 2 und 6; Ai, Jos 8), kultische Bräuche (Jos 3 f.) oder den besonderen Status der Gibeoniter (Jos 9) erklären.

Der ätiologische Charakter der hier vorliegenden Überlieferungen ist zwar insbesondere von anglo-amerikanischen Forschern gelegentlich in Zweifel gezogen oder dahingehend relativiert worden, daß ein noch nicht ätiologischer Kernbestand als durchaus historisch zuverlässig angesehen wurde. Allein dieser ätiologische Charakter ist nicht abhängig von gelegentlich in der Tat sekundär angehängten Formeln wie »so ist es bis zum heutigen Tage«, sondern ist aus diesen Erzählungen selbst erschließbar. Gen 11,1—9 ist eine Ätiologie, auch wenn die ätiologische Formel hier fehlt, und auch dann noch, wenn die Erzählung die Ausdeutung des Namens Babel nicht enthielte. Die Josuasagen setzen das Geschichtsbild einer geschlossenen militärischen Aktion voraus und führen die Entstehung der fraglichen Phänomene (Wüstungen, Steinhaufen usw.) auf den kriegerischen Einmarsch der Israeliten zurück. Diese Sagen sind bereits von der — freilich nicht ohne Jahwe möglichen — militärischen Überlegenheit israelitischer Verbände überzeugt. Das aber führt in eine spätere Phase der Landnahmevorgänge.

Daß dieses Verständnis richtig ist, wird in einigen Fällen von der Archäologie bestätigt. Die Stadt Ai ist laut Grabungsbefund bereits um etwa 2400 vor Chr. zerstört worden und war seither praktisch nicht mehr bewohnt. Israel fand diesen Ort also bereits als wüste Stätte vor. Ähnlich liegen die Dinge auch, was Jericho betrifft, wenn der archäologische Befund hier auch nicht so massiv-eindeutig ist. Auch hier ist es aber sehr wahrscheinlich, daß das spätbronzezeitliche Jericho schon gefallen war, ehe die erste israelitische Posaune erklang.
Die als Ätiologien erkannten Erzählungen des Jos-Buches liefern keinen Beitrag zur Rekonstruktion der frühen Landnahmevorgänge. Ihre Verknüpfung erst ergibt einen Einwanderungsweg von Ost nach West über den Jordan hinweg. Das mag der Richtung der Landnahme des Stammes Benjamin entsprechen, dessen Traditionen in diesen Sagen, wie die Lokalitäten ja zeigen, hier verarbeitet sind.
An die benjaminitischen Überlieferungen in Jos 1—9 schließen sich in 10 und 11 solche anderer Herkunft an, die eher den Eindruck historischer Zuverlässigkeit machen. Die Erzählung über eine Schlacht zwischen Gibeon und Ajjalon (Jos 10,1—11) wird vielfach als historischer Bericht bewertet. Auch der Bericht über eine Schlacht gegen die Stadt Hazor wird historische Erinnerung festhalten. Allerdings läßt sich Jos 10,1—11 auch als Ätiologie erklären, welche mit dem möglicherweise kultischen Spruch über das Stillstehen von Sonne und Mond zusammenhängen könnte. Aber wie dem auch sei, auch wenn diese Erzählung keine Ätiologie, sondern ein historischer Bericht ist, so verweist dieser ebenso wie die Erzählung über den Krieg gegen Hazor in Jos 11 in eine spätere Zeit. Das zeigt mit wünschenswerter Deutlichkeit der Bericht von Ri 4 über einen Krieg gegen Kanaanäerstädte, unter welchen auch Hazor genannt wird, dessen König hier wie in Jos 11 Jabin heißt. Es liegen in Jos 11 und Ri 4 anscheinend Varianten einer Überlieferung vor oder auch zwei verschiedene Überlieferungen über Ereignisse, die zusammengehören. Die Ansetzung dieser Ereignisse in der sogenannten Richterzeit in Ri 4 (und Ri 5) ist richtig. Im jetzigen Kontext schildern die Kap. 10 und 11 eine Disgression von Mittelpalästina aus nach Süden und nach Norden. Nach diesem Erzählungsduktus wird somit das ganze gelobte Land erobert.
Ebenso wenig ertragreich für die Rekonstruktion der frühesten Landnahmevorgänge sind die Landnahmeerzählungen und entsprechenden Notizen außerhalb des Komplexes Jos 1—12. Die Kundschaftergeschichte Num 13 f. wurde schon genannt (s. o. S. 29, 38 f.). In ihrem unschwer zu rekonstruierenden Urbestand reflektiert sie die Landnahme der Kaleb-Sippen in Hebron. Nach Num 21,21—31 hat Israel das ostjordanische Hesbon erobert und dessen König Sihon besiegt. Diese Erzählung ist die nachträgliche Israelitisierung einer Tradition des Stammes

Gad, dem es, wiederum erst in einer späteren Phase seiner Seßhaftwerdung und Konsolidierung, gelang, die benachbarte Stadt Hesbon zu erobern. Die Tradition wird aus dem Siegeslied Num 21,27—30 herausgesponnen worden sein. Auch die knappen Notizen von Num 32,39 ff. haben Bezug auf das Ostjordanland; sie sind keine Quelle für die Landnahme im eigentlichen Sinn, sondern allenfalls für eine Kolonisation in diesem Gebiet, welche von aus dem Westen nach hier vordringenden Sippen durchgeführt wurde. Ansonsten bezieht sich das Kapitel auf die Landnahme des ostjordanischen Gad (und Ruben) und ist bereits von der Fiktion eines gesamtisraelitischen Vormarsches geprägt.
Letzteres ist bei den verschiedenen Kurzberichten über das Vorgehen einzelner Stämme in Ri 1 allerdings noch nicht der Fall. Ergab sich zwischen den im Ostjordanlande spielenden Landnahmesagen innerhalb des Pentateuchs und dem »Bericht« über die Eroberung des Westjordanlandes im Josuabuch noch kein Widerspruch, so kollidieren die Angaben von Ri 1 über Aktionen einzelner Stämme oder Stämmegruppen spürbar mit der kanonischen Landnahmetradition. Nach dem redaktionellen Gesamtzusammenhang sieht es freilich so aus, als hätten einzelne Stämme im Anschluß an und auf Grund der unter Josua errungenen Siege ihr Gebiet nur etwas erweitert oder abgerundet. Dieser Anschein ist beabsichtigt; er soll die disparaten Vorstellungen und Überlieferungen harmonisieren.
Im einzelnen sind die in Ri 1 berichteten Eroberungen wie etwa der Stadt Lus = Bethel durch Joseph (1,22—26) oder Horma durch Juda und Simeon (1,17), ähnlich wie die Ereignisse, welche den spärlichen Landnahmeangaben des Pentateuchs oder in Jos (10) 11 zugrunde liegen, in der späteren, sogenannten Richterzeit.
Lit.: Siehe am Ende von Abschnitt III, 4.

4. Landnahme und soziale Umschichtung

Die mit Hilfe der territorialgeschichtlichen und überlieferungskritischen Methode gewonnenen historischen Ergebnisse lassen sich folgendermaßen zusammenfassen:
1. Der Umstand, daß eine ursprüngliche, echte Tradition über eine Landnahme Israels oder einzelner israelitischer Verbände im eigentlichen engeren Sinne einer anfänglichen Inbesitznahme von Kulturland fehlt, bestätigt, daß sich nicht eine »Landnahme«, sondern ein langwieriger und komplizierter Prozeß vollzog, der gar nicht zu einer diese vielschichtigen Vorgänge reflektierenden Traditionsbildung den Impuls geben konnte.
2. Das, was herkömmlicherweise Landnahme genannt wird, verlief in zwei Hauptphasen. Die erste vollzog sich als allmähliche Seßhaftwerdung und Konsolidierung in Gebieten neben und zwischen den kanaanäischen Städten. Jetzt erst und zugleich mit ihrer Ansässigwerdung bildeten sich die Stämme. Hinweis darauf sind auch die im Kulturland beheimateten Namen einzelner Stämme (Juda, Benjamin, der josephitische Ephraim, und vgl. das oben S. 38 über den Namen Issachar Gesagte). So entstand ein Nebeneinander von monarchisch-feudal regierten Stadtstaaten einerseits und einer Landwirtschaft und Kleinviehzucht betreibenden Landbevölkerung andererseits, deren lockerer Zusammenhalt auf realen verwandtschaftlichen Verhältnissen — Vaterhaus, Sippe — beruht und deren übergreifende Zusammengehörigkeit in den fiktiven Verwandtschaftsbeziehungen der Stämme zum Ausdruck kommt und Halt gewinnt. Die zweite Phase setzt ein mit der Konsolidierung und Abrundung der Territorien und vollzieht sich als — mit dem

Übergang von der Spätbronzezeit zur Eisenzeit paralleler — Machtverfall der Städte und Verlagerung der Macht von dort aufs Land. Sie findet in der Brechung der Vormachtstellung der kanaanäischen Städte ihren Abschluß.
Die historisch gesehen zweite Phase wird im AT als erste und einzige dargestellt, während die historisch gesehen erste Phase keinen Niederschlag in konkreten Traditionen finden konnte, weshalb der Historiker hier auf die indirekten biblischen und außerbiblischen Zeugnisse angewiesen bleibt. Dieser Umstand und Überlegungen allgemeiner Art legen es nahe, daß die »Einwanderung« auch als ein allmählicher Prozeß sozialer Umschichtung auf dem Boden Kanaans verstanden werden muß.

Betrachtet man die skizzierten Ergebnisse in ihrem eigenen historischen Horizont der ausgehenden Bronzezeit, so ergibt sich folgendes Bild: Es wurde oben bereits dargelegt, daß die Chabiru, wie sie in den Amarnatafeln auch und insbesondere für den kanaanäischen Bereich bezeugt werden, nicht primär als eine ethnologische, sondern als eine soziologische Größe zu verstehen sind. Sie sind Leute geringerer sozialer Stellung und minderen Rechtes. Daß zu der Zeit Chabiru überhaupt und offenbar in großer Zahl existierten, deutet auf bestimmte erhebliche soziale Gegensätze hin. Solche Gegensätze sind im feudalen, ritterlichen Kanaan mit seinem System von selbständigen, von ritterlichen Adelsgeschlechtern beherrschten Stadtstaaten unschwer vorstellbar. Politisch hatten die Adelsgeschlechter die Macht in Händen. Aus ihnen ging der Stadtkönig hervor. Diese Stadtkönige schwächten sich aber durch unendliche Fehden gegenseitig. Die innenpolitische Oligarchie litt an außenpolitischer Schwäche, welche im System der Kleinstaaterei leicht in innenpolitische Schwäche umschlagen kann. Im Exodusthema wurden bereits die beiden Möglichkeiten sichtbar, welche in der Existenz der Chabiru angelegt sind: Abhängigkeit und Fronarbeit oder aber der Exodus aus dem Machtbereich, dem sie untertan waren. Was in Ägypten geschah und zur zentralen Traditionsbildung des Exodus führte, ereignete sich ähnlich auch in Kanaan selbst. Auch hier vollzog sich ein Rückzug von Leuten minderen Rechtes, die sich mit anderen Elementen, welche von der Steppe her als Landsuchende einsickerten, und überhaupt mit den nicht-städtischen Bevölkerungsteilen zusammentaten und sich, trotz verschiedener Herkunft, in ihrem Gegensatz gegen den feudalen Ritterstand in den Städten der Ebenen einig waren oder sich darin konsolidieren konnten. An dieser Stelle kann noch einmal daran erinnert werden, daß die galiläischen Stämme oder einige unter ihnen eine abhängige Chabiru-Position hatten. Diese Beobachtungen legen es nahe, die galiläischen Stämme insgesamt als Chabiru-Bildungen zu verstehen, und berechtigen zu der Frage, ob diese Stämme überhaupt jemals aus der Steppe eingewandert oder nicht vielmehr ausgewandert seien aus dem sozialen Gefüge der kanaanäischen Städte und Stadtstaaten. Diese konnten die Chabiru dann doch wieder botmäßig machen, bis ihnen abermals ein Auszug in die Freiheit gelang. Einem solchen Auszug kann die geographische Dimension durchaus fehlen.
Solche Erwägungen lassen das, was man gemeinhin »Landnahme« nennt, als einen so komplizierten Prozeß erscheinen, daß die ältere Theorie von zwei oder mehr »Schüben« den wirklichen Vorgängen nicht gerecht wird. Diese entziehen sich in ihren Einzelheiten weitgehend dem Zugriff des Historikers. Außer einer Bewegung von außen (von der Steppe her) nach innen (ins Kulturland) wird eine Bewegung von innen (aus den Städten) nach außen (in die Gebirge), also aus dem Gefüge des kanaanäischen Feudalsystems in die Chabiru-Existenz sichtbar. Man ginge gewiß zu weit und hätte das Zeugnis des ATs gegen sich, wenn man annähme (wie es G. E. Mendenhall tut), eine Einwanderung habe überhaupt nicht stattgefunden und die Landnahme sei in Wirklichkeit ein innerkanaanäisches Phänomen, das mit soziologischen Kategorien allein richtig beschrieben werden könne. Die Eigenart der Patriarchentraditionen, die Herkunft Jahwes vom nicht-kanaanäischen Sinai und das in Israel tief verwurzelte Bewußtsein, das Land als Gabe Gottes empfangen zu haben, sprechen deutlich gegen eine solch einseitige These. Wohl aber lassen sich zwei Bewegungen — von außen nach innen und von innen nach außen — noch einigermaßen deutlich beobachten, und man kann fragen, welche der beiden jeweils maßgeblich war. Der

im AT durchweg behauptete Gegensatz zwischen Israel und Kanaan ist jedenfalls nicht nur ein solcher zwischen einer autochthonen Bevölkerung und halbnomadischen Zuwanderern, sondern ebenso auch ein sozialer Gegensatz zwischen den Stadtherrschaften mit ihren Getreuen und den Leuten minderen Rechtes. Es ist sogar anzunehmen, daß dieser Gegensatz von größerer historischer Bedeutung als der zwischen Urbevölkerung und landsuchenden Halbnomaden war. Es ist ferner zu vermuten, daß die zunächst in die weniger dicht besiedelten Gebiete einsickernden Halbnomaden wohl auch in jenen hier schon bestehenden Gegensatz gegen die städtischen Oligarchen hineingenommen werden konnten. Dem entspricht es sehr genau, daß, wo im AT von einem Kampf gegen die Kanaanäer die Rede ist, immer Kämpfe gegen kanaanäische Städte und Stadtkönige gemeint sind. Dem entspricht ferner und schließlich die Tatsache, daß die »Landnahme« und Konsolidierung Israels in Kanaan nicht bloß ein Volk durch das andere oder eine Herrenschicht durch die andere ersetzte; an die Stelle des kanaanäischen Stadtstaatensystems trat vielmehr im »Endeffekt« das großräumigere System des Nationalstaates, der sich nicht nach dem städtischen Zentrum, sondern mit dem Namen umfassenderer Gebilde bezeichnet: Ammon, Moab, Edom und so auch Israel und danach Israel und Juda.

Das bedeutet schließlich, daß Israel sich nicht nur aus Zugewanderten, sondern zu einem Teil auch aus Kanaanäern rekrutierte, daß m. a. W. Israel selbst teilweise kanaanäisch war, ohne daß sich dieser Anteil noch bestimmen ließe. Die Vorgeschichte Israels geschah mithin nicht nur in Ägypten und in der Wüste und Steppe, sondern auch in Kanaan. Es ist bekannt, daß das Hebräische einst die Sprache Kanaans war; daß der Gott El ein kanaanäischer Obergott war; daß Israels Heiligtümer vormals sakrale Orte der Kanaanäer waren; daß die großen Jahresfeste Israels einmal kanaanäische Erntefeste gewesen sind; daß israelitische Opferrituale ihre kanaanäische Herkunft noch verraten; daß die bedeutendsten Priesterschaften, die Zadokiden von Jerusalem und wahrscheinlich auch die Aaroniden von Bethel, kanaanäischer Abstammung waren. Dem ist hinzuzufügen, daß höchstwahrscheinlich auch die Kinder Israel zu einem nicht mehr zu ermittelnden Teil kanaanäischer Herkunft waren. Das gilt vor allem von den nordisraelitischen Stämmen in Galiläa, weniger von den mittelpalästinischen Stämmen auf dem Gebirge Ephraim und am wenigsten von den Südstämmen, die noch in historischer Zeit in unmittelbarer Berührung mit Steppe und Wüste lebten.

Wievieles auch immer unsicher bleibt und notwendigerweise nur hypothetisch gelöst werden kann, einhellig und eindeutig bezeichnen die Quellen die Gesamtheit der sich auf kanaanäischem Boden niederlassenden und konsolidierenden Sippen, Gruppen und Stämme als »Israel«. Damit stellt sich die — historisch und theologisch ungemein wichtige — Frage, welche Größe also bezeichnet wird und wie das Wesen dieses Israel zu bestimmen ist.

Lit.: Y. Aharoni, Problems of the Israelite Conquest in the Light of Archaeological Discoveries, Antiquity and Survival II 2/3, 1957, S. 131—150; ders., The Land of the Bible. A Historical Geography, 1976; ders., New Aspects of the Israelite Occupation in the North, Near Eastern Archaeology in the Twentieth Century, Essays in Honor of Nelson Glueck, 1970, S. 254—267; ders., Nothing Early and Nothing Late. Re-Writing Israel's Conquest, BA 39, 1976, S. 55—76; A. Alt, Erwägungen über die Landnahme der Israeliten in Palästina, I, S. 126—175; ders., Josua, ibid., S. 176—192; ders., Die Landnahme der Israeliten in Palästina, ibid., S. 89—125; ders., Das System der Stammesgrenzen im Buche Josua, ibid., S. 193—202; G. Buccellati, Cities and Nations of Ancient Syria, 1967; C. F. Burney, Israel's Settlement in Canaan, Schweich Lectures 1917, 1921³; J. Callaway, Excavating Ai (et-Tell) 1964—1972, BA 39, 1976, S. 18—30; B. S. Childs, A Study of the Formula »Until this Day«, JBL 82, 1963, S. 279—292; H. J. Franken, Tell es-Sultan and Old Testament Jericho, OTS 14, 1965, S. 189—200; J. Garstang, The Walls of Jericho, PEQ 1931, S. 186—196; ders., und J. B. E. Garstang, The Story of Jericho, 1948²; ders. und L. H. Vincent, The Chronology of Jericho, PEQ 1931, S. 104—107; K. M. Kenyon, Digging up Jericho, 1957; dieselbe, Archaeology in the Holy Land, 1965²; B. O. Long, The Problem of Etiological Narrative in the OT, BZAW 108, 1968; G. E. Mendenhall, The

Hebrew Conquest of Palestine, BA 25, 1962, S. 66—87; ders., Early Israel as the Kingdom of Yahweh: Thesis and Methods, The Tenth Generation, the Origins of the Biblical Tradition, 1973, S. 1—31; ders., Tribe and State in the Ancient World, ibid., S. 174—197; S. Mowinckel, Tetrateuch, Pentateuch, Hexateuch. Die Berichte über die Landnahme in den drei altisraelitischen Geschichtswerken, BZAW 90, 1964; M. Noth, Aufsätze zur biblischen Landes- und Altertumskunde, 1, 2, 1971; M. B. Rowton, The Physical Environment and the Problem of the Nomads, 15e Rencontre Assyriologique Internationale, 1967, S. 109 bis 122; ders., Autonomy and Nomadism in Western Asia, Or NS 62, 1973, S. 247—258; ders., Urban Autonomy in a Nomadic Environment, JNES 32, 1973, S. 201—215; J. A. Soggin, Jéricho. Anatomie d'une conquête, RHPhR 57, 1977, S. 1—17; E. A. Speiser, Ethnic Movements in the Near East in the Second Millenium B. C., AASOR 13, 1931/32, S. 13—54; C. Steuernagel, Die Einwanderung der Israeliten in Kanaan, 1901; M. Weippert, Die Landnahme der israelitischen Stämme in der neueren wissenschaftlichen Diskussion, FRLANT 92, 1967; H. und M. Weippert, Jericho in der Eisenzeit, ZDPV 92, 1976, S. 105—148; M. Wüst, Untersuchungen zu den siedlungsgeographischen Texten des Alten Testaments I, Ostjordenland, Beihefte zum Tübinger Atlas des Vorderen Orients 9, 1975; Sh. Yeivin, The Israelite Conquest of Canaan, UNHAII 27, 1971.

IV. Das vorstaatliche Israel

1. Die altisraelitische »Amphiktyonie«

Sehr häufig begegnet im AT die Vorstellung, daß Israel sich aus 12 Stämmen zusammensetzt. Die atliche Tradition führt das darauf zurück, daß der Stammvater Israels, Jakob, der mit Israel gleichgesetzt wird, 12 Söhne hatte, welche die Ahnherren der nach ihm sich nennenden Stämme wurden. Es bedarf keines Beweises, daß diese Darstellung unhistorisch ist. Es gibt keine historische Analogie dafür, daß ein Volk von einem einzigen Mann abstammt. Bedeutet das, daß diese ganze Tradition von einem aus 12 Stämmen bestehenden Israel eine theoretische Fiktion oder eine fiktive genealogische Konstruktion ist? Das hat man in der Tat früher wohl angenommen (so etwa Ed. Meyer — B. Luther), und diese Meinung hat heute wieder neue Befürworter (G. Fohrer; C. H. J. de Geus) gefunden. Aber die Theorie, die mit einer Fiktion rechnet, ist auch nicht leicht durchführbar, denn es erhebt sich gegen sie der Einwand, daß sie nicht einsichtig zu machen vermag, welchen Sinn eine solche Fiktion, zumal wenn sie erst in der späteren Königszeit entstanden sein soll, gehabt haben könnte. Eine Fiktion ohne Intention ist undenkbar. Zweckfrei mag allenfalls die historische Wirklichkeit sein, eine Fiktion ist es gewiß nicht.

Gegen die Annahme einer Fiktion spricht auch, daß die Zwölfertradition mit größter Beharrlichkeit sich von den ältesten bis zu den jüngsten Schichten des ATs, ja noch bis in das Neue Testament durchhält, wo die christliche Kirche als das neue Israel nach dem Geist von 12 Aposteln repräsentiert wird. Auch wird das System der 12 Namen in mindestens zwei verschiedenen Gestalten überliefert, die sich dadurch unterscheiden, daß in der einen Gestalt (Gen 49) Levi als Stamm mitgezählt wird, dieser Name aber in der zweiten Form (Dtn 33) fehlt, dafür aber der Stamm Joseph in Manasse und Ephraim aufgeteilt erscheint. Wäre das System pure Fiktion, bliebe dessen Modifizierung unter Beibehaltung der 12 unverständlich.

Solche Erwägungen führen zu der Erkenntnis, daß sich offenbar hinter dieser traditionellen Nennung von 12 Stämmen, was auch immer Fiktion oder spätere Theorie sein mag, irgendeine historische Realität verbergen muß. Es fragt sich dann weiter, wie diese Wirklichkeit zu erfassen und zu beschreiben sei. Verschiedene Lösungen des Problems sind versucht worden. Vielfach und mit unterschiedlichen Argumenten hat man die Annahme zu begründen versucht, daß Israel der Name eines Stämmebundes gewesen sei, der noch bis in die Zeit vor der Seßhaftwerdung zurückreiche. Dessen Zusammengehörigkeitsgefühl beruhe auf einer gemeinsamen Vorgeschichte und einem ebenso gemeinsamen Gottesglauben; dies komme in dem System der 12 Brüder = Stämme zum Ausdruck. Von diesen Voraussetzungen her mußte es naheliegen, die Begründung dieses Bundes mit der Gestalt und dem Werk des Mose in einem Zusammenhang zu sehen. Seit aber diese Voraussetzungen infolge der fortschreitenden Traditionskritik, welche die Rahmenerzählung des

Pentateuch zum Einsturz brachte und die darin enthaltenen Einzelüberlieferungen als ehemals selbständige, erst nachträglich zusammengefügte Traditionen auseinanderfallen ließ, immer fragwürdiger zu erscheinen begannen, mußten sich all solche Lösungen als zuwenig kritisch herausstellen.

In diese Lücke stieß 1930 M. Noth mit seiner Monographie über das System der zwölf Stämme Israels. Er versuchte darin das sich aus 12 Stämmen zusammensetzende Israel nach Analogie altgriechischer und altitalischer Amphiktyonien zu verstehen. Der Begriff Amphiktyonie ist ursprünglich der Name und die Selbstbezeichnung des kultischen Verbandes — eben der »Amphiktyonie« (amphi = rundum; ktionia = wohnerschaft) um die Heiligtümer von Demeter an den Pylen und dem Tempel Apollos von Delphi. Hier gilt Amphiktyon, Sohn des griechischen Sintfluthelden Deukalion, König von Attika, als der sagenhafte Begründer und Eponyom eines sakralen Verbandes von zwölf Mitgliedern. Der Begriff »Amphiktyonie« fand aber auch als Bezeichnung für analoge Sakralbünde Verwendung. Um die Entstehung solcher Bünde liegt das nicht mehr zu durchdringende Dunkel der Vorgeschichte. Dem Wesen nach ist eine Amphiktyonie ein vorstaatlicher und nichtstaatlicher Zusammenschluß von 12 oder 6 Stämmen zum gemeinsamen Kult eines Gottes an einem zentralen Heiligtum. Die Pflege des gemeinsamen Heiligtums oblag monatlich oder zweimonatlich im Turnus den einzelnen Stämmen; hieraus erklärt sich die Zwölf- oder Sechszahl.

Die von Noth aufgewiesenen Übereinstimmungen mit solchen Amphiktyonien sind unübersehbar: hier und dort die durch die Wechselfälle der Geschichte durchgehaltene Zwölfzahl; der ursprünglich religiös-sakrale Charakter des Zusammenschlusses; die archaisch-vorstaatliche Situation. Auch die atlichen Mitteilungen über 12 Nahor-Söhne (Gen 22,20—24), 12 Söhne Ismaels (Gen 25,13—16), 12 Stämme der Edomiter (Gen 36,10—14) und 6 Ketura-Söhne (Gen 25,2) können als Hinweise auf eine israelitische Amphiktyonie interpretiert werden, auch dann noch, wenn die genannten Völkerschaften tatsächlich keine Amphiktyonie gebildet haben sollten: Israel verstand seine Nachbarn nach Analogie seiner selbst!

Wenngleich vorstaatlich und noch nicht als Staat organisiert, kann auch ein noch so lockerer Verband von Stämmen nicht ohne ein Mindestmaß an Organisation, also an Recht — geschrieben oder ungeschrieben — existieren. Dem entspricht es tatsächlich, daß die vorstaatliche Epoche als »Richterzeit« bezeichnet zu werden pflegt, weil nach der atlichen Tradition Israel von »Richtern« »gerichtet« worden ist. Dem Richter, so wurde angenommen, oblag die Pflege des Bundesrechtes. Dieses meinte man in dem seit A. Alts Arbeit über die Ursprünge des israelitischen Rechts, 1934, in den von ihm sogenannten apodiktischen Rechtssätzen wiedergefunden zu haben. »Apodiktisch« werden Prohibitive (Verbote), Gebote, Todes- und Fluchsätze genannt, weil ihnen im Gegensatz zum konditional geformten, gemeinorientalischen Recht jede Verumständung der Rechtsfälle und eine Abstufung des Strafmaßes fehlen. Aufgrund von Jos 24, wo von einem Landtag in Sichem berichtet wird, der mit einem Bundesschluß abschließt (Jos 24,25) und auch unter Berufung auf die Fluch- und Segensformulare von Lev 26; Dtn 27 f. schien es möglich, das alte Bundeserneuerungsfest der Amphiktyonie zu rekonstruieren (G. von Rad). Dann ließ sich auch das Deuteronomium als Versuch deuten, in der späten Königszeit die alte amphiktyonische Ordnung noch einmal zu restaurieren.

Diese von Noth aufgestellte und von ihm und anderen ausgebaute Amphiktyonie-Hypothese hat viel Zustimmung gefunden. Sie erklärt ja nicht nur die schwierige Eigentümlichkeit der Zwölferlisten, sondern vermag auch eine einleuchtende Beschreibung des vorstaatlichen Israels zu geben und die Frage nach Wesen und Lebensart des zweifellos schon vor seiner Staatenbildung existierenden Israels zu beantworten.

Aber gerade einleuchtende Hypothesen bergen zuweilen die Gefahr in sich, daß sie mit weiteren Konstruktionen allzusehr befrachtet werden, mit deren Hilfe man ein Kartenhaus des Scheinwissens aufbaut, das in sich zusammenfällt, wenn man nur wenig an den Voraussetzungen rüttelt. Nach der Meinung mancher Kritiker, die sich in jüngster Zeit zu diesem Problem äußerten (G. Fohrer, C. H. J. de Geus, H. W. Irwin, A. D. H. Mayes, H. M. Orlinsky), fehlt in diesem Sinne auch der Amphiktyonie-Hypothese die sichere, nachweisbare Grundlage. Die wichtigsten Einwände lauten: Das AT kenne überhaupt für eine Amphiktyonie keinen Terminus; der Name Israel sei dafür auch kein Ersatz, da dieser Name el-haltig ist; eine Jahwe-Amphiktyonie müßte nach Jahwe benannt sein. In Jos 24 werde auch nicht die Begründung der Zwölfer-Amphiktyonie berichtet, sondern dieses Kapitel setze ein Gesamtisrael von 12 Stämmen bereits voraus. Man weist ferner darauf hin, daß sonstige Amphiktyonien gerade keine nomadischen Bildungen waren. In Wahrheit repräsentiere die Zwölfzahl die Gesamtheit Israels und habe die Funktion einer Feststellung der Abstammungs- und Verwandtschaftsverhältnisse. Die »Richter« hätten kein gesamtisraelitisches Amt, sondern nur lokale Bedeutung gehabt. Ebensowenig lasse sich ein für eine Amphiktyonie doch wesentliches zentrales Heiligtum nachweisen. Das vermeintliche amphiktyonische Recht sei in Wahrheit das Sippenrecht gewesen, das erst später als Jahwerecht uminterpretiert worden ist (E. Gerstenberger). Auch der Bundesgedanke, angeblich das geistig-geistliche Fundament der Amphiktyonie, sei ein erst in späterer, deuteronomistischer Zeit belegbares Theologumenon (L. Perlitt).
Diese Einwände sind beachtenswert und treffen die allzu starr gehandhabte und allzu üppig ausgewucherte Hypothese einer in Sichem gegründeten Jahwe-Amphiktyonie ehemaliger Nomadenstämme, die in zwei Schüben — Leastämme, Rahelstämme — ins Kulturland gekommen waren. Die Entstehung des vorstaatlichen Israels und diese sich Israel nennende Größe als solche sind in der Tat differenzierter zu sehen. Insbesondere nötigen die sehr vielschichtigen und in entgegengesetzten Richtungen verlaufenden Vorgänge, die nicht ganz zutreffend als »Landnahme« bezeichnet zu werden pflegen, zu einer modifizierten und nuancierteren Sicht der Dinge, als es noch in M. Noths klassischer Darstellung der Fall sein konnte. Eine solche Korrektur der Hypothese vermag gerade ihre grundsätzliche Richtigkeit erneut zu erhärten.

Zu dem Umschwung in der Beurteilung des vorstaatlichen Israels, wie er sich seit der zweiten Hälfte der sechziger Jahre vollzogen hat, ist zunächst ganz allgemein anzumerken, daß er in einer unterschiedlichen Methodenhandhabung begründet ist. Die überlieferungskritisch und überlieferungsgeschichtlich vorgehenden Forscher wie M. Noth hatten allzu zuversichtlich darauf vertraut, aus literarisch jüngeren und jüngsten Texten ältere und älteste Traditionen erarbeiten zu können. Nun aber schlug das Pendel nach der anderen Seite weit aus, indem man, durch Übertreibungen vorsichtig geworden, meinte, in jungen Texten auch nur junge Traditionen, Fiktionen und Theologumena entdecken zu können. War die ältere Zuversicht oft unvorsichtig, so ist die rezentere Überskepsis, wiewohl als Reaktion verständlich und in mancher Hinsicht sogar heilsam, kurzsichtig; ist es doch insgesamt höchst unwahrscheinlich, daß Israels tragende Überlieferungen nahezu samt und sonders theoretische und mehr oder weniger bloß literarische Produkte der Spätzeit sein sollen. Sodann ist (mit u. a. O. Bächli) darauf hinzuweisen, daß die Kritik an der Amphiktyonie-Hypothese erst dann durchschlagend wäre, wenn es ihr gelänge, eine bessere Alternative anzubieten. Daran fehlt es aber völlig. Daß etwa die Stämmeverzeichnisse lediglich genealogische Listen sein sollen zur Feststellung der Abstammungs- und Verwandtschaftsverhältnisse (Fohrer), läßt die eigentlich interessierende Frage, wessen Verwandtschaftsverhältnisse — und wozu — hier in wechselnde Systeme gebracht werden, letztlich offen. Erkennt man (wie Mayes) an, daß ein aus Stämmen zusammengesetztes Israel nicht erst mit der Staatenbildung entstand, so bleibt bei grundsätzlicher Ablehnung der Amphiktyonie-Hypothese anscheinend kein anderer Weg als die Annahme einer Entstehung oder Stiftung Israels als einer religiösen Größe in der Zeit vor der Landnahme, etwa in Kades oder am Sinai. Das aber ist ein Weg zurück in eine vor-überlieferungskritische Phase der Forschung und darum ein Holzweg, auf dem ein historisch Unbekanntes mittels eines zweiten Unbekannten erklärt werden soll. Daß aber die Stämme- und Eponymenverzeichnisse, welche im einzelnen nicht mehr durchsichtigen historischen Bewegungen und Verschiebungen sich auch immer in ihren Differenzen spiegeln mögen, gewiß nicht Fiktionen und Theorien der Königszeit sein können, lehrt allein schon ein Blick auf Salomos Gaueinteilung (1. Kön 4,7—19), welche ebenfalls die Zwölfzahl kennt, aber keiner einzigen Stämme-Einteilung entspricht. Warum, wenn es um Fiktionen und Idealisierungen der Königszeit ging, wurde dieses Verzeichnis nicht zur Grundlage einer idealisierenden Theorie gemacht? Umgekehrt entspricht keines der überlieferten Stämmesysteme auch nur annähernd irgendeiner historisch faßbaren Situation in der Zeit nach der Staatenbildung (so mit u. a. M. Metzger); bei einer Orientierung am Großreich Davids und Salomos wäre Juda gewiß an erster Stelle zu erwarten gewesen und nicht die relativ bedeutungslosen Größen Ruben und Simeon, während bei Entstehung im späteren Nordreich Joseph (oder Ephraim) den ersten Platz hätte bekommen müssen.

Damit sind freilich die erhobenen Einwände noch nicht beseitigt. Diese erledigen sich aber und werden in ihrem Wahrheitsgehalt gebührend berücksichtigt, wenn folgendes Bild des vorstaatlichen Israels entworfen wird: Die nicht als pure Fiktion aus späterer Theorie entstandenen Zwölferlisten von Eponymen und Stämmen, die zusammen die Größe Israel bilden, legen es nahe, das vorstaatliche Israel nach Analogie von aus Griechenland, Italien und sonst (etwa Polynesien) bekannten Amphiktyonien und amphiktyonieähnlichen Bildungen zu verstehen. Analogie impliziert nicht gegenseitige oder einseitige Abhängigkeit, mit der gewiß nicht zu rechnen ist. Sie bedeutet ebensowenig genaue Entsprechung in allen Einzelheiten. Wohl entspricht es der archaischen Eigenart der Amphiktyonie, daß ihr Ursprung im Dunkel liegt und immer erst eine bereits spätere Phase ihrer Geschichte historisch faßbar wird. Mit diesem Umstand hängt es zusammen, daß die vielverhandelte Alternative: fiktive Theorie oder historische Realität dem Phänomen nicht gerecht wird. Sie widerspricht dem Selbstverständnis jener »primitiven« Gesellschaftsstrukturen. Die quasi-fiktiven Verwandtschaftsverhältnisse sind für die Damaligen Realitäten, sogar mehr als »reale« Verwandtschaftsverhältnisse. Das System der Symbole ist ein System realer Gegebenheiten (so im Sinne von Claude Lévi-Strauss). So sind die 12 Stämme eine symbolische Größe, aber eben als solche und deshalb eine Realität, der man die »Realität« anpaßt, nach welcher man Vorfindliches bemißt, benennt, meistert, realisiert. So wird es dabei bleiben müssen, daß offenbar doch die 12 Söhne Israels eine solche symbolisch-reale Realität repräsentieren. Erst wenn die Realität der amphiktyonischen Symbole durch eine andere abgelöst wird, bekommt die Amphiktyonie den Charakter einer Fiktion oder auch eines Theologumenons. Und auch als Theologumenon hat sie noch erhebliche Auswirkungen gehabt.

So wird auch die Zwölfzahl in ihrem Sinne einsichtig. Denn daß sich auf italischem, griechischem und auf kanaanäischem Boden immer wieder genau 12 Volksstämme zusammengefunden und zur Amphiktyonie verbunden hätten, wäre des unwahrscheinlichen Zufalls zuviel. Wohl aber läßt sich denken, daß eine bestimmte verschiedene und wechselnde Zahl von Sippen eine Amphiktyonie bildete und diese Sippen über 12 Amphiktyonen = Stämme verteilte. Hinter der Gesamtheit und ihren Gliedern stehen im Wandel der Zeiten sich wandelnde Sippen und Gruppen. Daß einige Stämme der noch erhaltenen amphiktyonischen Israelsysteme geographisch nicht untergebracht werden können oder überhaupt nur als Namen fungieren (Ruben, Simeon, Levi), beweist nicht den fiktiven Charakter, sondern entspricht dem Wesen der Amphiktyonien genau.

Unsicher, weil mit zuviel Unbekanntem belastet, bleiben alle Versuche, die unterschiedlichen Systeme in eine chronologische Ordnung zu bringen und aus den Unterschieden die historischen Bewegungen mehr oder weniger genau nachzuzeichnen. Legt es sich auf den ersten Blick nahe (mit M. Noth), das System mit Levi für älter als dasjenige zu halten, das an Levis Statt die Söhne Josephs Manasse und Ephraim aufzählt, dies auch weil ein Verzeichnis von lauter Jakobssöhnen einen einheitlicheren Eindruck macht als ein solches, das auch Enkel kennt, so gilt es doch auch hier zu bedenken, daß die Vorstellung von Jakobssöhnen schon die sekundäre Identifizierung von Israel mit Jakob voraussetzt.

Das aber wiederum stellt auch die zeitliche Spätansetzung von Ri 5, wo nur 10 Stämme erscheinen und statt Manasse Machir sowie statt Gad Gilead genannt werden und Ruben und Juda unerwähnt bleiben, zwischen dem System mit und demjenigen ohne Levi in Frage (gegen Noth). Eher macht diese Zusammenstellung in ihrer Einmaligkeit und Unableitbarkeit einen archaischen Eindruck.

Unsicher bleibt auch die Bedeutung der eigentümlichen Verteilung der 12 Stämme auf 4 Ahnfrauen: Lea als Mutter von Ruben, Simeon, Levi, Juda, Issachar und Sebulon; und Rahel als Mutter von Joseph und Benjamin, dazu als Söhne der Lea-Magd Silpa Gad und Asser und als Söhne Bilhas, der Magd Rahels, Dan und Naphtali.

Wer aus dieser kaum noch deutbaren Einteilung in Kombination mit Gen 34, wo Simeon und Levi in der Sichemer Gegend operieren, historische Schlüsse ziehen will (so Noth und neuerdings Metzger), betritt höchst unsicheren Boden.

Insbesondere die vielfach vertretene Hypothese von einer älteren Sechser-Amphiktyonie ist in höchstem Maße problematisch, weil sie damit rechnet, daß die Stämme Ruben, Simeon und Levi einmal dort saßen, wo später nach dem zweiten Schub Joseph ansässig wurde. Dieses Gebiet, Ephraim, habe Joseph offen gestanden, weil die älteren Stämme Ruben, Simeon und Levi infolge einer Katastrophe bei Sichem zersprengt worden waren. Es wurde jedoch schon in anderem Zusammenhang ausgeführt, daß das für diese Theorie grundlegende Kapitel Gen 34 auch und besser anders interpretiert werden kann; es redet nicht von einer Katastrophe israelitischer Stämme, sondern von einer solchen Sichems.

Angesichts der verwickelten und langwierigen Vorgänge, die mit dem kaum adäquaten Begriff Landnahme bezeichnet werden, bleibt also auch die differenziertere Darstellung von M. Noth, die mit zwei Einwanderungsschüben rechnete, hinter der noch viel bunteren Wirklichkeit zurück. Sie verkennt insbesondere, daß die Vorgeschichte der Größe Israel auch ein Stück kanaanäischer Geschichte ist, älter als die ältesten Schichten des ATs und von diesem kaum oder nicht mehr reflektiert, und daß dieses Israel nicht nur aus zugewanderten Stämmen entstand und — wie der El-haltige Name ja verrät — noch nicht durch die gemeinsame Jahwe-Verehrung zusammengehalten wurde. Damit ist auch dem richtigen Bedenken, eine Jahwe-Amphiktyonie könne nicht nach dem Gott El benannt sein, Genüge getan.

Die kanaanäische Vorgeschichte der Amphiktyonie Israels beginnt spätestens in der Amarnazeit. Aus dieser Epoche stammen Nachrichten über Chabiru, die als Exponenten jener sozialen Reaktion gegen das kanaanäische Feudalsystem verstanden werden können. Es ist insbesondere und konkret auch von Fronarbeitern **in der** **Gegend von Sunem in Galiläa** die Rede. Aus etwa derselben Zeit stammt die Nachricht, aus der mit einiger Wahrscheinlichkeit auch die Existenz des Stammes Asser geschlossen werden konnte. Das deutet darauf hin, daß in Galiläa die frühesten Anfänge der Amphiktyonie Israels zu suchen sind. In einer gemeinsamen

Abwehrhaltung gegen das feudale Rittertum haben sich diese Chabiru und möglicherweise auch landsuchende Elemente von außerhalb zusammengetan.
Dieses älteste Israel ist also kein Gebilde von Nomaden oder auch nur von ausschließlich Halbnomaden; dieser Einwand gegen die Amphiktyonie-Hypothese entfällt somit. Auch daß es »Stämme« sind, die zusammen Israel bilden, belegt nicht die nomadisch-halbnomadische Herkunft. »Stamm« meint (so mit u. a. de Geus) vielmehr die den Sippen und Großfamilien übergeordnete Größe, innerhalb deren die Angehörigen von Sippen in dem Sinne beheimatet sind, daß sie am connubium und am forum partizipieren, d. h. innerhalb des Stammes sind Heiraten erlaubt und bindet ein gemeinsames Recht, während man außerhalb seines Stammes ein »Fremdling« ist (Ri 17,7; 19,1.16). Während Vaterhaus und Sippe auf tatsächlicher Blutsverwandtschaft beruhen, artikuliert sich der Zusammenhalt des Stammes in quasi-fiktiven, real-symbolischen Verwandtschaftsverhältnissen, wie diese auch für den Verband von Stämmen, die Amphiktyonie gelten. Es dürfte der Kompliziertheit der wirklichen Vorgänge entsprechen, wenn man die Entstehung der Amphiktyonie Israels als einen Aspekt jener zwiefachen Bewegung der Unterwanderung von der Steppe her und der sozialen Umschichtung aus dem Gefüge des kanaanäischen Feudalsystems heraus versteht. Diese Bewegung hat sich über eine sehr lange Zeit erstreckt, von der Amarnazeit, also von rd. 1400, bis zu der Zeit, als die Ägypten- und die Sinaigruppe in diese Amphiktyonie eingingen, diese zutiefst in ihrem Wesen prägten und ihr den geistigen und religiösen Gehalt gaben, durch den schließlich Israel Israel und endlich das AT zum AT geworden ist.
Um 1220 wird zum erstenmal der Name Israel erwähnt. Diese Erwähnung findet sich auf der Stele des Pharao Merneptah. Es handelt sich um ein Siegeslied, das die Kriegstaten Merneptahs rühmt: »Die Fürsten werfen sich nieder und rufen: Gnade! Keiner erhebt mehr sein Haupt ... Kanaan ist geplündert, mit allem Bösen überschüttet, weggeführt ward Askalon, genommen Gezer, Jenoam ist zunichte gemacht. Israel ist verwüstet und hat keinen Samen mehr ...« Hierbei ist noch bemerkenswert, daß der ägyptische Text bei dem Namen Israel ein Deutezeichen setzt, das Israel als eine Menschengruppe oder ein Volk — im Gegensatz zu den anderen Namen der Stele — bezeichnet. Daraus ergibt sich, daß Israel zu der Zeit kein bestimmtes Land, sondern eine Menschengruppe ist, ein Personalverband, und das ist eine Bestätigung dessen, was unabhängig von dieser ägyptischen Urkunde als wahrscheinlich angenommen werden konnte. Diese frühe Erwähnung Israels, die etwa z. Z. des Auszugsgeschehens anzusetzen ist, bestätigt zugleich, daß es in der Tat eine kanaanäische Vorgeschichte Israels gegeben haben muß, denn daß das Israel der Merneptahstele von dem atlichen Israel nicht zu trennen ist, ist deutlich. Hier wird die kanaanäische Vorstufe des atlichen Israels sichtbar. Das atliche Israel entspricht einer späteren Phase in der Geschichte dieser Israel genannten Größe.
Was die Amphiktyonie ursprünglich zusammenband, war die gemeinsame Verehrung eines Gottes, und zwar auf der Basis eines gemeinsamen Bundesrechtes. Daß die Amphiktyonie wesentlich ein die Amphiktyonen verpflichtendes Gottesrecht verband, legt die Tradition selbst nahe. Traditionellerweise werden Israels Führer in der Zeit zwischen Josua und den Anfängen des Königtums als »Richter« bezeichnet. Diesen Titel führen sowohl die charismatischen Anführer in den Jahwekriegen als auch Amtsträger, von denen nur noch die Namen überliefert werden und daß sie »Israel richteten« (Ri 10,1—5; 12,7—15; 1 Sam 7,15ff.; vgl. Mi 4,14). In der Wissenschaft hat man zum Unterschied von jenen als »große Richter« bezeichneten Charismatikern diese Amtsträger »kleine Richter« genannt. Man schreibt ihnen vielfach ein gesamtisraelitisches, amphiktyonisches Amt zu und hat

sie mit den isländischen Gesetzessprechern verglichen (Alt, Noth). Auch diese Sicht ist freilich nicht unwidersprochen geblieben (u. a. W. Richter). Wegen der fließenden Bedeutung von šft = »richten« = »herrschen« sollte man den »Richtern« tatsächlich besser nicht eine einseitige Rechtsaufgabe zuschreiben. Es bleibt aber eigentümlich und unableitbar, daß zu wiederholten Malen und ganz stereotyp gesagt wird (Ri 10,1—5; 12,7—15), daß sie »Israel richteten«, und nichts deutet darauf, daß der Name Israel hier anderes bedeutet als sonst (gegen W. Richter). Die spätere Tradition, welche auch die Charismatiker als Richter bezeichnet, weil sie ihnen gesamtisraelitische Bedeutung beimißt, hält auf ihre Weise ebenfalls die Erinnerung daran fest, daß in vorstaatlicher Zeit der »Richter« ein Amt von gesamtisraelitischer Dimension innehatte.

Daß es tatsächlich ein spezifisch israelitisches, den Stämmeverband bindendes Recht gegeben hat, belegen auch die wie termini technici anmutenden eigentümlichen Ausdrücke »Torheit in Israel« bzw. »so tut man nicht in Israel« (Gen 34,7; Dtn 22,21; Ri 20,6; 2 Sam 13,12; Jer 29,23). Mit diesen Formeln werden sexuelle Vergehen gerügt und für in Israel verpönt erklärt, wobei das »in Israel« ja deutlich besagt, daß es sich dabei nicht etwa nur um Sippenethos oder sich auf die Großfamilie beschränkende Rechtsnormen handelt, was man eigentlich wegen des Charakters der verbotenen Verhaltensweisen erwarten möchte, sondern um Israel bindendes Recht, das als Privilegrecht des Gottes Israels gilt. Dies wird man für gesicherte Erkenntnis halten dürfen, auch wenn die Quellenlage eine konkretere Ermittlung und inhaltliche Festlegung des ältesten Israel-Rechtes anhand der im AT enthaltenen Gesetzescorpora sowie die Rekonstruktion eines — im AT nicht bezeugten — Bundeserneuerungsfestes nicht mehr zuläßt.

Dieses älteste Israel der noch vor-atlichen Zeit unterschied sich von dem späteren Israel vor allem durch die Gottesverehrung. Der Gott des älteren Israels war, wie gesagt, noch nicht Jahwe. Wäre Israel durch den Jahweglauben konstituiert worden, so müßte völlig unverständlich bleiben, warum sich Israel mit einem el-haltigen Namen benannte. Der Name der Amphiktyonie müßte jahwe-haltig sein.

Als Kultzentrum dieser El verehrenden Amphiktyonie könnte Sichem in Frage kommen. Das hat man z. B. aus Jos 24 schließen wollen, wo zu Sichem ein Bund geschlossen wird. Man kann dann noch hinweisen auf Ri 8,33 und 9,4, wo ein Gott mit Namen Baal Berith = »Herr des Bundes« genannt wird, der in Ri 9,46 auch El Berith heißt. Hingewiesen werden kann auch auf die Stellen Gen 33,19; 48,22, denen zufolge Jakob-Israel bei Sichem Land erwarb. Manches deutet also auf Sichem, anderes aber auf Bethel, wo die Jakobsgestalt verwurzelt ist; wieder anderes, wie die Gilgal-Traditionen im Josuabuch, auf Gilgal als mögliches Kultzentrum jener altisraelitischen Zeit. Aber die Verehrung eines gemeinsamen Bundesgottes an einem gemeinsamen Kultzentrum muß ja nicht unbedingt bedeuten, daß immer nur einem und demselben Ort diese Würde zufiel.

Diese primär sakrale Amphiktyonie bedeutete noch keinen politischen Zusammenschluß der in ihr verbundenen Sippen und Stämme. Auch die den Amphiktyonen gemeinsame Unterschiedenheit vom kanaanäischen Feudalsystem und der latente oder offene Wille, sich der Herrschaft Kanaans zu entziehen und Land und Stadt in Besitz zu nehmen, ändern nichts am passiven und friedlichen Charakter der Amphiktyonie. Etwaige Auseinandersetzungen mit den Herren des Landes waren keine Angelegenheit der Amphiktyonie, sondern der nach wie vor selbständigen Einzelgruppen.

So zeigt sich, daß bereits in dieser frühen, noch vor-jahwistischen Zeit typische Wesenszüge Israels angelegt sind. Durch die religiöse Herkunft ist es bedingt, daß die Größe Israel auch in der späteren Entwicklung, bis hinein in die späteste Geschichte, ja bis zur Gegenwart niemals völlig mit einem Volk und einem Staat identisch wurde, sondern immer zugleich weniger als Volk und Staat und doch auch mehr als Volk und Staat war und blieb. Wenn Israel zum bloßen Staatsvolk »wie die anderen Völker ringsum« zu werden drohte, riefen die Propheten dieses Israel zurück, wieder Israel zu werden. Es erklären sich so die tragische Diskrepanz und Spannung in der Geschichte dieses Volkes, in der politische und wirtschaftliche Notwendigkeiten, auch die Zwänge der Anpassung, und daneben das Bewußtsein, kein Staat und kein Volk zu sein wie die anderen, aufeinanderstoßen.

Der Übergang und die Verwandlung zur »atlichen«, zweiten Phase im Werden der Amphiktyonie Israel wird vom Hinzutreten derjenigen Sippen markiert, die das Exodusthema, und derjenigen, die, in Mittelpalästina, das Bekenntnis zu Jahwe vom Sinai in Israel einbrachten und zum gemeinisraelitischen Traditionsgut werden ließen.

Leider ist nicht mehr zu ermitteln, wo in Israel das Exodusthema zuerst Eingang fand. Wenn es aber richtig war, die Ägyptenereignisse gegen Ende des 13. Jahrhunderts anzusetzen, so wird man schließen dürfen, daß das entsprechende Bekenntnis von der Befreiung aus Ägypten nicht allzu lange Zeit danach zum geistigen Gut der Amphiktyonie zu werden begann. Wie es möglich war, daß dieses Bekenntnis, obwohl es auf einer ganz bestimmten Erfahrung von gewiß nur Wenigen beruhte, zum zentralen gemeinisraelitischen Geistesbesitz werden konnte, ist nicht schwer zu verstehen. Dies konnte geschehen, weil eine Analogie zwischen dem Auszugserlebnis der Ägyptengruppe und den Erfahrungen und Hoffnungen der im Lande Ansässigen bestand, die ja auch aus der feudalen Knechtschaft »ausgewandert« waren oder, noch in Bedrückung, auf Befreiung hofften. Befreiung von den Ägyptern konnte mühelos zu »Befreiung von den Ägyptern und von allen, die euch bedrängten«, ergänzt werden, wie es Richter 6,9 geschieht. Es kommt hinzu, daß Volkwerdung und Landbesitz als Hoffnungsgut immer schon Fundament der Väterreligion gewesen war. War der aus Ägypten befreiende Gott auch ein solcher El des Vaters, so war dessen Identifizierung mit dem El Israels desto leichter und man konnte bekennen, daß der Gott Israels an der Ägyptenschar gehandelt habe. Diesen Prozeß der Identifikation wird man weniger als theologische Reflexion denn als einen spontanen Vorgang zu verstehen haben.

Ähnliches gilt von dem anderen Vorgang, der zeitlich hiervon nicht allzu entfernt zu denken ist. Um dieselbe Zeit — Genaueres läßt sich nicht mehr sagen — muß die Jahwisierung Israels eingesetzt haben. Sehr wahrscheinlich haben dann Verbände, die, relativ spät, im Kulturland die Stämme Joseph und Benjamin stellten, die Jahwisierung vorangetrieben. Es wird in der Forschung ziemlich allgemein angenommen, daß der Hinzutritt dieser Verbände der letzte Vorgang in dem langwierigen Geschehen war, das zur Konsolidierung Israels, nun im Sinne des atlichen Israels, führte. Diese, wenn auch relativ späte, Rezeption hatte weittragende Folgen für die fernere Religionsgeschichte und Geschichte Israels überhaupt. El oder Jahwe — zwischen beiden Göttern liegt erheblich mehr als nur ein Namensunterschied. Es ist ein ähnlicher Unterschied wie zwischen dem friedlichen Idyll des Buches Genesis mit seinen Vätererzählungen und dem Josuabuch mit seinen Kämpfen, Eroberungen und Bannungen. El ist erhaben, aber auch fern. In den ugaritischen Epen wird er als König, Schöpfer der Schöpfung, Vater der Menschheit und als der Freundliche prädiziert, manchmal aber auch als der allzu Gutmütige, über den man schon ironisch zu lächeln wagt. Zwar ist der El Ugarits nicht ohne weiteres mit dem El Israels identisch, aber doch von ihm auch nicht zu trennen. El ist — religionsgeschichtlich gesprochen — ein alter und darum wenig aktiver Gott. Auch als der Gott der Väter, mit dem er gleichgesetzt werden konnte, ist er das friedliche Korrelat friedlicher menschlicher Hoffnungen.

Wie anders demgegenüber Jahwe ist, wird allein schon aus der Gestimmtheit der ersten Hälfte des Josuabuches deutlich. Dieses Buch aber ist benannt nach dem Charismatiker und Jahwekämpfer Josua (»Jahwe hilft«); dieser Name ist der erste jahwehaltige Personenname, der begegnet.

Die atliche Überlieferung hat noch deutliche Spuren, die darauf hinweisen, daß El freilich nicht schlagartig durch Jahwe ersetzt, oder daß Jahwe und El sogleich identifiziert worden sind. Vielmehr war und blieb Jahwe zunächst — auch hier wieder abgesehen von den ihn verehrenden Verbänden im Süden — der Gott jener sich in Ephraim und Umgebung breitmachenden Verbände, und El der Gott Israels. Es entspricht dem genau, daß die Jahwekriege der Richterzeit nicht Sache der Amphiktyonie, sondern der einzelnen Stämme waren.

Unter Jahwekrieg oder »heiligem Krieg« versteht man eine kriegerische Aktion, in welcher Jahwe selber als *der* Kriegsmann gilt, dem die Jahweschar zur Hilfe kommt, der aber selber durch den Gottesschrecken (Panik) seine Feinde besiegt, weshalb ihm auch durch »Bannung« die ganze Beute übereignet werden muß.

Der ursprünglichen Verwurzelung des Jahweglaubens im Bereiche mittelpalästinischer Stämme entspricht es, daß Josua ein Ephraimit ist (Jos 24, 30). Über den historischen Josua läßt sich nicht mehr allzu viel Sicheres sagen. Wohl aber wird man es für wahrscheinlich halten dürfen, daß er als Charismatiker in Jahwekriegen gewirkt und möglicherweise die Jahweverehrung über seinen eigenen Stammesbereich hinaus gefördert hat. Aber auch die anderen kriegerischen Charismatiker, unter deren Anführung die Scharen der Jahweverehrer ihrem Gott zur Hilfe eilen, entstammen diesem engeren mittelpalästinischen Bereich: Ehud ist ein Benjaminit (Ri 3, 15). Gideon stammt aus Manasse, also aus dem Hause Joseph (Ophra, der Heimatort dieses Helden liegt in Manasse, vgl. Ri 6, 11). Jephtha ist ein Gileaditer (Ri 11, 1), Gileaditer aber gelten als weggelaufene Ephraimiten (Ri 12, 4). Die Richterin Debora schließlich soll ihr Werk zwischen Rama und Bethel auf dem Gebirge Ephraim getan haben (Ri 4, 5). Nur der Held Barak hat eine etwas nördlichere Heimat, er stammt aus Naphthali, wirkt aber mit der ephraimitischen Debora zusammen.

Die Amphiktyonie stand bei diesen Aktionen abseits, wie noch das Deboralied mit aller Deutlichkeit zeigt: in der Stunde umfassender Gefahr sind es doch nur einzelne Stämme, die mit Jahwe in den Krieg ziehen.

In dem Maße aber, als der Jahweglaube um sich griff, in eben dem Maße mußte die Amphiktyonie selber, wenn nicht gleich jahwistisch, so doch wohl von dem neuen kriegerischen Geist Jahwes, der immer wieder auf die einzelnen charismatischen Anführer »übersprang«, beeinflußt und im Sinne einer Politisierung verwandelt werden. Am Ende dieser Entwicklung steht die israelitische Staatenbildung. Die Einheit »Israel als Jahwes Volk« steht als eine Vereinheitlichung und Verflechtung verschiedener und heterogener Motive und Faktoren am Ende und nicht am Anfang dieses Wachstumsprozesses. Josua 24 reflektiert nicht diesen Anfang, also nicht die Begründung der Amphiktyonie, sondern die Endphase. Hier wird Jahwe als der Gott Israels proklamiert und auch hier noch kann man fragen, ob solche Proklamation schon die vollendete Tatsache der Identifizierung Els und Jahwes reflektiert oder nicht vielmehr durch den Mund des Josua Jahwe als den wahren Gott Israels verkündigt. Ebenso kann man fragen, ob und inwiefern Amphiktyonie und Jahweglaube der vorstaatlichen Zeit überhaupt jemals zur Deckung gekommen sind, und dann vermuten, daß Israel und Jahwe ganz erst zusammenfanden, als dieses Israel schon zum Staat geworden war. Dann aber wird die neue staatliche Größe Israel alsbald in einem neuen Gegensatz und in einem anderen Spannungsverhältnis zum Jahweglauben stehen, gerade als Staat mit allem, was des Staates ist.

Lit.: Siehe am Ende von Abschnitt IV, 2.

2. Die Auseinandersetzung mit Nachbarvölkern

Die Rezeption des Jahweglaubens in Israel markiert den Übergang von der ersten, friedlichen Phase der Landnahme hin zur zweiten und kriegerischen. Wie schon in anderem Zusammenhang erörtert, sind in dieser Epoche diejenigen Ereignisse anzusetzen, von welchen in den »Landnahmeberichten« von Num 21, 21 ff.; Num 32; Jos 11,1 ff.; Ri 1,1 ff. u. a. die Rede ist (s. o. S. 40 f.). Über anderes, insbesondere auch über Abwehrkämpfe gegen feindliche Nachbarn, berichtet das Richterbuch in Form von verschiedenen Richtersagen. Da aber das Richterbuch seine einzelnen Erzählungen nur scheinbar chronologisch, in Wirklichkeit geographisch anordnet, und zwar von Süd nach Nord je nach der Herkunft der Helden, erhält man hier über die richtige Chronologie der Ereignisse keine zuverlässige Auskunft.

Wie Israels Entstehung so hatte auch das Werden seiner Nachbarn im Osten und Südosten mit der aramäischen Wanderung zusammengehangen, und früher noch als in Israel war es hier in Ammon, Moab und Edom zur Staatenbildung gekommen. Gewisse Interessenkollisionen zwischen diesen Verwandten ergaben sich alsbald.

Eine Auseinandersetzung um den Besitz westjordanischer Gebiete mit Moab liegt der Ehudgeschichte von Ri 3,12—30 zugrunde. Zu einer nicht mehr genau zu bestimmenden Zeit war es den Moabitern gelungen, über den Jordan zu dringen und in der Gegend von Jericho sich festzusetzen. Die hier wohnenden Benjaminiten und wohl auch teilweise Ephraimiten waren tributpflichtig geworden. Dem Benjaminiten Ehud gelang nach der Sage die Ermordung des moabitischen Königs Eglon, aber man kann fragen, ob dieser Eglon König und nicht vielmehr irgendein Beamter war, der mit der Einziehung des Tributs beauftragt war. Die Erzählung macht einen ziemlich anekdotenhaften Eindruck. Aber historisch wird sein, daß der moabitischen Expansion Einhalt geboten wurde.

Eindeutiger als Ehud wird der Charismatiker Jephtha (Ri 10,17—12,7) als Großer Richter charakterisiert. Er hatte eine führende Rolle bei Auseinandersetzungen mit Ammonitern. Zu feindlichen Berührungen kam es, als Teile von Joseph bzw. Manasse vom westlichen Kulturland nach Osten über den Jordan in die Gilead genannte Gegend vordrangen. Diese Expansion nach Osten stieß auf eine ammonitische Expansion nach Westen. Obwohl die Jephthaerzählungen Sagen sind, ist in ihnen doch die Erinnerung daran festgehalten, daß es Jephtha gelang, die Ammoniter zurückzudrängen und dadurch die weitere Kolonisation dieses ostjordanischen Gebietes zu ermöglichen.

Eine andere Episode der Richterzeit wird in den Erzählungen über den Charismatiker Gideon behandelt (Ri 6—8). Offensichtlich ist Gideon unter den sogenannten »Großen Richtern« die hervorragendste Gestalt gewesen. Er kämpfte insbesondere gegen midianitische Kamelnomaden. Aus den Gideongeschichten gewinnt man den Eindruck, daß die Kulturlandbewohner vor diesen Kampfkamelen in großen Schrecken versetzt wurden und dieser neuen Waffengattung zunächst nichts entgegenzusetzen wußten. Die Folge war, daß die Midianiter ziemlich ungehindert das Kulturland sogar bis in die Küstenebene durchstreifen konnten. Dabei diente ihnen die dazu einladende Jesreelebene als Anmarschweg und hier kam es zu einem Kampf, in dem der Manassit Gideon der charismatische Führer war. Er bereitete den Midianitern eine so empfindliche Niederlage, daß sie künftig keine Raubzüge mehr zu unternehmen wagten. Bemerkenswert an der Gideongestalt ist aber noch mehr dies, daß sein Wirkungsbereich und sein Ansehen offenbar über sein engeres Stammesgebiet hinausgegangen sind. Die midianitische Gefahr betraf ja nicht nur diesen oder jenen einzelnen Stamm, und deren Bekämpfung war darum auch nur als umgreifendere Aktion möglich. Davon ist in Ri 7,23 auch direkt die Rede, denn hier werden außer Gideons eigenem Stamm Manasse auch Asser und Naphthali genannt. Beachtung verdient ferner, daß er in seiner Heimatstadt Ophra, deren Lage allerdings nicht genau bekannt ist, ein Jahweheiligtum gegründet haben soll. Man wird dies, ohne die Überlieferung zu pressen, als ein Anzeichen werten dürfen, daß dieser »Große Richter« eine mehr permanente Zentrale und wohl auch eine mehr persönliche Machtbildung erstrebte, für die er in Ophra mit diesem Heiligtum ein Zentrum schaffen wollte. In Ri 8,22 f. wird außerdem erzählt, daß man Gideon zum König habe erheben wollen. Es wird zwar nicht der Titel König verwendet, aber offenbar ist doch an eine irgendwie permanente Regierungsform gedacht. Es ist gelegentlich sogar angenommen worden, daß der historische Gideon der erste König, zwar nicht über Israel, aber doch über einige Teile Israels gewesen sei. Gideons Ablehnung der Herrscherwürde (Ri 8,23) wäre dann unhistorisch und diese Stelle ein Versuch, den wahren Sachverhalt zu verschleiern. Tatsächlich verraten sich die Wendungen von Ri 8,23 als Formulierungen späteren Datums. Aber eindeutige Klarheit ist hier natürlich nicht mehr zu gewinnen.

Wohl eindeutig behauptet die Überlieferung, daß Gideons Sohn bzw. vermeintlicher Sohn Abimelech König werden wollte und es auch tatsächlich wurde (Ri 8,31; 9). Der Überlieferungsbestand ist hier aber in anderer Hinsicht derart verworren, daß ein sicheres Urteil über die Einzelheiten nicht mehr möglich ist, zumal Gideon sekundär mit Jerubbaal, dem Vater des Abimelech, identifiziert worden ist. Es ist deshalb nicht mehr sicher auszumachen, was auf das Konto des Jerubbaal und was auf das des Gideon kommt. Aber soviel ist sicher, daß sich mit Gideon und zumal Abimelech eine Entwicklung anzubahnen begann, die mit dem Königtum Sauls und dann Davids einen Abschluß fand.

Abimelech hatte eine kanaanäische Mutter, eine Sichemitin. Sein Vater stammte wohl wie Gideon aus dem manassitischen Ophra. Sichem wurde von alters her, wie die Amarnakorrespondenz lehrt, nicht von einem Stadtkönig, sondern von einer Aristokratie oder Oligarchie regiert. Bei der Konsolidierung Manasses war die Stadt kampflos in das Stammesgebiet eingegliedert worden. Seither lag die Macht in Händen des Stammes, und d. h. derjenigen Sippen oder Familien, die hier den Ton angaben, und das war zu jener Zeit die Sippe des Jerubbaal. Eine gewisse Autonomie der Stadt Sichem blieb hiervon unberührt.

Nach der Erzählung von Ri 9 hat Abimelech mit Hilfe der Sichemiten die übrigen männlichen Nachkommen Jerubbaals umgebracht. Er stützte sich dabei auf die Antipathie der Sichemiten gegen die manassitische Vorherrschaft. Solche Animositäten ausnutzend, konnte Abimelech Stadtkönig von Sichem werden. Handelte es sich hier nur um den ehrgeizigen Versuch eines Einzelnen, so wäre die Abimelechgeschichte nur eine uninteressante Episode. Aber offenbar ging es zumindest auch um sachliche Interessen und spiegeln sich in der Abimelechgeschichte allmähliche Verschiebungen, deren Exponent Abimelech ist: Abimelech hat den Versuch unternommen, an das ältere System von Stadtstaaten anzuknüpfen und von dem Zentrum Sichem her zu einer Neuorganisation zu gelangen, die über die engen Grenzen des Stadtstaates hinausführt. Israelitischer und zugleich sichemitischer Herkunft, versuchte er für seinen Teil, Israel und Kanaan, Nicht-Stadtstaatliches und Stadtstaatliches zu verbinden. Daß es ihm nicht bloß um die Wiederbelebung der Stadt Sichem und um sein eigenes Stadtkönigtum dort zu tun war, geht auch wohl daraus hervor, daß er nach einiger Zeit in Sichem einen Gouverneur ernannte und selber seine Residenz nach Aruma, 10 km südöstlich von Sichem im Zentrum Ephraims, verlegte. Diese Politik kostete ihn die anfänglichen Sympathien Sichems. Einen offenen Aufstand der Stadt gegen ihn beantwortete er mit einer empfindlichen Züchtigung ihrer Bewohner, er ließ Sichem niederbrennen. Nach diesem blutigen Angriff konnte er aber mit kanaanäischer Unterstützung erst recht nicht mehr rechnen, während er ob der Ausrottung seiner eigenen Sippe in Manasse auch in Israel kaum Anklang finden konnte. Er »saß zwischen zwei Stühlen«. Was er mit Gewalt begonnen hatte, mußte er mit noch größerer Gewalt zu vollenden suchen. Das ist ihm nicht gelungen. Bei der Eroberung der Festung Thebez nordöstlich von Sichem ereilte ihn sein Geschick (Ri 9,50—57). Damit war der Versuch, durch das Mittel der Gewalt eine Symbiose von Israel und Kanaan zu forcieren, gescheitert. Er mißlang nicht nur infolge des gezielten Steinwurfes jener Frau in Thebez. Vielmehr war der Gegensatz zwischen Israel und Kanaan doch größer, als daß ihn der Politiker Abimelech hätte überwinden können.

Das nächst der Usurpation Abimelechs und der durch sie verursachten bürgerkriegsähnlichen Auseinandersetzung wichtigste Ereignis der Richterzeit ist die Schlacht bei Megiddo (Ri 4—5). Sie war eine Verteidigungsschlacht und kein Angriffskrieg. Die Kanaanäerstädte reagierten gegen die Expansion Israels und verbündeten sich zu einer größeren Koalition. Als Anführer von Israels Feinden wird Sisera genannt, der freilich nur als der Feldherr des Königs Jabin erscheint. Jabin wird auch in der Vordatierung dieser Geschichte in Jos 11 genannt, und zwar als König von Hazor. Man darf sich die Doppelheit der Namen und der Überlieferungen wohl so denken, daß die historisch zutreffende Überlieferung über eine Schlacht gegen Jabin als Haupt einer kanaanäischen Koalition mit einer mehr konkreten und speziellen Heldensage kombiniert worden ist, die sich auf ein Einzelereignis in diesem Geschehen, nämlich auf die Tötung des Sisera durch die Keniterin Jael bezog. Wie dem auch sei, die Erzählung von Ri 4 und dazu das Deboralied von Ri 5 geben im großen und ganzen über die historischen Vorgänge zutreffende Auskunft. Unter Führung von Sisera von Haroseth und Jabin von Hazor hatte sich eine größere kanaanäische Streitmacht gebildet. Auf israelitischer Seite standen nicht alle 12 Stämme, sondern, was bezeichnend ist für den Jahwekrieg und diese Zeit überhaupt, vorwiegend nur die unmittelbar Betroffenen im galiläischen Gebiet, Naphthali und Sebulon, angeführt von Barak aus Naphthali und der ephraimitischen Charismatikerin Debora. Obwohl die gegnerische Streitwagenmacht waffentechnisch den Jahwekriegern überlegen war, gelang ihnen ein vollkommener Sieg in der Jesreelebene bei Megiddo. Der Gottesschrecken des heiligen Krieges hatte sich als stärker denn Menschenmacht erwiesen (Ri 4,15—16). Dieser im Namen Jahwes gewonnene Verteidigungskampf blieb in der Erinnerung haften und hat das Selbstvertrauen auch der andern Stämme gewiß gestärkt. Der Sieg über Sisera und Jabin war ein Sieg Jahwes gewesen und wird der Verbreitung und Festigung der Jahweverehrung in Israel zuträglich gewesen sein.

Wie die Geschehnisse um Abimelech von Sichem ein Vorspiel zur Staatenbildung in Israel sind, so in anderer Hinsicht auch die Schlacht bei Megiddo. Der Anführer der feindlichen Koalition trägt einen illyrischen Namen, der ihn als Angehörigen der Seevölker ausweist, zu denen auch die Philister zu rechnen sind. Der Umstand, daß in der Gegend von Megiddo und Haroseth, wo Sisera sein Hauptquartier hatte, ein Mann dieses Namens und dieser Herkunft eine führende Rolle in einer Koalition kanaanäischer Städte spielen konnte, deutet darauf hin, daß bereits eine erhebliche Machtverschiebung zugunsten der Seevölker und zuungunsten der autochthonen Herrenschicht in den kanaanäischen Städten geschehen war. Anscheinend haben erst die Initiative und die Aktivität dieser mit den Philistern verwandten neuen Schicht in der Gegend von Dor, Haroseth und des Karmel die kanaanäischen Städte aus ihrer passiven Abwehrhaltung gegen Israel aufgeweckt. Wenn der im Deboralied genannte Samgar mit dem Ri 3,31 (vgl. 5,6) erwähnten Samgar identisch ist, der gegen die Philister gekämpft haben soll, so haben sich auch schon vor der Schlacht bei Megiddo Auseinandersetzungen mit den Seevölkern und den Philistern zugetragen.

Lit.: A. Alt, Die Ursprünge des israelitischen Rechts, I, S. 278—332; O. Bächli, Amphiktyonie im Alten Testament, ThZ Sonderband 6, 1977; K. Baltzer, Das Bundesformular, WMANT 4, 1960; W. Caspari, Die Gottesgemeinde vom Sinai und das nachmalige Volk Israel, BFChTh 27, 1, 1922; ders., Die sprachliche und religionsgeschichtliche Bedeutung des Namens Israel, ZS 111, 1924, S. 194—212; W. J. Dumbrell, Midian — a Land or a League? VT 25, 1975, S. 323—337; G. Fohrer, Altes Testament — »Amphiktyonie« und »Bund«? ThLZ 91, 1966, Sp. 801—816; 893—904; C. H. J. de Geus, De richteren van Israël, NThT 20, 1965/6, S. 81—100; ders., The Tribes of Israel. An Investigation into Some of the Presuppositions of Martin Noth's Amphictyony Hypothesis, SSN 18, 1976; E. Gerstenberger, Wesen und Herkunft des »Apodiktischen Rechts«, WMANT 20, 1965; A. H. J. Gunneweg, Leviten und Priester, FRLANT 89, 1965; J. Halbe, Das Privilegrecht Jahwes Ex 34,10—26. Gestalt und Wesen, Herkunft und Wirken in vordeuteronomischer Zeit, FRLANT 114, 1975; S. Herrmann, Das Werden Israels, ThLZ 87, 1962, Sp. 561—574; J. Hoftijzer, Enige opmerkingen rond het Israëlitische 12-stammensysteem, NThT 14, 1959/60, S. 241—264; H. W. Irwin, Le sanctuaire central Israélite avant l'établissement de la monarchie, RB 72, 1965, S. 161—184; K. Jaroš, Sichem. Eine archäologische und religionsgeschichtliche Studie mit besonderer Berücksichtigung von Josua 24, Orbis Biblicus et Orientalis 11, 1976; Gw. H. Jones, »Holy War« or »Yahweh War«?, VT 25, 1975, S. 642—648; C. Lévi-Strauss, Les structures élémentaires de la parenté, 1949; ders., Strukturale Anthropologie, 1967; A. Malamat, The Deliverer-Judge. Charismatic Leadership in the Biblical Period, PIASH 1972, S. 11—25; ders., Types of Leadership in the Biblical Period, 1973; A. D. H. Mayes, Israel in the Pre-Monarchy Period, VT 23, 1973, S. 151.170; ders., Israel in the Period of the Judges, SBT 2, 29, 1974; D. A. McKenzie, The Judge of Israel, VT 17, 1967, S. 118—121; M. Metzger, Probleme der Frühgeschichte Israels, VF 22, 1977, S. 30—43; Ed. Meyer, Die Israeliten und ihre Nachbarstämme, 1906; S. Mowinckel, »Rahelstämme« und »Leastämme«, Von Ugarit nach Qumran, FS Eißfeldt, BZAW 77, 1958, S. 129—150; W. E. Mühlmann, Staatsbildung und Amphiktyonien in Polynesien. Eine Studie zur Ethnologie und politischen Soziologie, 1939; M.

Noth, Das System der zwölf Stämme Israels, BWANT IV, 1, 1930; ders., Das Amt des »Richters Israels«, Ges. Stud. II, ThB 39, 1969, S. 71—85; R. Numelin, Intertribal Relations in Central and South Africa, Societas Scientiarum Fennica. Commentationes Humanarum Litterarum 32, 3, 1963; H. M. Orlinsky, The Tribal System of Israel and Relating Groups in the Period of the Judges, OrAnt 1, 1962, S. 11—20; L. Perlitt, Bundestheologie im AT, WMANT 36, 1969; J. R. Porter, The Extended Family in the Old Testament, Occasional Papers in Social and Economic Administration, 1967; ders., Pre-Islamic Arabic Historical Traditions and the Early Historical Narratives of the Old Testament, JBL 87, 1968, S. 17—27; G. v. Rad, Deuteronomium-Studien, FRLANT 58, 1947; ders., Der heilige Krieg im alten Israel, AThANT 20, 1952²; B. D. Rathjen, Philistine and Hebrew Amphictyonies, JNES 24, 1965, S. 100—104; W. Richter, Traditionsgeschichtliche Untersuchungen zum Richterbuch, BBB 18, 1963; ders., Zu den »Richtern Israels«, ZAW 77, 1965, S. 40—72; Ed. Sachsse, Die Bedeutung des Namens Israel. Eine geographisch-geschichtliche Untersuchung, 1922; ders., Der Ursprung des Namens Israel, ZS 4, 1926, S. 63—69; K. D. Schunck, Benjamin, BZAW 86, 1963; ders., Die Richter Israels und ihr Amt, SVT 15, 1966, S. 252—262; G. Schmitt, Der Landtag von Sichem, AzTh 1, 15, 1964; ders., Du sollst keinen Frieden schließen mit den Bewohnern des Landes, BWANT 5, 11, 1970; R. Smend, Jahwekrieg und Stämmebund, FRLANT 84, 1963; ders., Gehörte Juda zum vorstaatlichen Israel? Proceedings of the Fourth World Congress of Jewish Studies I, 1967, S. 57—62; ders., Zur Frage der altisraelitischen Amphiktyonie, EvTH 31, 1971, S. 623—630; C. Steuernagel, die Einwanderung der israelitischen Stämme in Kanaan, 1901; F. Stolz, Jahwes and Israels Kriege, AThANT 60, 1972; E. Täubler, Biblische Studien I, Die Epoche der Richter, 1958; R. de Vaux, La thèse de l'amphictyonie israélite, HThR 64, 1971, S. 415—436; ders., Histoire ancienne d'Israël. La période des juges, 1973; M. Weber, Gesammelte Aufsätze zur Religionssoziologie III. Das antike Judentum, 1923²; H. Weippert, Das geographische System der Stämme Israels, VT 23, 1973, S. 76—89; M. Weippert, »Heiliger Krieg« in Israel und Assyrien. Kritische Anmerkungen zu G. v. Rads Konzept des »Heiligen Krieges im alten Israel«, ZAW 84, 1972, S. 460—493; A. Weiser, Das Deboralied, ZAW 71, 1959, S. 67—97; Z. Weisman, Charismatic Leaders in the Era of the Judges, ZAW 89, 1977, S. 399—411; C. F. Whitley, The Sources of the Gideon Stories, VT 7, 1957, S. 157—164; H. J. Zobel, Stammesspruch und Geschichte, BZAW 95, 1965; ders., Beiträge zur Geschichte Groß-Judas in früh- und vordavidischer Zeit, SVT 28, 1975, S. 253—277.

V. Die Staatenbildung Sauls

1. Die Philisternot

Der Staat Sauls wurde aus der Philisternot geboren. Von den Philistern und ihrer Zugehörigkeit zu den Seevölkern war bereits oben die Rede (s. o. S. 14). Es besteht ein enger Zusammenhang zwischen der Seevölkerwanderung, der Dorischen Wanderung, dem Ende der minoisch-mykenischen Kulturepoche und den Philistern. Ihr Aussehen und ihre Bewaffnung — bekannt aus Darstellungen in ägyptischen Tempeln (vgl. AOB² sub verbo Philister) und aus der Beschreibung des Philisterriesen Goliath (1 Sam 17,5—7) — unterscheiden sie von den Semiten: sie sind bartlos, haben eine gerade Nase ohne Einsenkung der Nasenwurzel, sind mit einer ledernen Jacke bis an den Hals, mit Lendenschurz und Helm mit Stirnreif und Nackenschutz bekleidet und bewaffnet mit Wurf- und Stoßlanze, mit großem Schild und einem Schwert. Mit allem dem sehen sie den homerischen Helden ähnlich. Auch daß die Philister im AT immer wieder als »Unbeschnittene« bezeichnet werden, spricht deutlich dafür, daß sie, anders als die Israeliten, Kanaanäer, deren östliche Nachbarvölker und die Ägypter, keine Semiten waren. Die Philisterfürsten werden hebräisch Seranim genannt, was dem griechischen »Tyrannen« entspricht. Schließlich werden diese Zusammenhänge durch das archäologische Material, die sogenannte Philisterkeramik, bestätigt, die in Form und Verzierung der helladischen Töpferkunst der in Betracht kommenden Epoche verwandt ist.

Das Auftreten der Seevölker ist zuerst unter Sethos I. (um 1300) und dann vor allem unter Merneptah (um 1220) belegt. Etwa in der Zeit, die für die erste, friedliche Phase der israelitischen Landnahme anzusetzen ist, bedrohten Angehörige der Seevölker die syrische Küste, faßten hier Fuß und versuchten, nach Süden, und das heißt in ägyptisches Hoheitsgebiet einzudringen. Während das Hethiterreich offenbar schlagartig dem Ansturm der Seevölker erlag, war die ägyptische Macht noch nicht so gesunken, daß die Pharaonen sich ihrer nicht erwehrt hätten. Ramses III. (1197—1165) trat ihnen erfolgreich entgegen. Aus Theben sind ausführliche Berichte hierüber erhalten geblieben (ANET S. 262 ff.). Tatsächlich vermochten die Philister die Küstenebene südlich von Dor und des Karmel, also gerade die später zu Manasse bzw. Israel gehörende Küstenebene nicht in Besitz zu nehmen. Wohl geht aus Quellen der späteren Zeit hervor, daß ebenfalls zu den Seevölkern zu rechnende Verbände, die in ägyptischen Texten als Tkr bezeichnet werden, in der Gegend des Karmel, bei Dor, ansässig geworden sind, dort, wo auch das schon genannte Haroseth, die Stadt Siseras, anscheinend eine Neugründung dieser Zeit, lag. Der Reisebericht des Wen-Amon (um 1100) zeigt, daß Dor nicht mehr in ägyptischer Hand, sondern in Besitz von Seevölkerangehörigen ist (vgl. ANET S. 25 ff. TGI² S. 41 ff.). Anders ist die Situation im Süden der Küstenebene zu beurteilen. In der eigentlichen Philistäa setzten die

Philister sich zunächst nicht als Eroberer fest, vielmehr scheinen sie hier von den Ägyptern angesiedelt worden zu sein. Selbständig wurden sie erst, als nach 1100 Ägyptens Einfluß immer geringer wurde. Zu einer Staatenbildung ist es aber nicht gekommen, sondern nur zu Bündnissen zwischen den fünf Philisterstädten Gaza, Askalon, Asdod, Gath und Ekron. Auch die Philister haben das alte kanaanäische System von Stadtstaaten übernommen und beibehalten und stellten nur die — wohl ziemlich dünne — neue Oberschicht. Als dann schließlich die ägyptische Oberhoheit ganz erlosch, betrachteten sich die Philister als die Rechtsnachfolger der Ägypter und beanspruchten, die legitimen Herren von ganz Syrien und Palästina zu sein. Dies führte zum Konflikt mit dem ebenfalls aufstrebenden und sich ausweitenden Israel.

Eine kriegerische Konfrontation mit Philistern oder doch mit deren nördlichen Verwandten stellte bereits die Schlacht bei Megiddo dar, wenn wirklich Sisera ein Exponent der Seevölker war. Von Kämpfen gegen die Philister im engeren Sinn reden die Simsonerzählungen in Ri 13—16. Simson gehörte dem Stamme Dan an, als dieser Stamm noch in seinen älteren Wohnsitzen im Süden saß, ehe er unter Druck der Philister nach Norden abwandern mußte. Die Erzählungen über Simson sind sagenhafter Natur. Es geht in ihnen nicht um die historischen Ereignisse als solche, sondern um die Taten ihres Helden. Historisch ist ihnen darum nicht sehr viel zu entnehmen. Simson erscheint auch nicht als charismatischer Führer. Seine Kämpfe haben mehr den Charakter von Schlägereien. Streift man alles Sagenhafte und Anekdotische ab, so bleibt der deutliche Eindruck zurück, daß die Philister praktisch schon den größten Teil des Südens bis in die Gebirgsränder hinein beherrschen.

Von einem offenen Krieg zwischen Philistern und Israeliten ist erst in dem Komplex 1 Sam 4—6; 2 Sam 6,1—19 die Rede. Auch dieser ist freilich kein historischer Bericht. Man pflegt diesen Komplex als die Ladeerzählung zu bezeichnen. Sie handelt von den Schicksalen der Lade Jahwes: die Lade wird von den Philistern zur Schande Israels erobert, aber kehrt mit Ehren wieder; zwar gibt Jahwe sein besiegtes Volk in die Hand der Philister, aber er selbst ist kein besiegter Gott, sondern bleibt Sieger. Die Erzählung schließt mit der späteren Überführung der Lade nach Jerusalem durch David ab. Wenn auch diese Ladeerzählung kein historischer Bericht, sondern eine Kultlegende ist, so ist ihr doch Wichtiges für die Rekonstruktion des Geschichtsverlaufs in der Zeit kurz vor der Staatenbildung zu entnehmen. Die Texte zeigen, daß die Philisterstädte ihre Macht in dem Ort Aphek am äußersten Nordrand ihres eigentlichen Gebietes vereinigten und von daher in das Zentrum Israels auf das Gebirge Ephraim vorstießen. Es kam zu einer Schlacht, in welcher die israelitischen Verbände unterlagen. Der Bewaffnung und der Kriegstechnik des stehenden Philisterheeres hatte der Heerbann der Israeliten nichts Ebenbürtiges entgegenzusetzen. Aus dem nahegelegenen Silo wurde die Lade herbeigeholt, damit sie die Gegenwart Jahwes garantiere. Aber der Gottesschrecken blieb offenbar aus und Israel wurde noch einmal und noch gründlicher geschlagen. Der Heerbann löste sich auf und »jeder floh in seine Hütte«. Ob freilich ganz Israel an diesen Ereignissen beteiligt war, kann man fragen. Beteiligt waren auf alle Fälle Ephraim, Manasse und wohl auch Juda, denn diese Stämme waren unmittelbar betroffen.

Die Niederlagen hatten offenkundig werden lassen, daß Israel wesensmäßig als Amphiktyonie um El-Jahwe, so sehr sonst der Jahwismus den Stämmebund aus seiner Passivität aufgeweckt und politisiert hatte, den Philistern nicht gewachsen war und daß der Gottesschrecken des Jahwekrieges keine rechte Waffe mehr gegen die Wagen, Rosse, Lanzen und Schilde der gut organisierten Philisterheere darstellte. Die politisierte Amphiktyonie Israel war ein Zwischenstadium: kein rein sakraler Verband mehr, aber noch keine Staatsnation. Nach der Niederlage blieben nur zwei Möglichkeiten: der Weg zurück zur apolitischen Amphiktyonie, deren Angehörige dann eine unterworfene Bevölkerung unter philistäischer Oberherrschaft gebildet hätten; oder aber eine Flucht nach vorne zur Staatenbildung. Zunächst konnte nur der Weg zurück eingeschlagen werden. Die Lade, Symbol des jahwistischen Aktivismus, war verlorengegangen und stand in Kirjath-Jearim, in einem Gebiet westlich Jerusalems, das von den Philisterstädten der benachbarten Ebene aus direkt kontrolliert werden konnte. Das Ladeheiligtum Silo war zerstört worden. Das wird zwar in der Ladeerzählung nicht berichtet, kann aber mit Sicherheit angenommen werden, da noch das Jeremiabuch (7,12) von der Zerstörung weiß und auch die Archäologie lehrt, daß um die Jahrtausendwende Silo zugrunde ging. Um das Gebiet der israelitischen Stämme unter Kontrolle zu halten, errichteten die Philister hin und her im Lande Garnisonen mit Ortskommandanten. Das wird für Gibea, die Heimatstadt Sauls, ausdrücklich mitgeteilt (1 Sam 10,5; 13,3) und kann für andere Orte ebenfalls angenommen werden. Diese Maßnahme zeigt zugleich, daß die Philister nicht die Absicht verfolgten, die Israeliten zu vertreiben, sondern nur, sie unterworfen zu halten. Bezeichnend für die Lage ist auch, daß die Philister sich ein Eisenmonopol sicherten, das den Israeliten untersagte, eiserne Gegenstände herzustellen. Dies bedeutete eine erzwungene Abrüstung (1 Sam 13,19—22). Aber auch Geräte für friedliche Zwecke, soweit aus Eisen hergestellt, konnten Israeliten nur bei den Philistern erwerben, selbst sie herstellen durften sie nicht. Diese Maßnahmen der Philister zwangen zum Weg zurück zur apolitischen, unmilitärischen Amphiktyonie.

Daß freilich nicht jeder Zusammenhalt unter den Stämmen zum Erliegen kam, ist daraus zu entnehmen, daß Samuel Israel richtete und dazu von einem Heiligtum zum andern reihum ging (1 Sam 7,15—17). »Israel« versammelte sich also immer noch zu bestimmten Zeiten; welche und wieviele Israeliten zu diesen Zusammenkünften kommen konnten oder auch gehindert waren, bleibt freilich zu fragen. Aber es war immer noch ein Richter da — Samuel —, der die alte amphiktyonische Aufgabe wahrnehmen konnte.

Lit.: Siehe am Ende von Abschnitt V, 3.

2. Sauls Königtum

Aber wenn auch zunächst der Weg zurück beschritten wurde, so können doch geschichtliche Entwicklungen niemals ganz rückgängig gemacht werden. Israel war in dieser Zeit schon so weit von seinem Ursprung einer rein sakralen Größe entfernt und schon so nahe der Volk- und Staatwerdung, daß eine Reaktion gegen die gewaltsame Entmachtung kommen mußte. Angesichts der zwitterhaften Organisationsform Israels war diese Reaktion eine Flucht nach vorne. Obwohl durch eine lange Vorgeschichte vorbereitet, wurde der Staat nun doch plötzlich aus der Not als eine Art Improvisation geboren.

Wie dieses wichtige Stück israelitischer Geschichte im einzelnen verlaufen ist, ist leider nicht mehr eindeutig zu ermitteln. Das liegt an der Beschaffenheit der Quellen, die hierüber berichten. Sie sind in dem Komplex 1 Sam 7—12 enthalten. Dieser enthält sehr heterogene Stoffe. Sagen, darunter sogar eine (1 Sam 9—10,16) mit im AT seltenen Märchenmotiven, mischen sich mit historischen Notizen, theologischen Reflexionen über

Wert oder Unwert des Königtums und mit einem — möglicherweise — historischen Bericht (1 Sam 11). Der überlieferungskritische Befund ist folgendermaßen: 1. 9,1—10,16 eine märchenhafte Sage über Saul, der die Eselinnen seines Vaters zu suchen auszog, aber das Königtum fand und von Samuel gesalbt wurde, 2. eine bruchstückhaft erhaltene Überlieferung über die Wahl Sauls zum König durch das Los in 1 Sam 10,19b—21abα, 3. eine ebenfalls nur fragmentarisch erhaltene Tradition über Saul als den längsten Mann in 1 Sam 10,21bβ—23, 4. die Geschichtssage über Sauls Sieg über die Ammoniter bei Jabes in Gilead in 1 Sam 11,1—11, 5. die Erhebung Sauls zum König durch das Volk in Gilgal in 1 Sam 11,14—15. Diese gewiß alten Überlieferungen setzen sich gegenseitig nicht voraus und waren einmal selbständig; sie sind schon in vordeuteronomischer Zeit in irgendeiner Weise zusammengestellt worden. Diese ältere Sammlung hat der Deuteronomist mit den Kapiteln 7 f. und 12 eingerahmt. Dabei nahm er in Kap. 7 als älteres Gut eine Überlieferung über eine Kultfeier in Mizpa auf, wo Samuel als Fürbitter auftrat. Die Tendenz dieser Rahmung ist eindeutig: das Königtum ist eigentlich Abfall von Jahwe, wenn es auch von Jahwe — eigentümliche Dialektik! — dann doch gewährt und begründet wird.

Jeder Versuch einer historischen Rekonstruktion wird die Eigenart der Überlieferungen zu berücksichtigen haben. Die rein deuteronomistischen, die Geschichte theologisch deutenden Abschnitte Kap. 8 und 12 kommen für eine historische Rekonstruktion nicht in Frage. Aber auch die älteren Überlieferungselemente in Kap. 7 und 10,17—27 sind nicht unmittelbar historisch brauchbar. Dem Kap. 7 kann man nur entnehmen, daß in der Zeit kurz vor dem Aufstieg Sauls insbesondere in Mizpa amphiktyonische Zusammenkünfte stattgefunden haben, bei welchen Samuel — vermutlich als Kleiner Richter — eine Rolle gespielt hat, und daß es zu der Zeit mehrere Orte gab, wo die Israeliten sich zu kultischen Begehungen versammelten; außer Mizpa sind Bethel und Gilgal, eventuell auch Rama, zu nennen. Die historische Grundlage dieses Kapitels gibt also nur Einsicht in die allgemeine historische Situation, sagt aber nichts über die einzelnen Ereignisse aus. Die Sage von 9,1—10,16 ist historisch nicht auswertbar. Dies gilt auch von dem älteren Kern von 10,17—27. Daß Saul aus allen Männern Israels ausgelost sein soll, ist höchst unwahrscheinlich. Der Skopus dieser Sage ist ähnlich wie in der Erzählung von der Eselinnensuche, daß es Jahwe war, der Saul zum König bestimmte. Historisch unwahrscheinlich ist auch das andere Fragment, daß Saul König wurde, weil er der längste Mann war. Diese Sage hält allerdings die zutreffende Erinnerung daran fest, daß Saul ein langgewachsener Mensch war. Es bleibt schließlich nur Kap. 11 mit der Geschichtssage von einem Sieg Sauls über die Ammoniter und mit der kurzen Notiz über die Erhebung Sauls zum König.

Bei diesem Kapitel pflegt die historische Rekonstruktion einzusetzen und das dürfte richtig sein. Freilich ist zu bedenken, daß auch dieses Kap. 11 in seinem ersten Teil V 1—11 Geschichts*sage* ist. Daß z. B. die Ammoniter mit ihrem Sturm auf die Stadt Jabes gewartet haben sollen, bis die Einwohner von Jabes sich Hilfe geholt hatten, ist historisch unwahrscheinlich. Aber als historische Notiz wird man auf jeden Fall 11,15 werten dürfen. Hier wird berichtet, daß das Volk Saul in Gilgal zum König erhoben hat. Von einer Mitwirkung Samuels bei diesem Akt ist ursprünglich nicht die Rede gewesen. Der Ammoniterfeldzug muß auch nicht der unmittelbare Anlaß zu dieser Königserhebung gewesen sein, denn es ist nicht ausgeschlossen, daß 11,1—11 und 11,15 erst nachträglich miteinander in Verbindung gebracht worden sind. Vieles, wenn nicht gar alles, spricht dafür, das hier berichtete Ereignis eines Sieges über die Ammoniter bei Jabes in Sauls Jugendzeit anzusetzen. Saul ist hier noch als Jüngling und als charismatischer

Anführer und noch nicht als König gezeichnet. Die Ammoniter hatten die bedrängte Lage Israels ausgenutzt und die östlichen Randgebiete unter Druck gesetzt. Für die Philister mögen die Ammoniter eine willkommene Hilfe gegen Israel gewesen sein. Da griff, wie schon in früheren Notzeiten die »Großen Richter«, der Charismatiker Saul ein, über den Jahwes Geist geraten war, und es gelang ihm ein Überraschungssieg. Die ganze Art, wie das erzählt wird, erinnert stark an die Erzählungen des Richterbuches über Jahwekriege, die, wenn es gut geht, ja auch mit einem Überraschungssieg durch den Gottesschrecken enden.

Etwas schwieriger deutbar ist es, daß nach dem Wortlaut von 1 Sam 11 Sauls Feldzug von allen Stämmen Israels getragen worden sein soll. Wenn man das für historisch hält, ist man genötigt, diesen Feldzug nach den Philisterkämpfen von Kap. 13 und 14 anzusetzen, wie es manche Forscher getan haben und noch tun. Denn daß in der Zeit schwerster Bedrängnis durch die Philister, die das Land mittels Garnisonen kontrollierten, das bis dahin zerteilte und alles andere als einheitliche Israel sich zu einem Krieg zusammengetan hätte, ist sehr unwahrscheinlich. Eine so gut funktionierende Amphiktyonie hätte keiner Staatenbildung bedurft. Es ist aber schwierig, Kap. 11 zeitlich nach 13 und 14 einzuordnen. Während in Kap. 13 und 14 Saul offensichtlich bereits als König handelt — er stellt z. B. seinen Sohn Jonathan als General an, und als beauftragten Führer des israelitischen Heerbannes beruft er seinen Vetter Abner —, erscheint er in Kap. 11 als Jüngling und charismatischer Anführer im Jahwekrieg. Daß ganz Israel hinter ihm her in den Krieg zog, ist darum doch wohl spätere Übermalung, welche erklären will, wie Saul zum ersten König über Israel werden konnte.
Man kann mit einem hohen Grad an Wahrscheinlichkeit annehmen, daß 11,1—11 in Sauls Jugend gehört und daß er als Charismatiker angefangen hat. Als solcher hat er nicht ganz Israel, sondern nur einzelne Gruppen angeführt. Es werden vor allem Benjamin, dem Saul entstammte, und Ephraim gewesen sein, die Saul unterstützten. Und weil er sich als Charismatiker bewährt hatte, ist er vom Volk in Gilgal zum König eingesetzt worden. Ob dies unmittelbar nach dem Sieg über die Ammoniter oder erst zu einem späteren Zeitpunkt geschehen ist, kann nicht mehr mit Sicherheit entschieden werden.

Wenn auch die Texte über manche einzelne Ereignisse und Umstände, die zur Königserhebung Sauls führten, keine oder nur dürftige Auskunft geben, so wird aus ihnen doch wohl deutlich, wie dieses Königtum und dann auch die Staatenbildung Sauls ihrem Wesen nach zu beurteilen sind. Diese Staatenbildung bestand zunächst nur in der Unterstellung einiger israelitischer Stämme unter die charismatische Führergestalt Saul, der nun allerdings, anders als die früheren Charismatiker, über eine einzelne militärische Aktion hinaus einen königlich zu nennenden Führungsanspruch erhob. Der Staat Sauls ist — wenigstens der Idee nach — die alte Amphiktyonie, die mit einer staatlich-militärischen Spitze versehen wurde. Aber auch diese Spitze war, da sie wenigstens am Anfang im Sinne des alten Charismatikertums verstanden wurde, doch noch Erbe der vorstaatlichen Zeit. Sauls Königtum ist charismatisches Führertum, das durch die Akklamation des Volkes nur zu einer dauernden Institution verfestigt wurde. Das Königtum ist permanentes Charismatikertum. Dem entspricht es, daß Saul als Jahwes Gesalbter gilt, der darum sakrosankt ist, wie später in der Auseinandersetzung zwischen Saul und David mehrfach betont wird.

Die Erzählung über Sauls Salbung durch Samuel steht allerdings in einer märchenhaft — sagenhaften Umgebung und aus ihr darf man nicht ohne weiteres als historisches Faktum entnehmen, daß Saul tatsächlich von Samuel gesalbt worden ist. Auch von David wird in sagenhafter Form erzählt (1 Sam 16,1—13), er sei von Samuel vorab und mehr oder weniger heimlich, auf jeden Fall ohne Zutun des Volkes, gesalbt worden. Diese Salbungssagen intendieren eine ganz bestimmte Deutung des Königtums als eines Amtes im Auftrage Jahwes und in ständiger Bindung an Jahwe. Sie wollen also das Königtum als ein göttliches legitimieren. Dem steht eine andere Darstellung des Herganges gegenüber: In 2 Sam 2,4 wird David vom Volk zum König über Juda, nach 2 Sam 5,3 zum König auch über ganz Israel gesalbt. Wenngleich hier das Volk als Subjekt der Salbung genannt wird, wie ähnlich auch 1 Sam 11,15 das Volk Saul zum König erhebt, so kann man sich freilich den Salbungsakt doch nicht anders denn als durch einen einzigen Bevollmächtigten vollzogen denken, der im Auftrag des Volkes handelt. Die genannten Mitteilungen in 2 Sam 2,4 und 5,3 stehen nicht in sagenhaften Kontexten, sondern sind als historische Annalennotizen zu werten. Ihnen kann man mit Sicherheit entnehmen, daß David gesalbt gewesen ist. Die Salbungssage deutet dies im Sinne einer Salbung im Auftrage Jahwes selbst. Der kurze Bericht über die Erhebung Sauls zum König durch das Volk spricht im hebräischen Wortlaut nicht von einer Salbung. Nur die Septuaginta fügt hinzu, daß Samuel ihn salbte. Das kann eine sekundäre Hinzufügung sein, aber auch die Ursprünglichkeit dieser Mitteilung ist nicht ganz auszuschließen. Es ist auch möglich, daß mit dem Ausdruck »zum König machen« eine Salbung auch im hebräischen Text gemeint ist. Das würde der Tradition entsprechen, welche Saul für den Gesalbten Jahwes hält.

Schon der Titel König, den der Charismatiker Saul bekam, bedeutete trotz aller Wahrung der Kontinuität eine Neuerung. Diese besteht in der Permanenz des Amtes, welche sogar durch Dynastiebildung über die Einzelperson hinausreicht. Sodann ist zu bedenken, daß der Titel König bis dahin Bezeichnung jener Stadtkönige Kanaans gewesen war, gegen die Israel von allem Anfang an in Opposition gestanden hatte. Von daher wird verständlich, daß sich schon früh auch gegen Saul eine Opposition zu Worte meldete. Dies wird ausdrücklich vermerkt in 1 Sam 10,27 und 11,12 f. Die Kritik, die hier laut wird, hat gewiß noch nichts mit der späteren deuteronomistischen Ablehnung des Königtums zu tun. Die Erwähnung von Kritik ist historisch schon deshalb zuverlässig, weil die Kritiker Sauls vom Verfasser dieser Mitteilungen selbst kritisiert und als Nichtsnutze bezeichnet werden. Motiv der Opposition mag der Neid oder Lokalpatriotismus anderer Stämme gewesen sein. Die oppositionelle Haltung mag auch der Person des Saul gegolten haben. Es ist den Quellen zu entnehmen, daß er einen schwierigen Charakter hatte, wohl auch manisch-depressiv war und möglicherweise in geistiger Umnachtung sein Leben beendete.
»Ist auch Saul unter den Propheten?« ist in dieser Zeit ein geflügeltes Wort gewesen (1 Sam 10,11; 19,24). Es weist daraufhin, daß Saul mit den Nebiim, den rasenden Ekstatikern, verglichen werden konnte, die in Sauls Zeit für den israelitischen Bereich zum erstenmal von sich reden machten. Mögen auch immer bei der Opposition gegen Saul solche Motive eine Rolle gespielt haben, so wird sie doch auch und vor allem als eine »theologische« verstanden werden müssen. Sie ist die Fortsetzung jener alten oppositionellen Haltung Israels selbst gegen das Staatssystem Kanaans. Sie ist genuin israelitisch. Die spätere Prophetie und die deuteronomistische Schule konnten mit anderen Mitteln an sie anknüpfen.
Daß das Königtum und der Staat Sauls allerdings offenbar bewußt die Kontinuität zu wahren und an Älteres anzuknüpfen bestrebt waren, zeigt auch die Rolle, welche Samuel bei diesen Vorgängen gespielt hat. Obgleich er in 1 Sam 11 durchweg literarisch sekundär ist, so bleibt doch bemerkenswert, daß er in dem gesamten Komplex 7—12 zentrale Bedeutung hat. Er gilt als Gottesmann, als Prophet, als einer, der Israel richtet, und hat auf jeden Fall hervorragende Autorität. Die Frage nach der historischen Bedeutung Samuels ist nicht leicht, aber nicht unlösbar. Aus dem Titel »Gottesmann«, der ihm in der Eselinnengeschichte beigelegt wird, läßt sich Historisches kaum folgen. Der Titel »Nabi«, der ihm

1 Sam 3,20 verliehen wird, ist eine Auszeichnung, mit der die Tradition auch andere bedeutsame Gestalten der Frühzeit — etwa Mose — bedenken kann. So bleibt, historisch gesehen, Samuels richterliche Tätigkeit übrig. Samuel war aller Wahrscheinlichkeit nach ein sogenannter Kleiner Richter. Das ist über die bloße Feststellung des Amtes Samuels hinaus von Bedeutung für die rechte Einschätzung des Königtums Sauls. Die Bedeutung, welche Samuel bei der Staatenbildung Sauls zukommt, muß in irgendeinem Zusammenhang mit den traditionellen Funktionen des Richteramtes gestanden haben. Diese historische Rekonstruktion wird von den Quellen bestätigt. 1 Sam 10,25 ist von dem Königsrecht die Rede, das Samuel dem Volk verliest und das er in Mizpa vor Jahwe niederlegt, d. h. in einem Jahweheiligtum deponiert. So wird auch sonst in Israel und außerhalb Israels das Recht als göttlich dadurch qualifiziert, daß es am Heiligtum aufbewahrt und dort gepflegt wird. Der historische Samuel hat etwas zu tun gehabt mit dem Königsrecht. Ob man Samuel für den Verfasser dieses Rechtes und gleichsam für den Vater der israelitischen Königsverfassung halten darf, ist eine andere Frage, die sich nicht mehr beantworten läßt. Auf jeden Fall zeigt die in den Quellen festgehaltene Mitwirkung Samuels an, daß Sauls Königtum, auch wenn ihm zunächst oder auch immer nur einige Stämme real unterstanden, von vornherein nicht als ein Stammeskönigtum, sondern als ein amphiktyonisches Königtum konzipiert war. Es war die Größe Israel, welche an ihrer obersten Spitze einen König bekam, und der bis dahin höchste amphiktyonische Repräsentant, der Richter Samuel, hatte mit der Verfassung dieser Neuordnung und Umgestaltung des Stämmebundes zu tun. Sauls Königtum und Staat waren von vornherein der Idee nach amphiktyonisch ausgerichtet. Diese Idee wird in die Geschichtssage von 1 Sam 11 retrojiziert: ganz Israel zieht in den Krieg gegen Ammon, ganz Israel erhebt Saul zum König. Freilich existierte dieser gesamtisraelitische Staat infolge der deplorablen faktischen Lage nur der Idee nach.

In diesen Eigentümlichkeiten von Sauls Königtum und Staat ist ihre innere Schwäche begründet. Die eigentliche Neuerung bestand nur in der Institutionalisierung und Permanenz der charismatischen Führerschaft. Diese aber bedeutete noch lange nicht eine Reorganisation Israels. Auch war und ist es überhaupt schwer, auf einem Charisma eine permanente Organisation aufzubauen. Was, wenn das Charisma erlosch und Sauls Manie in Depression umschlug? Es ist in diesem Zusammenhang vielleicht bezeichnend, daß in den Philisterkämpfen, über die die Kapitel 13—14 von 1 Sam berichten, bereits Sauls Sohn Jonathan als der eigentliche Anführer erscheint.

Allerdings organisierte Saul unter seinem und Jonathans Kommando eine stehende Truppe (1 Sam 14,52), gab dem Heerbann in dem »Feldhauptmann« Abner, seinem Vetter, eine feste Führungsspitze. Grabungen in Sauls Heimatort Gibea stießen auf eine Zitadelle, die möglicherweise von ihm erbaut oder wiederhergestellt wurde. Aber diese Maßnahmen bezogen sich alle nur auf die Kriegsführung. Sauls Hof ist einem Hauptquartier vergleichbar; die Militärs Abner, Jonathan und David sind seine tägliche Umgebung (1 Sam 20,25). Von einer auch nur anfänglichen Einrichtung und Organisation eines Staates kann keine Rede sein. Etwas überspitzt formuliert könnte man sagen, daß es jetzt zwar eine militärische Führungsspitze gab, aber keine politisch Geführten. Das Königtum hob die angestammte Selbständigkeit der Stämme und Sippen nicht auf, sowenig wie die Amphiktyonie seit eh und je diese Eigenständigkeit angetastet hatte.

Lit.: Siehe am Ende von Abschnitt V, 3.

3. Die verlorene Schlacht auf dem Gebirge Gilboa

Es war eine innere Notwendigkeit, daß Königtum und Staat Sauls nur eine Episode blieben. Die äußeren Fakten — einige Anfangserfolge und dann eine Katastrophe — sind gleichsam nur die Außenseite der Geschichte. Was sich seit Sauls Erhebung zum König ereignet hat, läßt sich noch einigermaßen deutlich erkennen.

Eine gute Quelle sind die Kapitel 13 und 14 von 1 Sam. Sie enthalten Kriegsberichte mit anekdotenhaftem Einschlag. Diese Gattung ist nicht an den großen Geschichtszusammenhängen orientiert und vermag diese wohl auch kaum zu erkennen und zu beschreiben. Das Interesse richtet sich vielmehr auf einzelne Ereignisse und einzelne Heldentaten des Sauliden Jonathan. Die übrigen Nachrichten über Saul finden sich außer in der Sonderüberlieferung über einen Amalekiterkrieg von 1 Sam 15 im Rahmen des ganz andersartigen literarischen Werkes über Davids Aufstieg (1 Sam 16,14 — 2 Sam 5,25). Dieser große literarische Komplex gehört zur Gattung der echten Geschichtsschreibung. Wenn die Geschichte von Davids Aufstieg auch nicht gerade zur Ehre Davids geschrieben sein muß, so geht sie doch wohl von der Voraussetzung aus, daß David positiver zu beurteilen sei als Saul. Dadurch rückt Saul von vornherein in ein minder günstiges Licht. Diese Tendenz des Werkes ist somit zu berücksichtigen, wenn man der Gestalt des Saul gerecht werden will.

Nachdem Saul zum König erhoben worden war, mußte die Bekämpfung der Philister seine erste Aufgabe sein. Ihr diente die bereits genannte Schaffung einer stehenden Truppe von Berufskriegern. Mit dieser Maßnahme hat er die alte amphiktyonische Ordnung, welche nur den Heerbann der freien Männer kannte, im Prinzip durchbrochen. Mit seiner Kerntruppe und dem Heerbann Israels, sofern es überhaupt möglich war, ihn einzuberufen, hat Saul zunächst mit Erfolg die Philistergarnisonen in Ephraim und Benjamin angegriffen und im überraschenden Handstreich überrumpelt. Die erste Garnison, welche ausgehoben wurde, war diejenige in Gibea, wo Saul seine Residenz hatte (1 Sam 13,2 f.). Sauls Sohn Jonathan hatte bei dem Überfall die Führung. Diese Aktion darf freilich nicht als offene Feldschlacht mißverstanden werden. Es handelt sich wohl eher um die überraschende Besetzung einer feindlichen Ortskommandantur. Der Übergriff konnte natürlich nicht ohne Reaktion der Philister bleiben. In 13,5 ff. wird berichtet, daß sie nunmehr ihre Streitkräfte sammelten. Aber auch diese Streitkräfte, von welchen in Kapitel 13 gesprochen wird, sind nicht die philistäische Hauptmacht. Die Philister haben zunächst ihre auf dem Gebirge Ephraim stationierten Besatzungstruppen zusammengezogen. Als Ort der militärischen Konzentration wird Michmas in der Nähe von Gibea genannt (13,5). Saul und Jonathan sammelten ihre Truppen in Geba auf der anderen Seite des Tales, das Michmas von Geba trennt. Auf Jonathans Initiative wagten die Israeliten einen Überraschungsangriff auf das Heerlager der Philister, der glänzend gelang. Die Art und Weise, wie dieser Sieg in Kap. 14 beschrieben wird, erinnert wieder sehr an die alten charismatisch geführten Kriege Jahwes. Es war der Gottesschrecken, der den Feind überraschte und sprengte (14,15). »Das Schwert des einen war gegen das des andern« (14,20), d. h. es entstand eine Panik. Daraus geht mit aller wünschenswerten Deutlichkeit hervor, daß, trotz stehender Truppe, die Art der Kriegsführung immer noch die alte war. Sauls Anfangserfolge wurden mit dem Gottesschrecken errungen. Zugleich zeigt sich so noch einmal die Kontinuität, welche Saul mit den Großen Richtern einer früheren Epoche verbindet. Das lehrt aber zugleich, daß solche Siege allenfalls Teilerfolge sein konnten und bleiben mußten, wenn ihnen nicht durchgreifendere Maßnahmen militärischer und politischer Art folgten. Sauls Königtum war ja gerade entstanden, weil die alten Mittel gegen den neuen Feind in einer sich wandelnden Zeit versagt hatten. Hätte Saul jetzt, nach diesen Teilerfolgen, die immerhin eine Atempause ermöglichten, gleich organisatorisch durchgegriffen, sich eine Hausmacht geschaffen und mit deren Hilfe einen echten Staat, wenn auch zunächst nur in nuce in Ephraim und Benjamin, woher sein treuester Anhang sich rekrutierte, so wäre ihm vermutlich der Erfolg zuteil geworden, den später David errang. Daß Saul das nicht tat, läßt sich wohl nur aus Sauls Charakter und seiner tiefen Verwurzelung in den amphiktyonischen Traditionen Israels erklären. Saul war einerseits überzeugt, eine neue Organisation ins Leben rufen zu müssen. Er tat das auch — stehende Truppe, permanente militärische Führung, Königsburg als Führungszentrum —, aber es sind zögernde Maßnahmen. Saul wollte der Amphiktyonie Israel dienen, aber bedachte nicht, daß solcher Dienst ohne eigene handfeste Macht nicht möglich war. In der Gestalt des Saul wird zum erstenmal die Aporie eines Königtums über das »Gottesvolk« Israel manifest, und diese Aporie wurde durch die Bindungen Sauls an die Amphiktyonie nur desto größer. Es waren Bindungen, welche ihm politisch und auch militärisch die Hände banden. Eigentlich brachten ihn schon die bescheidenen Neuerungen, die er einführte, in Konflikt mit der alten Ordnung. Von diesem Konflikt weiß die Tradition in 1 Sam 13,7b—15 und in Kap. 15 im Rahmen einer Sonderüberlieferung über einen Krieg gegen die Amalekiter zu berichten. Beide Male wird ein Konflikt mit Samuel ausgetragen, der allerdings in den Einzelheiten nicht mehr rekonstruiert werden kann. Nach Kap. 15 hat Saul die Regeln des Jahwekrieges nicht vollständig eingehalten, indem er nicht die ganze Beute und insbesondere nicht den feindlichen König Agag bannte, d. h. Jahwe übereignete, ihn also abschlachtete. In Kap. 13 ist es ein vergleichbarer Konflikt: auf Grund einer militärischen Notwendigkeit wartete Saul nicht, den Jahwekrieg mit Opfern zu eröffnen, bis der amphiktyonische Repräsentant Samuel eingetroffen war. Was auch immer an diesen Mitteilungen sagenhaft oder midraschartig sein mag, deutlich wird doch wohl, daß es die neue, »moderne« Kriegsführung war, welche den König in Auseinandersetzungen mit der alten Ordnung verwickelte. Und man wird der Überlieferung trauen dürfen, wenn sie die Geschichte so darstellt, daß Saul diesen Konflikt von Herzen bedauert hat, eben weil er sich den alten Traditionen innerlich verpflichtet wußte und doch angesichts der historischen Notwendigkeiten gegen sie zu handeln gezwungen wurde. Saul ist eine wahrhaft tragische Gestalt.

Also innerlich und äußerlich — durch den wachsenden Widerstand Samuels und wohl überhaupt der Opposition — gehemmt, alsbald auch in einen äußerst gefährlichen Zwist mit David und wohl auch mit Jonathan verwickelt, vermochte Saul seine Teilerfolge nicht mehr auszubauen. Die Katastrophe brach tatsächlich so rasch herein, daß der innere Konflikt gar nicht mehr ausgetragen werden konnte. Nach 1 Sam 13,1 hat Saul nur zwei Jahre als König regiert. Wenn diese Angabe historisch zuverlässig ist — und alles bisher Ermittelte spricht ja für eine nur kurze Regierungszeit Sauls — so läßt sich daraus folgern, daß die Philister schon bald nach ihren Mißerfolgen eine größere Anstrengung unternahmen, um ihre Vorherrschaft wieder herzustellen. Wie schon in früheren Zeiten vor Sauls Königserhebung, konzentrierten sie ihre Streitmacht zunächst in Aphek (1 Sam 29,1; vgl. schon 4,1) am Nordrand ihres eigentlichen Kernterritoriums, in der Küstenebene unterhalb des ephraimitischen Gebietes. Von dort zogen sie, anders als bei der ersten großen Schlacht gegen Israel, zunächst durch die Küstenebene hindurch nach Norden, bis in die Jesreelebene und bis zur dort gelegenen Stadt Jesreel. Dieser Anmarschweg muß wohl damit erklärt werden, daß es das Ziel der Philister war, sich mit den im Norden ansässigen, mit den Philistern verwandten anderen Seevölker-Elementen zu vereinigen. Außerdem stellte die Jesreelebene damals eine einschneidende Grenze zwischen den mittelpalästinischen Stämmen Ephraim, Manasse, Benjamin und den galiläischen Stämmen dar. Der Vormarsch auf die Jesreelebene sollte die einen von den andern trennen, aber die philistäische Macht mit Verbänden aus dem Norden vereinigen und verstärken. Dieses gekonnte militärische Manöver brachte Saul von vornherein in eine sehr gefährliche Lage. Es war ihm unmöglich gemacht, auch den Heerbann der galiläischen Stämme einzusetzen, und es blieb ihm praktisch nur das Aufgebot Ephraims und Benjamins, eventuell noch von Teilen der Südstämme, falls diese sich überhaupt beteiligt haben. Die Situation war aussichtslos. Die Erzählung von 1 Sam 28 über Sauls Besuch bei einer Totenbeschwörerin in Endor hat die tragische Situation mit fast shakespearischen Farben gewiß zutreffend geschildert: »Jahwe antwortete ihm nicht mehr, weder durch Träume, noch durch Orakel, noch durch Prophetenwort« (28,6).

In derselben Gegend des Gebirges Gilboa, wo früher einmal ein Gideon seine Schlacht gegen die Midianiter geschlagen hatte, kam es zum Entscheidungskampf. Das unterlegene israelitische Aufgebot wurde auseinandergesprengt. Saul und seine am Kampf beteiligten Söhne, darunter auch Jonathan, fielen; Saul selbst, schwer verwundet, stürzte sich ins Schwert. Die Leute von Jabes, denen Saul einst in jungen Jahren gegen die Ammoniter geholfen hatte, hielten ihm über den Tod hinaus die Treue und bekundeten ihre Pietät, indem sie die Leichen Sauls und seiner Söhne, die die Philister an der Stadtmauer von Beth-Sean in der Jordansenke aufgehängt oder gepfählt hatten, abnahmen und in Jabes einäscherten.

Die Trauer über den Tod der Sauliden findet beredten Ausdruck in dem Leichenklagelied von 2 Sam 1,17—27: »Wie sind die Helden gefallen! Wie sind die Helden gefallen und die Streitbaren umgekommen!«

Damit scheint die Situation für Israel nach dem Tode Sauls noch bedrückender gewesen zu sein als vor seinem Auftreten, als die Philister die Bundeslade erbeutet und ihre Herrschaft über Israel errichtet hatten. So negativ stellt es wenigstens die Tradition in ihrem jetzigen Bestand dar und so wird es meistens auch in der kritischen Geschichtsschreibung, der alttestamentlichen Tradition entsprechend, dargestellt. Bei dieser Beurteilung der Lage nach der Schlacht auf dem Gebirge Gilboa wird man allerdings vor das dann nicht lösbare Problem gestellt, wie es möglich war, daß es David bald gelang, ein Königtum und einen Staat anderer Art zu begründen, Nord und Süd in seiner Hand zu vereinen, die Philister endgültig zu schlagen und ein Großreich zu errichten. Warum ließen die Philister nach ihrem Sieg über Saul auf dem Gebirge Gilboa eine solche Machtbildung überhaupt zu? Solche Fragen lassen sich mit dem Verweis auf Davids diplomatisches und militärisches Geschick, so wichtig diese Eigenschaften auch immer gewesen sind, allein nicht beantworten. Es ist vielmehr damit zu rechnen, daß Sauls Werk zu seinen Ungunsten und zugunsten Davids verzeichnet worden ist. Die Kapitel über Sauls Niedergang und Untergang sind Teile einer Geschichte, die von Davids Aufstieg berichtet. Diese Erzählung konnte und wollte nur aufnehmen, was zu ihrem Thema — Davids Aufstieg — paßte. Je größer Sauls Mißerfolg, desto eklatanter Davids Erfolg. Wie auch sonst sehr häufig in der Geschichte, hat der Erfolg auch über die nachträgliche Bewertung der handelnden Personen entschieden. Historisch aber ist Davids Aufstieg ohne das Werk Sauls undenkbar. Wenn auch Saul in offener Schlacht gegen die Philister unterlag, muß in anderen, verschiedenen Kleinkämpfen sein Auftreten den Philistern doch erheblichen Schaden zugefügt haben. Nur so läßt sich auch erklären, daß sie gegen ihn schließlich ihre Hauptstreitmacht einsetzen mußten, nachdem Sauls und Jonathans vorherige Aktionen ihre Vormachtstellung erheblich geschwächt hatten. Eine Schwächung der philistäischen Macht mag auch die Endschlacht auf dem Gebirge Gilboa zur Folge gehabt haben. Der Bericht von 1 Sam 31 ist nur an Sauls und seiner Söhne Schicksal interessiert, das David den Weg zum Königtum geebnet hat; über die Verluste der Philister verliert der Bericht kein Wort. Aber man wird die grausige Rache an den Leichen der Besiegten so deuten dürfen, daß die Sauliden ihnen wegen ihrer Gefährlichkeit besonders verhaßt waren. Auch folgender Umstand ist bei einer adäquaten Beurteilung der Lage nach Sauls Tod zu bedenken: Gerade weil die Philister die Nordstämme von den anderen abgeriegelt und deren Aufgebot damit von vornherein verhindert hatten, und weil die Südstämme höchstwahrscheinlich an der Schlacht auf dem Gebirge Gilboa kaum beteiligt gewesen waren, traf die Niederlage nur einen, wenn auch gewiß zentralen Teil Israels, nämlich Ephraim und Benjamin. Aber von einer Dezimierung der wehrbaren Mannschaft Israels kann keine Rede sein.

Ohne solche Erwägungen, welche das traditionelle Bild etwas korrigieren, bliebe Davids steiler Aufstieg unbegreiflich. David fußte auf dem Werk seines Vorgängers, ohne freilich direkt an dieses anzuknüpfen. David, mit allen guten und schlechten Eigenschaften, die ein Politiker und Soldat zum Erfolg braucht, begabt, ging von ganz anderen in der komplexen Größe Israel seit langem angelegten Voraussetzungen aus, als es Saul getan hatte. Sauls Ausgangspunkt war die alte Amphiktyonie gewesen, deren königliche Spitze er darstellte; an eben dieser Voraussetzung ist er gescheitert. Etwas schematisch formuliert, kann man Sauls Staatenbildung folgendermaßen definieren: Saul und Samuel wollten den Staat in die Amphiktyonie einbauen. David ging in umgekehrter Richtung vor: er überhöhte seinen Staat amphiktyonisch, nachdem er ihn mit einer handfesten Hausmacht begründet hatte.

Lit.: A. Alt, Die Staatenbildung der Israeliten in Palästina, II, S. 1—65; ders., Syrien und Palästina im Onomastikon des Amenope, I, S. 231—245; H. J. Boecker, Die Beurteilung der Anfänge des Königtums in den deuteronomistischen Abschnitten des 1. Samuelbuches, BWANT 31, 1969; R. E. Clements, The Deuteronomistic Interpretation of the Founding of the Monarchy in 1 Sam 7, VT 24, 1974, S. 398—410; G. Fohrer, Die alttestamentliche Ladeerzählung, Journal of Northwest Semitic Languages 1, 1971, S. 23—31; V. Fritz, Die Deutungen des Königtums Sauls in den Überlieferungen von seiner Entstehung I Sam 9—11, ZAW 88, 1976, S. 340—362; B. Hrouda, Die Einwanderung der Philister in Palästina, Vorderasiatische Archäologie, Studien ... A. Moortgat zum 65. Geb. 1965, S. 126—135; E. Kutsch, Salbung als Rechtsakt im AT und im AO, BZAW 87, 1963; F. Langlamet, Les récits de l'institution de la royauté (1 Sam 7—12), RB 77, 1970, S. 161—200; J. Maier, Das altisraelitische Ladeheiligtum, BZAW 93, 1956; A. D. H. Mayes, The Rise of the Israelite Monarchy, ZAW 90, 1978, S. 1—19; B. Mazar, The Philistines and the Rise of Israel, PIASH 1, 7, 1964; D. J. McCarthy, The Inauguration of Monarchy in Israel, Interp. 27, 1973, S. 401 ff.; F. Schicklberger, Die Ladeerzählungen des ersten Samuel-Buches. Eine literaturwissenschaftliche und theologiegeschichtliche Untersuchung, Forschung zur Bibel 7, 1973; L. Schmidt, Menschlicher Erfolg und Jahwes Initiative. Studien zu Tradition und Historie in Überlieferungen von Gideon, Saul und David, WMANT 38,

1970; J. A. Soggin, Das Königtum in Israel, Ursprünge, Spannungen, Entwicklung, BZAW 104, 1967; A. Weiser, Samuel — Seine geschichtliche Aufgabe und religiöse Bedeutung, FRLANT 81, 1962; H. Wildberger, Samuel und die Entstehung des israelitischen Königtums, ThZ 13, 1957, S. 442—469; G. E. Wright, Fresh Evidence from the Philistine Story, BA 29, 1966, S. 70—86.

VI. David und seine Zeit

1. Davids Aufstieg

Es ist kein Zufall, daß für die Davidszeit zum erstenmal in der Geschichte Israels historische Berichte und echte Geschichtsschreibung zur Verfügung stehen. Geschichtsschreibung wird ja erst möglich, wenn Geschichte als umfassender Sinnzusammenhang von Tun und Erleiden einer Gemeinschaft von Menschen bewußt erlebt wird und wenn das Erlebte und Geschehene als wie auch immer bedeutungsvoll und darum wert, festgehalten zu werden, erscheint. Während man noch für die Episode Sauls auf einzelne Notizen, die in Sagen eingegangen sind, und auf mehr am Anekdotenhaften orientierte Erzählungen angewiesen ist, liegen für die Epoche Davids Geschichtswerke größeren Umfangs vor, die bezeichnenderweise sogleich als glänzende Leistung gelten können. Sie sind zum Teil auch für die vorangehende Zeit Sauls von Bedeutung. In jenem Zusammenhang wurde deshalb bereits die Erzählung über Davids Aufstieg erwähnt, die in 1 Sam 16 bis 2 Sam 5,25 erhalten ist. Außer diesem Werk ist von Wichtigkeit vor allem die große Geschichte von der Thronnachfolge Davids, eines der hervorragendsten israelitischen Geschichtswerke, das in 2 Sam 9—20; 1 Kön 1—2 vorliegt. Es setzt höchstwahrscheinlich selbst wiederum ältere, kleinere Komplexe von Geschichtsberichten voraus. Dazu gehört der Ammoniterkriegsbericht in 2 Sam 10,6—11,1; 12, 26—31, der jetzt den Rahmen für die Bathsebageschichte abgibt, die ja für das Hauptthema der Nachfolge von besonderer Wichtigkeit war. Sodann wurde im Rahmen der Thronnachfolgegeschichte die früher schon erwähnte Ladegeschichte verarbeitet; diese endet ja damit, daß David endlich die früher verlorengegangene Lade nach Jerusalem überführt. Die Thronfolgegeschichte behandelt die Regierungszeit Davids und will vor allem aufzeigen, warum von allen Söhnen Davids gerade Salomo Thronnachfolger geworden ist. Ihr besonderes Charakteristikum ist, daß sie Geschichte aus sich selbst heraus zu erklären versucht; es sind die Menschen selbst, die handeln und Geschichte machen und erleiden, freilich auch eigenmächtig ihr und des Volkes Geschick in die eigene Hand nehmen. Es ist vielfach angenommen worden, daß dies Werk zu Ehren Salomos und der Davididen überhaupt geschrieben worden sei. Es teilt aber über Salomo und auch schon über David mancherlei unerfreuliche Besonderheiten mit und enthält nicht nur zwischen den Zeilen so viel Kritik an beiden Königen, daß das Werk eher als eine entmythologisierende Entlarvung des Königtums denn als seine Verherrlichung zu werten ist. Erst eine Bearbeitung, die Jahwe als deus ex machina einführte, schwächte die kritische Tendenz nachträglich ab. Diese Eigenart der Thronnachfolgegeschichte verleiht ihr einen hohen historischen Wert, der noch dadurch erhöht wird, daß der oder die Verfasser offensichtlich aus guten Quellen schöpfen konnten. Man wird den Verfasser am Hof oder in dessen Nähe zu suchen haben. Nur so konnte er über mancherlei familiäre Einzelheiten so eingehend unterrichtet werden. Den Historiker wird freilich die erkannte Tendenz dieser Quelle zur Vorsicht bei der Auswertung verpflichten.

Davids steile Karriere hat am Hofe oder doch in der Umgebung Sauls ihren Anfang genommen. Wie Saul mit David in Berührung gekommen ist, darüber liegen zumindest zwei und möglicherweise sogar drei Erzählungen vor. In 1 Sam 16,14—23 wird erzählt, daß David einem der Höflinge Sauls wegen seines musikalischen Talentes aufgefallen und bekannt geworden sei; auf dessen Empfehlung habe Saul ihn holen lassen, damit er ihn mit Musik unterhalte, wenn er zeitweise depressiv war. Dies steht in Kap. 16 unmittelbar im Anschluß an die sagenhafte Salbungsgeschichte. Sagenhaft dürfte auch 16,14—23 sein; dieses Stück fungiert als Fortsetzung der Salbungsgeschichte. Der Sinn dieser sagenhaften Kombination ist folgender: durch die Salbung bekam David Jahwes Geist, aber von demselben Augenblick an wich Gottes Geist von Saul. Statt des Gottesgeistes kam nun ein böser Geist über ihn und um ihn zu trösten, mußte David vor ihm spielen. Es werden also verschiedene Motive in einen kunstvollen Zusammenhang gebracht: Sauls Charakter, seine spätere Niederlage, die Tatsache, daß David einmal in jungen Jahren am Hofe Sauls weilte, die Tradition von Davids Harfenspiel. So wird ein übergreifender Sinnzusammenhang entdeckt und dargestellt: Saul wurde verworfen, aber ehe noch seine Niederlage diese Verwerfung bekundete, trat ein neuer Gesalbter Jahwes an Sauls Stelle, er trat genau an den Ort, wo Sauls Licht verlosch. Jahwe ließ also die Seinen nicht und hielt in der Verborgenheit David als neuen, besseren Retter bereit. Daß die Geschichte von Davids Aufstieg hier keinen historischen Bericht, sondern eine geschichtstheologische Deutung der Vorgänge bringt, bedarf keiner langen Erörterung. Die Vorgänge selbst bleiben im dunkeln. Historisch zutreffend wird nur sein, daß David Sauls Waffenträger wurde. Eine andere Darstellung der frühen Davidsgeschichte findet sich in der bekannten Goliatherzählung von 1 Sam 17. Diese ist gegenüber dem vorangehenden Kapitel selbständig und setzt die Geschehnisse, die dort erzählt worden waren, nicht voraus. Es kommt komplizierend hinzu, daß die Textüberlieferung von Kap. 17 nicht einheitlich ist. Gerade diejenigen Abschnitte, die am deutlichsten zeigen, daß Saul den David hier, trotz Kap. 16, noch nicht kennt, fehlen in einer Septuagintahandschrift. Das kann auf bewußte Eliminierung zwecks Angleichung zurückzuführen sein. Es ist aber auch möglich, daß diese in einem Teil der Überlieferung fehlenden Stücke (17,12—31.55—18,5) eine dritte, wiederum selbständige Erzählung darstellen. Während die eigentliche Goliathgeschichte Davids Heldenmut rühmen will, kommt es in jener anderen Erzählung mehr darauf an, zu zeigen, daß David ganz legitim und von Saul selbst in seinen engeren Vertrautenkreis aufgenommen und mit Jonathan und mit den Töchtern Sauls bekanntgemacht wurde, deren eine, mit Namen Michal, er später ehelichte. Damit soll bewiesen werden, daß David kein Emporkömmling war, sondern von dem König Saul selbst mit allen Ehren überschüttet wurde. Auch diese Darstellung ist zweifelsohne tendenziös. Aber auch wenn man von dieser Tendenz abzusehen versucht, bleibt die historische Auswertung der Goliathüberlieferung schwierig. Die Tötung des Philisters Goliath wird an anderer Stelle (2 Sam 21,19) gar nicht dem David, sondern einem gewissen Elchanan zugeschrieben. Es wird eher wahrscheinlich sein, daß dieser Elchanan der wahre Held war und daß später der König David mit fremden Federn geschmückt wurde.

Als historisch sicher ist der Traditionsbildung über David zu entnehmen, daß David von Hause aus ein Soldat war, sich durch militärische Taten auszeichnete und dadurch Saul auffiel, der ja auch sonst bestrebt war, militärisch befähigte Leute für seine neue stehende Truppe anzuziehen (1 Sam 14,52). Zu dieser stehenden Truppe Sauls hat David gehört und hier begann seine Karriere. Die Kapitel 1 Sam 18—20 berichten von dem alsbaldigen Zerwürfnis zwischen Saul und David. David machte sich überall beliebt und Saul wurde deshalb neidisch und trachtete danach, ihn umzubringen. Dank seiner Freundschaft mit Jonathan entkam David aber den Nachstellungen Sauls. Hierüber gibt es mehrere parallele Erzählungen. Nach Kap. 19 floh David zu Samuel; nach Kap. 21 war die Priesterstadt Nob das Ziel von Davids Flucht; laut Kap. 22 schließlich war die Bergfeste Adullam auf dem judäischen Gebirge Davids Unterschlupf. Nach dieser Darstellung war es der böse Geist, der Saul beherrschte, so daß er ohne Grund gegen den edelmütigen, tapferen, bescheidenen, schönen und allgemein beliebten David vorging. Das entspricht aber kaum der historischen Wirklichkeit. Diese Darstellung verschweigt oder überspielt die eigentlichen Hintergründe der Auseinandersetzung zwischen Saul und David. Bedenkt man jedoch noch einmal genau das Wesen und die Eigenart von Sauls Königtum und vergleicht damit den Staat, den David schuf; prüft man auch die — in der Überlieferung tendenziös übermalte — Handlungsweise Davids nach seinem Zerwürfnis mit Saul, so werden die Hintergründe doch noch einigermaßen sichtbar und verständlich. Nach der Darstellung des 1 Sam-Buches endeten die Auseinandersetzungen zwischen Saul und David zunächst damit, daß David sich ins Gebirge oder in die Wüste zurückzog und hier eine Freischar um sich sammelte. Sie bestand aus seinen eigenen Familien- und Sippenangehörigen und allerhand Desperados (1 Sam 22,2: »lauter Männer, die unter Druck standen und allerlei andere, denen ein Gläubiger Schwierigkeiten machte und lauter Verbitterte«). Man kann mit guten Gründen vermuten, daß Davids Freischartätigkeit nicht erst aus der Zeit nach seinem Zerwürfnis mit Saul datiert, wie es jetzt wohl zu seiner Entschuldigung dargestellt wird. Es ist wahrscheinlicher, daß Saul deshalb mit David Kontakt aufgenommen und ihn zu militärischen Diensten verpflichtet hatte, weil David bereits ein Freischärler war und über eine Söldnertruppe verfügte. Und diese war anscheinend eine schlagkräftige Waffe. Das Sprichwort, das 1 Sam 18,7 überliefert wird: »Saul hat Tausend besiegt, David aber Zehntausend«, wird ein echtes zeitgenössisches geflügeltes Wort gewesen sein, das plastisch zum Ausdruck bringt, daß David mit seiner Söldnertruppe mehr Erfolg hatte als Saul mit dem Heerbann Israels, der sich oft nicht einmal recht einberufen ließ. So wird auch die Animosität zwischen Saul und David verständlich. Sie mag, wie es die Erzählungen wollen, auch persönlicher Art gewesen sein. Wichtiger aber war eine grundlegende sachliche Differenz. Saul ist trotz aller Neuerungen ein Vertreter der alten Ordnung, der sich den amphiktyonischen Traditionen verpflichtet wußte; er ist der charismatische Anführer freier und »ehrbarer« Männer im Jahwekrieg, wenn er auch mit einem Bein schon in der neuen Zeit stand. Zwischen einem solchen Manne und dem Anführer einer Söldnertruppe von Desperados ist bestenfalls ein Zweckbündnis, aber kaum ein herzliches Einverständnis denkbar. Leute, wie sie 1 Sam 22,2 beschrieben werden, haben zu allen Zeiten nur ein Ziel: kämpfen, rauben, Beute machen. Saul wäre Saul nicht gewesen, wenn sein Bündnis mit David Bestand gehabt hätte; es war mit den amphiktyonischen Traditionen, der Tradition des Heerbannes und mit dem Bundesrecht unvereinbar. Es war unvereinbar insbesondere mit den Observanzen des heiligen Krieges, den Jahwe selbst führt und durch den Gottesschrecken beendet. Sauls Macht beruhte auf seinem Charisma. Darum währte sein Ansehen auch nur solange, wie sein Charisma anhielt, obwohl sein Königtum fortbestand. Davids Macht war handfesterer Natur. Sie beruhte auf der ihm persönlich gehorchenden Truppe von Leuten, die nichts zu verlieren, aber alles zu gewinnen hatten und sich je nach Befehl so oder so einsetzen ließen.

Daß Davids Aufstieg als Erfolg konsequenter Machtpolitik zu sehen ist, geht nicht nur aus der kurzen Notiz von 22,2 hervor. Das lehrt die ganze weitere Geschichte. Bezeichnend in diesem Zusammenhang ist die Erzählung von 1 Sam 25 über Davids Heirat mit Abigail, die ihren reichen Ehemann Nabal im Stich läßt und mit ihres Mannes beträchtlichem Vermögen Davids Frau wird. David hatte von Nabal einen Tribut dafür gefordert, daß er sein Gut unbehelligt gelassen hatte. Als Nabal sich nicht erpressen ließ, entschloß David sich, mit Gewalt zu holen, was er verlangt hatte. Durch die Vermittlung Abigails kam es dazu allerdings nicht. Bald darauf soll Nabal vor Schreck gestorben sein, als er von Davids Plan erfuhr. Die Erzählung ist für den Charakter von Davids Freischartätigkeit aufschlußreich. Sie wurde um eine Notiz über Davids andere Ehe mit einer Frau aus dem wahrscheinlich kenitischen Ort Jesreel ergänzt. Außer durch seine eigene Herkunft aus dem judäischen Bethlehem war er auch durch

73

eheliche Bande besonders mit den Südstämmen verbunden, durch jene Abigail mit dem Ort Maon bei Hebron und durch Ahinoam mit Jesreel.
Zwielichtig ist auch Davids Verhältnis zu Jonathan. Aus den verschiedenen Erzählungen wird wohl deutlich, daß David auch noch nach seinem Zerwürfnis mit Saul zu diesem Saulsohn gute Beziehungen unterhielt. In 1 Sam 20,30 ff. erhebt Saul gegen seinen Sohn den Vorwurf des Verrats (vgl. auch 22,8). Dieser Verrat muß nicht bloß in Sauls krankhafter Phantasie bestanden haben. Denkbar ist etwa eine Abmachung zwischen Jonathan und David, daß Jonathan König und David sein oberster Stellvertreter und General werden sollten. Möglich ist auch, daß der »Bund« zwischen beiden (1 Sam 18,3) ein Teilungsvertrag war. Genaueres läßt sich nicht mehr ermitteln, aber sicher ist, daß der Freundschaftsbund einen sachlichen politischen Hintergrund hatte.
Auf diesem Hintergrund ist auch die Erzählung über Davids Beziehungen zu der Priesterschaft von Nob zu sehen (1 Sam 21 f.). In der Zeit der Streitigkeiten mit Saul hat diese Priesterschaft Davids Partei ergriffen und der Priester Abjathar hat an Davids Seite noch lange eine starke Position innegehabt. Auch hier kann man aus der Rückschau vermuten, daß David dieser Priesterschaft gewisse Zusagen für die spätere Zukunft gemacht hat. Dann erklärt sich auch die grausige Rache, die Saul an ihr geübt hat. Die fast vollständige Ausrottung der Nob-Priesterschaft durch Saul bliebe ein Rätsel, wenn sie dem David auf seiner Flucht nur ein wenig Brot geschenkt hätte. Durch seinen »Bund« mit Jonathan und Abmachungen mit der Nob-Priesterschaft baute David sich eine Machtposition auf.
Wie bedenkenlos in der Wahl seiner Mittel David sein konnte, zeigt sich daran, daß der ehemalige Söldnerkommandant Sauls zu den Philistern überging (1 Sam 27, vgl. 1 Sam 21,11 ff.). Er trat in die Dienste des Philisterkönigs Achis von Gath. Daß David, der Bekämpfer der Philister, der noch vor kurzem den judäischen Ort Kegila mit Erfolg gegen die Philister unterstützt hatte (1 Sam 23,1—5), von den Philistern überhaupt aufgenommen werden konnte, erklärt sich nur daraus, daß er in ihren Augen ein Söldnerführer war, der seine Dienste dem am besten Zahlenden anbieten kann. Einen Saul hätten die Philister gewiß nicht akzeptiert! Für David war diese Indienstnahme ein weiterer und wichtiger Schritt auf dem realpolitischen Wege zu einer soliden Hausmacht. David wurde Achis' Lehnsmann und bekam den Ort Ziklag im südwestlichen Teil des judäischen Gebirges am Rande der Küstenebene als Lehen zugewiesen, wofür er seinem Lehnsherrn zur Heeresfolge verpflichtet wurde (1 Sam 27). Der Mitteilung von 1 Sam 27,6 zufolge gehörte Ziklag den Königen von Juda »bis auf diesen Tag«, also bis zur Zeit der Abfassung dieser Mitteilung. Diese Notiz stellt den spezifischen Unterschied zwischen Sauls und Davids Stellung noch einmal in ein helles Licht. Saul hatte einen Heimatort, baute sich dort eine Burg, in der er residierte, aber der Ort Gibea »gehörte« ihm nicht. David hingegen wird, und zwar im Rahmen des alten kanaanäisch-philistäischen Feudalsystems, Herr über eine Stadt mit Herrenrechten, die erblich sind. Damit ist David im Rahmen dieses Systems gesellschafts- und hoffähig geworden. Wieweit und ob überhaupt sein Vasallenverhältnis ihn bindet, wird nur von den Umständen abhängen.
Seine neue Position gab ihm auch sofort den nötigen Rückhalt gegen Saul. Davids Truppe kann jetzt nur angewachsen sein. Was aber noch wichtiger ist: als philistäischer Lehnsmann mußte und konnte er deren eigene Kriegstechnik übernehmen. Es war im Grunde die Technik schon jener Hyksosfürsten und ihrer Nachfolger, der kanaanäischen Stadtkönige, welche schließlich auch die Philister

sich angeeignet und mit neuen Waffen und Panzerrüstungen perfektioniert hatten. Ein Israelit, der künftige König über Israel, ließ sich in das alte kanaanäische Stadtstaatensystem integrieren, wurde feudaler Fürst über eine Stadt und erlernte die kanaanäisch-philistäische Kriegstechnik. Es ist wohl eine traurige Ironie der Geschichtsschreibung, daß im Zusammenhang mit der Erhebung des Saul zum König das Wort fällt, daß sich Israel damit den Heiden gleichstelle und seinen Gott verwerfe, während der Deuteronomist schweigt, wo es um die realen Hintergründe von Davids Königtum geht. Offenbar hatte der glänzende Erfolg Davids das längst vergessen lassen.

Daß David freilich nicht aus Sympathie für die Philister deren Lehnsmann wurde, verrät seine Tätigkeit während dieser Zeit (1 Sam 27). Er unternahm mit seiner Söldnertruppe von Ziklag aus verschiedene Raub- und Plünderzüge in der weiteren Umgebung. Dabei täuschte er seinen Lehnsherrn Achis und machte ihm vor, er sei in den Negeb und in judäisches Gebiet eingefallen und bekämpfe als treuer Vasall der Philister deren Feinde. Tatsächlich aber waren die von David Angegriffenen Verbündete der Philister. Damit der listige Betrug nicht ans Licht kam, machte er grundsätzlich keine Gefangenen, sondern tötete alles, was ihm in die Hände fiel, und ließ keine Zeugen am Leben. Von der gemachten Beute sandte er auch den Ältesten Judas und anderen Freunden einiges zu, um seine nach wie vor bestehende Verbundenheit und Freundschaft mit den Südstämmen zu bekunden und an seiner wahren Gesinnung keinen Zweifel aufkommen zu lassen.

Wie aber sollte David sich verhalten, wenn es zwischen Saul und den Philistern zur Entscheidungsschlacht kam? Eigentlich hätte David auf der Seite der Philisterkönige kämpfen müssen. Nach 1 Sam 28,1—2; 29 machte Davids Lehnsherr Achis von Gath ihn zum Kommandanten seiner Leibwache. In dieser Position war David allerdings ganz unter die unmittelbare Aufsicht des Achis gekommen; wäre er in dieser Stellung belassen worden, hätte er eine direkte Konfrontation auf philistäischer Seite mit den Israeliten kaum vermeiden können. Dann aber wäre David endgültig kompromittiert gewesen, König über Israel hätte er nicht mehr werden können. Nach der Darstellung von Kap. 29 blieb eine solche Kompromittierung dem David dadurch erspart, daß die Philister selber David zuvor nach Ziklag zurücksandten, weil mehrere Philisterfürsten ihm ihr Vertrauen verweigerten. Es fragt sich aber, ob diese Darstellung historisch zutreffend ist. Der heimliche Skopus der Erzählung ist, daß Jahwe seinen auserwählten Knecht vor dem Unglück bewahrte, als Folge der Bosheit Sauls gegen sein eigenes Volk kämpfen zu müssen. Es ist jedoch nicht wahrscheinlich, daß die Philister, wenn sie ihm mißtrauten, David kurz vor der entscheidenden Schlacht aus ihrer Kontrolle entlassen haben sollen. Näher liegt die Annahme, daß David so klug war, sich im entscheidenden Augenblick in einen anderen Kampf mit den Amalekitern zum Schutze seines Ortes Ziklag zu verwickeln (1 Sam 30). Also engagiert, bekam er ein doppeltes Alibi: Ziklag war ja nominell philistäisches Territorium, dessen Verteidigung kam also den Philistern zugute; die Amalekiter hingegen, die er bekämpfte, galten als Israels Erbfeinde. Während David selber seinen guten Namen wahrte und nach erfolgreichem Kampf gegen Israels Erbfeind Amalek siegreich heimkehrte, kämpften Saul und seine Getreuen gegen die Philister in einer Schlacht, welche fast die ganze Saulfamilie das Leben kostete, aber auch die philistäische Macht nachhaltig geschwächt hat.

Das Ergebnis der Schlacht war, wenn David wirklich König werden wollte und auf dieses Ziel hin bisher seine Position auf- und ausgebaut hatte, ganz in seinem Sinne. Die Philister waren geschwächt, der israelitische Heerbann, der aber nur die wehrbare Mannschaft von einigen Stämmen umfaßte, gesprengt und sein Konkurrent Saul mitsamt seiner Familie tot. Davids Position war stärker denn je zuvor und die Substanz Israels nicht angetastet. Sie war nur, wie bisher, unorganisiert, eine Potenz, welche aktiviert werden konnte, wenn nur ein starker Mann sich anheischig machte, die Organisation in feste Hände zu nehmen. Dieser Mann war da, aber noch war sein Augenblick nicht gekommen.

In diesem historischen Horizont sind die Berichte von 2 Sam 1—5 zu lesen. In Ziklag wurde David die Nachricht vom Tode Sauls und seiner Söhne überbracht. Statt dem Boten einen Botenlohn zu geben, ließ er ihn töten.

Die Erzählung hierüber dürfte allerdings auf einer Motivübertragung beruhen. Daß David den Überbringer einer Todesnachricht töten läßt, wird auch im Zusammenhang mit der Ermordung des Nachfolgers Sauls, Ischbaals, erzählt (2 Sam 4,9—12). Hier dürfte das Motiv ursprünglich sein. Dessen Übertragung ist bemerkenswert. Es war den David freundlichen Tradenten offenbar sehr daran gelegen, jeden Anschein zu vermeiden, als habe David sich über diesen Ausgang der Saulgeschichte gefreut.

In 2 Sam 2,1—4a wird kurz und bündig berichtet, daß David mit seinen beiden Frauen und vor allem auch mitsamt seiner Söldnertruppe von Ziklag nach Hebron, dem Zentrum des südpalästinischen Gebirges gezogen ist und sich hier und in den Nachbarortschaften niedergelassen hat. »Und die Männer Judas kamen und salbten David dortselbst zum König über Juda«, heißt es in aller Kürze in 2 Sam 2,4a. Wie ist diese summarische Notiz zu verstehen? David entstammte selber dem judäischen Bethlehem. Daß er den Südstämmen durch seine beiden Frauen und auch sonst verbunden geblieben war, wurde bereits gesagt. Den Ältesten mehrerer südlicher Städte hatte er noch vor kurzem von seinem Amalekiterkampf Beuteanteile zugehen lassen (1 Sam 30,27—31). Dies alles wäre freilich noch nicht Grund gewesen, ihn zum König über Juda zu machen. Daß dies geschehen konnte, hatte tiefere Ursachen. Obwohl Sauls Königtum und Sauls Staat nur eine Episode geblieben waren, so waren sie doch einer Not entsprungen, welche nach wie vor bestand. Die Zeit war für eine Staatenbildung reif gewesen. Eine Rückkehr zu vorstaatlichen Verhältnissen war auch nach der Niederlage auf dem Gebirge Gilboa nicht mehr möglich. Schon war aus der Not wenigstens ein staatlicher Anfang hervorgegangen und es war ein Königsrecht erlassen worden, das eine königliche Spitze der alten Amphiktyonie vorsah. Der Staat Sauls, obwohl von kurzer Dauer, war auch nicht völlig erfolglos gewesen, er hatte vor allem in Israel ein Staatsbewußtsein begründet. Dies war das Erbe, das David antreten konnte. Daß die Männer von Juda gerade David zu ihrem König machten, ist die erste reifgewordene Frucht von Davids Politik. Den Judäern war er ein Judäer, durch seine Ehe mit Nabals Frau in Juda ein reicher Grundbesitzer und als Philistervasall bot er den jetzt gerade nötigen Schutz auch gegen die Philister. Deren Sieg war vor allem ein Sieg über die mittelpalästinischen Stämme gewesen. Wollten die Südstämme einem ähnlichen Schicksal entgehen, so war die Anerkennung des Philistervasallen David in dieser Situation nur günstig. Schließlich ist der hebräische Wortlaut in 2 Sam 2,3 bemerkenswert: David zog ganz und gar ungerufen und nur auf Grund eines ihm günstigen Jahweorakels von Ziklag nach Hebron und machte sich dort mit seiner schwerbewaffneten Truppe breit: »Und sie wohnten in den Städten Hebrons«. Die hier gebrauchte hebräische Vokabel für wohnen kann auch Verwendung finden, wenn Städte erobert und neu besiedelt werden. David hat

Hebron und Umgebung nicht erobert, aber offenbar der Initiative der Männer Judas, ihn zu salben, mit fühlbarem Druck etwas nachgeholfen. Der eigentliche Initiator war David selbst.

Ein nochmaliger Vergleich von Sauls und Davids Königtum ist lehrreich. Saul hatte auf der alten Ordnung der Amphiktyonie Israel aufzubauen versucht; dieser Staat war wenigstens der Idee nach israelitisch gewesen. David hingegen ging von der alten Sonderstellung der Südstämme aus, für die die spezifisch »israelitische« Ordnung eine weniger große Bedeutung als der angestammte Jahwismus hatte, der aus eigener, vom Norden unabhängiger Wurzel hervorgegangen war (s. o. S. 30). Der saulidische Staat tendierte wesensmäßig dahin, die Unterschiede von Nord und Süd zugunsten der größeren Einheit Israel zu überbrücken und im amphiktyonischen Sinne zu entschärfen. Davids Staat trug von allem Anfang an die entgegengesetzte Tendenz in sich. David war zuerst und primär als Judäer König von Juda und bekam diese Würde auf Grund seiner persönlichen Hausmacht. Durch die Königserhebung Davids in Hebron war ein Staat entstanden, ohne daß dabei die alte Amphiktyonie Israel irgendeine Rolle gespielt hätte. Dieser Staat bestätigte die Sonderexistenz des israelitischen Südens und gab ihm nun auch eine äußere politische Gestalt. Die also politisch legalisierte Unterschiedenheit von Süd und Nord sollte in der Reichstrennung nach Salomos Tod ihre Fortsetzung und endgültige Besiegelung finden. Damit wurde, schon in Hebron, einer Entwicklung Vorschub geleistet, die verhängnisvoll werden sollte. Diese Entwicklung wird durch die beiden Namen bezeichnet, die von nun an alsbald und durch die ganze weitere Königszeit hindurch nebeneinander und manches Mal auch gegeneinander stehen: Israel und Juda. Nachdem das Haus Juda sich als ein Staat für sich konstituiert hatte, nannte sich der größere, nördliche Teil Israels, wo in der bisherigen Geschichte das religiöse, kulturelle und politische Schwergewicht gelegen hatte, »Israel«. Israel hat von nun an zwei Bedeutungen. Der Name kann das Nordreich als eine besondere politische Größe neben Juda meinen. Derselbe Name kann aber weiterhin Bezeichnung der alten Amphiktyonie sein, welche auch Juda umfaßt. Je weniger aber diese alte, Juda mitumfassende Einheit der Wirklichkeit entspricht, desto idealere Bedeutung erhält dieser Name. Israel war immer schon eine sakrale, aber darum nicht weniger reale Größe gewesen. Nun wurde allmählich aus der real-sakralen eine ideal-religiöse Größe, die, je mehr die Zeit fortschritt, auch idealisiert und schließlich gelegentlich vergessen werden konnte, bis dann doch wieder wenigstens einige sie der Vergessenheit entrissen und die alte Ordnung im Wandel der Zeit zu aktualisieren versuchten.

Allem Anschein nach haben die Philister, über deren Verhalten in dieser Zeit die alttestamentlichen Berichte schweigen, das judäische Königtum ihres Vasallen David toleriert. Sie werden es nach dem Aderlaß auf dem Gebirge Gilboa vielleicht nicht haben verhindern können und es wohl auch als für sie selbst günstig betrachtet haben, daß ein philistäischer Vasall über den Südteil Israels regierte, damit den Süden faktisch von Israel abtrennte und nun auch bald mit dem neuen König des Nordteiles Israels in kriegerische Auseinandersetzungen verwickelt wurde.

Über die Ereignisse dort berichtet der Abschnitt 2 Sam 2,8—10. Der Schlacht auf dem Gebirge Gilboa waren Sauls Feldhauptmann Abner und ein Sohn Sauls, der wohl wegen seiner Jugend oder wegen einer Gebrechlichkeit nicht auf dem Schlachtfeld gewesen war, entkommen. Der Name dieses Sauliden lautet in der Überlieferung Ischboschet, Mann der Schande, was eine absichtliche Verschreibung von Ischbaal ist. Nicht allzu lange nach der Schlacht zog Abner mit Ischbaal nach Mahanaim im Ostjordanlande in der Nähe des Jabbok in Gilead. Auf seine Initiative hin wurde Ischbaal hier zum König und Nachfolger Sauls erhoben. Diese und die übrigen Überlieferungen über Abner und Ischbaal zeigen deutlich, daß nicht nur in diesem Falle Abner der Initiator und der politisch Handelnde ist. Ischbaal scheint nur Bedeutung als Sohn des Saul gehabt zu haben. Dieser Umstand lehrt aber bemerkenswerterweise, daß man wie im Süden so auch im Norden den Staat als solchen als notwendige Gegebenheit akzeptiert hat. Man machte diesen schwachen Saulsohn zum König. Das verrät noch einmal, daß schon Saul nicht mehr nur Charismatiker wie die Großen Richter vor ihm gewesen war, sondern daß offensichtlich der Titel König das dynastische Prinzip implizierte. Ischbaals Residenz Mahanaim lag ziemlich fern im Osten. Hier war man vor einem direkten Zugriff der Philister am sichersten.

An ein schiedlich-friedliches Verhältnis zwischen Nord und Süd war nicht zu denken. Für David war das judäische Königtum nicht Endziel, sondern Etappe. In diesem Sinne hat er an die Stadt Jabes, die einst von Saul befreit worden war und wo Sauls treueste Anhänger saßen, kurz nach seiner Königserhebung eine freundliche Botschaft gesandt. Darin dankt er für die Bestattung Sauls und versäumt dabei nicht, darauf hinzuweisen, daß das Haus Juda ihn zum König gesalbt habe. Die Intention dieses diplomatischen Schrittes ist eindeutig. Eine Antwort auf die Botschaft wird nicht überliefert. Vielleicht ließen sich die Leute von Jabes nicht darauf ein (2 Sam 2,4b—7).

Nach den hierüber erhaltenen Berichten (2 Sam 2,12 ff.) ist es alsbald nach der Einsetzung Davids und Ischbaals zu Königen zu kriegerischen Auseinandersetzungen zwischen beiden Staaten gekommen. Bemerkenswert ist, daß diese nicht im Ostjordanischen, sondern im Grenzgebiet zwischen Ephraim und Juda stattfanden. Man wird daraus schließen dürfen, daß dieses Grenzgebiet dann schon wieder fest in israelitischer Hand gewesen sein muß. Sonst wären innerisraelitische Kämpfe in dieser Gegend kaum denkbar. Anscheinend ist es also Ischbaal bzw. dessen General Abner gelungen, die Philister hier zu verdrängen. Die innerisraelitischen kriegerischen Auseinandersetzungen sind darum zeitlich wohl nach jenen Erfolgen gegen die Philister und gegen Ende der Regierungszeit Ischbaals anzusetzen. Diese betrug laut 2 Sam 2,10 nur zwei Jahre; das ist nicht sehr wahrscheinlich, denn nach 2 Sam 5,5 hat David in Hebron 7½ Jahre regiert, ehe er König über ganz Israel wurde. Man wird darum annehmen können, daß auch die Regierungszeit des Ischbaal etwa so lange gedauert haben wird.

Umfang und Bedeutung der Kriegshandlungen zwischen Nord und Süd wird man nicht überschätzen dürfen. Die Zahl der Gefallenen ist nicht arg hoch (2 Sam 2,30—31). Man wird eher an Grenzstreitigkeiten zu denken haben und nicht etwa an den Versuch des Nordreiches, Juda mit Gewalt einzugliedern. Daß auch David nicht an einem offenen Krieg gegen Israel gelegen sein konnte, wenn er das Königtum über Israel anstrebte, leuchtet ein.

Mit alledem war zunächst wohl so etwas wie ein Gleichgewicht der Kräfte entstanden, sowohl zwischen Nord- und Südreich als auch zwischen diesen beiden einerseits und den Philistern andererseits. Wenn das Königtum über Juda in Davids Augen lediglich die Vorbereitung zu höheren Zielen war, so währte diese Zwischenphase doch recht lange. David hat immerhin ganze 7½ Jahre als König nur über Juda regiert. In dieser Zeit tat er, was nur ein wahrhaft Kluger zu tun vermag: er vermied alle eilfertigen Beschlüsse und war, in der Gewißheit, daß die Zeit für ihn arbeitete, künftiger Dinge gewärtig.

Daß dann trotz diesem relativen Gleichgewicht der Kräfte plötzlich eine Wende einsetzte, aus welcher David als König auch über das Nordreich hervorging, muß erklärt werden auch aus einer Reihe von Zufälligkeiten und individuellen, nicht näher ableitbaren, Entschlüssen der hier handelnden Personen. Eine endgültige Verteilung Israels über zwei Staaten wäre nach Lage der Dinge auch möglich gewesen. Daß es plötzlich anders kam, geht auf persönliche Entscheidungen einzelner Menschen zurück.

Wenn von nun an einzelne Personen aus dem anonymen Dunkel kollektiver Tendenzen und Strömungen auftauchen und Geschichte machen, beginnt auch in dieser Hinsicht mit der Epoche Sauls und Davids Israels geschichtliche Zeit. Es wird berichtet (2 Sam 3), daß es am Hofe Ischbaals zu einem Streit zwischen dem König und seinem General gekommen ist. Abner hatte sich aus dem Harem Sauls eine Frau genommen. Ischbaal mißbilligte dieses Verhalten. Dabei handelte es sich freilich um mehr als nur um einen persönlichen Zwist zweier Männer um ein Mädchen. Nach damaliger Anschauung bedeutete nämlich die Übernahme des Harems eines Königs den Antritt der Nachfolgeschaft. Abner beabsichtigte also — wenigstens zeitweise —, selber König über Israel zu werden und verhielt sich faktisch schon so, bis eines Tages Ischbaal hiergegen zu protestieren versuchte. Die Einzelheiten sind nicht mehr bekannt. Wohl aber wird berichtet, daß Abner, nachdem das Zerwürfnis mit seinem König perfekt geworden war, mit David Verhandlungen aufnahm. In 2 Sam 3,12 f. ist von einem Bund die Rede, den Abner durch eine Gesandtschaft David angeboten hat. Dem Bericht zufolge sagte Abner David bei seinem Bestreben, König über ganz Israel zu werden, seine Hilfe zu. Angesichts der faktischen Machtposition, welche Abner im Norden bereits hatte, kann man fragen, ob dies wirklich der Inhalt des »Bundes« gewesen ist. Er ist nicht mehr mit Sicherheit zu ermitteln. Mehrdeutig ist auch der Fortgang dieser Geschichte. Nachdem Abner und David — in welchem Sinne auch immer — sich prinzipiell geeinigt hatten, ist es zu persönlichen Verhandlungen in Hebron gekommen. Als dann hernach Abner sich gerade auf die Rückreise begeben hatte, wurde er von Davids General Joab ermordet. Es wird ausdrücklich vermerkt, daß David diesen Mord schärfstens abgelehnt und bedauert hat. Da der Inhalt der vorangegangenen Verhandlungen nicht mehr zu ermitteln ist, bleiben auch die Hintergründe der Ermordung Abners im Dunkeln. Fest steht, daß David den Joab wegen des Mordes nicht bestraft hat; er sei zu schwach gewesen, um gegen seinen starken General vorzugehen (2 Sam 3,39). Diese Begründung klingt nicht sehr überzeugend.

Dieses Ereignis ist auch im Zusammenhang mit der bald darauf erfolgten Ermordung auch des Ischbaal zu sehen (2 Sam 4). Dieser unglückliche König wurde während seines Mittagsschlafes von zwei Offizieren seiner eigenen Truppe auf seinem Bett erstochen. Ischbaals Tod konnte für Davids Pläne nur günstig sein. David hat die beiden Schuldigen mit dem Tode bestraft. Dennoch oder gerade deswegen bleibt die Ermordung Ischbaals im Zwielicht. So hat man auch damals schon geurteilt und Verdacht geschöpft. In 2 Sam 16,5—7 wird David von einem Angehörigen der Saulsfamilie als Bluthund beschimpft. Der Mann wird seine Gründe gehabt haben: nach 2 Sam 21,1—14 hat David sieben Sauliden den Gibeonitern ausgeliefert, damit diese an den Nachkommen Sauls Rache üben konnten; über den Grund dieses Racheaktes ist nichts mehr bekannt. Wohl aber ist deutlich, daß David dieser grausigen Ermordung Unschuldiger sein Plazet gegeben hat. Wer das eine tut und billigt, muß freilich nicht unbedingt auch das andere getan haben. Sicher ist nur, daß diese entscheidenden Tage und

Wochen ins Zwielicht getaucht bleiben und daß es schon damals in Israel Kreise gab, die David nicht trauten. Wie dem aber auch sei, nach Abners und Ischbaals Tod hatte David freie Bahn.

Die Ältesten Israels selbst sind zu ihm nach Hebron gekommen und salbten ihn zum König über Israel. Besonders bemerkenswert ist, daß ausdrücklich gesagt wird, David habe mit ihnen einen »Bund« geschlossen (vgl. 2 Sam 5,1—3). Der entscheidende Akt der Königssalbung und des Bundesschlusses wird, ähnlich wie schon die Salbung als König über Juda, leider nur sehr kurz und knapp mitgeteilt. Zu beachten ist aber doch wohl, daß im Zusammenhang mit der Salbung Davids als König über Juda, ebensowenig übrigens wie bei der Königserhebung Sauls in Gilgal, von einem Bund nicht die Rede war. Dies dürfte kaum als Zufall zu betrachten sein. Von einem Bund mit Israel war auch schon 2 Sam 3,21 im Zusammenhang mit den Verhandlungen mit Abner die Rede gewesen. War in Gilgal der Charismatiker Saul vom Volk spontan auf den Schild gehoben worden und war David bei der Salbung zum König über Juda selber der wahre Initiator gewesen, so gestaltete sich sein Verhältnis zu Israel offenbar anders: er schloß einen »Bund«. Bei seiner Erhebung zum König über Israel war er bereits König über Juda; es bestand bereits der Staat Juda und der dort regierende König hatte hier eigenen Besitz, nämlich Ziklag und womöglich auch Hebron und Umgebung; in Juda regierte er kraft eigener Autorität und gestützt von der eigenen Hausmacht. Dies wird durch die neue Königssalbung keineswegs liquidiert. Der Staat Juda ging auch nicht wieder in den größeren Staat Israel ein. Vielmehr ist das, was hier »Bund« genannt wird, zumindest auch als Personalunion zu bezeichnen. David, König von Juda, Fürst von Ziklag, Herr von Hebron Stadt und Land, wurde jetzt auf Grund bestimmter Abmachungen, welche hier Bund genannt werden, auch König über Israel. Der Dualismus von Nordreich und Südreich wurde damit also nicht aufgehoben, sondern politisch bestätigt, aber durch die Person Davids überbrückt. Dieser Bund, der den König David an Israel band, wahrte auch die Kontinuität mit der Episode Sauls und über Saul hinweg mit der Amphiktyonie. Die Ältesten Israels spielten deutlich eine aktive Rolle, und die Bindung an David blieb hier lockerer als in Juda.

Lit.: Siehe am Ende von Abschnitt VI, 3.

2. Die Reichsgründung

Diese ganze Entwicklung, die zu einer erheblichen Machtkonzentration in einer Hand geführt hatte, konnte den Philistern nicht verborgen bleiben. Wollten sie ihre Vorherrschaft über Palästina behaupten, mußten sie versuchen, den neuen Staat Davids zu zerschlagen, ehe er sich konsolidiert hatte. Die Initiative zu dem nun alsbald ausbrechenden Philisterkrieg ist von den Philistern ausgegangen; sie fühlten sich bedroht. Wie zur Zeit Sauls bildeten sie eine militärische Koalition, vereinigten ihre Streitmacht und marschierten dorthin auf, wohin es unter den gegebenen Umständen strategisch allein richtig war. Sie rückten in die Ebene Rephaim vor, in jene Gegend zwischen Juda und Nordisrael, die mit einem Festungsgürtel seit eh und je Norden und Süden trennte. Durch diesen Vormarsch sollte also die gerade durch die Personalunion zustande gekommene Einheit wieder gesprengt werden. Der Plan war gut, aber David stärker. Es gelang ihm, die Philister zweimal entscheidend zu schlagen und sie bis in ihr eignes Gebiet hinein zu verfolgen und zurückzudrängen. Damit war, wie die weitere

Geschichte lehrt, die Philistermacht endgültig geschlagen. Eine ernsthafte Bedrohung Israels stellte sie seither nicht mehr dar.

Diese Erfolge brachten nicht nur die Befreiung Israels und Judas von der philistäischen Vorherrschaft, sondern förderten ebenso den weiteren Machtzuwachs Davids. Die entscheidenden Siege hatte er nicht mit dem israelitischen Heerbann, sondern mit seinem Berufsheer von Söldnern errungen, wie ausdrücklich 2 Sam 5,21 erwähnt wird (vgl. 2 Sam 5,17—25). Sie waren weniger israelitische Siege als persönliche Erfolge Davids. Sofern die Philister botmäßig wurden, band sie ihr Vasallenverhältnis an die Person des Königs David. Er beschnitt ihre Machtmittel dadurch, daß er ihre Berufskriegertruppen in seine eigenen Dienste übernahm. Diese Kriegsmacht wird, ihrer Herkunft gemäß, als Krethi und Plethi bezeichnet (= Kreter und Philister, vgl. 2 Sam 8,18; 15,18).

Die Besiegung der Philister führte überhaupt zu dem entscheidenden Machtwechsel im Lande Kanaan. Waren doch die Philister die Oberherren nicht nur der Gebirgslandschaften, wo Israel in seinem Kernbestand ansässig geworden war, sondern vor allem der Ebenen und damit der dort gelegenen kanaanäischen Stadtstaaten gewesen. Davon, daß diese Kanaanäerstädte nunmehr wieder frei geworden wären, kann natürlich keine Rede sein. Ihre Herrschaftssystem gehörte endgültig der Vergangenheit an. Die Städte wurden in Israel und Juda einverleibt, freilich nicht in die alten Territorien der Stämme, sondern in den Staat Israel und den Staat Juda, wo sie jetzt besondere Verwaltungsbezirke neben den Stämmen bildeten. Wann diese wesentliche Reorganisation durchgeführt worden ist, ist nicht bekannt. Deren Resultat wird aber mit vielen Einzelheiten in einer salomonischen Liste der Gauvögte, 1 Kön 4,9—12, festgehalten.

Von entscheidender Wichtigkeit für Davids Reichsgründung war die Eroberung Jerusalems und die Erhebung dieser Stadt zur Hauptstadt und zum kultischen Zentrum Israels. Nach dem jetzigen Aufriß der verschiedenen Davidstraditionen soll die Eroberung noch vor den entscheidenden Schlachten gegen die Philister geschehen sein. Aber die Reihenfolge der Berichte in 2 Sam 5 muß nicht unbedingt chronologisch richtig sein. Wahrscheinlich ist die Eroberung Jerusalems erst in der Zeit anzusetzen, als David nach seinem Siege über die Philister freie Hand für andere Unternehmungen bekommen hatte. Wie ausdrücklich erwähnt wird (2 Sam 5,6), hat David mit Söldnertruppen die bis dahin kanaanäische Stadt der Jebusiter erobert. Der Eroberung folgte die persönliche Inbesitznahme durch David. Jerusalem hieß von nun an die Davidsstadt (2 Sam 5,9). Nach dem Recht des Eroberers stellte sie Davids Eigentum dar und wurde nicht etwa Teil des Stammgebietes Juda. Damit war David als Nachfolger der kanaanäischen Stadtkönige, die hier bereits in der Amarnazeit regiert hatten, König des Stadtstaates Jerusalem und damit zum dritten Male König geworden.

Die Erhebung Jerusalems zum gesamtisraelitischen Zentrum war sehr kluge Politik. Die Stadt lag gleichsam auf neutralem Boden und geographisch doch zentral zwischen Juda und Nordisrael. Ein weiterer Vorteil war, daß die Stadt bis dahin keinerlei israelitische Tradition gehabt hatte und darum in jeder Hinsicht ausbaufähig war. Freilich entbehrte auch Jerusalem gewiß nicht jeglicher traditionellen Prägung; Jerusalem war bisher eine kanaanäische Königsstadt gewesen. Die fortschreitende Geschichte des judäischen Königtums und Staates lehrt, daß das alte kanaanäisch-religiöse Gedankengut Jerusalems durch die Israelitisierung der Stadt nicht beseitigt wurde, sondern in verwandelter Gestalt weiterlebte. Jerusalem wurde ein wichtiges Einfallstor für die kanaanäische Religion und insbesondere für die Ideologie des Gott-Königtums, die in Jerusalem unter jahwistischem Einfluß in der Vorstellung des Davidsbundes eine spezifische Abwandlung bekam.

Als religiöses Zentrum zeichnete David Jerusalem dadurch aus, daß er die Lade Jahwes nach dort überführen ließ. Wenn auch die Lade von Hause aus Kultobjekt des Jahweglaubens gewesen war, so hatte sie doch im Zuge der Rezeption des Jahweglaubens durch Israel gesamtisraelitische Bedeutung erlangt. Die Aufstellung der Jahwelade in Jerusalem sollte diese Stadt also zum Zentrum der Amphiktyonie Israel erheben. Aber die Aufstellung der Jahwelade in der Davidsstadt hatte für die Stellung Davids noch andere Folgen. Durch diesen Akt eignete sich David Würde und Macht eines Königs auch über das amphiktyonische Israel an. Er wurde zu Jahwes auserwähltem König über Israel und diese Auserwählung galt über seine Person hinaus auch seiner Dynastie (2 Sam 7,1—16). Durch die Eroberung der Stadt Jerusalem und zumal durch den Erwerb des Grundstückes, auf dem später der Tempel Jahwes stand und das früher einem hethitischen Bürger Jerusalems gehört hatte (2 Sam 24), war David der Grundherr des Ortes geworden, auf dem die Jahwelade deponiert wurde. Die Lade aber repräsentierte die Gegenwart Jahwes. Jahwe band sich also an Grund und Boden der Davidsfamilie und erwählte diesen als seine künftige Bleibe. Da nun nach antiker Auffassung Grundeigentum kein bloßes Sachenrecht im modernen Sinne ist, sondern ein enger Zusammenhang personhafter Art zwischen der Familie, die hier geboren wird, lebt, stirbt und beigesetzt wird, und dem Grundbesitz bestand, bedeutete die göttliche Erwählung des Grundbesitzes auch die Erwähltheit der Familie. An die Vorstellung von der Erwählung Jerusalems bzw. Zions, wie der Name der Kultstätte lautet, und der Erwählung Davids konnten sich leicht weitere Theologumena der antiken, außerisraelitischen Königsideologie anschließen, so insbesondere die Idee der Gottessohnschaft der Davididen, die Ps 2,7; 89,27 f. und Ps 110 ausgesprochen oder vorausgesetzt wird. Hierbei ist zu bedenken, daß solche Psalmen keine bloßen Loblieder auf den König darstellen, sondern die agendarisch formulierten Zusagen für den König enthalten, wie sie bei der Thronbesteigung oder sonstigen Begehungen im Königskult ergingen. Wann diese Vorstellungen aufkamen, wann sie formuliert und in Jerusalem kultisch praktiziert worden sind, ist nicht mehr mit Sicherheit auszumachen. Wohl war mit der Eroberung Jerusalems, dem Erwerb des Zion und der Überführung der Jahwelade dorthin der Ansatz zu dieser Entwicklung sogleich gegeben. Dennoch wird man nicht gleich an eine ideologische, kanaanäische Überfremdung des Jahweglaubens denken müssen. Die Gottessohnschaft des Davididen beruhte, anders als in Ägypten, nicht auf physischer Zeugung, sondern auf der zusagenden Designation Jahwes, die durch berufenen Mund eines Propheten wie Nathan erging. Freilich konnte in der geschichtlichen Wirklichkeit weniger dieser Zusagecharakter und die Bindung des Königs an Jahwe als den Gott Israels als vielmehr die Machtfülle des Königs hervorgekehrt werden. Treue Israeliten und Jahwediener konnten sich als Söhne Jahwes verstehen; die Würde der Gottessohnschaft war aber auch geeignet, einem orientalischen Despoten das gute Gewissen zu verleihen.

Seiner neuen kultischen Würde entsprechend hat David als Herr des Jerusalemer Heiligtums Priester angestellt, die nicht anders als der Kanzler und der Schreiber usw. seine Beamten waren (2 Sam 8,15—18). Als Priester wird in der authentischen Beamtenliste von 2 Sam 8 außer dem aus Nob stammenden und früher schon erwähnten Abjathar ein gewisser Zadok genannt. Aller Wahrscheinlichkeit nach war Zadok ein Jerusalemer und hier bereits Oberpriester, ehe David die

Stadt in seinen Besitz nahm. David beließ ihn neben dem israelitischen Priester Abjathar in seinem Amt. Der Jerusalemer Synkretismus wird hier in personeller Hinsicht sichtbar. Als später unter Salomo Abjathar in Ungnade fiel, wurde Zadok der alleinige Priesterfürst. Seither stellten die Zadokiden in Jerusalem den Oberpriester.

Der heterogenen Vielschichtigkeit von Davids Königtum entspricht eine ebenso heterogene Komplexität der staatsbildenden Elemente. Das Großreich Davids setzte sich aus folgenden Komponenten zusammen: 1. aus dem Gebiete des Stammes Juda und der südlichen, kenitischen und anderen mit Juda konföderierten Verbände; 2. aus dem restlichen, größeren Teil Israels im Norden; 3. aus den dem Staat einverleibten verschiedenen, ehemals selbständigen Stadtstaatgebieten, die nunmehr besondere Verwaltungsbezirke neben den Stammesgebieten bilden; 4. aus dem Stadtstaat Jerusalem, d. h. aus der Stadt und ihrer Umgebung; 5. schließlich sind diesem Gebilde die philistäischen Vasallenfürsten mit ihren Territorien zugeordnet. Der Kernbestand dieses komplexen Gebietes ist gewiß israelitisch, wie David selber ein Israelit ist. Aber politisch gleichberechtigt sind in diesem Staat Länder, Städte und Leute, die noch vor nicht allzulanger Zeit Israels Feinde waren. Die territoriale Abrundung und staatliche Einheit wurden auf Kosten der religiösen Einheit erreicht. Dabei ist noch einmal zu bedenken, daß Israel dem Ursprunge und dem Wesen nach eine religiöse und sakrale Größe war. Der jetzt entstandene Staat deckte sich weder geographisch, noch überhaupt dem Wesen nach mit der Größe Israel. »Israel« im eigentlichen Sinne wurde zu *einem* Moment innerhalb dieses Reiches. Damit wurde die alte Gegensätzlichkeit zwischen Israel und Kanaan in den israelitischen Staat hineingenommen. Israel stand von vornherein in einem eigentümlichen Spannungsverhältnis zu seinem eigenen Staat. Diese Spannung mußte desto größer sein, als auch der Staat Davids, zumal sein Stadtkönigtum in Jerusalem, nicht weltlich und neutral im modernen Sinne sein konnten. Schon der Titel König hat immer auch religiösen Klang.

Noch die Regierungszeit Davids wurde von diesen Spannungen gezeichnet und der neue Staat mehr als einmal bis in die Grundfesten erschüttert.

Lit.: Siehe am Ende von Abschnitt VI, 3.

3. Kriege, Aufstände und Thronwirren

Davids Regierungszeit war von mancherlei Kriegen angefüllt. Der Sammelbericht von 2 Sam 8 berichtet darüber sehr summarisch. Ausführlicher ist der Ammoniterkriegsbericht in 2 Sam 10,6—11; 12,26—31, der jetzt Teil der Thronnachfolgegeschichte und mit der Erzählung über Davids Ehebruch mit Bathseba, der Frau des Offiziers Uria, verbunden ist. Leider teilt 2 Sam 8 die Anlässe zu Davids Kriegen nicht mit. Das Ziel, das David mit dem Bekriegen der östlichen Nachbarvölker Israels verfolgte, ist jedoch unschwer zu erraten. Es handelt sich um Angriffskriege. Der territorial abgerundete Großstaat sollte außenpolitisch gesicherte Grenzen bekommen, und dazu sollten die Nachbarstaaten in ein Abhängigkeitsverhältnis von Israels König gebracht werden.

In dieser Absicht hat David die Moabiter angegriffen (2 Sam 8,2). Er besiegte sie und ließ zwei Drittel des moabitischen Heeres abschlachten, um künftige Rebellionen von vornherein unmöglich zu machen. Etwas mehr Mühe scheint David mit den Ammonitern gehabt zu haben. Außer dem bereits erwähnten Ammoniterkriegsbericht erzählen hierüber die von ihm unabhängigen Berichte in 2 Sam

8,3—12. Der äußere Anlaß zu diesem Krieg war eine unfreundliche Behandlung von Davids Gesandten durch die Ammoniter. David hätte leichteres Spiel gehabt, wenn nicht die Ammoniter ihre syrischen Nachbarn um Hilfe gebeten hätten. Die Aramäer bildeten bis dahin nur erst mehrere unabhängige Kleinstaaten. Deren wichtigster war in dieser Zeit wohl der Staat des Königs Hadadeser von Zoba. Als David die Hauptstadt Rabba von seinem Feldherrn Joab belagern ließ, versuchten die Aramäer die Stadt zu entsetzen, wurden jedoch zu wiederholten Malen geschlagen. Hadadeser raffte jetzt, seinerseits von den Aramäern von Damaskus unterstützt, seine Kräfte noch einmal zusammen, wurde aber abermals, jetzt von David selbst, geschlagen. David hat einen Großteil des aramäischen Gebietes zur abhängigen Provinz des Davidreiches gemacht; Statthalter Davids residierten in der Stadt Damaskus. Hadadeser von Zoba wurde tributär und insbesondere zur Lieferung von Erzen verpflichtet. Nach diesem Sieg über die Aramäer war auch Ammon mit seiner Hauptstadt Rabba David ausgeliefert. Joab konnte die Stadt belagern und zur Stürmung reifmachen, bis schließlich David sich die Freude machte, sie persönlich in Besitz zu nehmen. Die Ammoniter wurden schwer gezüchtigt, ein Teil der männlichen Bevölkerung wurde deportiert. David machte sich selbst zum König über Ammon. Die multilaterale Personalunion Davids wurde damit um das ammonitische Königtum erweitert.

Schließlich hat David auch Edom angegriffen und besiegt (2 Sam 8,13—14; 1 Kön 11,15—17). Besonders die Edomiter hat er mit blutiger Grausamkeit behandelt. Nach dem Sieg ließ David Joab ein halbes Jahr lang in Edom morden und plündern und den Versuch unternehmen, die gesamte männliche Bevölkerung auszurotten. Auch das Königshaus wurde ausgemordet. Dem Blutbad entkam nur ein Prinz namens Hadad, der zu Salomos Zeiten sich zu einem erklärten Gegner Israels und Judas entwickelte. Wie das aramäische Gebiet so wurde auch Edom praktisch zu einer Provinz gemacht, die von Statthaltern Davids verwaltet wurde. Welches Ziel David mit der Unterwerfung Edoms verfolgte, wird aus der geographischen Lage dieses Gebietes deutlich: wer Edom besitzt, beherrscht den Zugang zu dem Golf von Akaba und damit zum Roten Meer. Außerdem zeichnete sich das edomitische Gebiet durch reiche Erzvorkommen aus.

Damit war tatsächlich ein Großreich geschaffen. Die Tatsache eines immer noch bestehenden Machtvakuums zwischen Ost und West hatte diese jähe Entwicklung begünstigt, ja überhaupt ermöglicht. Das neue Reich ist deswegen nicht weniger das persönliche Werk des politischen und militärischen Genies Davids. Insbesondere die militärischen Erfolge, die er über die östlichen Nachbarn Israels errang, bedeuteten eine noch weitere Stärkung der persönlichen Macht des Königs. Die Territorien der besiegten Völker wurden nicht in Israel eingegliedert, sondern dem König unterstellt.

Daß Israel in Davids glänzenden Erfolgen Jahwe selbst am Werke geglaubt und in David den Gesalbten Jahwes schlechthin gesehen hat, ist nicht spezifisch israelitisch, sondern typisch menschlich. Typisch israelitisch ist vielmehr, daß Israels Geschichtsberichte die Schattenseiten seines Charakters und seiner Taten nicht verheimlicht haben. Typisch israelitisch ist auch — »israelitisch« im Sinne der Kontinuität der Größe Israel —, daß inmitten der begreiflichen Begeisterung für David schon zu Davids Zeiten bestimmte Kreise diese Begeisterung keineswegs teilten und trotz aller äußeren Erfolge die ganze politische Entwicklung, die über eine Befreiung aus der Philisternot weit hinausgeführt und Israel selbst zu einer Komponente unter anderen in diesem Großreich gemacht hatte, ja aus

Israel etwas anderes zu machen tendierte, als es dem Wesen nach war, schärfstens ablehnten.

Es wird von zwei offenen Aufständen während der Regierungszeit Davids berichtet. Diese Aufstände gingen bezeichnenderweise nicht von den unterworfenen Völkern, sondern von Israel selbst aus (2 Sam 13—20). Aufschlußreich für die Situation in der Zeit nach Davids Reichsgründung sind die Zielsetzungen, welche die Aufständischen verfolgten, die Kreise, aus denen sie sich rekrutierten, und die Mittel, mit welchen die Erhebungen niedergeschlagen wurden. Die ziemlich ausführlichen Berichte über Absaloms (2 Sam 13—19) und Sebas (2 Sam 20) Aufstände lassen die historischen Hintergründe noch zuverlässig erkennen. Beide Aufstände wären unmöglich gewesen, wenn nicht sowohl Absalom als auch Seba sich hätten auf Kreise von Unzufriedenen stützen können. Diese Kreise waren offensichtlich recht zahlreich, wie man aus den anfänglichen nicht unerheblichen Erfolgen der Aufständischen ablesen kann.

Davids Siegen waren ebenso viele Kriege vorangegangen, die Geld, Tränen und Blut gekostet hatten. Davids Kriege waren vor allem von dem Söldnerheer geführt worden. Die entscheidenden Siege über die Philister und die Eroberung Jerusalems waren Erfolge der Söldnertruppen gewesen. Dieses stehende Heer hatte einen eigenen Kommandeur, der nicht auch den israelitischen Heerbann befehligte. Heerbann und stehende Truppe von Berufssoldaten standen nebeneinander (2 Sam 8,18; 20,23; vgl. 11,11). Aber auch den Heerbann Judas und Israels hatte David, insbesondere in den Kriegen gegen die östlichen Nachbarvölker einberufen lassen. Welche Funktion der Heerbann neben der stehenden Truppe hatte, wird deutlich in der Meldung des Offiziers Uria ausgesprochen: »Die Lade, Israel und Juda (d. h. die Heerbänne Israels und Judas) kampieren in Hütten, mein Kommandant Joab aber und die Söldner meines Herrn lagern auf freiem Felde«. Die Söldner, die auf freiem Feld lagern, stellen die kämpfende Truppe, der Heerbann nur die Reserve, die in den Kampf geworfen wird, wenn die Kerntruppe Verstärkungen braucht. Das ist eine sehr erhebliche Änderung der Position des Heerbannes.

Der Heerbann der freien Männer Israels ist zur Hilfstruppe des Söldnerheeres geworden. Er hat in dieser untergeordneten Funktion David Heeresfolge zu leisten auch in Angriffskriegen gegen Nachbarvölker. Das entspricht keineswegs mehr dem ursprünglichen Wesen dieses Aufgebotes der Stämme, das ursprünglich nur in der Stunde der Not, der Bedrohung von außen oder zur Züchtigung eines bundesbrüchig gewordenen Bundesmitglieds einberufen werden konnte (Ri 19—21). Jetzt aber sollte der Heerbann der Machtpolitik des Königs dienstbar gemacht werden. Hatte man sich in der Stunde der Erfolge vielleicht noch über diese Schattenseiten von Davids königlicher Herrlichkeit hinweggesetzt, so kam doch wohl, als der Glanz der Siege im Laufe der Zeit allmählich verblaßte, der kleine Mann, der Bauer und der Viehhirt zur Besinnung. Da mochten ihm seine angestammten Rechte und Freiheiten doch wichtiger als die Erfolge des Königs vorkommen. Und diese Rechte und Privilegien waren Wesensmerkmale Israels gewesen. Mancher in Israel mochte jetzt meinen, man habe zwar mit Davids Hilfe die philistäische Tyrannei vertrieben, sie aber gegen die ebenso drückende Tyrannei des Judäers David eingetauscht. Fand sich in dieser Situation ein Mann, der die Unzufriedenen um sich zu sammeln und deren Vertrauen zu gewinnen verstand, so konnte für David, wie die Geschichte lehrt, eine äußerst gefährliche Bedrohung entstehen.

Dieser Mann war Davids Sohn Absalom. Die Erzählungen über ihn werden recht haben, wenn sie behaupten, es sei Absalom eigentlich nur um seine eigenen ehrgeizigen Pläne zu tun gewesen. Dieser Ehrgeiz schließt aber die sachlichen Motive und Anliegen, von welchen diejenigen getragen wurden, die Absalom unterstützten, nicht aus. Absalom war Davids drittältester Sohn (2 Sam 3,3), entsprossen seiner Ehe mit einer aramäischen Prinzessin. Absalom hatte seinen ältesten Bruder und Konkurrenten Amnon ermorden lassen. Darüber war es zu einem Zerwürfnis zwischen Absalom und David gekommen, und der Prinz hatte außer Landes gehen müssen. War David sonst alles andere als weichlich, so zeigt doch die ganze Thronnachfolgegeschichte, daß er eine besondere, väterliche Schwäche seinen Söhnen gegenüber hatte. Staatspolitisch wäre es richtig gewesen, den Absalom im Asyl in der aramäischen Heimat seiner Mutter zu lassen. Aber David folgte mehr dem väterlichen Herzen als der Staatsraison und ließ sich von seinem Feldherrn Joab mit Absalom versöhnen. Unter seines Vaters Augen bereitete Absalom seine Sache vor. Er benahm sich, als wäre er Davids Mitregent, legte sich Wagen und Pferde und eine Leibgarde zu. Vor allem gelang es ihm, »das Herz der Männer Israels zu stehlen« (2 Sam 15,6). Bemerkenswerterweise wird überliefert, daß Absalom sich speziell um Rechtshändel von Angehörigen der Nordstämme kümmerte (2 Sam 15,2—4). Als König der Amphiktyonie war David der Rechtsnachfolger der Kleinen Richter Israels geworden. Daß David sich faktisch über altes Bundesrecht hinweggesetzt hatte, statt ein Hüter und Pfleger des Bundesrechtes zu sein, war bekannt. Absalom hingegen nutzte offenbar die hierüber entstandene Unzufriedenheit und griff bewußt alte amphiktyonische Gedanken wieder auf und stellte in Aussicht, für den Fall, daß er König würde an Davids statt, gewisse israelitische Freiheiten und Rechte wieder aufleben zu lassen. Solche Zusagen sicherten ihm einen starken Anhang bei den Stämmen des Nordreiches, wo der israelitische Gedanke am tiefsten verwurzelt war (2 Sam 15,10). Nachdem die Erhebung in aller Heimlichkeit, aber auch in aller Gründlichkeit vorbereitet worden war, zog Absalom mit einer Truppe von 200 Mann nach Hebron, dem alten Zentrum Judas, wo er seinen Anhang im engeren Sinn um sich sammelte. Im nördlichen Israel feierte man ihn bereits als König. Von Hebron aus trat er den Marsch auf Jerusalem an, nahm die Stadt, aus der David bereits entwichen war, kampflos in Besitz und bemächtigte sich auch des königlichen Harems; mit diesem Akt bekundete er den Anspruch, die Nachfolge Davids angetreten zu haben. Man kann fragen, warum David mit seinen treuesten Verbündeten und mit seinen Kerntruppen die Stadt verlassen und sie widerstandslos dem Usurpator überlassen hat. War dies eine Kurzschlußhandlung? Wollte er eine Zerstörung Jerusalems vermeiden oder einem offenen Kampf gegen Absalom und den Heerbann Israels entgehen? Sicher ist nur, daß Davids Abzug nicht bedeutete, daß er seine Sache bereits verlorengegeben hätte. Er hatte einige Vertraute in Jerusalem zurückgelassen, die ihn über die dortigen Vorgänge auf dem laufenden halten sollten. Zunächst scheint das von Absaloms Standpunkt aus einzig Richtige beschlossen gewesen zu sein: ein nächtlicher Überfall auf David mit dem Ziel, ihn allein zu töten. Absalom zögerte aber, diesen Plan auszuführen. Er entschloß sich vielmehr, Israels Heerbann einzuberufen, um sich mit ihm eine zahlenmäßige Überlegenheit über David zu sichern. So geschah es also, daß Israels Heerbann gegen David ins Feld zog und daß David, der König Israels, mit seinen Söldnertruppen und mit den Krethi und Plethi und auch mit einer philistäischen Abteilung, die von einem Philister aus Gath kommandiert wurde (15,21 f.; 18,2), gegen Israel kämpfte! Dieses Gegeneinander zeigt noch einmal den von Anfang an unisraelitischen Charakter von Davids Königtum, aber auch, daß das israelitische Bewußtsein noch nicht erloschen war. Der Taktiker David zog zuerst über den Jordan und ließ sich im ostjordanischen Mahanaim, wo einst Sauls Sohn regiert hatte, nieder. Hier hat er sein Heer neu formiert und sich von den von ihm abhängigen Ammonitern Verstärkungen und Proviant liefern lassen. Im Ostjordanischen kam es zur Entscheidungsschlacht zwischen Israels Heerbann unter Absalom und dem Berufsheer Davids, der aus taktisch-politischen Gründen seinen Offizieren das Kommando überließ. Israels Heerbann wurde geschlagen und Absalom gegen Davids Wunsch, auf Joabs ausdrücklichen Befehl, getötet. Damit war die Aufstandsbewegung ihres Anführers beraubt. Und ebenso wie Davids Staat mit seiner Person stand oder fiel, so hing auch der Aufruhr von der Person des Absalom ab. Der Heerbann löste sich auf, »ein jeder floh in seine Hütte« (19,9). Es blieb zunächst kaum eine andere Möglichkeit als die Anerkennung Davids übrig, zumal die Judäer ihn feierlich nach Jerusalem eingeladen und eingeholt hatten. Die Unterstützung des judäischen Heerbannes sicherte sich David damit, daß er einem gewissen Amasa, der von Absalom zum Anführer des judäischen Heerbannes ernannt worden war, die Bestätigung in dieser Stellung zusagte und den altbewährten Joab ablösen ließ (19,14; vgl. 17,25). Zu gewissen Zugeständnissen mußte sich David also immerhin herablassen. Man wird sicher annehmen dürfen, daß auch die nordisraelitischen Stämme versucht haben werden, für ihre abermalige Anerkennung Davids wenigstens einige Konzessionen einzuhandeln.

Bei diesen Verhandlungen brach der alte Gegensatz zwischen Nord und Süd wieder auf (19,44). Ein gewisser Seba, der aus Benjamin, dem Stamme Sauls, gebürtig war, wo man ohnehin starke Ressentiments gegen David hegte, machte sich zum Sprecher der nordisraelitischen Interessen. Er proklamierte die förmliche Loslösung des Nordreiches aus der Personalunion: »Wir haben keinen Teil an David noch Erbe am Sohne Isais« (20,1). Dies ist ein Vorspiel zur sogenannten Reichstrennung nach dem Tode Salomos. Es läßt sich anhand der Texte noch gut beobachten, wie im Laufe und Fortgang des Aufruhrs und des Bürgerkrieges, der mit Absaloms Aktionen begonnen hatte, der Schwerpunkt der Streitfrage sich verlagerte. Zuerst war es ein Aufruhr, dessen Ursache bestimmte amphiktyonische Desiderata waren, die aus persönlichem Ehrgeiz Absalom geschickt für sich ausgenutzt hatte. Nachdem dieser Aufruhr niedergeschlagen worden war, flammte er alsbald doch wieder auf, und jetzt war es der alte Gegensatz von Nord und Süd, — in den dann doch wieder gewisse amphiktyonische Traditionen auch hineinspielten —, der die Gemüter erhitzte. Aus Israels Kampfruf »Nieder mit David!« wurde jetzt eine Parole der Nordstämme: »Los von David und Juda!«

Auch diese neue Erhebung des Nordens unter Seba ist nicht gelungen. Hatte der Absalom-Aufruhr zu einem Krieg zwischen Israels Heerbann und dem Berufsheer Davids geführt, so der Aufstand des Seba zu einem förmlichen Bürgerkrieg. David ließ Amasa den judäischen Heerbann einberufen. Es gelang dem neuen Kommandanten freilich nicht, den immer etwas schwerfälligen Heerbann rasch auf die Beine zu stellen. So mußten dann faktisch die Söldner wieder eingreifen. Sie warfen den Aufstand ganz im Norden, in der Gegend von Dan, wo sich Seba festgesetzt hatte, nieder und erzwangen dessen Auslieferung. Israel war unterworfen, ehe es überhaupt seinen Heerbann hatte formieren können. Bei dieser Unterwerfung hatte Joab schon wieder das Oberkommando übernommen, nachdem er seinen Konkurrenten Amasa eigenhändig niedergestochen hatte. Kein Wort verlautet, daß David gegen dieses eigenwillige Handeln seines Generals eingeschritten wäre (jedoch vgl. 1 Kön 2,5). War die Ernennung Amasas ein Zugeständnis Davids an die Judäer gewesen, so war es jetzt wieder rückgängig gemacht worden.

Nach Niederwerfung dieser Aufstände war Davids Reich wiederhergestellt und das komplexe Staatsgebilde fester in seiner Hand denn je zuvor, da vorerst an neue Revolutionsversuche nicht gedacht werden konnte. Aber bis dahin noch latente Spannungen waren offenkundig geworden, und es lag am Tage, daß allein die königlichen Waffen die spannungsvolle Einheit des Davidsreiches zusammenhielten. Das war kein günstiges Zeichen für die Zukunft.

Bei einem Staatswesen, das ganz aufgebaut ist auf einer Person, von der alles abhängt, ist die Frage des rechten Nachfolgers von hervorragender Wichtigkeit. Das hat schon die Thronnachfolgegeschichte gewußt. Dieses wohlinformierte Werk behandelt die Auseinandersetzungen und Wirren um die Thronnachfolge Davids. Der älteste, nach dem Tode Amnons und Absaloms noch lebende Sohn Davids, der für eine Nachfolge in Betracht kommen konnte, war Adonia. Dieser hatte auch die Ambition, Davids Erbe anzutreten.

Wie andere große Männer der Weltgeschichte, deren Werk eng mit ihrer Person zusammenhing, hat auch David bei der Regelung der Nachfolgefrage versagt, von der doch der Bestand seines Reiches über seinen Tod hinaus abhing. Wohl in anderer Hinsicht hat David für sich und die Seinen das Königtum gesichert. Um keine Ansprüche von noch lebenden Sauliden aufkommen zu lassen, lieferte er viele von ihnen den Gibeonitern aus (2 Sam 21,1—14; s. o. S. 79).

Anscheinend hat David sich schwer zwischen seinen verschiedenen Söhnen und das heißt zugleich auch zwischen deren Müttern mit ihrem jeweiligen Anhang entscheiden können. Als David selber nichts unternahm, bildeten sich am Hofe Parteien, die für verschiedene Prätendenten eintraten. Dabei waren Ambitionen und Animositäten ebenso wirksame Faktoren wie bestimmte politische sachliche Anliegen und Desiderate. Nach 1 Kön 1 begann Adonia gegen Ende von Davids Leben sich in aller Öffentlichkeit als der allein in Betracht kommende Kronprinz zu betragen. Ähnlich wie vor ihm Absalom, legte er sich eine Garde zu. Auf seiner Seite standen Joab, Davids alter Heerbannkommandant, und der Priester Abjathar, ebenfalls ein treuer Anhänger Davids, der von Jugend auf, seit Saul die Nob-Priesterschaft ausrotten ließ, Davids bevorzugter Priester und seit der Einnahme Jerusalems Oberpriester in der Hauptstadt gewesen war. Offenbar waren Adonia und seine Parteigänger von ihrem guten Recht überzeugt. Nichts in den Texten deutet darauf hin, daß ein Putsch oder eine Usurpation geplant gewesen wäre. Aber wie so oft in der Geschichte entschied nicht das bessere Recht, sondern die stärkere Macht und die listigere Intrige. Auch der jüngere Davidide Salomo, Sohn jener Bathseba, der Davids Herz besonders gehörte, hatte mächtige Freunde gewonnen. Zu seinen Parteigängern gehörten seine Mutter Bathseba, der Jerusalemer Priester Zadok, der Prophet Nathan und Benaja, der Kommandant der Krethi und Plethi. Die Zusammenstellung dieser und jener Namen der jeweiligen Parteigänger lehrt, daß Adonia sich vornehmlich auf Davids alte Getreue und insbesondere auf die mehr konservativ-israelitisch eingestellten Elemente stützen konnte, während Salomos Anhang sich aus den mehr jerusalemisch-kanaanäisch orientierten Kreisen rekrutierte. Man könnte cum grano salis von einer konservativ-israelitischen und einer Jerusalemer Partei sprechen.

Kurz vor Davids Tod ist zwischen beiden der offene Konflikt ausgebrochen. Als Adonia in aller Öffentlichkeit seine angestammten Rechte und Ansprüche auf den Thron demonstrierte, veranlaßte die Gegenpartei durch Vermittlung von Bathseba den altgewordenen König David, Salomo als Nachfolger zu designieren. Wirklich ließ sich David hierzu bewegen und tat ein übriges, indem er Salomo als König einsetzte und von Zadok und Nathan salben und der Öffentlichkeit als Nachfolger vorstellen ließ. Damit war Salomo zum Mitregenten Davids ernannt worden (1 Kön 1,32—40).

Eine Panik erfaßte darauf die Anführer der Adonia-Partei. Gerade weil das bessere Recht auf ihrer Seite war, mußten sie befürchten, daß Salomo ihre besseren Ansprüche dadurch erledigen könnte, daß er diese Konkurrenten selbst liquidieren ließ, wie es dann auch tatsächlich bald geschehen ist.

So viele Änderungen und Neuerungen David durchgeführt hatte, so ging die Einsetzung Salomos als seines Nachfolgers noch weit darüber hinaus. Nur auf Grund seiner Autorität und Macht hat er Salomo als König designiert. Von einem Vertrag oder auch nur von Verhandlungen mit den Ältesten Israels oder Judas, wie sie noch nach den Aufständen geführt worden waren, ist jetzt mit keinem Wort mehr die Rede. Jetzt bestimmte der König allein, und er entschied so, wie ihn seine Berater berieten. Von einem Charisma Salomos und von einer Designation durch Jahwe wird ebenfalls nicht mehr gesprochen. Der alte Titel Nagid, der bisher die Könige als Jahwes Beauftragte für Israel bezeichnete (1 Sam 9,16; 10,1 u. ö.), bezeichnet nunmehr die besondere Würde dessen, der in königlicher Vollmacht zum königlichen Nachfolger eingesetzt ist (1 Kön 1,35). Ebenso bemerkenswert ist, daß nach Davids Willen Salomo als Nagid seine Nachfolge in Israel *und* Juda antreten soll; der alte Titel wird nicht mehr auf die Amphiktyonie, sondern auf die Zweiheit der Staaten bezogen.

Angesichts dieser Umstände und Hintergründe hat man mit einem gewissen Recht wohl von einem Staatsstreich von oben sprechen wollen. Aber gleichviel, ob Davids Entscheidung von den Zeitgenossen so empfunden worden ist oder nicht, mit Sicherheit läßt sich konstatieren, daß am Ende von Davids Regierungszeit (um 970) der von ihm geschaffene Staat sich dem Selbstverständnis des altorientalischen Staates weitgehend angeglichen hatte. Daß freilich auch andere Kräfte latent vorhanden waren, hatten zuletzt die Aufstände gezeigt.

Lit.: A. Alt, Das Großreich Davids, II, S. 66—75; ders., Das Königtum in den Reichen Israel und Juda, ibid. S. 116—134; K. H. Bernhardt, Das Problem der altorientalischen Königsideologie im AT, SVT 8, 1961; J. Conrad, Zum geschichtlichen Hintergrund der Darstellung von Davids Aufstieg, ThLZ 97, 1972, Sp. 321—332; F. Crüsemann, Der Widerstand gegen das Königtum, WMANT 49, 1978; J. H. Flanagan, Court History or Succession Document? A Study of 2 Sam 9—20 and 1 Kings 1—2, JBL 91, 1972, S. 172—181; G. Fohrer, Der Vertrag zwischen König und Volk, ZAW 71, 1959, S. 1—22; H. Gese, Davidsbund und Zionserwählung, ZThK 61, 1964, S. 10—26; J. H. Grønbaek, Die Geschichte vom Aufstieg Davids (1 Sam 15 — 2 Sam 5). Tradition und Komposition, AThD 1971; D. M. Gunn, David and the Gift of the Kingdom, Semeia 3, 1975, S. 14—45; T. Ishida, The Royal Dynasties in Ancient Israel. A Study of the Formation and Development of the Royal-Dynastic Ideology, BZAW 142, 1977; A. R. Johnson, Sacral Kingship in Ancient Israel, 1967²; E. Kutsch, Die Dynastie von Gottes Gnaden, ZThK 58, 1961, S. 137—153; F. Langlamet, Pour ou contre Salomon? La rédaction prosalomonienne de I Rois I—II, RB 83, 1976, S. 321—379; 481—528; M. Noth, David und Israel in 2 Sam 7, Ges. Stud., ThB 6, 1960, S. 334—345; L. Rost, Die Überlieferung von der Thronnachfolge Davids, Das kleine Credo und andere Studien zum AT, 1964, S. 119—253; H. Schmid, Jahwe und die Kulttraditionen von Jerusalem, ZAW 67, 1955, S. 168—197; K. Seybold, Das davidische Königtum im Zeugnis der Propheten, FRLANT 107, 1972; J. A. Soggin, Das Königtum in Israel. Ursprünge, Spannungen, Entwicklung, BZAW

104, 1967; F. Stolz, Strukturen und Figuren im Kult von Jerusalem, BZAW 118, 1970; T. Veijola, Die ewige Dynastie. David und die Entstehung seiner Dynastie nach der deuteronomistischen Darstellung, AASF Ser. B, 193, 1975; ders., Das Königtum in der Beurteilung der deuteronomistischen Historiographie, ibid., 198, 1977; A. Weiser, Die Legitimation des Königs David, VT 16, 1966, S. 325—354; E. Würthwein, Die Erzählung von der Thronfolge Davids — theologische oder politische Geschichtsschreibung? ThSt 115, 1974.

VII. Das Zeitalter Salomos

Über das Zeitalter Salomos unterrichtet außer dem Schlußkapitel der Thronnachfolgegeschichte der Komplex 1 Kön 3—11. Die Art der Komposition der hier verarbeiteten Stoffe ist anders als die ausgeführten Geschichtsberichte über Davids Aufstieg und über seine Thronnachfolge. Neben sagenhaften Erzählungen über Salomos Weisheit und Reichtum (1 Kön 3; 5 und 10) finden sich hier kurze, chronikartige Notizen, Mitteilungen, Listen und ähnliches Material, das einen echten, authentischen Eindruck macht. In 11,41 wird als benutzte, ausführlichere Quelle ein »Buch der Salomogeschichte« genannt. Diese zitierte Urkunde dürfte nicht als eine Salomobiographie zu werten sein, denn eine Lebensbeschreibung pflegt ja chronologisch geordnet zu sein und diese chronologische Anordnung wäre bei einer Benutzung sicherlich übernommen worden. Aber gerade von einer chronologischen Anordnung ist in den einschlägigen Kapiteln nicht viel zu spüren. Es ist daher eher anzunehmen, daß das Buch der Geschichte Salomos eine nach sachlichen Gesichtspunkten geordnete Sammlung war. Darin waren folgende Materialien enthalten und zusammengeordnet: Berichte über Salomos Bauten (Kap. 6 und 7); über dazu geforderte Fronarbeiten (9,15—23); über die Ingebrauchnahme dieser Bauten (Kap. 8); über Salomos Handelspolitik (9,26—28; 10,11—12) und über seine Schätze (10,14—25). Außer dieser Quelle benutzte der Verfasser verschiedene authentische Listen von Beamtennamen, von Regierungsbezirken usw. und kombinierte diese amtlichen Unterlagen mit einigen Salomo-Sagen. Es gelang dem Autor nicht und es war wohl auch nicht seine Absicht, diese disparaten Stücke zu einer chronologisch angeordneten Salomogeschichte zu komponieren. Er ging vielmehr so vor, daß er zuerst solche Mitteilungen brachte, die Salomo in einem günstigen Licht erscheinen lassen — Weisheit und Tempelbau —, um dann gegen Ende diejenigen Stoffe anzubringen, die eine weniger positive Wertung Salomos nahelegen. Diese Kompositionsabsicht läßt den Eindruck entstehen, Salomo sei am Anfang seiner Regierung ein frommer König nach Jahwes Herzen gewesen, dann aber gegen Ende seines Lebens, insbesondere von ausländischen Frauen verführt, von seinem Herrn abgefallen. Diese Wertung Salomos wurde später vom deuteronomistischen Verfasserkreis der Königsbücher aufgenommen und im Sinne der deuteronomistischen Theologie näher untermauert: wegen seines Tempelbaus hätte Salomo — wie später Josia wegen seiner Reformen — eine Heiligerklärung verdient; aber die nach seinem Tode erfolgte Reichstrennung mußte mit einem erheblichen Verschulden Salomos geschichtstheologisch begründet werden.
Will man 1 Kön 3—11 historisch auswerten, so ist diese Tendenz zu berücksichtigen. Daraus ergibt sich als erstes, daß es nicht mehr möglich ist, ein chronologisch richtiges Bild von Salomos Regierungszeit zu entwerfen. Nur in wenigen Fällen liegen Hinweise für eine zeitliche Ansetzung des hier Berichteten vor. Aus praktischen Gründen werden darum hier die politischen Ereignisse zuerst behandelt, und danach wird auf die innenpolitische und geistige Lage und die Struktur des Salomonischen Reiches eingegangen.

1. Salomos Regierung

Noch aus dem Schluß der Thronnachfolgegeschichte 1 Kön 2 läßt sich einiges über Maßnahmen Salomos gegen die Adonia-Partei entnehmen, die für den

Mann und seine Zeit bezeichnend sind (1 Kön 2,13—46). Seinen Bruder Adonia hatte er sogleich strengstens angewiesen (1 Kön 1,51—53), »in sein Haus zu gehen«, d. h. sich aus der Politik zurückzuziehen und nur noch als Privatmann zu leben. An diese Anweisung hatte sich Adonia auch gehalten. Als er eines Tages so unvorsichtig war, ein Mädchen, das in Davids hohem Alter dessen Dienerin gewesen war — die Abisag von Sunem —, als Ehefrau zu begehren, gab er Salomo den erwünschten Anlaß, ihn kurzerhand zu beseitigen. Der Kommandant der Krethi und Plethi Benaja tötete ihn. Dies war der erste Schritt in einer Reihe von Maßnahmen, die zur Liquidierung der Gegenpartei führten. Den Priester Abjathar, den Konkurrenten seines Favoriten Zadok, setzte er ab. Die antike Scheu vor dem Numinosen des Priesteramtes hat Abjathar das Leben gerettet. Er wurde nach Anathoth — später als Heimatort des Propheten Jeremia bekannt geworden — verbannt. Auch der alte und grau gewordene Joab, der Davids Schlachten geschlagen hatte, mußte es mit dem Leben büßen, daß er sich für Adonia eingesetzt hatte. Unter Verletzung des Asylrechtes, das ein Heiligtum verleiht, wurde er von Benaja niedergemacht. Schließlich beseitigte Salomo durch denselben Benaja einen gewissen Simei, der der Saulfamilie angehörte und während der Absalomerhebung gegen David Partei ergriffen hatte und den David seinerzeit, wohl um die Gegensätze nicht auf die Spitze zu treiben, verschont hatte. Als Dank für die erwiesenen Dienste erhielt Benaja die Stellung eines Kommandanten des Heerbannes (1 Kön 2,35). Diese Justizmorde Salomos sind wohl weniger als Racheakte denn vielmehr als Sicherheitsmaßnahmen zu werten, welche künftige Gegner unschädlich machen wollten. Offenbar hat sich Salomo, wenigstens zu Anfang seiner Regierung, auf seinem Thron nicht sehr sicher fühlen können. Noch immer drohte der latente Widerstand des Nordreiches. Und war mit diesem Gegensatz Nord-Süd auch nicht jener andere von Sauliden contra Davididen identisch, so blieb doch eines mit dem andern verschränkt. Deswegen mußte auch ein Simei beseitigt werden. Dieselbe Gegensätzlichkeit zwischen Norden und Süden, verquickt mit dem wiederum anders gelagerten Spannungsverhältnis, das zwischen altisraelitischen Traditionen und dem Stadtstaat Jerusalem mit seinem Stadtkönigtum und der hier hereinbrechenden kanaanäischen Königsideologie bestand, stand auch im Hintergrund, als die Adonia-Partei zugunsten der Jerusalemer Kräfte beseitigt wurde. Während der klügere David, soweit er es wenigstens konnte, die verschiedenartigen Gegensätze durch seine Person zu überbrücken oder wenigstens zusammenzuhalten bestrebt war, machte sich Salomo eindeutig zum Parteigänger der Kreise, deren Exponent er von Anfang an gewesen war. Es verlegten sich die Akzente nunmehr eindeutig auf das Davidische Königtum Jerusalems und Judas.
Gegen seine innenpolitischen Gegner ist Salomo entschlossener vorgegangen als gegen ausländische Feinde. Im edomitischen Gebiet erweckte nach dem Bericht von 11,14—22 Jahwe dem Salomo einen Widersacher in der Gestalt des Hadad. Dieser war in jungen Jahren der blutigen Herrschaft des Joab entkommen und nach Ägypten geflohen. Nach Davids und Joabs Tod kehrte Hadad nach Edom zurück. Ein Teil Edoms wurde unter seiner Regierung wieder selbständig. Gegen dieses erste Abbröckeln der Peripherie des Reiches scheint Salomo nichts unternommen zu haben. Konnte ein selbständiges Edom den begehrten Zugang zum Roten Meer bedrohen, so war die noch zu Salomos Lebzeiten in Syrien einsetzende Entwicklung auf lange Sicht noch gefährlicher. Nach dem Bericht von 1 Kön 11,23—25 ist es einem gewissen Reson gelungen, sich in den Besitz der

Stadt Damaskus zu setzen und sich hier zum König aufzuwerfen. Damit war aus der von David geschaffenen Provinz wenigstens teilweise wieder ein selbständiger Staat geworden; in Damaskus residierte ein aramäischer Stadtkönig. Auch in diesem Falle hat Salomo anscheinend eine rückläufige Entwicklung nicht aufhalten können. Die Schaffung einer Streitwagenmacht nach altem, kanaanäischem Muster wird als eine Defensivmaßnahme zu verstehen sein (1 Kön 5,6—8). Hatte noch David mit erbeuteten Kriegsrossen nichts Besseres zu tun gewußt, als sie unbrauchbar zu machen (2 Sam 8,4), so galt der Generation von Salomo das Pferdegespann als königliches Statussymbol (vgl. schon 2 Sam 15,1; 1 Kön 1,5). Dieser für Israel neuen Waffengattung hat Salomo große Beachtung geschenkt. Er ließ in manchen Städten Stallungen und Garnisonen für Pferde und Wagenkämpfer bauen; Hazor, Megiddo, Geser und Beth-Horon wurden festungsmäßig ausgebaut (1 Kön 9,15.17—19). Diese Festungen und Garnisonsstädte sind wohl auch ein Beweis für den defensiven Charakter von Salomos Außenpolitik.

Außer durch diese rege Bautätigkeit hin und her im Lande hat sich Salomo vor allem durch den Bau des Tempels von Jerusalem und seiner eigenen Palastanlagen einen Namen gemacht. Einen sehr bescheidenen Anfang hatte bereits David gemacht (2 Sam 5,9). Er hat sich wohl zumeist um die Mauer gekümmert, ansonsten aber die alte Jebusiterstadt nicht ausgebaut. Diese lag mit ihrem Kern auf dem Südosthügel über der Gihonquelle; hier hat sich David einen Palast bauen lassen. Salomo aber hat die Stadt nach Norden zu ausgebaut. Auf dem Osthügel, der von dem Südosthügel durch eine sattelartige Vertiefung ein wenig getrennt und höher ist als jener, errichtete Salomo seinen Palast und in engster Verbindung hiermit den königlichen Tempel. So entstand eine Stadt länglicher Form, von Süd nach Nord verlaufend. Diese Erweiterung erforderte naturgemäß auch eine Erneuerung der Stadtmauer. Ganz im Norden des Osthügels erstand der Tempel als dreigliedriger Bau, aus Vorhof, Heiligem und Allerheiligstem bestehend. Alle drei Teile waren gleich breit, so daß ein Langbau entstand; dessen Länge betrug insgesamt etwa 40 Meter, bei einer Breite von etwa 10 und einer Höhe von etwa 15 Metern. Dieses Gebäude, obwohl an heutigen Maßstäben gemessen etwa von der Größe einer Dorfkirche, galt als Monumentalbau und wurde mit allen Kostbarkeiten, worüber die Zeit verfügte, prunkvoll ausgestattet. Unmittelbar südlich des Tempels schloß sich der neue königliche Palast an; nach Ez 43,8 wohnten die Könige seither Wand an Wand mit Jahwe. Dieser Palast war wesentlich größer als der Tempel; Hallen für repräsentative Zwecke, so z. B. eine Thronvorhalle, in welcher der König auf seinem Throne sich dem Volke präsentieren konnte, waren dem Wohnhaus zugeordnet. Zum Palastkomplex gehörten auch Räume für den Harem und ein besonderer Raum für die ägyptische Frau Salomos, die wohl seine Favoritin war. Aus den Jerusalemer Bauten läßt sich das Selbstverständnis Salomos deutlich ablesen: So baut ein Despot im Vollbewußtsein seiner ihm von Gott geschenkten Macht, der sich Sohn dieses Gottes weiß und darum als Nachbar dieses Gottes wohnt. Bemerkenswert ist in diesem Zusammenhang der Umstand, daß Salomo sich bei seinem Tempelbau beraten und unterstützen ließ von einem ausländischen König, dem König Hiram von Tyrus, mit dem bereits David gute Beziehungen unterhalten hatte (2 Sam 5,11; 1 Kön 5, 15—26). Hiram lieferte das erforderliche Zedernholz und stellte auch sachverständige Bauleute zur Verfügung. Es kann kein Zweifel sein, daß nach ausländischem Muster gebaut wurde.

Diese Rüstungen, Bauten und auch die erstaunlich luxuriöse Hofhaltung (1 Kön 5,2—3) konnten nur aus den Erträgen internationaler Handelsgeschäfte finanziert

werden. Salomo verfügte nicht nur über eine sehr erhebliche Streitwagenmacht, sondern sicherte sich auch ein Monopol für den Handel mit Streitwagen und Kriegsrossen, welche insbesondere aus Ägypten bezogen wurden (1 Kön 10,28 f.).
Noch weit bedeutsamer wurde der Überseehandel. Am Golf von Akaba ließ Salomo den Hafen Ezeon-Geber bauen. Umfangreiche Grabungen in den Jahren vor dem Zweiten Weltkriege bestätigen die atlichen Angaben (1 Kön 9,26—28). Der Hafen ist eine Neugründung Salomos. Die Archäologie lehrte darüber hinaus, daß hier von Salomo eine regelrechte Industrie gegründet worden ist, in der aus den in der näheren Umgebung sich findenden Erzvorkommen Kupfer und Eisen hergestellt wurden. Von Ezeon-Geber aus wurden mit phönikischen Schiffen und Seeleuten Fahrten bis nach Ophir unternommen, woher man insbesondere Gold holte. Leider ist nicht mit Sicherheit zu entscheiden, welches Land mit diesem Namen gemeint ist. Die Konsonanten von »Ophir« entsprechen denen des Namens Afrika, man hat deshalb wohl an Transvaal gedacht, wo ja tatsächlich Gold gewonnen wird. Auch dieses Handelsunternehmen war ein königliches Monopol. Mit Salomos Initiative ist es wieder erloschen. Israel selbst hat nie ein inneres Verhältnis zur Seefahrt gewonnen.

Auch der inneren Organisation seines Staates hat Salomo sich mit Fleiß gewidmet. In 1 Kön 4 wird eine authentische Liste der salomonischen Gaue mitgeteilt. Sie zeigt eine Einteilung Israels in zwölf Regierungsbezirke mit je einem Vogt. Diese Verwaltungsreform ist vermutlich schon von David in die Wege geleitet, aber erst von Salomo voll verwirklicht und praktiziert worden. In diesem Verzeichnis von Israels Gauen wird bezeichnenderweise Juda nicht erwähnt. Dies ist als weiteres Zeichen für den nunmehr auch organisatorisch verfestigten Dualismus von Juda und Israel zu werten. Diese Organisation des Staates und diese Gaueinteilung dienten insbesondere der Steuererhebung und dem Abgabenwesen (1 Kön 4,7). Jeder Bezirk hatte einen Monat lang den Hof zu versorgen. Dieselbe Organisation diente auch der Durchführung von Fronarbeiten, welche der König von seinen Untertanen fordern konnte.

Es ist eine Streitfrage, ob auch der israelitische Teil der Bevölkerung zu Fronarbeiten angehalten wurde oder ob diese nur von den kanaanäischen Bevölkerungsgruppen gefordert wurden. Die Mitteilung von 1 Kön 5,27 ff. steht in Widerspruch zu 9,21 f., wo ausdrücklich gesagt wird, daß nur Kanaanäer fronpflichtig gemacht worden sind. Diese letztere Stelle ist aber deuteronomistisch und setzt das deuteronomistische Theologumenon voraus, daß Israel später alle Kanaanäer unterworfen habe. So ist eher anzunehmen, daß, wie in der Gauliste israelitische Stammesgebiete und kanaanäische Bezirke unterschiedslos nebeneinander stehen, Israeliten und Kanaanäer auch gleichermaßen als Untertanen des Königs behandelt wurden.

Lit.: Siehe am Ende von Abschnitt VII, 2.

2. Politische Situation und geistiges Leben

Im ganzen war Salomo gewiß eine glanzvolle Persönlichkeit. An Salomos Ansehen, Reichtum und Ruhm hatte auch sein Staatsvolk teil. Mancherlei Überlieferungen über ihn bis hinein ins NT (Matth 6,29) rühmen seine Weisheit, seinen Reichtum und seine Herrlichkeit.

Die Neuerungen, die Verstaatlichung des israelitischen Lebens, die Nivellierung der Unterschiede zwischen Kanaanäern und Israeliten, die Steuerlasten und vor allem die tief in die angestammten Freiheiten eingreifende Fronpflicht mußten freilich auch Widerstände wachrufen. Alle alten Spannungen, unter denen schon Davids Staat gelitten und an welchen er beinahe schon zerbrochen wäre, bestanden weiter und konnten wieder virulent werden. Auch Bedenken religiöser Art mußte Salomos Politik hervorrufen, setzte er sich doch selbstherrlich über manches hinweg, was für viele immer noch Israels Glaube war: daß Israel seines Gottes Volk sei, seinem Gotte Jahwe und nicht einem menschlichen König untertan; daß Jahwe Israels Gott sei, der für Israel kämpfe und mit Israels Heerbann in den Krieg ziehe, und nicht ein Numen in einem königlichen Tempel; daß in Israel das Königtum als historische Notwendigkeit zur gegebenen Zeit entstanden und nicht in mythischer Urzeit vom Himmel herabgekommen sei. Dieses Glaubensgut wird im Bereiche der Nordstämme am lebendigsten erhalten gewesen sein und konnte sich hier leicht mit dem alten Gegensatz gegen den Süden verbinden. Politische, lokalpatriotische und religiöse Motive flossen zusammen, als es noch zu Salomos Zeiten zu einem Revolutionsversuch kam. Leider unterrichten die Mitteilungen von 1 Kön 11,26—28.40 so summarisch darüber, daß die Vorgänge im einzelnen nicht mehr recht faßbar werden. In diesem Zusammenhang wird zum erstenmal Jerobeam genannt, der später König des Nordreiches werden sollte. Jerobeam war ein Ephraimit, also ein Angehöriger der Nordstämme und war als königlicher Beamter Salomos mit israelitischen Fronarbeiten oder auch Abgaben zum Zwecke der königlichen Bauten in Jerusalem befaßt. Anscheinend war Jerobeams Sympathie für seine eigenen Landsleute größer als seine Beamtentreue. Es heißt von ihm, daß er gegen den König seine Hand erhob. Ähnlich wie seinerzeit Absalom oder Seba ist, wie der Fortgang der Geschichte beweist, auch Jerobeam als Exponent und Anführer bestimmter Kreise zu sehen, die auf Grund einer amphiktyonischen oder auch nordisraelitischen Einstellung das davidische Königtum ablehnten oder es als selbstverständliche Gegebenheit zu akzeptieren nicht bereit waren. Jerobeams Aufstand ist mißlungen und Jerobeam mußte außer Landes nach Ägypten gehen, wo er sich bis zu Salomos Tod aufgehalten hat. Indirekt zeigt die erhaltene Überlieferung noch, welche Kreise Jerobeam unterstützten. Mit den kurzen, historischen Notizen hat die Redaktion in 1 Kön 11,29—39 eine Prophetenlegende verbunden, die in Kap. 12 und 14,1—18 ihre Fortsetzung findet. Hier wird erzählt, daß der Prophet Ahia von Silo Jerobeam zum König über das Nordreich designiert habe. Diese Überlieferung ist zur Gattung der Prophetenlegende zu rechnen. Aber die bloße Tatsache, daß eine solche Erzählung konzipiert und tradiert werden konnte, ist ein Hinweis auf die Kreise, die positiv an Jerobeam interessiert waren. Es waren Prophetenkreise, die hinter ihm standen. Jerobeam ist der Exponent konservativ-amphiktyonischer und israelitischer Kreise gewesen. In ihnen setzt sich die frühe Kritik an Saul und die militante Opposition gegen David kontinuierlich fort.

Nicht immer muß Opposition militant sein, um wirksam zu werden. Ein geistiges Gut hohen Ranges stellt die Thronnachfolgegeschichte dar. Daß dieses Werk, das höchstwahrscheinlich in der salomonischen Ära entstand, die Geschichte Davids und die Anfänge Salomos nicht ohne offene und öfter noch verborgene Kritik an diesen Königen darstellt, wurde schon gesagt. So sehr nach der Überzeugung dieses Werkes Menschen selber Geschichte machen, so ist es doch letztlich Gott, der die Geschichte zu seinen Zielen und zu Israels Heil oder auch Verderben lenkt. Auch das ist eine immanente Kritik an der Selbstherrlichkeit der Fürsten. Sie »sind Menschen, vom Weibe geboren und kehren um zu ihrem Staub«, dieses Glaubens ist auch schon die Thronnachfolgegeschichte.

Nach Darstellung der großen Geschichtswerke der davidisch-salomonischen Epoche gestalten Menschen selbst durch ihre geschichtlichen Entscheidungen die

Geschichte. Diese Historiographie zeigt sich darin der älteren Weisheit und ihrer Geisteshaltung verwandt. Auch sie ist in neuartiger Weise am Menschen und seinen Möglichkeiten orientiert. Wie der Tempel und der Palast Salomos nach ausländischen Vorbildern erbaut wurden, weil es israelitische Muster nicht gab, so war auch die neue Bildung der höheren Kreise und des jetzt entstandenen Beamtenstandes zutiefst von ausländischen Vorbildern beeinflußt und mußte das in Ermangelung einheimischer Muster sein. Niederschlag dieser Bildung ist der ältere Bestand der atlichen Weisheit, wie sie vor allem im Buch der Sprüche einen literarischen Niederschlag fand. Von Hause aus praktisch ausgerichtet, ging es ihr um eine solche Erfassung der Welt und der menschlichen Möglichkeiten und Grenzen, daß sich daraus ein lernbares, richtiges Handeln ableiten lassen konnte. Der älteren Weisheit kam es darauf an, die vorgegebene Ordnung von Welt, Staat und Gesellschaft zu erkennen und die je eigene Stellung im Verhältnis zum Ordnungsganzen, zu Gleichrangigen, Vorgesetzten, Untergebenen und natürlich insbesondere zum König richtig zu bestimmen, um auf Grund solcher Einsicht der erfaßten Ordnung gemäß zu handeln. Wer so erkennt und entsprechend handelt, ist weise, wer nicht, ist töricht. Diese rechte Erkenntnis und das ihr gemäße Handeln wird in der Weisheitsschule gelehrt. Weisheit ist die akademische Bildung des Alten Vorderen Orients und zumal Ägyptens. Auch Israel bekam nunmehr einen solchen Akademikerstand. In der Josephsgestalt hat die Weisheitsschule einen idealtypischen Absolventen zur Darstellung gebracht: maßvoll, vorausschauend, höflich, situationsgerecht, den König ehrend und doch nicht ohne Selbstachtung, streng, aber nicht ohne Vergebungsbereitschaft, und in allem dem fromm und weise, darum wissend, daß Gott den Gerechten nicht lassen wird. Nach der Tradition gilt Salomo als Verfasser weisheitlicher Werke. Historisch dürfte sein, daß er, wohl insbesondere nach ägyptischem Muster, die Weisheitsschule in seinem Reich begründete und förderte, wohl auch selbst bei ihr in die Lehre gegangen war.

In derselben Zeit entstanden, geistesgeschichtlich und theologisch noch wichtiger, die geschichtstheologischen Werke, die in der Wissenschaft mit den Sigeln J und E bezeichnet zu werden pflegen. Sie sind ein beredtes Zeugnis für die hohe Geisteskultur der salomonischen Ära. Das Maß an theologischer Reflexion vor allem von J kann kaum überschätzt werden. Noch erstaunlicher ist das Maß an kritischer Distanz gegenüber allem äußeren Glanz der politischen Erfolge. In der Glanzzeit Israels verfaßt, hält J seiner Zeit in der Urgeschichte von Gen 2,4b—11 eine Sündenfallgeschichte nach der anderen vor, worin das individuelle und kollektive Versagen des Menschen in ebenso knappen wie klassischen Bildern als Schuld und als Ursache alles menschlichen Elends aufgewiesen wird. Der königlich über sich hinausgreifende Mensch entdeckt seine Nacktheit, aber Abraham, in dem das wahre Israel inkorporiert ist, wird glaubend der Träger aller Verheißungen. Israel ist Israel nur im Glauben. Daß auch solche Aussagen eine Kritik an David und Salomo und deren Staat sind, bedarf keiner Erörterung. Das Werk des Jahwisten ist ein anonymes und auch das ist bezeichnend. Davids und Salomos Namen und die ihrer Getreuen und ihrer Feinde gingen in die Geschichte ein. Diejenigen, die ihre Geschichte überlieferten, deuteten und kritisch durchdachten, blieben im Dunkel der Namenlosigkeit. Aber während Davids und Salomos Staat verging, blieb das anonyme Werk als Zeugnis des Glaubens Israels erhalten und ist noch nach Jahrtausenden von höchster Aktualität.

Lit.: Y. Aharoni, The Building Activities of David and Salomon, IEJ 24, 1974, S. 13—16; A. Alt, Der Anteil des Königtums an der sozialen Entwicklung in den Reichen Israel und

Juda, III, S. 348—372; ders., Israels Gaue unter Salomo, II, S. 76—89; ders., Verbreitung und Herkunft des syrischen Tempeltypus, ibid., S. 100—115; ders., Die Weisheit Salomos, ibid., S. 90—99; H. Bardtke, Bibel, Spaten und Geschichte, 1967, S. 250—267; B. Diebner, Die Orientierung des Jerusalemer Tempels und die »Sacred Direction« der frühchristlichen Kirchen, ZDPV 87, 1971, S. 153—166; K. Galling, Das Allerheiligste in Salomos Tempel, JPOS 12, 1932, S. 43—46; K. M. Kenyon, Jerusalem — die heilige Stadt von David bis zu den Kreuzzügen, Ausgrabungen 1961/67, 1968; K. Möhlenbrink, Der Tempel Salomos, BWANT 4, 7, 1932; M. Noth, Das Krongut der israelitischen Könige und seine Verwaltung, Aufs. 1, 1971, S. 159—182; A. Parrot, Der Tempel von Jerusalem, Golgatha und das Heilige Grab, Bibel und Archäologie II, 1956; G. von Rad, Der Anfang der Geschichtsschreibung im alten Israel, AKuG 32, 1944, S. 1—42 = Ges. Stud., ThB 8, 1961, S. 148—188; ders., Weisheit in Israel, 1970; K. D. Schunck, Zentralheiligtum, Grenzheiligtum, Höhenheiligtum in Israel, Numen 18, 1971, S. 132—140; J. Simons, Jerusalem in the Old Testament, 1952; P. Welten, Kulthöhe und Jahwetempel, ZDPV 88, 1972, S. 19—37; H. W. Wolff, Das Kerygma des Jahwisten, EvTh 24, 1964, S. 73—98 = Ges. Stud., ThB 22, 1964, S. 345—373; E. Würthwein, Die Weisheit Ägyptens und das Alte Testament, Wort und Existenz, Studien zum AT, 1970, S. 197—216; Y. Yeidin, Solomon's City Wall and Gate at Gezer, IEJ 8, 1958, S. 80—88; ders., New Light on Solomon's Megiddo, BA 23, 1960, S. 62—68; ders., Hazor. Die Wiederentdeckung der Zitadelle König Salomos, 1976.

VIII. Die Reichsteilung und die Geschichte der Staaten Israel und Juda bis zum Untergang des Nordreiches

Die Hauptquelle für die Epoche seit Salomos Tod und der Teilung des Reiches im Jahre 926 bis zum Untergang Samarias 722 ist enthalten in 1 Kön 11; 12—2 Kön 17. Das deuteronomistische Königsbuch griff laut eigenen Angaben zurück auf ein Tagebuch der Könige Israels und ein Tagebuch der Könige Judas. Es ist zu vermuten, daß die also zitierten und benutzten Urkunden selber wiederum eine spätere Bearbeitung noch älteren Materials sind. Bei diesem letzteren dürfte es sich um offizielle, annalenartige Aufzeichnungen handeln. In ihnen waren die vielen Synchronismen bereits enthalten, welche jetzt der Königsgeschichte das chronologische Gerüst geben. Daneben konnte der Endverfasser auf mancherlei andere historische Notizen und auf die Prophetenlegenden um Ahia (1 Kön 11,29—39; 14,1—18), um Micha ben Jimla (1 Kön 22,2—37), um Elia und Elisa (1 Kön 17—19; 21; 2 Kön 1,1—17; 2; 3,4—27; 4,1—8,15; 9,1—10; 13,14—21) und um Jesaja (2 Kön 18,17—20,19) zurückgreifen. Vor welche ungelösten literar- und überlieferungskritischen Probleme das Königsbuch auch immer stellen mag, soviel ist auf jeden Fall sicher, daß es nicht die Absicht dieses Werkes ist, eine auch nur annähernd vollständige Geschichte der einzelnen Könige Israels und Judas darzubieten. Vielmehr sollte die Königsgeschichte als ganze als ein notwendiger Geschehenszusammenhang, der durch die Schuld insbesondere der Könige auf die doppelte Katastrophe des Untergangs beider Staaten zulaufen mußte, zur Darstellung gebracht werden. Dieser Intention entspricht die Wahl der benutzten Quellen und deren selektive Benutzung. Wer mehr erfahren möchte, wird auf die benutzten Tagebücher verwiesen. Diese sind aber leider nicht erhalten geblieben. Aus dieser theologischen Intention der Königsbücher resultiert der eigentümliche Umstand, daß der Historiker gelegentlich nur aus außerbiblischen Quellen auf die politische Bedeutung einiger israelitischer Könige zurückzuschließen vermag, da Israels eigene Historiographie kaum mehr als bloße Namen und negative religiöse Urteile bietet.

1. Die Reichsteilung von 926 v. Chr. und die Gründung des Staates Israel

Über die Ereignisse, die unmittelbar dem Tode Salomos folgten, berichtet die summarische Jerobeamgeschichte in 1 Kön 11,26—28.40. Sie ist von der Art der Mitteilungen über Hadad von Edom (11,14—22) und über Reson von Damaskus (11,23—25). Diese Stücke machen einen etwas anekdotenhaften Eindruck, sofern sie stark am Detail und nicht an größeren geschichtlichen Zusammenhängen orientiert sind. Mit der Jerobeamgeschichte verbunden ist die zum Teil stark deuteronomistisch bearbeitete Ahialegende (11,29—39; 14,1—18). Hinzu kommt der wertvolle Bericht über die Königserhebung Jerobeams und Jerobeams Politik in 1 Kön 12,1—32. Hier wird zwar vom Jerusalemer Standpunkt aus geschrieben und geurteilt, jedoch nicht ohne Kritik auch am Davidshause.

Aus diesen Quellen ergibt sich folgendes Bild der historischen Vorgänge. Als Salomo nach 40jähriger Regierung — 11,42 wird eine runde Zahl meinen — gestorben war, wurde sein Sohn Rehabeam sein Nachfolger. Das wird in 11,43 ohne jeden Kommentar mitgeteilt; offenbar stieß die Nachfolge Rehabeams in

Jerusalem und Juda auf keinerlei Widerstand. Anders im Norden. Hier hatte es schon zu Salomos Lebzeiten Schwierigkeiten gegeben. Jerobeam, dessen Name in diesem Zusammenhang genannt worden war, kehrte nach Salomos Tod in die Heimat zurück und übernahm hier alsbald die Führung bei der Vertretung der nordisraelitischen Interessen. Es ist bezeichnend für die Lage überhaupt und für das unterschiedliche Verhältnis Judas und Israels zur Davidsdynastie, daß Rehabeam sich auf Verhandlungen mit Israel einlassen mußte. Die sofortige Nachfolge in Jerusalem und die Notwendigkeit von Verhandlungen mit Israel werfen allein schon ein Schlaglicht auf die Unterschiedlichkeit der Position. Und es war der neu inthronisierte König selbst, der sich nach Sichem, dem alten Kultzentrum Israels, begeben mußte. Daß an diesen Verhandlungen Jerobeam bereits teilgenommen hat, ist aus sachlichen und aus textlichen Gründen — 1 Kön 12,3 a ist ein Zusatz — unwahrscheinlich. Wie dem aber auch sei, der Hauptgegenstand der Beratungen wäre zu erraten gewesen, wenn er nicht ausdrücklich mitgeteilt würde. Israel forderte Erleichterung der Steuern und Fronarbeiten, also gewisse Garantien für die Wahrung angestammter Freiheiten. Dieser scheinbar bescheidene Wunsch griff aber faktisch ein in die Rechte des Königtums. Nach 12,7 sollte der König dem Volke dienen und in solchem Dienst sollte die Untertanentreue begründet sein. Diese Desiderata gehen letztlich auf die uralte israelitische Vorstellung vom charismatischen Anführer und Retter (»Heiland«) zurück. Als Rehabeam sich auf diese Bedingungen gegen den Rat der älteren, aber auf Empfehlung seiner jüngeren Ratgeber nicht einließ, war die Trennung von Nord und Süd perfekt. Wieder wurde dieselbe Losung ausgegeben, mit der schon Seba den Aufstand gegen David proklamiert hatte: »Wir haben keinen Anteil an David und kein Erbe am Sohn Isais«. Bei Protestworten blieb es nicht, es kam zu einem Attentat auf Rehabeam, dem der König entging, dessen Opfer aber einer seiner Beamten wurde. Daraufhin wurde der aus Ägypten zurückgekehrte Jerobeam zum König von Israel erhoben.

Nicht ganz eindeutig zu beantworten ist die Frage der Zugehörigkeit Benjamins. In dem Abschnitt 11,29—39 ist mißverständlicherweise davon die Rede, daß dem Rehabeam nur ein Stamm, Jerobeam aber zehn Stämme zufallen sollen. Wird hier nur mit elf Stämmen insgesamt gerechnet, oder wie ist dieser wirkliche oder scheinbare Rechenfehler zu erklären? Es ist möglich, daß der Rechenfehler nur scheinbar ist und daß diese Berechnung von der selbstverständlichen Voraussetzung ausgeht, daß auf jeden Fall Juda dem Davidshause treu blieb; der eine ausdrücklich erwähnte Stamm, der Rehabeam zufiel, wäre dann Benjamin. Denkbar ist aber auch, daß die Elfzahl dadurch zustande kam, weil der Stamm Levi als landbesitzlos bei dieser Verteilung der Territorien nicht mitgezählt werden konnte. Aber wahrscheinlicher ist wohl folgende Lösung des Problems: Die Zehnzahl geht auf bewußte Korrektur einer ursprünglichen Elfzahl zurück, und ursprünglich war daran gedacht, daß Rehabeam den einen Stamm Juda, Jerobeam die übrigen elf Stämme bekommen hat. Eine Änderung dieses Zahlenverhältnisses wurde erforderlich, als später der größte Teil des benjaminitischen Gebietes zu Juda gehörte, wie auch die nachexilische Gemeinde sich — wirklich oder vermeintlich — aus Judäern und Benjaminiten rekrutierte. Die Zugehörigkeit Benjamins zu Juda und damit zu Rehabeam wird in dem Zusatz 12,21—24 vorausgesetzt.

Es ist begreiflich, daß das gegenseitige Verhältnis zwischen den beiden Staaten und Regierungen zunächst und bis auf weiteres wenig freundschaftlich war. Rehabeam hat freilich keinen ernsthaften Versuch unternommen, mit Waffengewalt das Geschehene rückgängig zu machen. In dem späteren Zusatz 12,21—24 wird dies nachträglich damit entschuldigt, daß Jahwe durch Prophetenmund den Bruderkrieg untersagt habe. Zuverlässig ist die Mitteilung von 14,30, daß

zwischen beiden Königen unaufhörlich Krieg gewesen sei, wie auch noch unter ihren Nachfolgern Asa von Juda und Baesa von Israel (15,16). Unternahm Juda auch nicht den Versuch, das Nordreich zu besiegen und, wie einst David, die Personalunion mit Gewalt wieder herzustellen, so führte Rehabeam doch wiederholt Krieg, um Teile des benjaminitischen Gebietes seinem Staate angliedern zu können. Israel beanspruchte dieses Gebiet, weil Benjamin seit eh und je ein israelitischer Stamm gewesen war. Juda aber war bestrebt, benjaminitisches Gebiet zu annektieren, weil seit der Reichstrennung die Hauptstadt Jerusalem ihre geographisch zentrale Lage verloren hatte und nunmehr an der äußersten Nordgrenze des judäischen Gebietes lag. Annexionen in Benjamin sollten der Hauptstadt ein vorgelagertes Vorfeld geben. Es scheint, daß Rehabeam mit diesen Bestrebungen auch Erfolge erzielen konnte. Der ständige Krieg zwischen beiden Königen, von dem in der Überlieferung gesprochen wird, war die Auseinandersetzung um dieses Grenzgebiet und spielte sich in demselben ab. Rehabeam konnte von dem angestammten Reichtum und dem militärischen Potential seines Vaters Salomo noch geraume Zeit zehren. Daher erklären sich seine militärischen Erfolge. Auch gegen die Philister, die, wenn sie auch keine Lebensbedrohung für Israel darstellten, seit der Reichstrennung wieder größere Selbständigkeit erlangten, sicherte Rehabeam sein Staatsgebiet durch starke Befestigung seiner Westgrenze. In 2 Chr 11,5—12 wird die authentische Liste der von Rehabeam zu Festungen ausgebauten Orte mitgeteilt. Unter den genannten Städten begegnet auch die alte Philisterstadt Gath. Es ist nicht ausgeschlossen, daß Rehabeam die Eroberung dieser Stadt gelang; noch während der Regierungszeit Salomos hatte Gath politische Autonomie (1 Kön 2,39—40).
Auch sonst hatte die Reichstrennung für beide geteilte Staaten außenpolitische Folgen. David und Salomo waren in Personalunion auch Könige von Ammon gewesen. Durch die Abtrennung des Nordreiches ging aber schon rein geographisch die Verbindung zwischen Ammon und Juda verloren. Es ist anzunehmen, daß spätestens mit den hier behandelten Ereignissen das Davidische Königtum über Ammon erlosch. Bei der Dürftigkeit der vorhandenen Quellen sind nur Rückschlüsse möglich. Aus einer Inschrift des assyrischen Königs Salmanassars III., die sich auf einen Feldzug Assurs nach Syrien bezieht, der im Jahre 854 stattfand (ANET S. 276 ff.; TGI^2 S. 49 f.), geht hervor, daß zu der Zeit Ammon wieder von einem eigenen König regiert wurde. Ähnliches gilt von dem noch weiter entfernt gelegenen Aramäergebiet. Hier war noch während der Regierung Salomos Damaskus selbständig geworden (1 Kön 11,23—25; s. o. S. 92 f.). Von nun an entwickelte sich hier mit Damaskus als Zentrum ein immer stärker werdendes Aramäerreich, das Generationen lang eine ernsthafte Gefährdung Israels darstellen sollte. Im moabitischen und edomitischen Bereich ergaben sich vorerst noch keine wesentlichen Änderungen. Moab scheint Israel gegenüber tributpflichtig geblieben zu sein. Teile von Edom waren nach wie vor eine Provinz des judäischen Staates.
Der bisherigen Sonderentwicklung von Nord und Süd entsprechend, entwickelten sich Juda und Israel recht unterschiedlich. Innenpolitisch bedeutete die Aufhebung der Personalunion für Juda keinen wesentlichen Eingriff. Jerusalem war und blieb die Hauptstadt, und diese lag nach der Einverleibung benjaminitischen Gebietes auch wieder einigermaßen zentral. Jerusalem war und blieb gleichfalls das kultische Zentrum. Daneben bestanden gewiß auch andere Heiligtümer, aber Jerusalem mit dem königlichen Tempel beanspruchte gewiß einen besonderen Rang. Hier stand die Lade, die Jahwes Gegenwart und Schutz symbolisierte und

nach dem Glauben mancher wohl auch garantierte. Als wesentlicher stabilisierender Faktor erwies sich vor allem die Davidsdynastie. Sie hat bis zum Untergang von Stadt und Staat im Jahre 586 praktisch ununterbrochen regiert. Der König, das königliche Heiligtum und Jahwe als der Vater des Königs und der Gott seines Volkes — dieser Vorstellungskomplex, der für diese Zeit als selbstverständlich vorauszusetzen ist, ist in sich eine stabile Einheit, so heterogen die Elemente sein mögen, aus denen sie sich zusammensetzt. Zwar war aus einem international angesehenen Großstaat ein Kleinstaat geworden, aber durch das Ausscheiden Israels aus der Personalunion waren auch erhebliche innere Spannungen beseitigt. Das wirkte sich für Juda zunächst recht positiv aus. Die ersten Jahrzehnte seit der Reichsteilung waren im großen und ganzen eine recht gute Zeit.

Erstrebte der judäische König vornehmlich eine Konsolidierung des neuen, kleineren Staates nach innen und außen, so mußte es der ganzen Situation gemäß im Nordreich die erste Aufgabe sein, hier überhaupt einen für sich bestehenden Staat zu schaffen. Bei der Neuorganisation seines Staatswesens hat Jerobeam freilich an wichtige verwaltungstechnische Vorarbeiten aus der Zeit Davids und insbesondere Salomos anknüpfen können. Die für das Steuerwesen wichtige ältere Gaueinteilung (s. o. S. 94) konnte als Basis übernommen werden. Änderungen waren jedoch in anderer Hinsicht geboten. Bisher hatte ja das politische und kultische Zentrum des Staates in Jerusalem, also außerhalb des Territoriums des nunmehr selbständigen Nordstaates gelegen. Es ist als ein Symptom für die mangelnde Konsolidierung des Nordstaates zu werten, daß es noch lange dauerte, bis die endgültige Königsstadt bestimmt war. Jerobeam hat zunächst Sichem auf dem Gebirge Ephraim zu seiner Residenz gemacht (12,25). Hier war er zum König über Israel erhoben worden und hier war seit eh und je das Zentrum Israels gewesen. In Sichem ist Jerobeam aber nicht geblieben, sondern er baute bald eine neue Residenz in Pnuel im Ostjordanland wenig nördlich des Jabbok und etwas westlich von Mahanaim, wo einst Sauls Sohn Ischbaal residiert hatte. Diese Verlegung der Residenz nach dem Ostjordanland wird meist mit einem Feldzug des Pharao Schoschenk I. zusammengebracht. Schoschenk, der im AT Sisak heißt, war ein ehemaliger Söldnerführer. Um 920 unternahm er einen Beutezug nach Palästina (1 Kön 14,25—28; vgl. ANET S. 242 f.; S. 263 f.). Die Motive dieses Feldzuges werden nicht ganz klar. Man hat wohl angenommen, daß Jerobeam selbst, der ja viele Jahre in Ägypten gelebt hatte, den Pharao als seinen Verbündeten gegen Rehabeam ins Land gerufen habe. Das ist aber unwahrscheinlich, da vornehmlich israelitisches Gebiet in Mitleidenschaft gezogen wurde. Juda hingegen blieb relativ verschont, da Rehabeam reich genug war, rechtzeitig einen Tribut zu leisten. Der Feldzug Schoschenks blieb für Juda ohne weitere Folgen, aber nötigte Jerobeam zur Verlegung seiner Hauptstadt. Später war die Residenz dann für längere Zeit Thirza, nordöstlich von Sichem (15,33; 16,9.15.23).

Wie eine Hauptstadt fehlte auch lange noch eine dynastische Tradition. Es wird vielfach angenommen, daß anders als in Juda das israelitische Königtum stärker von den alten Vorstellungen des charismatischen Führertums geprägt war: König wird, wer von einem Propheten dazu designiert und durch die Akklamation des Volkes als König anerkannt wird. Es ist in der Tat möglich, daß zumindest auch und gelegentlich solche Traditionen und Ideen in Israel nachgewirkt haben. Es ist freilich zu bedenken und zu beachten, daß auch Israels Könige von Jerobeam an bestrebt waren, ihre Söhne zu ihren Nachfolgern zu bestimmen, und daß

ihre Söhne ihnen auch regelmäßig auf dem Throne folgten. Der Wille zur Dynastie war also zweifelsohne da, wurde aber immer wieder durchbrochen. Die häufigen Königsmorde — von den insgesamt neunzehn Königen Israels fielen acht politischen Morden zum Opfer — und die häufigen Dynastiewechsel ließen das Land nicht zur Ruhe kommen. In judäischer Sicht mochte es scheinen, als läge auf diesem abtrünnigen Israel Jahwes Fluch.
Auch ein kultisches Zentrum königlichen Ranges, wie es der Tempel Jerusalems für Juda war, fehlte im Nordreich. Um diese wichtige religionspolitische Sache hat sich Jerobeam alsbald gekümmert. Das war desto mehr nötig, als das Heiligtum von Jerusalem den Anspruch auf gesamtisraelitische Bedeutung erhob. Das nötigte Jerobeam dazu, auf dem Territorium seines eigenen Staates ein dem Ansprüche nach Jerusalem ebenbürtiges Heiligtum zu errichten. Dieser Gesichtspunkt einer Konkurrenz gegen Jerusalem war freilich nicht der einzige Grund. Schon daß die Nordstämme nach ihrer Aufkündigung der Personalunion überhaupt wieder einen König beriefen, lehrt, daß auch hier ein Staatsbewußtsein sich eingebürgert hatte, das auf einen König nicht mehr verzichten konnte. Zugleich und in einem damit war eine Bewußtseinslage entstanden, für die es normal ist, daß ein König wie einen königlichen Palast so auch einen königlichen Tempel als Staatsheiligtum errichtet. In der Tat hat Jerobeam in Bethel und — wenn diese Überlieferung zuverlässig ist — auch in Dan königliche Jahweheiligtümer errichtet. Das Symbol von Jahwes Gegenwart war hier — wie in Jerusalem die Lade — das »Kalb«, also der Jungstier. Bei der Wahl Bethels — und auch Dans — konnte Jerobeam an ältere, ja an älteste Überlieferungen anknüpfen. Bethel war schon in vorisraelitischer Zeit ein Heiligtum von mehr als nur lokaler Bedeutung und Ähnliches gilt von Dan im Norden. Der Bericht über Jerobeams Heiligtumsgründungen in 1 Kön 12,26—32 ist deutlich von Jerusalemer Tendenz und Polemik gefärbt. Jerobeam soll das Stierbild als eine schändliche, götzendienerische Neuerung eingeführt und damit sein Volk zum Abfall von Jahwe verführt haben. Nach dem Deuteronomisten, der den Bericht in seinem Sinne interpretierte, war die Gründung dieser falschen Heiligtümer, die Anfertigung der Stierbilder, die Einsetzung von nichtlevitischen Priestern, die Duldung des Höhendienstes und die vermeintliche Verlegung des Herbstfestes auf einen falschen Termin die »Sünde Jerobeams«. Die späteren Könige Israels folgten ihm nach auch in dieser Sünde, die den Stämmen Israels zum Verderben gereichte. Diese polemische Darstellung wird den eignen Intentionen und Auffassungen Jerobeams und der Israeliten des Nordreiches nicht gerecht. Es ist eher anzunehmen, daß Jerobeam, wie mit der Wahl Bethels (und evtl. Dans), so auch mit der Aufstellung von Jahwestierbildern oder eines Jahwestierbildes an alte Tradition anknüpfen konnte. Gleichviel, ob der Jungstier als Postament des unsichtbaren Gottes galt oder anders verstanden werden muß, an einen Ersatz Jahwes durch ein goldenes Kalb war sehr bestimmt nicht gedacht.
Ist der Abschnitt 1 Kön 12,26—32 ein Niederschlag der Jerusalemer Polemik gegen Jerobeam, so ist der verwandte Text von Ex 32, der den Abfall von Jahwe und den götzendienerischen Kult des goldenen Kalbes in die mosaische Zeit retrojiziert, ein Dokument von Polemik, die sich speziell gegen die Aaroniden von Bethel richtete.
Wie in Jerusalem Zadok und die Zadokiden die königlich beamteten Priester stellen, so amtieren in Bethel die Aaroniden als Jerobeams privilegierte Priesterschaft. In der Bedeutung der Aaronsgestalt, die im Pentateuch neben Mose tritt, spiegelt sich die Bedeutung, welche die Aaroniden von Bethel bekommen haben.

Lit.: A. Alt, Das Königtum in den Reichen Israel und Juda, II, S. 116—134; G. Buccellati, Cities and Nations of Ancient Syria, 1967, Kap. 3; J. Debus, Die Sünde Jerobeams, FRLANT 93, 1967; O. Eißfeldt, Lade und Stierbild, ZAW 58, 1940/41, S. 190—215 = II, 1963, S. 282—305; H. Motzki, Ein Beitrag zum Problem des Stierkultes, VT 15, 1975, S. 470—485; M. Noth, ÜSt, 1957 (1943), S. 72—87; I. Plein, Erwägungen zur Überlieferung von 1 Kön 11,26—14,20, ZAW 78, 1966, S. 8—24; H. Seebass, Zur Königserhebung Jerobeams I., VT 17, 1967, S. 325—333; M. Weippert, Gott und Stier, ZDPV 77, 1961, S. 93—117.

2. Von Jerobeams I. Tod (907/06) bis zur Revolution des Jehu (845)

Die mangelnde Stabilität des israelitischen Königtums manifestierte sich schon bald nach Jerobeams Tod 907/06. Zwar wurde sein Sohn Nadab sein Nachfolger, aber dieser regierte nur kurz (1 Kön 15,25). Er wurde von einem gewissen Baesa, der von dem Propheten Jehu ben Hanani designiert worden war, im Feldlager des Heerbannes ermordet. Damit beginnt die lange Reihe der Königsmorde in Israel (15,27). Als Nadab ermordet wurde, war Israel in einen Krieg gegen die Philister verwickelt. Der Heerbann Israels lag, als Baesa Nachfolger des von ihm ermordeten Nadab wurde, bei Gibbethon in der Nähe der Philisterstadt Ekron (15,27). Auch einige Jahrzehnte später ist die Gegend von Gibbethon Schauplatz von kriegerischen Auseinandersetzungen zwischen Israeliten und Philistern (16,15—17). Der Anlaß zu diesen Kämpfen wird nicht mitgeteilt. Baesa hat sich bis zu seinem Lebensende halten können. Er regierte 24 Jahre und verlegte die Residenz vom Ostjordanischen nach Thirza auf dem Gebirge Ephraim (15,33). Bis Omri seinem Staat die endgültige Hauptstadt bestimmte, blieb Thirza der politische Mittelpunkt des Nordreiches.

Wie zwischen Rehabeam und Jerobeam, so dauerten auch zwischen ihren Nachfolgern die Auseinandersetzungen insbesondere um das umstrittene benjaminitische Gebiet an (15,16). Jerobeam hatte den Davididen Rehabeam und auch noch dessen Sohn und Nachfolger Abia überlebt. Auch der nur kurz regierende Abia setzte die Grenzkämpfe mit Jerobeam fort. Als Abia 908/07 gestorben war, wurde sein Sohn (oder Bruder? vgl. 15,2 mit 15,10; aber vgl. 15,8) Asa König. Ihm war die lange Regierungszeit von 908/07 bis 868/67 beschert. Asa wird vom Deuteronomisten positiv beurteilt: er sei ein Förderer des reinen Jahwekultes gewesen und habe sogar seine eigene Mutter der besonderen Würde als Königinmutter enthoben, weil sie sich an götzendienerischen Kulten beteiligte. Während seiner Regierungszeit scheint sich die alte Fehde zwischen Nord- und Südstaat zugespitzt zu haben. Ob dabei Baesa oder Asa die treibende Kraft war, ist unsicher. Nach dem Bericht von 1 Kön 15,17—22 hat Baesa die in Benjamin liegende, nur etwa 10 km von Jerusalem entfernte Stadt Rama in Besitz genommen und einen Anfang damit gemacht, sie zu einer Grenzfestung, die gegen Juda gerichtet war, auszubauen. Man kann diese Aktion sowohl als eine defensive Maßnahme als auch als ein Symptom einer expansiven Politik Baesas verstehen. Die Dürftigkeit der Berichterstattung läßt kein sicheres Urteil zu. Wie dem aber auch sei, Asa reagierte mit einem Schritt, der vom gesamtisraelitischen Standpunkt aus gesehen gefährlich und verhängnisvoll war und ein schlechtes, aber oft befolgtes Vorbild für spätere Zeiten abgab: Er wandte sich um Hilfe an die Aramäer von Damaskus und kaufte sich ihre militärische Unterstützung um bares Geld. Der aramäische König Benhadad I. ließ daraufhin Truppen in Israel einmarschieren und die Städte Ijjon, Dan und Abel-Beth-Maacha besetzen. Dieser Überfall des Aramäers — er sollte der erste in einer

langen Reihe von aramäischen Feldzügen gegen Israel sein — zwang den König Baesa, sein Vorhaben in Rama aufzugeben und seine Truppen aus diesem Gebiet abzuziehen. Nun konnte Asa Rama zurückgewinnen und seinerseits Geba und Mizpa als Festungsstädte gegen Israel bauen. Damit gingen die alten Grenzstreitigkeiten schließlich mit einem judäischen Erfolg zu Ende. Noch gegen Ende der Königszeit gilt Geba als nördlicher Grenzfixpunkt des Staates Juda (2 Kön 23,8: »von Geba bis Beerseba« bedeutet von Nord bis Süd). Ausgrabungen insbesondere in Mizpa = tell-en-nasbe haben dem Auge wieder gezeigt, wie stark diese Grenzfestungen ausgebaut worden sind (vgl. G. E. Wright, Bibl. Arch. S. 148 mit Bild von Mizpa).
Dieser für Juda relativ erfolgreiche Ausgang der Streitigkeiten mußte freilich damit bezahlt werden, daß die Aramäer in Galiläa standen. Ob es Baesa wieder gelungen ist, sie dort zu vertreiben, bleibt zu fragen. Es ist kein Bericht darüber erhalten. Daß die Aramäer sich freiwillig wieder zurückgezogen hätten, wird man nicht für wahrscheinlich halten. Zum erstenmal — und nicht zum letzten — hatten ausländische Feinde Israels innere Uneinigkeit für sich zu nutzen gewußt.
Die Zwistigkeiten zwischen Nord und Süd, welche beide Parteien beschäftigten und schwächten, hatten auch noch andere Folgen gezeigt. Diese werden in den atlichen Überlieferungen zwar nicht direkt mitgeteilt, lassen sich jedoch mit einiger Wahrscheinlichkeit unschwer erschließen. Der 1868 von einem Missionar im moabitischen Gebiet wiedergefundene sogenannte Mesa-Stein ist eine wertvolle Bereicherung der Kenntnis dieser Epoche und läßt auch einige Rückschlüsse auf die Situation vor der Errichtung dieser Stele zu. Auf dem jetzt im Pariser Louvre befindlichen Stein (ANET S. 320 f.; TGI² S. 51 ff.) berichtet der auch im AT namentlich genannte König Mesa von Moab (2 Kön 3,4) in schöner althebräischer Schrift, daß er sein Land vom Joch, das ihm die Omriden auferlegt hatten, habe befreien können. Aus dieser authentischen Mitteilung läßt sich mit Sicherheit ableiten, daß Moab sich bereits vor der Omridenzeit von israelitischer Vorherrschaft befreit haben muß. Die Omriden haben dann die alte, seit Davids Tagen datierende Botmäßigkeit Moabs wieder hergestellt.
Mit weniger Sicherheit ist der Zustand in Edom zu beurteilen. Auf die Zeit des judäischen Königs Josaphat (868/67—851/50), des Nachfolgers Asas, der mit der Blütezeit der Omridynastie etwa gleichzeitig ist, bezieht sich die Mitteilung von 1 Kön 22,48, daß Edom keinen eigenen König habe, sondern von judäischen Gouverneuren verwaltet werde. Vielleicht darf man aus dieser ausdrücklichen Mitteilung schließen, daß Edom während der Regierungszeit Josaphats wieder zur judäischen Provinz gemacht worden war, nachdem es in der Epoche davor wie Moab selbständig gewesen war.
In der Zeit von Jerobeam bis Omri (926—882) läßt sich eine allmähliche Schwächung des Nordreiches und ein langsames Abbröckeln der israelitischen Vorherrschaft an der Peripherie beobachten. Im allgemeinen macht das Nordreich den Eindruck, noch wenig konsolidiert zu sein. Stabilere Verhältnisse kannte in derselben Periode Juda, dem sogar gewisse Gebietserweiterungen nach Norden im benjaminitischen Grenzbereich und nach Westen — Gath — gelangen. Bei den Auseinandersetzungen zwischen beiden Staaten scheint die Initiative, zumal in der Zeit des Königs Asa, bei den Davididen gelegen zu haben.
Dieses Kräfteverhältnis änderte sich jedoch nach Baesas Tod (883/82). Sein Sohn Ela war ihm auf den Thron von Thirza gefolgt, wurde jedoch schon nach kurzer Zeit bei einem Trinkgelage von einem seiner Offiziere namens Simri ermordet, der sich daraufhin selbst zum König ausrufen ließ. Wie Baesa nach seiner Usurpation und der Ermordung Nadabs die ganze Jerobeamfamilie ausrottete, so mordete auch Simri die ganze Baesasippe aus. Die Aktion des Simri hatte aber wohl mehr den Charakter einer Palastrevolution und fand keine genügende

Unterstützung im Volk. Er konnte sich nur kurze Zeit halten. Der General der Streitwagen, namens Omri, erhob sich gegen ihn und schloß ihn in seiner Königsstadt Thirza ein. Ehe Omri seiner habhaft werden konnte, zündete Simri den Palast an und fand in den Flammen den Tod (1 Kön 16,8—20).

Omri war ein Berufssoldat. Ob er ein Israelit war, kann man fragen; sein Name macht keinen israelitischen Eindruck, und es ist bekannt, daß seit Davids Tagen im Berufsheer die Ausländer bis hinein in die höchsten Ränge zahlreich waren. Das würde erklären, daß Omri zwar mit dem Heer die Hauptstadt Thirza ohne große Schwierigkeiten einzunehmen und seine Anerkennung als König über Israel zu erzwingen vermochte, daß aber alsbald ein gewisser Thibni zum Gegenkönig ausgerufen wurde. Da Omris Politik und insbesondere seine Religionspolitik und mehr noch die seiner Nachfolger auf sehr erhebliche israelitische und jahwistische Widerstände stieß und eine Gegenbewegung auslöste, wird man nicht fehlgehen, in diesem Thibni einen Exponenten genuin israelitischer Kreise zu vermuten. Er starb freilich bald, ohne Erfolge erzielt zu haben.

Es ist bedauerlich und bezeichnend zugleich, daß das Königsbuch über Omri nur sehr wenig verlauten läßt. Der Deuteronomist war weniger an den Fakten als solchen und an historischen Leistungen tüchtiger Politiker interessiert als vielmehr an deren theologischer Wertung und an den Einzelereignissen nur, sofern sie sich als Schritte auf dem Wege ins endgültige Verderben verstehen ließen. Die spärlichen Mitteilungen in 1 Kön 16,15—28 lassen aber dennoch das Bild eines umsichtigen und tatkräftigen Staatsmannes erstehen. Er gab dem Nordreich endlich das bis dahin fehlende politische Zentrum. Er erwarb Samaria käuflich und wurde hier auf ihm persönlich gehörendem Territorium Stadtkönig. Den zentral gelegenen, durch gute Verbindungswege erreichbaren Ort hat er zu einer starken Festung ausbauen lassen, die später sogar der Übermacht der Assyrer Jahre lang trotzen konnte. Ausgrabungen an Ort und Stelle bestätigen und ergänzen die alttestamentlichen Nachrichten (G. E. Wright, Bibl. Arch. S. 149 ff.). Zweifelsohne hat die neue Hauptstadt zur inneren Konsolidierung des Staates beigetragen. Ebenso wichtig war die Regelung des politischen Verhältnisses zu Juda. In der Folgezeit erscheinen die Davididen auf der Seite und oft im Gefolge der israelitischen Könige. Nachdem Israels lange regierender Widersacher Asa gestorben war (868/67), wurde es möglich, mit seinem Nachfolger Josaphat (868/67—851/50) den endlichen Frieden zu schließen (1 Kön 22,45). Eine Enkelin Omris mit Namen Athalja wurde des judäischen Kronprinzen Joram, des Sohnes Josaphats, Ehefrau.

Der Staat Israel war in dieser Zeit auf eine starke Führung und auf die Unterstützung durch Bundesgenossen mehr denn je zuvor in seiner bisherigen Existenz angewiesen. Als Omri die Regierungsgeschäfte übernommen hatte, war wieder einmal Krieg mit den Philistern gewesen (1 Kön 16,17). Gefährlicher war, daß die immer aggressiver werdenden Aramäer in Galiläa eingedrungen waren. Eine noch weit größere Gefahr begann sich am Horizont abzuzeichnen: die assyrische Weltreichpolitik.

Es ist außerordentlich bedauerlich, daß die Quellenlage eine sichere Darstellung der wichtigen Geschehnisse dieser Zeit, des Verlaufes der Auseinandersetzungen mit den Aramäern, der Bündnispolitik und des Krieges mit den Assyrern nicht mehr zuläßt. Die in den Königsbüchern erhaltenen Annalennotizen sind vielfach zu summarisch und die ausführlichen Erzählungen über Kriege mit den Aramäern, über Niederlagen und Siege, sind samt und sonders legendarisch. Es handelt sich um die Legenden über Elia und Elisa, die eine zum Teil sehr starke Neigung zum massiv Mirakulösen zeigen. Noch mehr ins Gewicht fällt, daß die in diesen Erzählungen handelnden Könige entweder namenlos bleiben oder offensichtlich sekundär mit Namen genannt werden. Eine historisch-chronologische Einordnung des Erzählten wird dadurch unmöglich. Es kommt schließlich noch hinzu, daß auch die außerbiblischen, assyrischen Nachrichten nicht immer einer kritischen Überprüfung standhalten. So wird auf dem berühmten Basaltobelisken Salmanassars III. Jehu, der der Omridendynastie ein blutiges Ende bereitete, als Angehöriger des Hauses Omri bezeichnet (ANET S. 281)! Wegen dieser Quellenlage können nur die allgemeineren Hintergründe und nur die großen Linien mit einiger Sicherheit nachgezeichnet werden.

Die Omriden erstrebten innenpolitisch eine Konsolidierung ihres Staates und ein schiedlich-friedliches Nebeneinander von Israel und Kanaan, von Jahwe und Baal. Diese Innen- und Religionspolitik diente selber wiederum der Außenpolitik, deren Ziel die Gewinnung von Bundesgenossen und die Bekämpfung der syrischen und assyrischen Gefahr war. Außer einem Bündnis mit Juda gelang eine politische Annäherung an die Phöniker. Omris Sohn Ahab heiratete Isebel, die Tochter des Königs Ittobaal von Tyrus. Diese politische Heirat sollte ein gutes Einvernehmen mit der reichen und mächtigen Handelsstadt sichern.
Soviel wird man den Texten entnehmen können, daß die Kämpfe mit den Aramäern mit wechselndem Erfolg geführt wurden. Sie konzentrierten sich auf ostjordanisches Gebiet, wo der Besitz einiger Stadtstaaten umkämpft war. Zu wiederholten Malen werden das östlich des Sees von Genezareth gelegene Aphek (1 Kön 20,26.30; 2 Kön 13,17) und Ramoth in Gilead (1 Kön 22,3 ff.; 2 Kön 9,14) genannt. Nach einem Erfolg der einen oder der anderen kämpfenden Partei wird es zu Friedensverhandlungen und zu einem Friedensschluß gekommen sein, wobei man sich gegenseitig gewisse Rechte einräumte (1 Kön 20,34). Aber solche Kompromisse führten nicht zu einem stabilen Gleichgewicht und bald entbrannte der Krieg von neuem.
In die Zeit der Omriden gehört auch der abermalige Anstieg der assyrischen Macht. Zum erstenmal war ein assyrischer Großkönig, Assurnasirpal II. (884—859), bis zur Mittelmeerküste vorgestoßen. Sein Sohn Salmanassar III. (859—824) setzte die expansive Politik mit harter Konsequenz fort und unternahm mehrere Feldzüge nach Syrien, um die hier existierenden Kleinstaaten zum Tribut zu zwingen. Es ist wie eine Präfiguration der später immer wieder begegnenden Konstellation eines umfassenden Bündnissystems von Kleinstaaten, als die sich gegenseitig bekämpfenden Israeliten, Judäer, Aramäer, Moabiter und Phöniker sich jetzt zusammenschlossen und sich zur gemeinsamen Abwehr der assyrischen Bedrohung aufrafften. Es kam zu einer offenen Feldschlacht, als Salmanassar in seinem 6. Regierungsjahre (854/53) nach Westen zog und bei Karkar im Orontestal auf die verbündeten Kleinstaaten stieß. Eine Monolith-Inschrift enthält den authentischen Annalenbericht Salmanassars über dieses Ereignis (ANET S. 278 f.; TGI² S. 49 f.). Außer den Königen von Damaskus und Hamath wird der Israelit Ahab und seine Streitmacht von 2000 Kampfwagen und 10 000 Mann ausdrücklich erwähnt. Wegen der Größe der israelitischen Kontingente und der namentlichen Erwähnung Ahabs, auch wegen des Umstandes, daß noch der Nicht-Omride Jehu den Assyrern als ein Vertreter dieser ihnen offenbar wohl bekannten Dynastie galt, ist es nicht ausgeschlossen, daß Omris Sohn Ahab (871/70—852/51) in dieser antiassyrischen Koalition die führende Persönlichkeit gewesen ist. Es war eine erfolgreiche Koalition. Zwar rühmt sich Salmanassar eines großen Sieges, da jedoch in der Folgezeit dieser angebliche Sieg sich keineswegs auswirkte, das syrisch-israelitische Bündnis wieder zerfiel und der alte Kampf

zwischen diesen Nachbarn wieder entbrannte, ist eher anzunehmen, daß dem Assyrer in Karkar erfolgreich Einhalt geboten worden ist. Er hat noch mehrere Feldzüge gegen Syrien unternommen, bis er 838 diese Unternehmungen einstellte, ohne noch eine assyrische Vorherrschaft über diese Gebiete errichtet zu haben. Abermals geriet die assyrische Expansion ins Stocken. Das ermöglichte den Staaten Israel und auch Juda ebenso wie anderen Kleinstaaten noch einmal eine Blütezeit, ehe das nun schon lange währende Gleichgewicht der Kräfte durch das Vordringen der Assyrer zerstört wurde und das Machtvakuum, das überhaupt die Staatenbildung der Israeliten ermöglicht hatte, sich zu schließen begann.

Im allgemeinen war somit trotz mancherlei Bedrängnis die Politik der Omriden nicht erfolglos. Daß die assyrische Expansion zunächst zumindest gebremst wurde, war zum Teil auch ein Verdienst Ahabs gewesen, der sich mit starken Kräften an der Schlacht bei Karkar beteiligt hatte. Über Moab wurde die alte israelitische Vorherrschaft wieder hergestellt, wie die moabitische Urkunde des Mesa-Steines bezeugt. In der Zeit der Omriden und während der Regierung des judäischen Königs Josaphat war Edom wieder eine Provinz Judas, und das mag auch eine Frucht des erfolgreichen Zusammengehens Judas und Israels gewesen sein. Als Jehus Revolution der Omridendynastie ein blutiges Ende bereitete, war das lange und heiß umkämpfte Ramoth und Gilead offenbar wieder in israelitischer Hand.

Die religiöse Beurteilung der Omriden-Regierung durch den Deuteronomisten steht zu diesem historischen Bild in einem schrillen Kontrast. Besonders Ahab wird äußerst negativ beurteilt; mehr als alle Könige vor ihm soll er »übel gehandelt« haben (1 Kön 16,30). Diese Kritik wird in ihrer Einseitigkeit der historischen Bedeutung der Omriden nicht gerecht, aber sie ermangelt dennoch nicht jeglicher historischen Grundlage. Sie ist ein Reflex der innen- und außenpolitischen Haltung dieser Dynastie und eine Reaktion darauf. Außenpolitisch taten, wie nie zuvor in Israels Geschichte, die Omriden sich in militärischen und diplomatischen Bündnissen hervor. In Karkar kämpften Israeliten und Judäer Seite an Seite mit andern Völkern und der Sieg fiel ihnen allen gemeinsam zu. Waren das aber Siege Jahwes? So mochte mancher treue Israelit und Jahweverehrer fragen. Innenpolitisch förderte die religiöse Haltung der Omriden das Nebeneinander mehrerer Götter. Für die tyrische Gemahlin Ahabs wurde ein Heiligtum eingerichtet, das dem Baal geweiht war. Dies mutete wie eine Antastung der Einzigartigkeit Jahwes an. Die kulturelle Weltoffenheit, wie sie sich auch in den von der Archäologie freigelegten Bauten der Omriden zeigt, verwischte die Grenzen zwischen israelitischem und kanaanäischem Wesen und förderte den Synkretismus. Diese vom Deuteronomisten erkannten Aspekte der Omridenherrschaft gaben ihm Grund zu seinem negativen Urteil.

Da sich dieses Urteil sehr erheblich von der historischen Wirklichkeit entfernt und der Deuteronomist auch die Ereignisse, die mit der Schlacht von Karkar zusammenhängen, übergeht, hat man wohl angenommen, die ganze deuteronomistische Darstellung der Omridenzeit sei eine verfälschende Konstruktion. Die Kämpfe mit den Aramäern und insbesondere die israelitische Niederlage gegen die Syrer seien vielmehr Jahrzehnte später in der Zeit der Jehu-Dynastie anzusetzen. Die Mißerfolge dieser späteren Epoche seien fälschlich den Omriden angekreidet worden. In der Tat bleibt die chronologische Zuordnung der Omriden und der Jehu-Könige zu den Prophetenüberlieferungen um Elia und Elisa problematisch. Ungefärbte Überlieferung wie die Notiz über Ahabs natürlichen Tod (1 Kön 22,40; diese Stelle widerspricht der vorhergehenden Erzählung über Ahabs Tod in einem Krieg gegen die Syrer.) berechtigt zu der Vermutung, daß die tendenziöse alttestamentliche Überlieferung will, in der Omridenzeit Israel und Syrien Verbündete waren. Diese Annahme wird auch vom assyrischen Annalenbericht (s. o. S. 106) bestätigt. Auch ein Krieg gegen die Syrer zur Rückgewinnung Ramoths in Gilead (1 Kön 22) ist darum unwahrscheinlich; Gilead war noch zur Zeit der Revolution Jehus in israelitischem Besitz (2 Kön 10, 32 f.). Die Syrerkriege mit ihren Schrecken gehören erst in die Epoche der Jehudynastie. Die Rückdatierung der Syrernot soll die Jehudynastie entlasten und die Omriden desto ärger belasten.

Nicht erst der Deuteronomist hat die primär an politischen und staatsmännischen Gesichtspunkten orientierte Politik der Omriden verurteilt. Wie schon zu Sauls, Davids und Salomos Zeiten waren es konservativ israelitische und jahwegläubige Kreise, welche die neue, moderne Entwicklung ablehnten. Im Jahre 845/44 erhob sich der Kommandant der wiederum vor Ramoth in Gilead liegenden Truppen namens Jehu gegen Ahabs Sohn und Nachfolger Joram (851/50—845/44). Im Kampfe gegen die Aramäer verwundet, hatte Joram sich nach Jesreel zur Heilung zurückgezogen, wo sich der verbündete Davidide Ahasja zu ihm gesellt hatte. Hier wurde er von Jehu überfallen und getötet. Jehu hat darauf die ganze Omridenfamilie ausrotten lassen und auch den judäischen König Ahasja getötet (2 Kön 9—10). Die Überlieferung läßt keinen Zweifel daran, daß Jehu der Exponent der jahwetreuen, konservativ-israelitischen Kreise gewesen ist. Nach 2 Kön 10,15 ff. genoß er die Sympathien von Jonadab ben Rechab, dem Haupt der nach ihm so genannten Rechabiter. Diese bildeten eine Art Orden, der, insbesondere sich des Weines als eines Produktes des Kulturlandes enthaltend, alte nomadische und streng jahwistische Ideale vertrat (vgl. Jer 35,1—11). Nach der Prophetenlegende von 2 Kön 9 wurde Jehu im Auftrage des Propheten Elisa zum König designiert und gesalbt. Was auch immer an dieser Erzählung unhistorisch sein mag, es kann als sicher gelten, daß enge Verbindungen zwischen dem Elisakreis, den Rechabitern und Jehu bestanden haben müssen. Jehu ist Exponent und Exekutor eben dieser Kreise. Deren Überzeugungen und Zielsetzungen sind aus den Prophetenlegenden über Elia und Elisa abzulesen, in welchen sie einen legendarischen Niederschlag fanden. Noch die Erzählungen über die Wundertaten Elias und Elisas sind ein Reflex des nachhaltigen Eindrucks, den die Verkündigung und der Jahweeifer dieser Propheten auf die Zeitgenossen und die Nabikreise gemacht haben. Es ist bezeichnend für Israels Geschichte, daß der prophetische und darüber hinaus israelitische Protest nicht erst, als das Scheitern der Staaten und des Staatlichen auf dem Boden Israels offenkundig geworden war, laut wurde, sondern auch noch den Erfolg als Versündigung an Jahwe und als Verrat an Israels wahrem Wesen anprangerte.

Der prophetische Eifer für Jahwe und die Bluttaten, mit denen ein Jehu ihn verwirklichen wollte, sind dennoch nicht identisch. Der Prophet Hosea, auch er ein Eiferer für Jahwe, hat wegen der Blutschuld von Jesreel dem Hause Jehu und Israel insgesamt das Ende als Gericht Jahwes angesagt (Hos 1,3—4).

Lit.: A. Alt, Archäologische Fragen zur Baugeschichte von Jerusalem und Samaria in der israelitischen Königszeit, III, S. 303—325; ders., Der Stadtstaat Samaria, ibid., S. 258—302; J. R. Bartlett, The Rise and Fall of the Kingdom of Edom, PEQ 104, 1972, S. 26—37; A. Jepsen, Die Quellen des Königsbuches, 1953; J. Maxwell Miller, The Elisha Cycle and the Accounts of the Omride Wars, JBL 85, 1966, S. 441—454; ders., Another Look at the Chronology of the Early Divided Monarchy, JBL 86, 1967, S. 276—288; ders., The Fall of the House of Ahab, VT 17, 1967, S. 307—324; A. Parrot, Samaria, die Hauptstadt des Reiches Israel, Bibel und Archäologie III, 1957; R. Smend, Der biblische und der historische Elia, SVT 28, 1975, S. 167; H. Chr. Schmitt, Elisa. Traditionsgeschichtliche Untersuchungen zur vorklassischen, nordisraelitischen Prophetie, 1972; O. H. Steck, Überlieferung und Zeitgeschichte in den Elia-Erzählungen, WMANT 26, 1968; J. Strange, Joram, King of Israel and Judah, VT 25, 1975, S. 191—201; G. Wallis, Jerusalem und

Samaria als Königsstädte, VT 26, 1976, S. 480—496; C. F. Whitley, The Deuteronomic Presentation of the House of Omri, VT 2, 1952, S. 137—152.

3. Das Jahrhundert der Jehu-Dynastie

Die Revolution Jehus bedeutete das Ende der bisherigen synkretistischen Religionspolitik. Er hat die fremden Kultdiener in blutigen Verfolgungen zu dezimieren versucht und die Heiligtümer anderer Götter zerstört und entweiht (2 Kön 10,18—27). Seine Außenpolitik entsprach dieser allgemeinen Haltung Jehus und war ebenfalls eine Abkehr von den Wegen der Omriden. Die Verbindung mit Tyrus wurde fallen gelassen; Sympathien für den Henker der Isebel, Ahabs Gemahlin, die gleichfalls das Opfer des Umsturzes geworden war (2 Kön 9,30—37), wird man in der Stadt kaum empfunden haben. Das Bündnis mit Juda wurde ebenfalls beendet. In Jerusalem hatte nach der Ermordung Ahasjas durch Jehu Athalja, Tochter Ahabs und der Isebel, Gemahlin des judäischen Königs Joram und Mutter des ermordeten Ahasja, die Macht an sich gerissen. Sie versuchte, die legitimen Thronansprüche der Davididen durch deren Ausmordung zunichte zu machen. Wenn ihr das auch nicht gelang, so hat sie sich doch wohl mehr als ein halbes Jahrzehnt als Königin halten können (845/44—840/39; vgl. 2 Kön 11,1—3). Zwischen dieser Frau aus dem Hause Omri-Ahab und Jehu war ein Bündnis nicht denkbar.

Mit konsequentem Eifer hat Jehu seinen Staat in die Isolierung getrieben. Freilich mußte auch dieser Eiferer, der sein Regiment mit mehr als einem schrecklichen Blutbad begann, erfahren, daß er im politischen Alltag nur mit Wasser kochen konnte. Als er die Regierung übernommen hatte, war noch Krieg mit den Aramäern gewesen. Infolge der seit 845 wieder zunehmenden assyrischen Aktivitäten in Syrien, ließ der aramäische Druck auf Israel zeitweilig nach. Auf seinem 4. Feldzug nach Syrien im Jahre 841 hat Salmanassar III. Damaskus sogar einige Zeit belagert. War ein Ahab namentlich unter den Feinden Assurs genannt worden (s. o. S. 106), so wird Jehu auf dem berühmten schwarzen Obelisken (AOB² Nr 121—125) als Tributär des Großkönigs abgebildet: Jehu der Blutige bringt in Proskynese vor dem assyrischen Großkönig seinen Tribut dar. Es ist nicht ausgeschlossen, daß er sich durch Tributzahlungen an die Assyrer deren Schutz gegen die Aramäer erkaufte.

Die relative Ruhe währte freilich nicht lange. Nach einem weiteren Feldzug im Jahre 838 stagnierte die assyrische Expansion. Damit begann für Israel die Zeit der schlimmsten Aramäernot. Etwa gleichzeitig mit Jehu war in Damaskus Hasael als Usurpator an die Macht gekommen und nun geschah, was 2 Kön 10,32 mit den Worten ausdrückt: »In jenen Tagen begann Jahwe von Israel abzuschneiden, denn Hasael schlug sie im ganzen Gebiet Israels«. Die Erinnerung an Hasaels grausame Kriegsführung fand im AT einen mehrfachen und beredten Niederschlag (2 Kön 8,11—12; Am 1,3).

Vor allem die ostjordanischen Gebiete wurden von Krieg und Brandschatzung und Plünderung betroffen. Auch die kleineren Nachbarvölker Israels nutzten dessen mißliche Lage für sich aus. Längst hatte sich Moab nach Ahabs Tod von israelitischer Vorherrschaft befreit. Die Ammoniter, auch sie seit längerer Zeit wieder ein selbständiges Königreich, fielen jetzt, offenbar im Bündnis mit den Aramäern, in Gilead ein, wo sie in grausiger Weise hausten und ihr Gebiet auf Israels Kosten zu erweitern versuchten (Am 1,13). Sogar die Philister beteiligten

sich und betrieben mit gefangenen Israeliten Sklavenhandel (Am 1,6; Jes 9,11). Auch unter Jehus Sohn und Nachfolger Joahas (818/17—802/01), ja sogar während der ersten Regierungszeit auch noch von dessen Sohn und Nachfolger Joas (802/01—787/86) hielt die Bedrängnis an (vgl. 2 Kön 13,1—13). Einen traurigen Tiefstand erreichte Israel unter der Regierung des Joahas, als von der einst ansehnlichen Streitmacht Israels nur noch 50 Reiter, 10 Wagen und einiges Fußvolk übriggeblieben waren (2 Kön 13,7).
Auch Juda wurde in Mitleidenschaft gezogen. In Jerusalem hatte die konservative Partei unter der Führung des Oberpriesters Jojada der hier als tyrannische Fremdherrschaft empfundenen Regierung der Athalja ein Ende bereitet und den siebenjährigen Prinzen Joas, der Athaljas Mordgier entkommen war, zum König erhoben. Er stand wohl zeit seines Lebens unter Einfluß der Jerusalemer Priesterkreise und führte eine Restauration des Tempels durch (2 Kön 11,4—12,17). Der Deuteronomist weiß auch an ihm zu rühmen, daß er den reinen Jahwekult gefördert und die von Athalja gegründeten oder protegierten Heiligtümer fremder Götter zerstört habe. So setzte also auch in Juda, ähnlich wie schon sechs oder sieben Jahre zuvor im Nordreich, eine Reaktion gegen die Politik der Omriden und ihrer judäischen Verbündeten ein. Auch Joas wurde, ob er wollte oder nicht, in den israelitischen Krieg mit den Aramäern verwickelt. Hasael hat im Bündnis mit den Philistern die alte Philisterstadt Gath, die seit Jerobeams Tagen eine judäische Festung war, erobert und sogar die Hauptstadt Jerusalem so arg bedroht, daß Joas zu einem schweren Tribut gezwungen wurde.
Mit der Jahrhundertwende vollzog sich eine erhebliche Wandlung. 810 bestieg Adadnirari III. den assyrischen Thron, und nun setzte die assyrische Expansion nach Westen von neuem ein. Sie richtete sich zunächst gegen Damaskus und es gelang, die Stadt einzuschließen und zur Tributzahlung zu zwingen. Wie die weitere Geschichte lehrt, war damit der aramäischen Macht das Rückgrat gebrochen. Damaskus war von nun an für Israel und Juda keine ernsthafte Bedrohung mehr. Dann aber erlahmte die assyrische Kraft. Die zeitweilige Vormachtstellung des Reiches von Urartu, das vom nördlichen, armenischen Hochland her das von unbedeutenden Königen regierte Assur in Bedrängnis brachte, setzte der assyrischen Expansion einstweilen ein Ende. Wieder entstand ein Gleichgewicht der Kräfte. Daß freilich die assyrische Weltmacht die Existenz Israels und Judas wesentlich ärger bedrohte, als es je ein auswärtiger Feind getan hatte, und wie labil das Kräftegleichgewicht war, konnten die Zeitgenossen nicht ahnen. Nach den Wirren und Verwüstungen der Kriege erlebten sie noch einmal eine neue staatliche Selbständigkeit, außen- und innenpolitische Restaurationen und eine wirtschaftliche Blüte. Propheten wie Amos, Hosea und Jesaja haben freilich tiefer geblickt und die tödlichen Gefahren erkannt.
Die gute und ruhige Zeit zwischen etwa 800 und 750 währte immerhin zwei Generationen. In Israel regieren die Jehu-Dynasten Joas (802/01—787/86) und Jerobeam II. (787/86—747/46). Noch Joas hat die Wendung zum Besseren erleben dürfen. Er konnte die an die Aramäer verlorenen ostjordanischen Städte zurückerobern (2 Kön 13,25) und sein Sohn Jerobeam die Wiederherstellung von Israels Grenzen vollenden (2 Kön 14,25). Auch Juda entfaltete sich in dieser Epoche zu einer neuen Blüte. Nachdem der Davidide Joas (840/39—801/00) ermordet worden war, wurde sein Sohn Amazja (801/00—787/86) sein Nachfolger. Die Hintergründe dieses — in Jerusalem seltenen — Königsmordes bleiben dunkel (2 Kön 12,20—22). Er stellte die Davidsdynastie als solche nicht in Frage.

Wie die Könige des Nordreiches bemühte sich auch Amazja um eine Wiederherstellung der Staatsgrenzen und deren Sicherung nach außen und war in diesem Bestreben nicht erfolglos. Die Besiegung und teilweise Unterwerfung der Edomiter ist im Rahmen dieser restaurativen Politik zu sehen (2 Kön 14,7). Nicht recht einsichtig ist es, warum es zu einem kurzen Krieg mit Israel kam (2 Kön 14,8—14). Amazja erlitt eine solche Niederlage, daß sogar Jerusalem erobert und von den Israeliten geplündert werden konnte. Dunkel bleiben gleichfalls die Hintergründe der Ermordung auch dieses judäischen Königs, der wie sein Vater Joas einer Verschwörung zum Opfer fiel (2 Kön 14,17—20). Sein Sohn Asarja, wie Ussia mit seinem offiziellen Thronnamen heißt (787/86—746), setzte die Restaurationspolitik erfolgreich fort. Vor allem sicherte er seinem Staat wieder den Zugang zum Meer am Golf von Akaba und baute Elath aus (2 Kön 14,22). Nach einer nicht ganz sicheren Mitteilung in 2 Chron 26,6 soll er auch eine Reihe von Philisterfestungen — Gath, Jabne und Asdod — niedergerissen haben. Sein Sohn Jotham (756—741), der wegen des Aussatzes, der den König befallen hatte, schon Mitregent gewesen war, wurde sein Nachfolger (2 Kön 15,1—7).

Die Chronologie dieses Abschnittes der Königszeit im absoluten Sinne und auch die Synchronismen sind unsicher. Das mag durch den komplizierenden Umstand der Mitregentschaft Jothams mitbedingt sein. Die hier gebotenen Zahlen sind nach den neuesten Untersuchungen dieses Spezialproblems als einigermaßen wahrscheinlich zu betrachten. Von der Lösung dieser schwierigen chronologischen Probleme hängt auch die Bewertung einer assyrischen Erwähnung des Königs Asarja von Juda ab (ANET S. 282; TGI² S. 54 f.). Nach der assyrischen Mitteilung hat bereits Asarja Tiglatpileser Tribut gezahlt.

Im Todesjahr des Königs Asarja-Ussia wurde Jesaja zum Propheten berufen und die ausdrückliche Nennung dieses Datums (Jes 6,1) will das Todesjahr dieses Königs als eine abermalige Wende und als den Anfang vom Ende ansagen.

Zeiten des Friedens und des wirtschaftlichen Aufschwungs pflegen weniger mit ruhmreichen Fakten und markanten Jahreszahlen von sich reden zu machen als Kriege und Revolutionszeiten, wenn das Blut der Eiferer und ihrer Gegner in Strömen fließt. Der Friede und vor allem die Wohlfahrt dieses halben Jahrhunderts waren freilich kein gleichmäßig verteilter Besitz. Am Hof, in den festen Ortschaften und Städten, in Kreisen des Handels und des Verkehrs wird man von dem neuen Aufschwung mehr als auf dem Lande profitiert haben. Die fortschreitende Differenzierung und Arbeitsteilung konnten auch als soziale Gegensätze empfunden werden, zumal auch in Israel und Juda die Tauben dorthin flogen, wo schon Tauben waren. Als viele reicher wurden, fühlten die Armen, obwohl auch sie gewiß nicht ohne Vorteil blieben, ihre Armut desto mehr. Gegensätze, die im Elend der Aramäerkriege nicht empfunden worden waren, taten sich jetzt auf und traten ins Bewußtsein. Das Heil, das Jahwe Israel insgesamt und allen Israeliten zugedacht hatte, schien von einigen in den exklusiven Besitz einiger verfälscht worden zu sein. Die klassische Prophetie Israels, die in dieser Zeit sogleich mit ihren ältesten Vertretern Amos, Jesaja und Hosea einen geistesgeschichtlichen und religionsgeschichtlichen Höhepunkt erreicht, reflektiert auch diese Widersprüche und Gegensätze. Die Prophetie ist freilich nicht nur ein passiver Reflex, sondern eine höchst aktive Reaktion, die aus den tiefsten Wurzeln von Israels Wesen erwächst und auf die ältesten Ursprünge des Jahweglaubens zurückgreift. Als Mahner und Hüter angestammter Tugenden — Gerechtigkeit unter Menschen und Demut vor Gott — sind sie kaum originell und nicht prinzipiell etwa von den Rechabitern oder den Moralisten anderer Zeiten verschieden. Ihre Einmaligkeit ist ausschließlich ihre Predigt, die in guter und dann in böser Zeit Gottes Tun als mit sichtbarem Sieg und tastbarem Erfolg nicht identisch und auch noch Niedergang und Untergang als Handeln des Gottes Israels zu verstehen lehrt, der zum Gericht und durch Gericht hindurch zum Heil kommt. In dieser Verkündigung ist das Kerygma von Kreuz und Auferstehung präfiguriert. Diese Prophetie, von vielen, wenn auch nicht von allen Zeitgenossen verworfen, ermöglichte die Bewährungsprobe dessen, was in der Glorie des Davidsreiches schon der Jahwist als Glauben verkündigt hatte.

Lit.: Siehe am Ende von Abschnitt VIII, 2.

4. Der Untergang des Staates Israel

Etwa um die Zeit, als nach langer Regierung in Samaria Jerobeam II. und nicht lange danach auch Jotham von Juda gestorben waren, hatte Tiglatpileser III. den Thron des assyrischen Großkönigs bestiegen. Er wurde der eigentliche Begründer des assyrischen Weltreiches. Nicht mehr zufrieden damit, auf gelegentlichen Feldzügen die bedrängten Städte und Kleinstaaten zu Tributzahlungen zu zwingen, war seine Politik auf die endgültige und vollständige Unterwerfung der eroberten Gebiete gerichtet. Dabei war es nur eine Frage der jeweiligen Umstände, ob fremde Städte und Staaten in ein Vasallenverhältnis gebracht oder gar vollends in assyrische Provinzen verwandelt wurden. Deportationen ganzer Bevölkerungen oder von deren Oberschichten, die dann durch aus anderen Teilen des großen Reiches stammende Menschen ersetzt wurden, waren ein weiteres Mittel zur Pazifizierung des Großreiches. Ein Relief Assurbanipals in Ninive zeigt einen Zug solcher Vertriebenen, die mit Kind und Kegel davonmüssen.

Im Jahre 740 hat Tiglatpileser mit der Annektierung des nördlichen Syriens einen Anfang gemacht. Bereits 738 entstanden hier die ersten assyrischen Provinzen, in welche das Staatsgebiet von Hamath, das seit dem Niedergang der aramäischen Macht eine kurze Blütezeit erlebt hatte, bis auf einen kleinen, selbständig bleibenden Rest, verwandelt wurde. Zahlreiche authentische, assyrische Inschriften (ANET S. 282 ff.; TGI² S. 55 ff.) vermitteln ein zum Teil detailliertes Bild dieser Geschehnisse. Außer u. a. mehreren phönikischen Städten wurde auch Damaskus wieder zur Zahlung von Tribut angehalten.

Die blutigen Thronwirren in Israel werden, obwohl das ausdrücklich im Königsbuch nicht gesagt wird, mit der akuten assyrischen Bedrohung in Zusammenhang stehen. Nach nur kurzer Regierung war Jerobeams Sohn Sacharja ermordet worden (747/46, 2 Kön 15,8—12). Sein Mörder Sallum konnte sich auch nur wenige Monate behaupten. Ein gewisser Menahem brachte ihn ums Leben und usurpierte den Thron Samarias (2 Kön 15,13—16). Die kurzen Mitteilungen über ihn lassen deutlich erkennen, daß Menahem sich nur mit brutaler Gewalt als König behaupten konnte. Wie Damaskus und die anderen Kleinstaaten zahlte auch Menahem Tiglatpileser einen hohen Tribut, den er auf die freien Grundbesitzer umlegte. Die Nachricht hierüber (2 Kön 15,19—20) läßt keinen Zweifel daran, daß Menahem ganz als Vasall des assyrischen Großkönigs und auf ihn gestützt regierte.

Wenig später im Jahre 734 unternahm Tiglatpileser abermals einen Feldzug nach Westen, der ihn bis an die Küstenebene brachte. Die alte Philisterstadt Gaza wurde unterworfen und an der äußersten Grenze Philistäas gegen Ägypten hin ein assyrischer Stützpunkt errichtet. Die wahren Absichten des Großkönigs

zeichneten sich jetzt unmißverständlich ab: Ganz Syrien und Palästina sollten unter assyrische Herrschaft gezwungen werden.
Die assyrische Eroberungspolitik löste um das Jahr 733 eine Aufstandsbewegung, an der verschiedene Kleinstaaten teilnahmen, aus. Ihr sollten bis zum Untergang Samarias und bis zur Zerstörung auch Jerusalems, ja auch noch späterhin, viele ähnliche Aufstände der unterdrückten und ausgesogenen Völkerschaften folgen. Israels Prophetie begleitet diese Bewegungen wie mit einem deutenden Kommentar. Es kam noch einmal wie zu Zeiten der Omridendynastie zu einem Bündnis zwischen Israel und Damaskus. Des assyrischen Vasallen Menahems Sohn Pekahja war nach nur kurzer Regierungszeit von dem Offizier Pekah ben Remalja ermordet worden. Das Motiv dieses neuen Königsmordes liegt am Tage. Der assurhörige Menahem-Sohn sollte durch einen Exponenten der assurfeindlichen Partei ersetzt werden. Eine Beteiligung Judas an diesem Bündnis hätte die Koalition gestärkt. Juda jedoch unter seinem vorsichtigen, aber wenig entschlußfreudigen König Ahas (742/41—726/25) blieb abseits. Diese Neutralität Judas wurde der Anlaß des sogenannten syrisch-ephraimitischen Krieges. Durch einen gemeinsamen Feldzug der Aramäer und der Israeliten gegen Jerusalem sollte Ahas gestürzt, durch einen bündniswilligen König ersetzt und Juda zur Teilnahme an der antiassyrischen Koalition genötigt werden. Der in diesem Zusammenhang im AT mehrfach genannte Rezin von Damaskus (2 Kön 15,37; 16,5; Jes 7,1 ff.) ist identisch mit dem auch aus assyrischer Nachricht bekannten Rezon (ANET S. 283). Der syrisch-ephraimitische Krieg und die Verzweiflungstat des Königs Ahas, der den Assyrer zur Hilfe ruft, bilden den Hintergrund für das Auftreten des Propheten Jesaja, der mit seinem Sohn Schear-Jaschub (Rest kehrt um) dem König entgegentritt und ihn zum Glauben auffordert (Jes 7; vgl. Hos 5,8—11). Gleichviel ob diese Glaubensbotschaft des Propheten politisch oder apolitisch verstanden werden will, Jesaja behielt darin recht, daß es zu einem syrisch-israelitischen Angriff auf Jerusalem gar nicht erst kam. Noch im Jahre 733 marschierte das assyrische Heer in den oberen Jordangraben ein und eroberte Ijjon, Abel-Beth-Maacha, Janoah, Kedes, Hazor, Gilead und Galiläa sowie das ganze Land Naphthali und führte die Einwohnerschaft in die Verbannung (2 Kön 15,29). Auch laut eigenem Bericht hat der assyrische Großkönig nur den Stadtstaat Samaria und das Gebirge Ephraim übriggelassen (ANET S. 283; TGI² S. 58 f.). Bis auf diesen Rest hatte Israel zu existieren aufgehört. Tiglatpileser hat das Staatsgebiet des Nordreiches über drei Provinzen verteilt: Aus Galiläa und der Jesreelebene wurde die Provinz Megiddo; die Küstenebene südlich des Karmel wurde zur Provinz Dor; die Provinz Gilead umfaßte das Ostjordanland. Die städtische Oberschicht wurde deportiert; es ist nicht bekannt, wohin. An die Stelle dieser bodenständigen Bevölkerungsteile trat eine neue Oberschicht, die aus anderen Teilen des Großreiches gebürtig war.
Durch diese Ereignisse hatte sich der antiassyrische Usurpator Pekah untragbar gemacht. Er wurde von einem gewissen Hosea ben Ela ermordet, der offenbar das Vertrauen der Assyrer genoß und Pekah als Nachfolger auf dem Thron des noch verbliebenen Samaria folgte. Tiglatpileser behauptet sogar (ANET S. 284; TGI² S. 58), er selbst habe Hosea in Samaria eingesetzt.
Dem Staat von Damaskus, der anscheinend der Initiator der antiassyrischen Koalition gewesen war, erging es noch ärger als Israel. Damaskus wurde erobert und das syrische Territorium nach grausamen Plünderungen in assyrische Provinzen umgewandelt (2 Kön 16,9).
Man wird es nur als eine Verzweiflungstat des anfangs ja assurhörigen Hosea

bewerten müssen, daß er einige Jahre später, nachdem Tiglatpileser III. (745—727) gestorben war und an seiner statt Salmanassar V. (726—722) als Großkönig regierte, Verbindung mit anderen Kleinstaaten aufnahm und, wohl auch in der Erwartung ägyptischer Hilfe, seine Vasallenverpflichtungen aufkündigte. Es gelang den Assyrern jedoch, den Hosea zu verhaften. Als Salmanassar sich mit einem Heer der Stadt näherte, war Samaria nicht willens, sich kampflos den Assyrern zu ergeben. Israels letzter König Hosea war vielleicht doch nur ein Strohmann Assyriens gewesen und sein Widerstand gegen die Fremdherrschaft nur scheinbar oder vorübergehend. Die Festung Samaria, einst Hauptstadt der Omriden, hat sich drei Jahre gegen die Übermacht der Assyrer verteidigt. Im Jahre 722 fiel die Stadt. Sargon II rühmt sich, Samaria am Anfang seiner Regierung erobert zu haben (ANET S. 284; TGI² S. 60 f.); der eher neutralen und darum vielleicht zuverlässigeren Nachricht der Babylonischen Chronik zufolge konnte bereits Salmanassar kurz vor seinem Tode die lange umkämpfte Festung einnehmen (TGI² S. 60).

Damit hatte der Staat Israel nach rund zwei Jahrhunderten sein Ende gefunden. Ephraim mit dem Zentrum Samaria wurde zur assyrischen Provinz Samaria. Die Oberschicht der Bevölkerung wurde nach Mesopotamien und Medien deportiert (2 Kön 17,4—7; ANET S. 284 f.; TGI² S. 60 f.). Die Deportation, wie auch die Deportierungen anderer Völkerschichten, beabsichtigte die vollständige Unterwerfung und Eingliederung in das assyrische Großreich und sein Provinzialsystem. Die Wegführung der autochthonen und die Ansiedlung einer fremden Oberschicht brach die Widerstandskräfte der unterworfenen Völker und förderte ihre Vermischung zu einer gleichgeschalteten Untertanenschaft. Dieses assyrische System hatte im Falle Israels Erfolg. Die 733 und 722/21 Deportierten starben den Völkermischungstod und verschwanden als eigenständige Größe von der weltgeschichtlichen Bühne. Die im ehemals nordisraelitischen Bereich von den Assyrern angesiedelte neue Oberschicht stammte aus Babylon, aus Hamath und aus anderen nicht identifizierbaren Gegenden (2 Kön 17,24). Im Laufe der Zeit haben sie sich mit der im Lande verbliebenen einheimischen Bevölkerung vermischt.

In Anbetracht dieses Schicksals der nordisraelitischen Stämme ist es von weltgeschichtlicher Bedeutung gewesen, daß es dem vorsichtigen Ahas von Juda gelang, seinen Staat und sein Volk vor dem Schlimmsten zu bewahren. Er hat Tiglatpileser Tribut gezahlt (2 Kön 16,8; ANET S. 282; TGI² S. 59). Als Zeichen der Anerkennung der assyrischen Oberhoheit und des assyrischen Obergottes hat Ahas in Jerusalem im Tempel Salomos für den assyrischen Gott einen Altar errichten lassen, welcher die Stelle des zum Nebenaltar degradierten Brandopferaltars einnahm. Jahwe war in Jerusalem zum Nebengott geworden (2 Kön 16,10—18). Daß Ahas mit dieser Verbeugung vor den Assyrern einer politischen Zwangsläufigkeit und nicht seinem Herzen folgte, ist nicht zu bezweifeln.

Jerusalem und Juda waren einer totalen Unterwerfung durch die Assyrer und die Bevölkerung einem Schicksal, wie es die nordisraelitischen Stämme betroffen hatte, entgangen. Von nun an wird Juda Israel repräsentieren. Spezifisch nordisraelitische Traditionen sind in dieser Zeit in Juda, wohin aus dem Norden Entwichene sie mitgebracht hatten, rezipiert worden. Die elohistische Schicht im Pentateuch gilt in der Einleitungswissenschaft vielfach als nordisraelitischer Herkunft. Im Deuteronomium und im deuteronomistischen Geschichtswerk leben spezifisch israelitische Gedanken in verwandelter Gestalt fort, als deren wichtigster der amphiktyonische Gedanke genannt werden muß. Die Verkündigung der Propheten Amos und Hosea, die in die letzten Jahrzehnte des Nordreiches gehört, wurde in Juda gesammelt, tradiert und für die neuen judäischen Verhältnisse aktualisiert. Auch in solchen Rezeptionen zeigte Juda, daß es sich mit zunehmender Bewußtheit als Israel verstand.

Lit.: A. Alt, Das System der assyrischen Provinzen auf dem Boden des Reiches Israel, II, S. 188—205; ders., Tiglathpilesers III. erster Feldzug nach Palästina, ibid, S. 150—162; J. Begrich, Der Syrisch-Ephraimitische Krieg und seine weltpolitischen Zusammenhänge, ZDMG 83, 1929, S. 153—165 = Ges. Stud. z. AT, ThB 21, 1964, S. 99—120; H. Donner, Neue Quellen zur Geschichte des Staates Moab in der zweiten Hälfte des 8. Jahrhunderts v. Chr., MIOF 5, 1957, S. 155—184; ders., Israel unter den Völkern, SVT 11, 1964; E. Forrer, Die Provinzeinteilung des assyrischen Reiches, 1921, B. Obed, The Historical Background of the Syro-Ephraimite War Reconsidered, CBQ 34, 1972, S. 153—165.

IX. Juda von 722—586

1. Juda unter assyrischer Vorherrschaft

Juda war einer totalen assyrischen Unterwerfung entgangen, aber es unterstand darum nicht weniger der Oberherrschaft Assurs. Ahas hatte sich, von Nordisrael und Damaskus bedroht, freiwillig den Assyrern als Vasall angeboten und war auch ganz als Vasall behandelt worden. Im Jerusalemer Tempel stand seither ein Altar des Reichsgottes Assur (s. o. S. 114). Sein Sohn und Nachfolger Hiskia (725/24—697/96) hat zunächst wohl die vorsichtige und scheinbar assurfreundliche Politik seines Vaters fortgesetzt. Wenige Jahre nach der Eroberung Samarias berichten assyrische Nachrichten erneut über eine umsichgreifende Aufstandsbewegung. Der noch übrig und selbständig gebliebene Rest des Staates Hamath, aber auch die unterworfenen Bevölkerungen der assyrischen Provinzen Damaskus und Samaria, sowie die Philisterstadt Gaza in Verbindung mit Ägypten taten sich zusammen, um das assyrische Joch abzuwerfen. Der Staat Juda wird aber in den erhaltenen Nachrichten mit Stillschweigen übergangen (ANET S. 285). Man wird daraus schließen dürfen, daß Juda an dieser antiassyrischen Erhebung nicht beteiligt gewesen ist. Sie blieb im übrigen erfolglos. Gaza wurde abermals unterworfen und auch der Rest von Hamath in eine assyrische Provinz verwandelt; Teile der dortigen Bevölkerung wurden nach Samaria deportiert (2 Kön 17,24).

Eine ganz andere Politik verfolgte Juda in den Jahren 713—711, als, von Asdod ausgehend, verschiedene Philisterstaaten, Edom und Moab sich gegen Assyrien verbündeten. Dieses Mal wird Juda in den assyrischen Nachrichten ausdrücklich genannt (ANET S. 286 f.). Auch dieses Mal erhoffte sich die Koalition Hilfe von Ägypten, wo seit 714 die Äthiopische Dynastie, der der Pharao Schabaka angehörte, regierte. Es kam zu diplomatischen Verhandlungen mit den Ägyptern. Der Bericht über eine prophetische Symbolhandlung des Jesaja, der nackt und barfuß durch Jerusalem geht und damit vorausbezeichnet, daß die verbündeten Ägypter nackt und barfuß in die Gefangenschaft gehen werden (Jes 20), und auch das Prophetenwort von Jes 18 ermöglichen ein recht anschauliches Bild von Hiskias politischer Betriebsamkeit. Jesaja behielt recht, Ägypten versagte als Schutzmacht und lieferte sogar den dorthin geflohenen König von Asdod den Assyrern aus. Das Gebiet von Asdod wurde nun ebenfalls zur assyrischen Provinz. Die anderen Verbündeten hatten sich rechtzeitig, um Schlimmerem vorzubeugen, unterworfen.

Lange dauerte die von den Assyrern erzwungene Friedhofsruhe freilich nicht. Im Jahre 705 starb der Großkönig Sargon und sein Nachfolger Sanherib hatte einige Jahre zu tun, seine Herrschaft zu festigen. Der Thronwechsel und innere Wirren im großen assyrischen Reich gaben den unterdrückten Völkern in Syrien und Palästina Grund zur neuen Freiheitshoffnung. Die recht ausführlichen assyrischen

Nachrichten lassen erkennen, daß bei der jetzt einsetzenden und bis zum Jahre 701 anhaltenden umfassenden Aufstandsbewegung Hiskia einer der Hauptinitiatoren gewesen ist. Er wird von der assyrischen Quelle namentlich genannt: man habe dem Hiskia den König Padi von Ekron ausgeliefert, als dieser seine assyrische Vasallentreue nicht aufgeben und sich an der Koalition nicht beteiligen wollte (ANET S. 287 f.; TGI² S. 67 ff.). Während die Philisterstädte Gaza und Asdod, wohl der früheren assyrischen Züchtigungen eingedenk, abseits blieben, beteiligte sich außer dem bereits erwähnten Ekron auch Askalon. Aber nicht nur mit diesen Kleinstaaten nahm Hiskia Verbindungen auf, sondern auch mit Ägypten, wie vor allem auch aus der Reaktion des Propheten Jesaja, der diese Bündnispolitik ablehnte (Jes 30,1—5; 31,1—3), hervorgeht. Im Rahmen der Jesajalegende (Jes 39; 2 Kön 20,12—19), aber dennoch historisch zuverlässig, wird überdies mitgeteilt, daß Hiskia mit Merodach-Baladan, der Babylonien in dieser Zeit von der assyrischen Oberherrschaft befreit hatte, Kontakte gepflegt hatte. Die antiassyrische Koalition der Jahre 705 (703?)—701 war somit weit verzweigt und dünkte sich selbst gewiß wohl vorbereitet. Aber nicht nur die prahlerischen Nachrichten des assyrischen Großkönigs Sanherib (704—681) über seinen Feldzug des Jahres 701, sondern auch das AT (2 Kön 18,13—16; vgl. die sich auf diese Ereignisse beziehende Verkündigung des Jesaja u. a. und insbes. 1,4—9 und 22,1—14) geben detaillierten Einblick in das Scheitern des gemeinsamen Aufstandes. Zunächst hat Sanherib für Ruhe im Innern des Reiches gesorgt, Merodach-Baladan vertrieben und Babylonien wieder unterworfen. Dann wandte er sich mit voller Energie dem Westen zu. Da sich das zum großen Teil bereits seit längerer Zeit in assyrische Provinzen verwandelte Gebiet des nördlichen und mittleren Syriens nicht an der Unbotmäßigkeit beteiligt hatte, konnte Sanherib hier ohne Verzögerungen hindurchziehen. Von dort marschierte er durch die Küstenebene, bezwang Sidon und zog dann weiter nach Süden, wo meistenteils bereits das bloße Erscheinen der assyrischen Heere genügte, die verschiedenen Kleinstaaten zur Anerkennung der assyrischen Oberhoheit zu bewegen. Ammon, Moab, Edom und Asdod zahlten sofort Tribut. Nachdem er sich so seiner Macht versichert und den Rücken gestärkt hatte, wandte sich Sanherib den im engeren Sinne Schuldigen zu; er eroberte Askalon. Der König mit seiner gesamten Familie wurde nach Assyrien deportiert. Askalon wurde zur assyrischen Provinz. Auch Ekron wurde von Sanherib besetzt und die Schuldigen, die ihren König Padi wegen seiner Assurtreue an Hiskia von Jerusalem ausgeliefert hatten, wurden hingerichtet. Während Sanherib mit seinem Heer noch in der Gegend von Askalon und Ekron lagerte, zog ihm ein ägyptisches Hilfsheer entgegen. Es kam bei Altaku (Eltheke: Jos 19,44) unweit von Ekron zu einer Schlacht, die von Sanherib gewonnen wurde. Jetzt war Juda seinem Zugriff preisgegeben. So verschieden der Ton des Prophetenwortes und der königlichen Nachricht (ANET S. 287 f.; TGI² S. 67 ff.) auch immer sein mag, in der Sache stimmen Sanherib und Jesaja (Jes 1,4—9) überein. Wenn Jesaja klagt, das Land sei eine Wüste, die Städte seien im Feuer verbrannt und Fremde zehrten den Acker auf, so entspricht das dem weniger poetischen königlichen Bericht, der von der Eroberung von 46 befestigten Städten und zahllosen anderen Ortschaften und von großer Beute an Menschen und Vieh spricht. Es gelang Sanherib also, ganz Juda zu besetzen. Außer Lachis, dessen Eroberung er in Ninive auf Reliefbildern darstellen ließ (AOB² 138.140.141) und — unweit davon — Libna (2 Kön 19,8) bot vornehmlich Jerusalem hinhaltenden Widerstand. Die Stadt war sorgfältig zur Verteidigung instandgesetzt worden. Verteidigungszwecken diente auch die 2 Kön

20,20; Jes 22,9b gemeinte Wasserleitung, zu der auch der heute noch bestehende und auf israelischen Ansichtskarten zu bewundernde Siloahkanal gehört, welcher das Wasser der Gihonquelle in die Stadt leiten sollte. Eine Inschrift in althebräischer Schrift zum Andenken an den Bau wurde 1880 wiedergefunden (ANET S. 321; TGI² S. 66 f.; G. E. Wright, Bibl. Arch. S. 167—170).

Über den Ausgang von Sanheribs Feldzug des Jahres 701 unterrichten die erhaltenen Nachrichten von 2 Kön 18,1—8.13—16; 20,20—21; die Jesajalegenden von Jes 36—39//2 Kön 18,17—20,19; Jesajas ipsissima verba, sofern sie aus dieser Zeit stammen, insbesondere Jes 1,4—9; 22,1—14; und die assyrischen Nachrichten (ANET S. 287 f.; TGI² S. 67 ff.) recht unterschiedlich. Einerseits wird deutlich, daß der Feldzug Sanheribs ein assyrischer Sieg war und daß Hiskia einen schweren Tribut auferlegt bekam (2 Kön 18,13—16). Feststeht auch, daß Jahrzehnte später Hiskias Nachfolger von Assyrien abhängige Vasallen sind. Andererseits jedoch ist auch nicht zu bezweifeln, daß es Sanherib nicht gelang, Jerusalem einzunehmen, obwohl er, wie es die assyrische Nachricht plastisch formuliert, den Hiskia wie einen Vogel in einem Käfig eingeschlossen hatte (ANET S. 288; TGI² S. 69). Mit diesem Bild kann, wie der Kontext lehrt, nur eine Belagerung Jerusalems gemeint sein. Warum Sanherib den Sieg von Altaku nicht nutzte und die Belagerung Jerusalems abbrach und abzog, ist nicht eindeutig zu beantworten. Wo Rätsel sind, da pflegen Wundergeschichten erzählt zu werden. Nach den Jesajalegenden hat der Engel Jahwes in der Nacht — dem Würgeengel in Ägypten ähnlich — das assyrische Heer geschlagen, so daß es wegziehen mußte; bald danach sei Sanherib eines elenden Todes gestorben (2 Kön 19,35—37//Jes 37,36—38). Nach anderer Version (2 Kön 19,9) sei die Belagerung abgebrochen worden, als ein ägyptisches Heer heranrückte. Man hat versucht, der Schwierigkeiten so Herr zu werden, daß man zwei Belagerungen Jerusalems durch Sanherib annahm, deren erste zur Unterwerfung und Tributzahlung Hiskias führte, wohingegen die zweite, als ein neues ägyptisches Heer heranrückte, plötzlich aufgegeben werden mußte. Versuche dieser Art sind als Harmonisierungen bedenklich und berücksichtigen den legendarischen und mirakulösen Charakter der Jesajalegenden nicht genügend.

Bei der Rekonstruktion der Vorgänge sollte von den klaren Mitteilungen 2 Kön 18,13—16, den ipsissima verba des Jesaja und den assyrischen Nachrichten ausgegangen werden. Dann ergibt sich, daß Sanherib zwar ganz Juda besetzte, aber Jerusalem nicht einzunehmen vermochte und unverrichteter Dinge abzog. Dieser Abmarsch war alles andere als ein Sieg der Judäer — gegen solche Ummünzung protestierte bereits Jesaja (Jes 22,1—14)! —, aber der Feldzug hatte, wenn es das Planziel gewesen war, Jerusalem zu erobern, wenigstens diesen Erfolg nicht. Die Ursache des assyrischen Rückmarsches ist unbekannt; dieses Rätsel führte zur Legendenbildung. Bemerkenswert ist auch, daß Sanherib das ganze judäische Staatsgebiet unter die Philisterfürsten von Asdod, Ekron, dessen König Padi wieder eingesetzt wurde, und Gaza verteilte und Hiskia also auf den Stadtstaat Jerusalem beschränkte (ANET S. 288; TGI² S. 69), daß sich aber künftighin diese Neuordnung nirgends bemerkbar macht. Juda wurde vielmehr nach 701 wieder von Jerusalem aus regiert. Anscheinend war Sanheribs sehr eingreifende Maßnahme praktisch undurchführbar. Hiskia hat sich offenbar bald wieder gegen die philistäischen Vasallen Assurs durchsetzen können. In diesem Zusammenhang ist die kurze Mitteilung von 2 Kön 18,8 zu lesen, die von Hiskias Erfolgen gegen die Philister »bis nach Gaza«, also bis zum südlichsten Teil der Philistäa zu berichten weiß. Diese Erfolge änderten freilich an der nach wie vor bestehenden assyrischen Oberhoheit nichts. Wohl zeigt sich, daß sich diese sogleich in dem Maße lockerte, als die Assyrer ferner zogen.
Als ein Aspekt von Hiskias antiassyrischer Politik ist auch seine Kultusreform

zu verstehen, die dem Deuteronomisten Grund zu seiner Heiligsprechung gab (2 Kön 18,4—7). Hiskia ließ die seit Ahas dort befindlichen assyrischen Kultobjekte, die zugleich die assyrische Oberhoheit manifestierten, wieder aus dem Tempel entfernen. Die Kultreinigung traf jedoch nicht nur assyrische Symbole, sondern, wie die unverdächtige Notiz von 18,4 über die Zerstörung der sogenannten ehernen Schlange, deren Anfertigung dem Mose zugeschrieben wurde (Num 21,4—9), auch anderes. Nach der zitierten Mitteilung waren auch die Höhenheiligtümer, Masseben (numinose Steine) und Ascheren (Kultbäume) betroffen. Nichts deutet daraufhin, daß Hiskias Reform bei seinen Lebzeiten rückgängig gemacht worden wäre. Die assyrische Invasion von 701 hatte also wohl die Aufstandsbewegung zerschlagen und Jerusalem in große Bedrängnis gebracht, jedoch nicht seine Eigenständigkeit gebrochen und auch nicht die Stadt vom judäischen Lande abgetrennt.

Die Kultusreinigung Hiskias hatte freilich keinen Bestand. Sein Sohn und Nachfolger Manasse (696/95—642/41; vgl. 2 Kön 21,1—18), der mehr als ein halbes Jahrhundert lang regierte, wird vom Deuteronomisten äußerst negativ beurteilt. Dem wird man entnehmen können, daß Manasse sich alsbald den Assyrern und dem assyrischen Wesen beugen mußte. Wie stark der äußere Zwang oder auch die innere Neigung hierzu waren und ob sie sich etwa untermischten, ist nicht mehr zu ermitteln. Nach 21,16 hat Manasse viel unschuldiges Blut vergossen; die Hintergründe bleiben aber im Dunkeln.

Während Manasses langer Regierung hat das assyrische Großreich den Höhepunkt seiner Macht und seine größte Ausdehnung erreicht. Sanheribs Nachfolger Assarhaddon (681—669) unternahm mehrere Feldzüge gegen Ägypten (ANET S. 290—294). Ägypten einschließlich der Königstadt Memphis im Nildelta wurde erobert und in eine assyrische Provinz umgewandelt. Manasse wird unter 22 anderen Tribut zahlenden Vasallen namentlich genannt (ANET S. 291; TGI² S. 70).

Aber auch Machtkonzentrationen haben einen optimalen Punkt, welchen zu überschreiten gefährlich ist und zum Untergang führt. Erstaunlich rasch ist nach des gewaltigen und kriegstüchtigen Assarhaddons Tod (669) das Reich verfallen. Sein Sohn Assurbanipal (668—626) hat zwar noch Feldzüge nach Westen und Ägypten unternommen, um dort die assyrische Oberherrschaft nach Wirren und Aufständen wiederherzustellen, und auch die oberägyptische Hauptstadt Theben erobert (ANET S. 294—297). Aber einmal wurde Assurbanipal in schwere innere Unruhen verwickelt, als sein Bruder Schamasch-schum-ukin in Babylonien einen Aufstand wagte; und andermal neigte Assurbanipal anscheinend dem harten Kriegshandwerk weniger als einer geistigen Tätigkeit zu. Die von ihm aufgebaute große Bibliothek zu Ninive, deren Bestände jetzt zu einem erheblichen Teil in London sind, ist berühmt geworden. Sie ist eine der wichtigsten Geschichtsquellen aus dieser Epoche. Das assyrische Großreich aber war mit Blut und Eisen gebaut und erhalten worden; vor dem Verfall und dem Untergang konnte es eine spät sich regende Schöngeistigkeit nicht mehr bewahren. Als Manasse starb (642/41), war Assurs Stern bereits am Sinken. Manasses Sohn Amon regierte nur kurz (641/40—640/39) und wurde aus unbekanntem Grunde ermordet (2 Kön 21,19—26). Vielleicht stand eine antiassyrische Partei hinter diesem Königsmord. Es war auf jeden Fall der konservative und gewiß nicht assurfreundliche Landadel, der Amons Sohn Josia zum König erhob (2 Kön 21,24).

Lit.: A. Alt, Die territorialgeschichtl. Bedeutung von Sanheribs Eingriff in Palästina, II, S. 242—249; B. S. Childs, Isaiah and the Assyrian Crisis, 1967; O. Kaiser, Die Verkündigung des Propheten Jesaja im Jahre 701, ZAW 81, 1969, S. 304—315; L. Rost, Zur Vorgeschichte der Kultusreform des Josia, VT 19, 1969, S. 113—120; H. H. Rowley, Hezekiah's Reform and Rebellion, BJRL 44,2, 1962, S. 395—431.

2. Die Episode der Josianischen Restauration

Josia war von 639/38 bis 609 König auf dem Throne Davids. Als er an Stelle des ermordeten Amon zum König erhoben wurde, war er erst acht Jahre alt (2 Kön 22,1). Während der Jahre seiner Minderjährigkeit vollzog sich der rapide Verfall der assyrischen Macht. Im Innern des großen Reiches hatten sich — im »Rhythmus der Geschichte« — neue semitische Elemente, nämlich die Chaldäer in Babylonien festgesetzt. Nabopolassar, der erste der neubabylonischen Könige, befreite Babylonien von der assyrischen Vorherrschaft. Zu einer neuen, eigenständigen Macht wuchsen um dieselbe Zeit auch die Meder heran, die vom iranischen Gebirge her Assurs Zentren bedrohten. Die Skythen — aus Südrußland kommende Reiter- und Erobererhorden — taten ein übriges, das Reich in seinen Grundfesten zu erschüttern. Assur wankte und noch war keine andere Macht stark genug, die Führungs- und Ordnungsfunktion an Assyriens statt zu übernehmen. Wieder entstand im Raume Syriens und Palästinas ein Machtvakuum. In einem Machtvakuum hatte Israel einst sich konstituiert und seinen Staat, bald auch ein Großreich bilden können; in einem Machtvakuum war in der Zeit Jerobeams II. und der etwa gleichzeitigen judäischen Könige in dem halben Jahrhundert zwischen 800 und 750 noch einmal eine Blütezeit von nationaler Selbständigkeit und Wohlfahrt möglich gewesen. In einem Machtvakuum wiederum vollzog sich Josias Restauration. Sie hatte keinen geringen Erfolg.

Über seine Kultusreform und seine sonstigen Maßnahmen berichtet ausführlich der Abschnitt 2 Kön 22,1—23,30. Nach dieser Darstellung war ein im Tempel gefundenes Gesetzbuch die Grundlage seiner Reformen und insbesondere einer Kultuszentralisation, die den Tempel von Jerusalem zum einzig legitimen Kultzentrum erhob und alle anderen Heiligtümer abzuschaffen beabsichtigte. Es ist eine schon alte — seit W. M. L. de Wette um 1800 — und immer noch beliebte Hypothese, daß dieses damals gefundene Gesetzbuch mit einer älteren Gestalt des Deuteronomiums gleichzusetzen sei. Tatsächlich entsprechen mancherlei Maßnahmen, die im Bericht des Königsbuches aufgezählt werden, einzelnen Bestimmungen des Deuteronomiums genau. Das gilt speziell von der Kultuszentralisation (2 Kön 23,8—9.19//Dtn 12,13 ff.). Die Schlußfolgerung aus solchen Übereinstimmungen, daß Josia das Deuteronomium beachtete und seinen Maßnahmen zu Grunde legte, ist allerdings nicht zwingend. Die Entsprechungen ließen sich auch daraus erklären, daß die deuteronomistische Darstellung im nachhinein Josias Maßnahmen dem Deuteronomium gemäß verstand und verstanden haben wollte. Es bestünde dann keine Kongruenz zwischen Reform und Gesetz, sondern nur eine solche zwischen der deuteronomistischen Darstellung und dem Gesetz. Tatsächlich sprechen wichtige Gründe für eine spätere Ansetzung des Deuteronomiums. Noch Jeremia und Ezechiel setzen es nicht voraus. Jeremia rühmt an Josia einzig und allein, daß er Recht und Gerechtigkeit übte, läßt aber über eine Kultuszentralisation nichts verlauten (Jer 22,15 f.).

Damit soll freilich nicht behauptet werden, daß Josias Reform eine Erfindung des Deuteronomisten sei. Man wird es vielmehr als historisch gesichert ansehen dürfen, daß Reformen durchgeführt wurden. Sie sind wie die entsprechenden Maßnahmen schon des Hiskia (s. o. S. 118 f.) als Aspekt und Teil der antiassyrischen und nationalstaatlichen Restaurationspolitik zu verstehen.

Der Reform weichen mußten zuerst und zumeist die assyrischen Kultsymbole, aber auch sonstige — insbesondere auch für Gestirnkulte bestimmte — fremde Kultgeräte wurden aus dem Tempel entfernt und vernichtet (2 Kön 23,4). Wie hoch oder niedrig auch immer der historische Wert des Berichtes über die Kultusreform Josias veranschlagt werden mag, er zeigt durch die darin enthaltenen Ortsangaben, daß Josia über die Grenzen des judäischen Staatsgebietes hinausgriff. Die zum Gebiet des ehemaligen Staates Israel gehörigen Städte Bethel und Samaria wurden ebenfalls von der Reform betroffen (2 Kön 23,15—20). Wenn diese Nachrichten historisch zuverlässig sind, hat sich Josias Macht auch über diese zentralen Gebiete des ehemaligen Nordreiches erstreckt. Aber auch wenn man angesichts dieses Berichtes zur Skepsis neigt, so läßt sich doch auf Grund anderer Texte wahrscheinlich machen, daß Josia sich nicht damit begnügte, den Staat Juda in seinen alten Grenzen und in alter Eigenständigkeit wieder herzustellen. In den Kapiteln 13; 15; 18; 19 des Josuabuches sind Ortslisten enthalten (s. o. S. 36), welche als authentische Dokumente der Josiazeit gelten dürfen. Sie bekunden die Angliederung nordisraelitischen Territoriums an Juda. Es werden Bethel, Ophra und Jericho genannt und diese Orte haben früher nie zu Juda gehört. Bei Josias Tode könnte sogar auch wieder Galiläa dem Staate einverleibt gewesen sein, denn nach 2 Kön 23,29 scheint Megiddo, einst eine Festung Salomos (1 Kön 9,15), Ausgangspunkt für Josias Kriegshandlungen gegen den Pharao gewesen zu sein. In wenigen Jahrzehnten war eine Restauration des israelitisch-jüdischen Staates realisiert worden. Freilich vermag keine Restauration Vergangenes unverändert wiederzubeleben. Der Umstand, daß, wie aus den Ortslisten hervorgeht, ehemals israelitische Städte dem Staate einverleibt wurden, läßt zur Genüge erkennen, daß Josias Staat jerusalemisch-judäisch orientiert war. An eine Wiederherstellung der Personalunion über Juda und Israel und der Eigenständigkeit des Nordreiches war sehr bestimmt nicht gedacht. Auch wenn der Kultusreform nicht das Deuteronomium mit seiner Zentralisationsforderung zu Grunde lag, so wird doch an dieser Darstellung so viel historisch sein, daß Josia bestrebt war, Jerusalem politisch und kultisch eine Führungsstelle zu sichern und die nordisraelitischen Heiligtümer und besonders das von Bethel — einst Jerobeams Staatsheiligtum — zu degradieren. Diese historische Wirklichkeit bot dem Deuteronomisten beste Möglichkeiten für seine Interpretationen.
Wie dem aber auch sei, die Kurzlebigkeit des Kräftegleichgewichtes ließ einen endgültigen Erfolg dieser Politik nicht zu. Josias Restauration blieb eine Episode. In denselben Jahren, welche die Kapitel 22—23 des zweiten Königsbuches beschreiben, war das assyrische Reich jäh zusammengebrochen. Die Lücke der atlichen Geschichtsschreibung, welche über diese Ereignisse schweigt, wird von den Nachrichten der sogenannten babylonischen Chronik (ANET S. 303 ff.; TGI² S. 72 ff.) ausgefüllt. Die Babylonier, u. a. von Medern unter Kyaxares (griechische Form für das akkadische Umakischta) unterstützt, eroberten 612 die Hauptstadt Ninive. Das in sich zerrüttete assyrische Reich hatte sich nicht widerstandslos ergeben, wie der summarische Bericht der babylonischen Chronik, der auch von Rückschlägen der Verbündeten zu berichten weiß, erkennen läßt. Noch nach Ninives Fall gab sich Assur nicht vollends geschlagen. Assur-uballit, Assyriens letzter König, hatte seine Hauptstadt nach Westen, nach Harran in Westmesopotamien verlegt und es dauerte noch einige Jahre, bis auch Rest-Assur als selbständiges Staatswesen ausgelöscht war.
In diesen Endkampf wurde auch der König Josia verwickelt. Es hat ihn das Leben gekostet. Ägypten hatte sich inzwischen von assyrischer Vorherrschaft

befreit. Gleich nach Antritt seiner Regierung griff der Pharao Necho in die Kämpfe ein, sei es um dem letzten assyrischen König zu Hilfe zu eilen, sei es um das assyrische Erbe in Syrien-Palästina, dem alten ägyptischen Hoheitsgebiet, anzutreten. Es kam zu einem Zusammenstoß zwischen dem ägyptischen Heer und Josias Truppen und dabei kam Josia ums Leben, anscheinend ehe es zur Schlacht gekommen war (2 Kön 23,29—30). Josias und Judas Traum war ausgeträumt. Das Machtvakuum in Palästina hatte sich wieder geschlossen. Die unbändige Freude über Ninives Fall, die im Nahumbuch (Nah 2—3) laute und schadenfrohe Töne fand, wich neuer Trauer und neuer Angst. An die Stelle assyrischer Großkönige traten andere Herrscher. Der neue Herr über Syrien und Palästina hieß Necho.

Sobald Necho — einige Monate nach Josias Tode — Gelegenheit fand, griff er in die politischen Dinge Jerusalems ein. Hier war nach Josias Beisetzung sein Sohn Joahas König geworden (2 Kön 23,30). Wieder war es der Landadel Judas — wie schon nach der Ermordung Amons und noch früher bei der Königserhebung des Joas (2 Kön 11,18—20; 21,24) —, der diese Nachfolge bewirkte. Die konservativ judäischen Kreise erhofften von diesem Nachfolger offensichtlich die Fortsetzung von Josias Politik. Ihre Erwartungen wurden jedoch von Necho vereitelt. Er beorderte Joahas zu sich ins Hauptquartier in Ribla, nahm ihn gefangen und ließ ihn nach Ägypten bringen, woher er nicht mehr zurückgekehrt ist (2 Kön 23,33). Jeremia hat in diesem Ereignis ein Vorzeichen kommenden Unglückes gesehen (Jer 22,10). Anstatt des Joahas setzte Necho selbstherrlich einen anderen Sohn Josias mit Namen Eljakim ein, der von ihm den Thronnamen Jojakim bekam.

Lit.: A. Alt, Judas Gaue unter Josia, II, S. 276—288; A. Bentzen, Die josianische Reform und ihre Voraussetzungen, 1926; K. Dietrich, Josia und das Gesetzbuch (2. Reg XXII) VT 27, 1977, S. 13—35; D. J. Gadd, The Fall of Niniveh. The Newly Discovered Babylonian Chronicle, Nr. 21901 in the British Museum, 1923; H. Hollenstein, Literarkritische Erwägungen zum Bericht über die Reformmaßnahmen Josias 2. Kön XXIII, 4 ff., VT 27, 1977, S. 321—336; O. Kaiser, Einleitung in das AT, 1970³, § 11: Das Deuteronomium, S. 103—117; M. Noth, Israelitische Stämme zwischen Ammon und Moab. Aufs. 1, 1971, S. 391—433; M. Rose, Bemerkungen zum historischen Fundament des Josia-Bildes in II Reg 22 f., ZAW 89, 1977, S. 50—63; E. Würthwein, Die Josianische Reform und das Deuteronomium, ZThK 73, 1976, S. 395—423.

3. Das Ende des Staates Juda

Die ägyptische Hegemonie hat nur wenige Jahre gedauert und war wohl überhaupt nur möglich gewesen, solange nach der Liquidierung der assyrischen Macht die politischen Verhältnisse im Osten sich noch nicht konsolidiert hatten. Mittlerweile aber hatten die Chaldäer und Meder eine Teilung des ehemaligen assyrischen Reiches vorgenommen. Das eigentliche assyrische Stammland, das iranische und armenische Gebirge und die nordwestlichen Gebiete bis nach Kleinasien bekamen die Meder; alles übrige Gebiet, und damit auch Syrien und Palästina, fiel den Babyloniern (Chaldäern) zu. Da hier im Westen die Ägypter bereits ihre alten Ansprüche realisiert glaubten, war eine Auseinandersetzung um dieses Territorium unvermeidlich. Einer zeitgenössischen babylonischen Nachricht über diese Ereignisse (TGI² S. 73 f.) und der von ihr bestätigten Mitteilung in Jer 46,2 zufolge hat die Entscheidungsschlacht im Jahre 605 bei Karkemisch am Euphrat stattgefunden. Die Babylonier siegten und setzten der ägyptischen

Herrschaft über Syrien und Palästina ein Ende (2 Kön 24,7). Der Feldherr der Siegermacht hieß Nebukadnezar (bessere Form des Namens: Nebukadrezar, so zumeist im Jeremiabuche), Sohn des Nabopolassar, dessen Nachfolger er ein Jahr später wurde (604—562). Bedauerlicherweise hat das nur kurzlebige neubabylonisch-chaldäische Reich weit spärlichere Nachrichten hinterlassen als Assur, so daß über die Art und Weise der babylonischen Machtausübung, über Organisation und Verwaltung nur Mutmaßungen angestellt werden können. Daß Juda wie die anderen Kleinstaaten, wie einst Assyrien und dann Ägypten gegenüber, tributpflichtig waren, ist sicher. Über Jojakim (608/07—598/97) weiß das Königsbuch nichts Gutes zu erzählen (2 Kön 23,36—24,7). Auch von ihm heißt es, er habe unschuldiges Blut vergossen, aber Einzelheiten werden nicht mitgeteilt. Nach dem Zeugnis des Jeremiabuches (Jer 22,13—19) war er, der nach außen ein machtloser Vasall war, für seine Landsleute ein Despot. Wie andere Tyrannen vor ihm und nach ihm hatte er für Schwarzseher und Kritiker in seinem Staate keinen Platz. Die Leidensgeschichte des Propheten Jeremia nimmt unter seiner Regierung ihren Anfang. Mit Duldung Jojakims wurde Jeremia einer prophetischen Symbolhandlung wegen, die den nahen Untergang Jerusalems im voraus darstellen sollte, vom Oberpriester für einige Zeit gefangen und dabei mißhandelt (Jer 19 f.). Bei anderer Gelegenheit verbrannte er eine Buchrolle mit Jeremias Unheilsworten eigenhändig; den Propheten wollte er verhaften lassen, was ihm allerdings nicht gelang (Jer 36). Bezeichnend für das Selbstverständnis dieses Königs ist der von Jeremia gerügte Bau eines Palastes mit königlichem Erscheinungsfenster (Jer 22,13—19; AOB² 80 und 190).
Seine Vasallenpflichten gegenüber Babylonien hat er allerdings nicht arg genau genommen. Er hat anscheinend für Ägypten mehr Sympathie empfunden. Schon nach drei Jahren meinte er, die Tributzahlungen einstellen zu können (2 Kön 24,1). Im Jahre 598 unternahmen die Babylonier eine Strafexpedition und Jerusalem wurde belagert. Kurz zuvor war Jojakim gestorben und durch seinen Tod der Bestrafung entgangen. Sein Sohn Jojachin trat die Nachfolge an, jedoch dauerte seine Regierung nur einige Monate (2 Kön 24,8—17). Als Jojachin den Thron bestieg, lagen die Babylonier schon um die Stadt. Jojachin entschloß sich, zusammen mit der Königinmutter und der königlichen Familie mitsamt Gefolge und hohen Beamten die Stadt zu verlassen, sich zu den Babyloniern zu begeben und ihnen die Kapitulation anzubieten. Nach einer bei dem jüdischen Historiker Flavius Josephus (2. Hälfte des 1. Jahrhunderts n. Chr., vgl. u. S. 177) erhaltenen Überlieferung hat Jojachin damit die Stadt vor der Zerstörung bewahrt (De bello judaico VI,2,1). Der König und die Jerusalemer und judäische Oberschicht wurden nach Babylon exiliert. Jeremia hat auch in diesem Geschehen Jahwes hereinbrechendes Gericht über Regierung und Volk erkannt (Jer 22,24—30). Der Tempel- und Palastschatz wurden von den Babyloniern erbeutet. Der exilierte König Jojachin hat bis nach Nebukadnezars Tod im Jahre 562 als Gefangener in Babylonien gelebt. Erst Nebukadnezars Nachfolger Evil-Merodach (Amel-Marduk) hat ihn begnadigt und ihm eine Pension gezahlt, aber seine Rückkehr in die Heimat wurde nicht gestattet (2 Kön 25,27—30; ANET S. 308; TGI² S. 78 f.).
Zu den im Jahre 597 Deportierten gehörte sehr wahrscheinlich auch Ezechiel, der 593 bei Tel Abib am Kebar-Kanal unweit Babylons zum Propheten berufen wurde (Ez 1,1—3; 3,1—5).
An Jojachins Stelle wurde babylonischerseits ein Onkel Jojachins und Sohn Josias mit Namen Matthanja als König eingesetzt, der den Thronnamen Zedekia

erhielt. Er war der letzte Davidide, der als König auf dem Davidsthron in Jerusalem regierte (597/96 — 586; 2 Kön 24,18—25,26). Er regierte offiziell als babylonischer Vasall. Aus dem Jeremiabuch (Jer 34; 37—38) bekommt man den Eindruck, daß er ein wohlmeinender, aber ziemlich schwacher Fürst gewesen ist. Sein Staatsgebiet wurde von Nebukadnezar wahrscheinlich erheblich verkleinert. Der Negeb wurde abgetrennt, so daß von nun an wie noch in persischer Zeit, die Südgrenze nördlich von Hebron verlief (so nach Jer 13,18 f.).
Es ist üblich, Zedekias Versuche, im Bündnis mit anderen tributären Kleinstaaten und in der Hoffnung auf ägyptische Unterstützung das babylonische Joch abzuwerfen, für wahnwitzig zu halten. Solche Urteile werden aber aus der Rückschau, die den Ausgang schon kennt, gefällt und werden der Wirklichkeit kaum gerecht. Allzu langer Bestand war dem babylonischen Reich nicht beschieden. Wer hätte damals im voraus seine innere Kraft richtig abschätzen können? Wie dem aber auch sei, einige Jahre nach Zedekias Regierungsantritt kam es zu Verhandlungen mit Edom, Ammon, Moab, Tyrus und Sidon (Jer 27—28). Auch bei den Exulanten lebte die Hoffnung auf eine baldige glückliche Wende, wie Jeremias Brief an sie erkennen läßt (Jer 29).
Als Babylon einzugreifen drohte, ließ Zedekia seine Vasallentreue durch eine Gesandtschaft neu bekunden (Jer 29,3; 51,59). Einige Jahre danach kam es erneut zu einer gemeinsamen Aufstandsbewegung, die jetzt von Ägypten aktiv unterstützt wurde. Sie führte die Katastrophe herbei. 589 rückte ein babylonisches Heer heran und das Land Juda war ihm bis auf einige Festungen — Lachis und Aseka —, die sich halten konnten, schutzlos ausgeliefert, da ägyptische Hilfe ausblieb. Die Belagerung Jerusalems begann. Die Situation dieser Zeit wird, wenn auch nur fragmentarisch, von den 1935—38 gefundenen Ostraka von Lachis beleuchtet. Sie enthalten militärische Nachrichten, die zwischen den belagerten Städten ausgetauscht wurden (ANET S. 321 f.; TGI² S. 75 ff.). In Brief III (ANET S. 322; TGI² S. 75 f.) wird gemeldet, daß ein Kommandant des Heerbannes nach Ägypten gereist sei, wahrscheinlich um sich ägyptischer Hilfe zu versichern. Diese traf auch tatsächlich ein und die Babylonier mußten zeitweise die Belagerung unterbrechen (Jer 34,21; 37,5.11). Als Jeremia in dieser Zeit die Stadt verlassen wollte, um in Benjamin einen Acker in Besitz zu nehmen, wurde er unter Verdacht des Hochverrats verhaftet; bis nach dem Fall Jerusalems, als er von den Babyloniern befreit wurde, blieb er in Haft.
Es gelang den Babyloniern, das ägyptische Heer abzuwehren. Die Belagerung Jerusalems wurde wieder aufgenommen. Aseka und Lachis fielen. Anderthalb Jahre hielten Jerusalems Mauern den Belagerern stand. Am 9. des vierten Monats (Juli/August) im 11. Jahr Zedekias, im 19. Regierungsjahr Nebukadnezars (2 Kön 25, 1—3.8; Jer 39, 1—2; 52, 4—12), das ist: im Jahre 586, ist Jerusalem gefallen.

Die absolute Datierung ist freilich umstritten: Jer 52,29 wird das 18. Regierungsjahr Nebukadnezars als Zeitpunkt der Exilierung genannt. Legt man diese Angabe als zuverlässiger zu Grunde, so kommt man zu einer Datierung der Katastrophe im Jahre 587. Dann sind die sämtlichen Synchronismen und Datierungen von Jer 25,1; 32,1; 52,12; 2 Kön 25,8 und 2 Kön 24,12 als um ein Jahr fehlerhaft zu betrachten. Schwierig ist auch die Zuordnung der Regierungsjahre Zedekias zu der Regierungszeit Nebukadnezars; sie hängt mit der Frage der Vor- oder Nachdatierung der Regierungszeiten (s. o. S. 34 f.) und des Jahresbeginns der Königsjahre zusammen. Eine alle Chronologie-Spezialisten befriedigende Lösung ist noch nicht gefunden worden.

Zedekias Versuch, sich wie einst David ins Ostjordanland abzusetzen, mißlang. Bei Jericho wurde er gefangen und ins babylonische Hauptquartier in Ribla überführt. Nachdem seine Söhne vor seinen Augen hingerichtet worden waren, wurde Zedekia geblendet und nach Babylonien abgeführt. Jerusalem wurde geplündert und niedergebrannt und der Tempel ein Opfer der Flammen. Die Stadtmauern wurden geschleift. Nebukadnezar hat das Territorium Judas in das babylonische Provinzialsystem eingegliedert und einem Statthalter unterstellt, der allerdings judäischer Herkunft war, jedoch nicht in Jerusalem, sondern in Mizpa residierte (vgl. u. S. 126 f.). Die Oberschicht Jerusalems und Judas ging nach Babylonien ins Exil. Der Staat Juda hatte, wie der nördliche Bruderstaat knapp anderthalb Jahrhunderte früher, aufgehört zu existieren.

»Israel« aber überlebte seinen eigenen staatlichen Untergang. Das hat — auch — eine äußere Ursache. Die Babylonier siedelten, entgegen der assyrischen Praxis, die Deportierten in geschlossenen Wohngebieten an, wo ein relatives Maß an Eigenleben möglich blieb und bald auch erhebliche Rechte wie Haus- und Grundbesitz erworben werden konnten. Das babylonische Exil war keine »Gefangenschaft« und kein Identitätsverlust. Aber wichtiger als diese politischen Ermöglichungen physischen und geistigen Fortbestandes einer Nation unter Nationen »wie die Völker ringsum« war und ist, daß Israel im geistlichen Sinne zum Überleben befähigt wurde. Den Grund, auf dem solches Überleben und Leben möglich wurde, legte die prophetische Verkündigung. Politisch-historisch ist die Epoche seit der Reichsteilung und bis zum Fall Jerusalems von Niedergang und Untergang in einem allmählich sich schließenden Machtvakuum gezeichnet, so daß die Blütezeiten sich darin nur wie flüchtige Episoden ausnehmen. Dennoch sind diese Jahrhunderte israelitische »Achsenzeit« — nicht wegen gelegentlich guter Regierung durch gute Politiker; auch nicht weil einzelne Propheten in politischen Ermessensfragen gelegentlich vielleicht klarer sahen als die berufenen Politiker; sondern weil die Propheten von Amos bis zuletzt Jeremia ein Reich und ein Heil entdeckten, das inmitten einer vergehenden Welt vergehender Nationen und Staaten da und doch nicht von dieser Welt ist. In diesem Sinne konnte Jeremia die Exulanten im Gegensatz zu den Daheimgebliebenen mit guten Trauben vergleichen (Jer 24), nicht etwa, weil sie besser gewesen wären, sondern weil nur die Gerichteten jenseits des Gerichtes des Heils gewiß sein dürfen. So konnte er es auch wagen, den Verbannten in Babel den Schalom Jahwes schon für ihre Gegenwart brieflich zuzusagen (Jer 29).

Lit.: E. Auerbach, Wann eroberte Nebukadnezar Jerusalem?, VT 11, 1961, S. 128—136; F. H. Horn, The Babylonian Chronicle and the Ancient Calendar of Judah, AUSS 5, 1967, S. 12—27; E. Janssen, Juda in der Exilszeit, FRLANT 69, 1956; E. Kutsch, Das Jahr der Katastrophe: 587. Kritische Erwägungen zu neueren chronologischen Versuchen, Bib 55, 1974, S. 520—545; A. Malamat, A New Record of Nebuchadrezzar's Palestinian Campaigns, IEJ 6, 1956, S. 246—256; ders., The Last Kings of Judah and the Fall of Jerusalem, IEJ 18, 1968, S. 137—156; M. Noth, Die Katastrophe von Jerusalem im Jahre 587 v. Chr., Ges. Stud., ThB 6, 1960, S. 346—371; ders., Die Einnahme von Jerusalem im Jahre 597, ZDPV 74, 1958, S. 133—157 = Aufs. I, 1971, S. 111—132; C. Schedl, Nochmals das Jahr der Zerstörung Jerusalems 587 oder 586 v. Chr., ZAW 74, 1962, S. 209—213; E. Vogt, Die neubabylonische Chronik über die Schlacht bei Karkemisch und die Einnahme von Jerusalem, SVT 4, 1956, S. 67—96.

X. Die Jahrzehnte babylonischer Vorherrschaft von 586—538

1. Die Situation der im Lande Verbliebenen

Über die exilische Zeit enthält das AT keinen zusammenhängenden Bericht. Die Lücke zwischen der Erzählung über die Exilierung am Ende der Königsbücher und dem Parallelbericht von Jer 52 sowie dem Schluß der Chronikbücher einerseits und den Mitteilungen über die Rückkehr aus dem Exil im chr Esrabuch andererseits läßt sich jedoch unschwer einigermaßen ausfüllen. Der Exilszeit entstammen das prophetische Werk des Deuterojesaja (Jes 40—55), das Ezechielbuch, die Klagelieder und vermutlich auch die frühen Schichten des dtr Geschichtswerkes und der Priesterschrift.
Die schon im dtr Geschichtswerk anklingende und dann im chr Werk weit ausgebaute Konzeption, daß ganz Juda exiliert wurde, ganz Juda im Exil war (2 Kön 24,14; 25,11; 2 Chron 36,20) und daß sich somit Israels Geschichte während der babylonischen Zeit in Babel abspielte, ist historisch unzutreffend. Sie ist als geschichtstheologische Interpretation der Ereignisse zu verstehen: Die Propheten hatten ein totales Gericht angedroht; die Exilierung wurde als das in Erfüllung dieser Unheilsbotschaft eingetroffene Gericht verstanden; sie mußte darum ebenso total sein, wie es die Propheten geweissagt hatten. Im Widerspruch zu dieser späteren geschichtstheologischen Interpretation stehen verschiedene Mitteilungen über genaue Zahlen der Deportierten (2 Kön 24,14.16; Jer 52,28—30). Diese Zahlenangaben divergieren erheblich und die wirkliche Zahl der nach Babel Geführten läßt sich nicht mehr ermitteln. Aber soviel ist wohl deutlich, daß das Exil einen beträchtlichen Aderlaß, jedoch nicht die völlige Austreibung der in Jerusalem und Juda ansässigen Bevölkerung bedeutete.

Die Ereignisse von 597 und 587/86 hatten zur Folge, daß Israels Geschichte sich von nun an an mehreren Lokalitäten mehr oder weniger unabhängig hier und dort abspielte. Nach wie vor lebte in Jerusalem und Juda eine autochthone Bevölkerung, daneben aber existierte eine bedeutende Diaspora in Babylonien und eine andere auch in Ägypten, über die noch zu reden sein wird. Von großer Wichtigkeit ist, daß wie in Palästina, wo von den Babyloniern keine neue Oberschicht angesiedelt wurde, so auch in Babylonien und Ägypten diese Gruppen einigermaßen geschlossen zusammenwohnen und so die überkommenen Traditionen festhalten konnten.
Aus dem judäischen Gebiet, wozu der Negeb schon nicht mehr gehörte, machten die Babylonier eine Provinz. Ein Judäer namens Gedalja wurde als Statthalter eingesetzt und die Stadt Mizpa im Norden der neuen Provinz als Residenz bestimmt. Gedalja war ein Sohn Ahikams, ein Enkel des Saphan (2 Kön 25,22). Ahikam gehörte, wie aus Jer 26,24 zu erschließen ist, zum Kreis um Jeremia, der den Aufstand gegen Babylonien von Anfang an abgelehnt hatte. Daß die babylonische Wahl auf Gedalja fiel, lehrt, daß die Babylonier sich offenbar in den verschiedenen inneren Strömungen in Juda auskannten. Das zeigt sich auch an der Behandlung, welche Jeremia seitens der Babylonier widerfuhr. Er wurde aus der Haft, in der er sich während der letzten Zeit der Belagerung in Jerusalem

befunden hatte, entlassen und erhielt eine Empfehlung an den kommandierenden General, der ihm riet, sich zu Gedalja in Mizpa zu gesellen (Jer 39,11 ff.; 40,1 ff.).

Gedalja hat eine Reihe von wirtschaftspolitischen Maßnahmen ergriffen, die zu einer Beruhigung und Sanierung des vom Krieg heimgesuchten Landes führen sollten. Nach Jer 40,9 ff. veranlaßte er, daß die in die angrenzenden Länder geflohenen Judäer wieder heimkehrten, und sorgte er dafür, daß die auf dem Felde stehende Ernte rechtzeitig eingebracht wurde.

Aber schon nach kurzer Tätigkeit wurde Gedalja von einem gewissen Ismael, einem Offizier, der mit dem Davidshaus verwandt war, ermordet (Jer 41,1 f.). Über die Motive der Tat verlautet nichts, aber sie lassen sich leicht erraten, zumal der Täter Davidide und Offizier war. Gedaljas — und Jeremias — Tätigkeit wurde als Landesverrat und Kollaboration verstanden. Bei dem Attentat sollen auch die Ammoniter ihre Hand im Spiele gehabt haben, ohne daß klar wird, welche politischen Motive sie dazu bewogen haben könnten. Außer Gedalja wurden auch andere Judäer und Babylonier, also anscheinend der ganze Führungsstab von Mizpa, ums Leben gebracht. Die Folge des Attentats war eine Panik unter der Bevölkerung, die blutige Repressalien befürchten mußte. Gegen den Rat Jeremias flohen viele nach Ägypten. Auch Jeremia und sein Schüler Baruch wurden gezwungen, nach Ägypten zu ziehen. Diese Fluchtbewegung hat die seit langem in Ägypten lebende jüdische Diaspora zahlenmäßig anwachsen lassen. Es ist nämlich anzunehmen, daß die ägyptische Diaspora schon früher entstanden war. Aus persischer Zeit ist sogar eine ganze jüdische Militärkolonie in Elephantine, einer Insel am ersten Nilkatarakt, bekannt, die aber schon vor der persischen Zeit existiert haben muß (vgl. u. S. 135, 147 f.).

Es wird nicht berichtet, wer Gedaljas Nachfolger wurde. Man kann vermuten, daß dieses Amt mit dem Tode seines ersten Inhabers erlosch und daß das judäische Gebiet zu der seit der assyrischen Zeit bestehenden Provinz Samaria geschlagen und ihrem Statthalter unterstellt wurde. Das entspricht der Rechtslage in der frühen persischen Zeit, welche die Perser nicht erst geschaffen, sondern bereits vorgefunden haben.

Auch in die inneren Verhältnisse Judäas haben die Babylonier eingegriffen. Es wurde eine Neuverteilung des Landbesitzes vorgenommen. Nach Jer 39,10 und 2 Kön 25,12 wurden den sogenannten geringen Leuten, d. h. bis dahin Landbesitzlosen, Länder und Weingärten zugeteilt. Diese waren zuvor im Besitz des 'am ha-'arez, also der jüdischen Vollbürger gewesen. Sofern diese nicht exiliert worden waren, wurden sie nunmehr durch die neue Landverteilung deklassiert. Da unter agrarischen Verhältnissen die Vollbürgerschaft und die volle Rechtsfähigkeit an Landbesitz gebunden sind, hatte die neue Landzuteilung nicht nur wirtschaftliche Folgen, sondern sie entrechtete die bisherigen Vollbürger und machte sie zugunsten der bisherigen geringen Leute zu Beisassen im eigenen Land. Diese rechtliche und soziale Umschichtung bedeutete auch einen Eingriff in den religiösen Bestand, sofern die geringen Leute aller Wahrscheinlichkeit nach wenigstens zum Teil keine genuinen Israeliten, sondern Nachkommen von Kanaanäern oder der sonstigen nichtisraelitischen Bevölkerungsteile waren. Hingegen stellte der 'am ha-'arez in vorexilischer Zeit die konservativisraelitische Partei (2 Kön 11,14.18.20; 21,24; 23,3.30). Die Deklassierung dieses Bevölkerungselementes war zugleich eine Degradierung der Jahwereligion. Im Bedeutungswandel des Begriffes 'am ha-'arez, der in nachexilischer Zeit die heidnische oder halbheidnische Landbevölkerung meint, spiegelt sich die in babylonischer

Zeit vorgenommene soziale Umschichtung wider. Es ist begreiflich, daß die Deklassierten auf eine Restitution hofften. Klgl 5,2; Jes 62,8; 65,13.21 f. geben dieser Erwartung Ausdruck.

Die Hoffnung auf eine Restauration war freilich nicht die einzige Geisteshaltung dieser Zeit. Die Kapitel Jer 39—41 vermitteln den Eindruck, daß Mizpa mit Gedalja als politischem und Jeremia als geistlichem Führer bis zur Ermordung des Statthalters ein neuer Mittel- und Sammelpunkt solcher wurde, welche die antibabylonische Politik immer schon abgelehnt hatten und nunmehr nach der Katastrophe eine Bewältigung der Vergangenheit und eine Erschließung neuer Zukunft versuchten. Schon vor Jahren hatte Jeremia das göttliche Heil aus der Identifizierung mit dem Wohnen im gelobten Lande, mit dem Tempelkult und der Davidsdynastie losgelöst. Trotz Unheil konnte Jeremia Heil und im Gericht der nationalen Katastrophe Gnade verkündigen (Jer 29,4—7.11 ff.; 24; 32,15). So schockierend diese Botschaft auch immer sein mochte, sie ermöglichte es letztlich, die Unterwerfung unter Babel, gleichviel ob in der Heimat oder im Exil erfahren, als ein Gericht des Gottes Israels, das sein Heil nicht ausschloß, zu verstehen und zu bewältigen. Diesen Einsichten verdankte Israels Religion die Befreiung aus alten Schranken und damit überhaupt ihr Überleben.

Mit den Gedanken des Jeremiakreises verwandt ist die deuteronomistische Bewegung. Diese wird sich voll erst in nachexilischer Zeit entfaltet haben, aber ihre Anfänge sind wohl in exilischer Zeit in Palästina anzusetzen. Hier wird noch einmal die Geschichte Israels von Moses Tagen bis zur Katastrophe Jerusalems aufgearbeitet und aus ihr die Lehre gezogen, daß nur eine Buße und Umkehr zu Jahwe aus dem selbstverschuldeten Gericht herausführen könne. Die Verwandtschaft zwischen der dtr Bewegung und den Tradenten des Jeremiabuches ist auffällig. Letztere haben Stil und Thematik des Deuteronomismus aufgenommen und Jeremias Verkündigung entsprechend gestaltet. Auf diese Tradenten geht die Gestalt und z. T. auch der Gehalt der dtr Reden des Jeremia zurück. Bemerkenswert ist, daß aus dem von Jeremia als mitten im Gericht gegenwärtig verkündigten Heil nun doch wieder ein zukünftiges wird (Jer 29,10). Glaubten die einen an gegenwärtiges und hofften die anderen auf zukünftiges Heil, so war die Zahl derer gewiß auch nicht gering, die an jeglichem Heil verzweifelten. Die Klagelieder, später dem Jeremia zugeschrieben, haben ihren Sitz im Leben vermutlich in Klagefeiern dieser Zeit. Auch die Psalmen 44; 74 und 79 sowie das Volksklagelied Jes 63,7—64,11 (»ach daß du die Himmel zerrissest und führest herab!«) gehören hierher. Diesen Klagepsalmen kann man entnehmen, wie das Ausbleiben einer sichtbaren Wende den Jahwetreuen im Lande zur Anfechtung wurde. Die Not der Zeit wird nicht nur Beten, sondern auch Fluchen gelehrt haben. Manche werden ihre angestammte Religion preisgegeben haben.

Auch die Entstehung des Priesterkodex, also jener Schicht im Pentateuch, welche die Literarkritik als jüngste Quelle unter den Pentateuchurkunden zu unterscheiden gelehrt hat, ist in dieser Zeit anzusetzen. P bietet eine programmatische Geschichtserzählung: die Geschichte der Patriarchen und des mosaischen Israel gipfelt in der Konstituierung Israels als einer Kultgemeinde am Sinai; dieser seiner konstitutiven Geschichte entsprechend soll das nachexilische Israel reine Kultgemeinde Jahwes sein, der dort, wo sich Israel zum Kult versammelt, gegenwärtig ist. Man könnte von einer kultisch realisierten Eschatologie sprechen. Die faktische Bedeutung, die die priesterschriftliche Konzeption erlangte, läßt sich daraus ablesen, daß P zur Grundschrift des Pentateuch und damit der Tora wurde.

Dennoch hat das priesterlich-kultische Programm der Priesterschrift entgegengesetzte Tendenzen nicht unterbinden können. Schon die literarische und sammlerische Tätigkeit der exilischen und nachexilischen Zeit, die keine unmittelbare Beziehung zum Tempel hatte, zeigt an, daß Israels Religion sich nicht im Tempelkult erschöpfte. Die Fasten- und Trauerfeiern, die Sach 7,2 f.; 8,19 bezeugt sind und die ähnlich auch im babylonischen Exil abgehalten wurden, bedürfen keines Tempels und keines Opferdienstes, sondern haben den Charakter von Wortgottesdiensten. Auch die dtr Jeremiareden, die faktisch Predigten über Jeremiatexte darstellen, werden keine bloß literarische Fiktion sein. Es ist vielmehr anzunehmen, daß in dieser Weise über Jeremiaworte gepredigt worden ist. Der spätere synagogale Wortgottesdienst ohne und fern ab vom Tempel hat sehr alte und tiefe Wurzeln. Auch die Entwicklung dieser neuen Gottesdienstformen ist ein geistiges Erzeugnis dieser ungemein schöpferischen Epoche, das verhinderte, daß der Verlust von Staat und Land und Tempel zum Identitätsverlust Israels führte. Zwar hat eine Restauration des Tempels und des Tempelkultes stattgefunden, aber doch war die große Zeit des Tempels als einer Opferstätte schon vorbei. Im Judentum wurden schließlich nicht die Priester und Liturgen, sondern die Schriftgelehrten die maßgebenden Träger der Tradition.

Sehr viel weniger als über die geistigen und religiösen Strömungen und Entwicklungen ist über die äußeren politischen Ereignisse seit der Ermordung Gedaljas zu berichten. Laut Jer 52,30 haben die Babylonier 582 — im 23. Jahr des Nebukadnezar — nochmals 745 Personen deportiert. Der Anlaß ist unbekannt. Wohl kann man annehmen, daß für die bis dahin von den Babyloniern verschonten Nachbarstaaten nunmehr auch die letzte Stunde schlug. Außer für Ammon und Moab galt das insbesondere auch für den bestgehaßten Nachbarn Edom. 597 war vermutlich der ganze Negeb edomitisch geworden. Nun wurde Edom einschließlich dieses neuerworbenen Gebietes selbst auch zur babylonischen Provinz. Die Haßgefühle gegen Edom haben vielfältigen Ausdruck gefunden (Mal 1,2—3; Obadja; Ez 25,12—14; 35,1—15; Jer 49,7—22; Jes 34,5—17). Die Edomiter werden gegen Juda seit Davids und seines Generals Joab Tagen (2 Sam 8,13 f.; 1 Kön 11,15—17) ähnliche Empfindungen gehegt haben. In späterer Zeit sind die Edomiter von den arabischen Nabatäern nach Westen gedrängt worden. Sie rückten in die Gegend des Negeb (später Idumäa) ein, während die Nabatäer die ursprünglich edomitische Landschaft südlich des Toten Meeres in Besitz nahmen.

Lit.: Siehe am Ende von Abschnitt X, 2.

2. Die babylonische Diaspora

Es war den Exulanten erlaubt, als eine mehr oder weniger geschlossene Gruppe zusammenzuleben. Das Ezechielbuch, neben Deuterojesaja (Jes 40—55) wichtige Quelle für die Beurteilung der exilischen Verhältnisse, nennt den Fluß Kebar (1,1 ff.), einen Kanal am unteren Euphrat und Tigris, und als Ort Tel Abib (3,15). Obwohl man sich angewöhnt hat, von babylonischer Gefangenschaft zu sprechen, waren die Exilierten keine Gefangenen im eigentlichen Sinn. Gefangen gehalten wurden allenfalls der König Jojachin und seine Umgebung. Aber auch er wurde, wie der Schluß des zweiten Königsbuches mitteilt (2 Kön 25,27—30), nach Nebukadnezars Tode von dessen Nachfolger Amel-Marduk (im AT Evil-Merodach genannt) 562 begnadigt. Er durfte allerdings nicht nach Jerusalem zurückkehren. Aber auch schon vor diesem Begnadigungsakt galt Jojachin, obwohl faktisch anfangs in Jerusalem noch Zedekia regierte, immer noch als König. In zeitgenössischen babylonischen Texten wird er namentlich genannt und als König des Landes Juda tituliert (ANET S. 308). Nach Auskunft des Ezechielbuches pflegten die Exulanten nach dem Datum der Exilierung Jojachins die Jahre zu zählen (Ez 1,2 u. ö.). Man wird daraus entnehmen dürfen, daß Zedekia für die Babylonier, aber auch in den Augen der Exulanten nur das Amt eines Reichsverwesers innehatte. Das erklärt, warum Zedekia wegen seines Abfalls von Babylonien so ungemein hart bestraft wurde.

Die Exulanten wurden am unteren Euphrat und Tigris angesiedelt und bildeten hier eine halbfreie Untertanenbevölkerung. Aus älterer assyrischer Quelle (ANET S. 284 ff.) ist zu entnehmen, daß früher die Assyrer Deportierte in Fronarbeit verfallene Städte neu bauen und öde Gebiete erschließen ließen. Obwohl entsprechende babylonische Berichte fehlen, darf man Ähnliches auch als babylonische Praxis vermuten. Eine wichtige Quelle für die äußere und insbesondere geistige Lage der Exulanten ist das Ezechielbuch. Ezechiel selbst war einer der 597 nach Babel Deportierten. Wenn auch nicht das ganze Buch, das seinen Namen trägt, ihn zum Urheber hat, so ist es doch auch noch in seinen sekundären und späteren Schichten aus exilischer Sicht redigiert und darum eine bedeutende Urkunde für die Situation im Exil. Ez 8,1; 14,1; 20,1 werden Älteste erwähnt. Diese sind offenbar die Obersten einzelner Sippen und man kann daraus schließen, daß die Verbannten im Zusammenhang ihrer angestammten Verbände leben durften. Laut 8,1 besitzt der Prophet ein Haus, worin er diese Ältesten empfangen kann. Daß Exulanten Häuser und auch Gärten besitzen konnten, wird ja auch durch den Brief des Jeremia an die Gola (Jer 29) bestätigt. Nach einiger Zeit der Umstellung und des Einlebens in die fremde Umwelt sind Teile der Exulantenschaft auch zu Wohlfahrt gelangt.

Aus dem 5. Jahrhundert v. Chr. wurde ein Bankhaus, die Firma Muraschu und Söhne in Nippur südöstlich von Babylon bekannt. Auf den Tontafeln, die das im vorigen Jahrhundert wiederentdeckte Geschäftsarchiv darstellen, begegnen zahlreiche hebräische Namen. Das ist ein sicheres Indiz für die rege Tätigkeit von Juden im wirtschaftlichen Bereich. Das Bankgeschäft als solches ist zwar höchstwahrscheinlich keine jüdische, sondern eine babylonische Erfindung. Noch Ez 16,29; 17,4 wird Babylon verächtlich ein Krämerland und eine Händlerstadt genannt. Diese Auffassung muß aber nicht allgemein gewesen sein. Eine der beiden großen Banken im 7. Jahrhundert, das Haus Egibi wird in israelitisch-jüdischen Händen gewesen sein, denn der Begründer hat den Namen Jakob. Die religiöse Besonderheit verhinderte die völkische und soziale Integration in die »Heidenwelt«, trotz aller sonstigen Anpassung an die Umgebung bis hin zur Übernahme der Sprache. Diese Nichtintegration, einerseits ein Hindernis, das manchem den Aufstieg verwehrte, eröffnete andererseits den exilierten Judäern — gebildeten Angehörigen der Oberschicht — den Zugang gerade zu den sogenannten bürgerlichen Berufen in Handel und Gewerbe, die damals wie zu allen Zeiten von besonderer Bedeutung für die Wohlfahrt waren.

Aber wenn auch das Exil keine Gefangenschaft war, so führte es doch in eine geistige und religiöse Krise, die für die Deportierten noch radikaler sein mußte als für die Daheimgebliebenen. War in Jerusalem noch ein gewisser Tempelkultbetrieb im herkömmlichen Sinne möglich — laut Jer 41,4—5 fand sogar nach der Ermordung Gedaljas eine Wallfahrt von Leuten aus Sichem, Silo und Samaria nach Jerusalem statt —, so war solches in Babylonien natürlich ausgeschlossen, denn im unreinen Lande ist kein legitimer Opferkult möglich. Nach angestammter Auffassung bedeutet das Fernsein vom gelobten Land und vom Ort der göttlichen Präsenz nichts weniger als Fernsein von Gott und seinem Heil und

Verbannung an einen Ort, wo Jahwe nicht ist, nicht segnet, nicht spricht und schweigen muß, weil seine Macht nicht bis ins fremde Land reicht.

Daß diese durch die Ereignisse von 598—586 hervorgerufene Krise, die insbesondere die Exulanten betraf, nicht den Verfallsprozeß von Israels Religion einleitete, sondern zu einer Katharsis und zu ihrer Neuwerdung führte, ist gewiß nicht zuletzt der prophetischen Verkündigung zu verdanken. Das Exil konnte nunmehr als das von den Propheten zuvor angekündigte Gericht Jahwes verstanden werden. Die Katastrophe Jerusalems bedeutet nicht die tatenlose Ohnmacht Jahwes, sondern das von ihm selbst herbeigeführte Gericht über sein eignes Volk. Die Verkündigung von Jahwes Heil mitten im Gericht des Exils verhinderte dort, wo diese Botschaft Glauben fand, daß der Jahweglaube sich im Willen zur bloßen Restauration erschöpfte oder zu bloßer Zukunftshoffnung verdünnt und entleert wurde.

In diesem Sinne ist auch das Wirken Ezechiels zu beurteilen. Bemerkenswert ist, daß dieser Prophet auch noch im Exil eine Unheilsbotschaft zu verkündigen und den totalen Untergang Jerusalems anzusagen hat. Diese Botschaft, die jede Hoffnung auf bloße Restitution für eitel erklärt, hat nicht nur negativen Sinn, sondern will zur Bejahung der Gegenwart anleiten, in der Jahwe selbst auch noch im fremden Lande den Seinen zum Heiligtum wird (11,16). Ähnlich wie bei Jeremia, wenn auch mit anderen Bildern und mit einem anderen Temperament vorgetragen, vollzieht sich auch hier der Abschied Jahwes von Land und Tempel (8—11), der nicht die Aufkündigung des Bundes Jahwes mit Israel, wohl aber die Loslösung des göttlichen Heils aus der objektivierenden Identifikation mit sichtbarem Erfolg bedeutet.

Das Ezechielbuch reflektiert in seinen jüngeren Schichten und als ganze Komposition, die von der Unheilsverkündigung in 1—24 über die Ankündigung von Unheil für die Fremdvölker in 25—32 zur Heilsverkündigung für Israel und zu einem Verfassungsentwurf für die neue Heilsgemeinde in 33—48 fortschreitet, noch eine andere und darüber hinausgehende Gedankenentwicklung. Ist das Exil ein Gericht, durch dessen Läuterung hindurch die Exulanten gehen müssen, ehe sie das neue Heil erlangen, so kann gefolgert werden, daß auch sie und nur sie allein nach dem Exil und jenseits des Gerichtes das geläuterte und neue Israel darstellen. Diese Folgerung ist in der Tat gezogen worden. Sie ist allerdings eine schwerwiegende Umbiegung der ursprünglichen Verkündigung eines Ezechiel — und Jeremias —, die aus der Dialektik von Heil und Unheil und von Gericht und Gnade ein objektives und lineares Nacheinander werden läßt. Das Nacheinander von Unheil und Heil wurde zum Schema, das die Redaktion der Prophetenbücher prägt. Es wurde wesentliches Theologumenon auch des chr Werkes, für das die nachexilische Gemeinde, insgesamt aus dem Gericht des Exils heimgekehrt, das wahre Israel ist, das das Heil erlangte. Die Wurzeln solchen nachexilischen Theologisierens reichen in die exilische Zeit zurück.

Was früher über den opferkultlosen Gottesdienst in Palästina gesagt wurde, gilt auch und noch mehr für die Exulanten. Mehr noch als für die Daheimgebliebenen wurde hier die Entwicklung anderer Gottesdienstformen zu einer Notwendigkeit, von der, da Religion ohne Gottesdienst nicht leben kann, der Fortbestand von Israels Religion abhing. Da der ältere Bestand des Ezechielbuches und auch das Werk des Deuterojesaja eine ursprünglich mündliche Verkündigung reflektieren, ist schon aus diesem Grunde damit zu rechnen, daß wie in Palästina so auch hier irgendwelche neuen Formen eines Wortgottesdienstes entwickelt wurden. Es ist auch kein Zufall, daß die Observanz der Beschneidung und die Einhaltung des Sabbats, die, anders als der Opferkult, nicht an das Heilige Land gebunden sind, seit dem Exil immer mehr zum Unterscheidungszeichen von den

Heiden und zum Bekenntnisakt zu werden begannen. Sie werden zum Zeichen der Zugehörigkeit zum Gottesvolk, dessen Glied man nicht ohne eigenes Bekenntnis ist. Darin zeichnet sich aber auch noch ein anderer Zug der Zeit ab, der als zunehmende Individualisierung des religiösen Lebens bezeichnet werden kann, wie sie sich auch außerhalb Israels in dieser Epoche bemerkbar macht. Man wird dies als Ausdruck einer allgemeinen Krisis werten müssen, die durch das Zerbrechen überindividueller Sicherheiten, die Land und Volk und Staat geboten hatten, ausgelöst worden war. Die Kapitel Ez 18 und 33, die das Problem der individuellen Verantwortung und Gerechtigkeit thematisieren und vermutlich nachezechielisch sind, sind ein weiteres Dokument, das diese neue, individualisierende Geisteshaltung bezeugt.

Der andere bedeutende exilische Prophet, der aller Wahrscheinlichkeit nach im babylonischen Exil wirkte, ist der Anonymus, auf den die Kapitel 40 bis 55 des Jesajabuches zurückgehen und den man als Deuterojesaja zu bezeichnen sich angewöhnt hat. Deuterojesaja wirkte gegen Ende der babylonischen Vorherrschaft, als unter Kyros die Perser sich anschickten, dem chaldäischen Reich ein Ende zu bereiten. Deuterojesajas Verkündigung ist reine Heilspredigt: Jahwe wird das Gericht beenden, sein Volk in einem neuen Exodus, der den Auszug aus Ägypten weit in den Schatten stellt, aus Babel herausführen und eine neue Heilszeit anbrechen lassen. Mindestens zeitweise hat der Prophet in Kyros das von Jahwe erwählte Werkzeug dieses neuen Heilshandelns und gar den Gesalbten Jahwes gesehen (44,28; 45,1), der an Babel das Gericht vollstrecken und Jerusalem und seinen Tempel wieder aufbauen würde (44,26; 45,13; 48,14 f.). Es ist wahrscheinlich, daß Deuterojesaja diese seine Verkündigung ursprünglich — nicht anders als die älteren Propheten — mündlich vorgetragen hat, aber man wird wohl mehr speziell an im Exil gehaltene Klage- und sonstige Gottesdienste zu denken haben, in deren Rahmen er aufgetreten sein wird. Bemerkenswert an Deuterojesajas Heilsverkündigung noch mitten im Unheil des Exils sind auch der sich anbahnende »theoretische Monotheismus« (44,6; vgl. 41,4; 43,11) und eine fast schon dualistische Unterscheidung zweier Zeiten, der alten, jetzt zu Ende gehenden Unheilszeit und der unmittelbar bevorstehenden neuen Heilszeit, deren Heil ewig und unveränderlich sein wird (43,18 f.; 51,6.8; 54,8.9 f.).

Dieser die spätere apokalyptische Zweiäonenlehre vorbereitende Zeitendualismus, der Monotheismus und die besondere Wertschätzung des Persers Kyros machen eine gewisse Beeinflussung Deuterojesajas durch die persische Religion und die Lehren des prophetischen Reformers Zarathustra (6. Jahrhundert?) wahrscheinlich. Es ist zwar nicht unbedingt mit genauer Kenntnis der persischen Religionslehren — Dualismus des Kampfes zwischen Ahura-Mazda und Ahriman, zwischen Licht und Finsternis, Gut und Böse, der mit dem Sieg des Guten enden wird; Tendenz zum bildlosen ethischen Monotheismus — zu rechnen, wohl aber mit einem mehr allgemeinen Einfluß auf das Denken und Fühlen und den Geist der Zeit, der von Persien ausging und sich bis in spätere Zeiten des Judentums und Christentums im ganzen und in manchem einzelnen bemerkbar macht. Der Dualismus von Gut und Böse, die heilsgeschichtliche und unheilsgeschichtliche Periodenlehre, Heilsmittlergestalten, Angelologie und Teufelslehre, die himmlische Buchführung über menschliche Taten sind solche aus der persischen Religion hervorgegangenen Vorstellungen. Überhaupt wird die Hoffnung, daß mit den Persern nach den assyrischen und babylonischen Schrecken und Unterdrückungen eine neue Heilszeit anbrechen würde, weit verbreitet gewesen sein und Deuterojesaja hat ihr beredten Ausdruck gegeben.

Tatsächlich hat die babylonische Vorherrschaft nur einige Jahrzehnte — für die Betroffenen allerdings ein Menschenleben — gedauert. Die Perser — einer der iranischen, nichtsemitischen Weststämme — bildeten zunächst ein Vasallenfürstentum im Reich der Meder. Die ebenfalls iranischen Meder waren es gewesen, die zusammen mit den Chaldäern 612 die assyrische Hauptstadt Ninive eroberten und dem assyrischen Reich ein Ende bereiteten. In den Besitz des assyrischen Stammlandes und der iranisch-armenischen Gebirge bis Ost-Kleinasien gelangt, stellte das medische Reich eine erhebliche Macht und bald für die vor kurzem noch mit ihnen verbündeten Babylonier eine ernsthafte Bedrohung dar. Dem Perser Kyros, einem medischen Vasallen und Sohn einer medischen Mutter gelang es, die persischen Stämme unter seiner Herrschaft zu vereinen und sich damit eine Hausmacht zu verschaffen, mit der er die weltpolitische Bühne betrat. In Babylonien war 562 Nebukadnezar gestorben und nach mancherlei Thronwirren 555 Nabonid von Priestern zum König erhoben worden. Mit ihm verbündete sich Kyros gegen das medische Reich, das zudem durch einen Aufstand des medischen Adels gegen den eigenen König geschwächt war. Der Angriff gelang, die Hauptstadt Ekbatana (Hamadan) fiel und 550 wurde Medien die erste Satrapie des persischen Reiches. Kyros wurde König über Meder und Perser. Medien war ein föderativer Feudalstaat gewesen; die neuen persischen Herrscher der Achämenidendynastie schufen ein strenger zentralistisch organisiertes Staatswesen. Durch diese neue Struktur wurde das persische Reich aktionsfähiger und für Babylonien weit gefährlicher, als es Medien je gewesen war. Diese Gefahr wuchs, als 547 Kyros den König Krösos von Lydien besiegte und sein Machtgebiet bis an die Westküste Kleinasiens erweiterte. Unter dem priesterlichen König Nabonid, der seinem Sohn Belsasar die Regierungsgeschäfte weitgehend überließ und sich — ähnlich wie einst der assyrische Großkönig Assurbanipal — einer geistigeren Tätigkeit widmete und sich außerdem mit der Marduk-Priesterschaft in Babylon überworfen hatte, war das babylonische Reich für Kyros kaum noch ein ebenbürtiger Gegner. 539 besetzte Kyros' Statthalter Gobryas Babylon. Zwei Wochen danach zog Kyros selbst in die alte, berühmte, politisch, wirtschaftlich und religiös hochbedeutsame Weltstadt Babylon ein und machte sich selbst nun auch zum König über Babylonien (ANET S. 306; TGI² S. 81 f.).

Über die Hoffnungen, die ein Deuterojesaja in ihn setzte, ist schon gesprochen worden. Überhaupt scheint Kyros auf seine Zeitgenossen den Eindruck eines siegreichen Gottmenschen — wie später Alexander oder Augustus — gemacht zu haben, der der langen Elendszeit assyrischer und babylonischer Unterjochung ein endliches Ende setzt und »Heil und Leben mit sich bringt«. Auch in Babylon wurde er nicht als feindlicher Eroberer empfangen, sondern von der Marduk-Priesterschaft und von vielen Babyloniern als Retter und Befreier begrüßt. Anstatt der Deportationen und Hinrichtungen, die sonst einen Machtwechsel zu begleiten und zu bestätigen pflegten, ordnete Kyros eine weitgehende Restitution der verschiedenen alten Kulte und eine Repatriierung von Göttern und Kultgeräten der Länder Babyloniens und Sumers an (Kyroszylinder, vgl. ANET S. 315 f.; TGI² S. 82 ff.). Durch die Eroberung Babylons wurde Kyros Großkönig über »Babilu u Ebirnari«, über Babylonien und das Land jenseits des Euphratstromes, d. h. auch über Syrien und Palästina. Israels Land war zum Teil eines Großreiches geworden, das von Indien bis zu den griechischen Städten Kleinasiens reichte.

Lit.: P. R. Ackroyd, Exile and Restoration. A Study of Hebrew Thought in the Sixth Century BC, OTL 1968; ders., Israel under Babylon and Persia, The New Clarendon Bible, OT 4, 1970; D. Baltzer, Ezechiel und Deuterojesaja. Berührungen in der Heilserwartung der beiden großen Exilspropheten, BZAW 121, 1971; P. A. H. de Boer, Second-

Isaiah's Message, OTS 11, 1956; O. Eißfeldt, Das babylonische Exil, Die altorientalischen Reiche III, Fischer-Weltgeschichte, 1967, S. 183—198; K. Galling, Politische Wandlungen in der Zeit zwischen Nabonid und Darius, Stud. z. Gesch. Israels im persischen Zeitalter, 1964, S. 1—60; M.-L. Henry, Jahwist und Priesterschrift, ATh I, 3, 1960; S. Herrmann, Prophetie und Wirklichkeit in der Epoche des babylonischen Exils, ATh I, 32, 1967; E. Janssen, Juda in der Exilzeit, FRLANT 69, 1956; O. Kaiser, Der königliche Knecht, FRLANT 70, 1962²; Y. Kaufmann, The Babylonian Captivity and Deutero-Isaiah, Union of American Hebrew Congregations, History of the Religion of Israel, IV, 1, 2, 1970; E. W. Nicholson, Preaching to the Exiles. A Study of the Prose Tradition in the Book of Jeremiah, 1970; M. Noth, Die Katastrophe von Jerusalem im Jahre 587 v. Chr. und ihre Bedeutung für Israel, Ges. Stud., ThB 6, 1960, S. 346—371; ders., ÜSt, 1957, S. 87—110; H.-E. von Waldow, Anlaß und Hintergrund der Verkündigung des Deuterojesaja, Diss. Bonn 1953; H. W. Wolff, Das Kerygma des deuteronomistischen Geschichtswerkes, Ges. Stud. z. AT, ThB 22, 1964, S. 308—324; R. Zadok, The Jews in Babylonia in the Chaldean and Achaemenian Periods in the Light of the Babylonian Sources, 1976; W. Zimmerli, Der »neue Exodus« in der Verkündigung der beiden großen Exilspropheten, Gottes Offenbarung, Ges. Aufsätze, ThB 19, 1963, S. 192—204; ders., Sinaibund und Abrahambund, ibid, S. 205—216.

XI. Das persische Zeitalter

Als Quelle für die Geschichte Israels im Zeitalter der persischen Vorherrschaft kommt mancherlei Material in Betracht. Das chronistische Werk beschreibt, über die Königsbücher hinausgehend, die Geschichte der Rückkehr aus dem Exil und der Konstituierung einer neuen Gemeinde um den restaurierten Tempel von Jerusalem. Tempelrestauration und Erwartung neuen Heiles für eine erneuerte Gemeinde sind das Thema auch der um 520 auftretenden Propheten Haggai und Sacharja. Eine wichtige Quelle ebenfalls jüdischen Ursprungs sind die aramäisch geschriebenen Elephantine-Papyri (ANET S. 491 f.; TGI² S. 84 ff.). Sie stammen aus dem 5. Jahrh. und geben Aufschluß über das Leben und die Religion einer in Elephantine ansässigen Militärkolonie israelitischen Ursprungs, welche die ägyptische Südgrenze unweit von Assuan zu schützen hatte. Indirekt ist hier auch einiges Interessante über die Beziehungen dieser Kolonie zu Jerusalem und damit auch über die Jerusalemer Gemeinde zu erfahren. Sodann stehen vor allem die verschiedenen Keilinschriften der Achämeniden als authentische Dokumente dieser Epoche zur Verfügung. Die klassische griechische Blütezeit in der Epoche des Perikles brachte auch die große Historiographie des Herodot (484—425), der die Auseinandersetzung zwischen Griechen und Barbaren = Persern, und eines Thukydides (460—396) hervor, der den Peloponnesischen Krieg beschreibt. Da gerade das nachexilische Israel immer intensiver mit dem Geschehen der antiken Welt verflochten und in es verstrickt wird, sind auch diese Werke von großem Wert. Speziell über Kyros berichtet auch die berühmte Kyropaidie des Xenophon.

1. Von Kyros bis zur Errichtung des Zweiten Tempels

Der Darstellung des chr Esrabuches zufolge soll Kyros (539—529) gleich nach seiner Machtübernahme noch im Jahre 538 ein Edikt erlassen haben, das die Erlaubnis zur Rückkehr aus dem Exil erteilte und den Wiederaufbau des Jerusalemer Tempels und die Rückgabe der von den Babyloniern geraubten heiligen Geräte anordnete (Esra 1,1—4.7—11). Auf Grund dieses großköniglichen Erlasses hätten sich rund 42 000 Personen repatriieren lassen. Die Leitung dieser Aktion und die Aufsicht über die Rückbeförderung der heiligen Geräte habe ein Judäer mit dem babylonischen Namen Scheschbazzar gehabt. In Jerusalem sei alsbald ein Notaltar errichtet und der — angeblich während der Exilszeit ganz erloschene — Opferkult wieder aufgenommen worden (Esra 3,1 ff.). Gleich darauf, 537, habe man den Wiederaufbau des Tempels in Angriff genommen. Die Bauarbeiten hätten dann jedoch unterbrochen werden müssen; Leute aus Samaria bzw. Angehörige der Mischbevölkerung wollten sich am Wiederaufbau beteiligen, seien jedoch von den Heimgekehrten daran gehindert worden. Daraufhin hätten diese verhinderten Mitarbeiter die persischen Behörden veranlaßt, die Fortsetzung der Bauarbeiten zu unterbinden (Esra 4,1—5). Erst sehr viel später unter dem persischen König Darius I. (521—485), in dessen zweitem Regierungsjahr, also 520, habe der Bau fortgesetzt werden können, nachdem der Satrap von Transeuphratene namens Tatnai den König wegen einer Erlaubnis angegangen war (Esra 5,1—17; 6,1 ff.). In diesem Zusammenhang wird das Kyrosedikt noch einmal und nun in aramäischer Sprache mitgeteilt (Esra 6,3—5; vgl. 1,2—4). Vor allem von den Propheten Haggai und Sacharja inspiriert und unter

der Leitung des Serubbabel, der laut 1 Chr 3,19 ein Davidide war, und des Hohenpriesters Josua habe man den Bau bis 515 vollenden können.
Gegen dieses auf den ersten Blick einleuchtende und geschlossene Bild, das das Esrabuch von den Ereignissen bietet, erheben sich historische Bedenken. Das erste lautet, daß es allzu genau der typisch chronistischen theologischen Konzeption entspricht: Mit der Machtübernahme des Kyros ist das Gericht über Israel sofort beendet; sogleich entläßt Kyros die Exulanten, die in großen Zahlen heimkehren; sie allein stellen, durch das Gericht geläutert, das wahre Israel dar, das, da es ohne den wahren Tempel in Jerusalem dieser Restauration müssen selbstverständlich alle, die nicht zum wahren Israel gehören, ferngehalten werden. Diese theologische Theorie erklärt zugleich, warum der Tempel faktisch dann doch erst viel später eingeweiht werden konnte und rechnet dieses Unglück den Samaritanern als Schuld zu.
Zu diesem Hauptbedenken treten andere bestätigend hinzu. Das Kapitel Esra 1, wo der Kyros-Erlaß mit der Heimkehrerlaubnis und der Anordnung über den Tempelwiederaufbau mitgeteilt wird, ist eine chronistische Schöpfung. Der Erlaß weicht nach Form und Inhalt erheblich von der aramäischen Fassung in Esra 6 ab. Nach Esra 6 ist nur vom Wiederaufbau des Tempels und der Rückgabe der heiligen Geräte, aber nicht von einer Heimkehrerlaubnis die Rede. Aber auch diese Fassung kann kaum Anspruch auf Authentizität erheben. Allzu viele Unwahrscheinlichkeiten sprechen dagegen. Eine Abschrift der vermeintlichen Baugenehmigung hatten die Heimgekehrten nicht in Händen und sie soll sogar der Satrapie gänzlich unbekannt gewesen sein, so daß erst eine umständliche Untersuchung im königlichen Archiv Klarheit über die Rechtslage schaffen konnte (Esra 5,3 ff.). Das sieht aus wie eine Konstruktion, die den wahren Verlauf der Geschichte der chronistischen Konzeption »anpassen« wollte.
Ferner ist zu bedenken, daß 538 die allgemeine Lage im persischen Reich keineswegs schon konsolidiert war. Der Machtwechsel hatte in Babel stattgefunden, aber die Peripherie und erst recht Juda wurden hiervon noch nicht sofort betroffen. Noch hatte kein Perser das judäische Gebiet betreten. Die Erlaubnis zu einer Massenrückwanderung von Exulanten und die damit verbundenen Eingriffe vor allem auch in Besitzverhältnisse, wie sie sich seit Jahrzehnten in Juda etabliert hatten, sind ebenfalls zu einer so frühen Zeit nicht wahrscheinlich. Allenfalls könnte an dem fingierten Kyros-Erlaß die Erlaubnis zur Restauration des Tempels in Jerusalem historisch sein. Aber auch hier spricht manches dafür, daß die Ansetzung unter Kyros eine Vordatierung ist und daß tatsächlich erst später mit persischer Erlaubnis der Tempelbau begonnen wurde und dann auch relativ bald abgeschlossen werden konnte. Auch noch diese Vordatierung dient der Geschlossenheit der chr Konzeption, der an einem sofortigen Baubeginn aus geschichtstheologischen Gründen gelegen war. Auch die Worte Haggais und Sacharjas aus der Zeit um 520 beziehen sich offensichtlich auf den Beginn des Tempelbaus und nicht auf seine Fortsetzung. Diese Erwägungen stellen zugleich auch die Echtheit der vielfach für echt gehaltenen aramäischen Korrespondenz Esra 4,8—6,18 in Frage. Man tut jedenfalls gut daran, sich bei der historischen Rekonstruktion auf diese Dokumente nicht zu verlassen.

Die Analyse des chr Geschichtsbildes ergibt folgenden wahrscheinlichen Ablauf der Ereignisse: Obwohl nicht völlig auszuschließen ist, daß bereits Kyros bald nach Antritt seiner großköniglichen Regierung wie die Restauration anderer Heiligtümer so auch den Wiederaufbau des Jerusalemer Tempels und die Restitution von geraubten Kultgeräten anordnete, so ist es doch wahrscheinlicher, daß erst mit Erlaubnis seines zweiten Nachfolgers Darius I. (521—485) die Restitution von Tempelgeräten erfolgte und mit dem Wiederaufbau des Tempels begonnen wurde. Eine Rückkehr von Exulanten ist von Kyros nicht angeordnet worden und es ist unwahrscheinlich, daß eine solche überhaupt jemals per Erlaß dekretiert worden sein soll. Die Erlaubnis wird stillschweigend gewesen sein und die Rückwanderung sich allmählich und in mehreren Schüben vollzogen haben.

Bei der Rückgabe von Tempelgeräten hatte Scheschbazzar als königlicher Kommissar die Aufsicht. Der Wiederaufbau des Tempels wurde fast zwei Jahrzehnte später erst in Angriff genommen, als um 520 die Propheten Haggai und Sacharja diese Wiederherstellung forderten und förderten und davon in diesen Jahren neuer eschatologischer Hochspannung den Anbruch der Heilszeit abhängig machten.

Dieses Bild vom Gang der Dinge seit der Machtübernahme des Kyros paßt auch in den allgemeinen Rahmen der Geschichte dieser Jahrzehnte. Die Ablösung der babylonischen Vorherrschaft durch das persische Großreich bedeutete für die abhängigen kleinen Völkerschaften gewiß nicht Unabhängigkeit und Freiheit, aber doch wohl einen Wandel zum Besseren. Wenn sie auch nicht als Toleranz im modernen Sinne gemeint war, so wirkte sich die konservative Religionspolitik der Achämeniden, die von der Restauration und der Erhaltung der nationalen Kulte und Rechtsordnungen die beste Festigung des neuen Reiches erwartete, doch faktisch als tolerant aus.

Bemerkenswert ist in diesem Zusammenhang, daß die großen Inschriften der ersten Vertreter der Achämenidendynastie in drei Sprachen, persisch, elamisch und babylonisch abgefaßt sind. Neben diesen drei Hauptsprachen der Zentralregierung wurden in der Korrespondenz mit ihr noch andere Sprachen verwendet. Auch dies wird man als Symptom persischer »Toleranz« werten dürfen. Für das judäische Gebiet sei das Aramäische erwähnt, das in dieser Zeit immer größere Verbreitung in Syrien, Palästina, aber auch Ägypten findet. Aramäisch wurde in der persischen Zeit zur Amtssprache und hat später sogar in Palästina das Hebräische als Volkssprache verdrängt.

Die Duldung und Förderung des nationalen, kulturellen und kultischen Eigenlebens der einzelnen Völker im persischen Reichsverband schloß eine straffe Staatsorganisation nicht aus, sondern war im Gegenteil Mittel und Aspekt einer zielbewußten Reichspolitik. Verwaltungstechnisch wurde das persische Reich — das bis dahin größte Weltreich — spätestens seit Darius in 20 Satrapien eingeteilt, deren jede einem Satrapen = »Protektor des Königtums« unterstand. Diese Satrapen waren mit sehr erheblichen Befugnissen ausgestattet. Als später die Satrapenämter erblich werden konnten, wuchs deren Macht desto mehr an. Faktisch herrschten einzelne Satrapen wie Könige über das ihnen unterstellte Gebiet. Um ein Gegengewicht gegen diese Machtfülle zu schaffen, wurden den Satrapen andere Beamte zur Seite gestellt, die dem persischen Großkönig direkt unterstellt waren und mit ihm in direkter Verbindung standen. Außerdem fungierten andere hohe Beamte, die im Auftrage der Zentralregierung die einzelnen Satrapien und Provinzen regelmäßig visitierten. Sie heißen bezeichnenderweise »des Königs Auge« oder »des Königs Ohr«. Diese Verwaltungsstruktur vereinigte somit streng zentralistische Elemente mit dezentralisierenden Faktoren. Zwischen beiden hat sich, von Ausnahmesituationen abgesehen, ein Gleichgewicht eingependelt, das dem persischen Reich einen Bestand von 200 Jahren sicherte.

Bereits von den Babyloniern war Juda nach der Ermordung Gedaljas zu der schon von den Assyrern geschaffenen Provinz Samaria geschlagen worden. Dieser Bezirk, der sich von Beth Zur im Süden bis nördlich von Mizpa im Norden über etwa 40 Kilometer erstreckte, wurde nunmehr Teil der Satrapie Babilu u Ebirnari, d. h. von Babylonien und Syrien. Die Satrapie war zunächst in Personalunion mit Medien-Persien verbunden worden. In Babylon residierte Kyros' Sohn Kambyses (alleinregierend 529—522) als Vertreter des Großkönigs. Erst 520 oder kurz danach wird Ebirnari (Syrien-Palästina) zu einer Verwaltungseinheit unter einem Satrapen (oder Untersatrapen), der Esra 5,3 genannt wird und Tatnai heißt. Sitz dieser großen Satrapie »Jenseits des Euphratstromes« — Transeuphratene — wird Damaskus gewesen sein. Diese Satrapie setzte sich aus den Provinzen Idumäa im Süden, Moabitis und Ammonitis im Osten und Samaria einschließlich des judäischen Gebietes zusammen. In der hellenistischen Zeit heißen diese Provinzen Hyparchien. Diese Reichsverfassung war das Werk vor allem des Darius.

Bereits Kyros' Sohn und Nachfolger Kambyses war 525 — das ist im mutmaßlichen Geburtsjahr des Aischylos, des ersten der drei großen Gestalter der griechischen Tragödie und des Verfassers der »Perser« — die Eroberung Ägyptens gelungen. Ägypten wurde zu einer besonderen Satrapie gemacht. In Ägypten trat Kambyses ganz als Erbe der Pharaonen auf und nannte sich wie jene König von Ober- und Unterägypten. Im Prinzip hat er auch hier die tolerante Religionspolitik des Kyros fortgesetzt, allerdings dort sehr hart durchgegriffen, wo insbesondere priesterlicherseits Widerstand gegen die Perser geleistet wurde. Das von griechischen Schriftstellern sehr schwarz gemalte Bild des Kambyses ist übertrieben, aber nicht falsch, wird es doch von einem der Elephantine-Briefe, die von den griechischen Berichten und den diesen zugrunde liegenden ägyptischen Nachrichten völlig unabhängig sind, bestätigt. Hier heißt es, Kambyses habe alle Tempel Ägyptens zerstört, nur den jüdischen Tempel von Elephantine nicht (ANET S. 491 f.).

Als Kyros' Sohn Kambyses 522 ohne Nachfolger starb, löste sein Tod zahlreiche Aufstände und Thronwirren aus. Ein gewisser Gaumata gab sich für den Bruder des Kambyses Bardija (Smerdes) aus, der in Wahrheit längst als gefährlicher Konkurrent von Kambyses beseitigt worden war. Es gelang Gaumata, den Thron zu usurpieren. Aufstände und Unruhen in anderen Reichsteilen folgten und es dauerte bis 521, ehe Darius (521—485), der einer anderen Linie der Achämeniden angehörte, Herr der Lage war und sein Königtum befestigen konnte. Über seinen siegreichen Kampf berichtet Darius autobiographisch in der Behistun-Inschrift. Diese Denkschrift befindet sich an der Stelle, wo die entscheidende Schlacht gegen den medischen Usurpator Phraortes geschlagen wurde.

Diese turbulenten Geschehnisse ließen in Juda und gewiß auch in der Diaspora die seit den Tagen des Deuterojesaja und des Kyros enttäuschte eschatologische Erwartung mit Vehemenz wieder aufleben. Die Propheten Haggai und Sacharja sind die Exponenten der eschatologischen Spannung um das Jahr 520, die sie durch ihre Verkündigung noch weiter ansteigen ließen. Um Jahwes eschatologischem Kommen den Weg zu bereiten, sollte der Tempel wiederhergestellt werden. Zum Zeichen, daß die Heilszeit unmittelbar bevorstehe, ließ Sacharja für den Davididen Serubbabel eine Krone anfertigen (6,9 ff.). Ihn und den zadokidischen Priester Josua designierte er als »Ölsöhne« (4,14), d. h. als Auserwählte und Gesalbte der Heilszeit. Aus 6,10 geht hervor, daß um dieselbe Zeit Rückwanderer aus Babel in Jerusalem eingetroffen sind. Auch diese Rückwanderungsbewegung wird mit der eschatologischen Spannung dieser Jahre im Zusammenhang stehen. Deutlich wird auch, daß die treibende eschatologische Kraft von Leuten ausging, die soeben aus dem Exil zurückgekehrt waren. Kam der Widerstand gegen den Wiederaufbau des Tempels von der einheimischen Bevölkerung, die sich gleichgültig verhielt und auf die ärmliche und trostlose Lage hinwies, so der eschatologische Eifer von seiten der heimgekehrten Gola-Angehörigen. Das ist begreiflich, denn diese waren in Babylonien weit mehr von den Wirren betroffen gewesen als die in der Peripherie des Reiches wohnenden Altjudäer und Jerusalemer. Der als Messias ausgerufene Davidide Serubbabel war auch einer der aus Babylonien Heimgekehrten, wie schon sein babylonischer Name verrät. Im Haggaibuch hat er den Titel Pechah (1,1.14; 2,2.21), was hier noch nicht Statthalter Judas bedeuten kann, da ja Juda immer noch Teil der Provinz Samaria war; der Titel meint hier soviel wie Kommissar für die ganz bestimmte Angelegenheit der Rückführung von Exulanten nach Juda, falls er nicht überhaupt der Phantasie des Redaktors des Haggaibuches entspringt. Möglicherweise sind bei den Wirren dieser Zeit auch Juden aus Babylonien geflohen; Sach 2,10 ist eine förmliche Aufforderung zur Flucht aus Babel, und es kann sein, daß sich hierin eine wirklich geschehene Fluchtbewegung widerspiegelt. Geflohene oder sonst mit Serubbabel Abgewanderte haben zusammen mit den beiden Propheten der »eschatologischen Partei« die treibende Kraft gegeben.

So hoch gespannt die Erwartung gewesen war, so tief wurde — wie schon nach Deuterojesaja — die Enttäuschung. Sie spricht sich schon in dem bemerkenswerten Umstand aus, daß die atl Überlieferung sich über den Fortgang der unter Serubbabel und Josua angefangenen Dinge ausschweigt. Der Messias Serubbabel verschwindet sang- und klanglos aus der Berichterstattung.

Deutliches Symptom für die Enttäuschung ist auch die Überarbeitung des Abschnittes Sach 6,9—14: aus einer Krone werden deren zwei und sie werden angefertigt, nur um im Tempel deponiert zu werden, und nur eine wird als Diadem für den Hohenpriester Josua benutzt. So wurde die Weissagung nachträglich den Tatsachen angepaßt.

Sichtbares und bleibendes Resultat der Erschütterungen und Hoffnungen dieser Jahre war allerdings der Jerusalemer Tempel, dessen Wiederherstellung 515 (Esra 6,15—18) vollendet werden konnte. Er war freilich nicht der in aller Welt sichtbare und herrliche Thronsitz Jahwes, dem alle Völker ihre Schätze und Reichtümer zum Opfer darbringen, wie es Haggai erwartet hatte (2,6—9). Aber er war dennoch der sichtbare Mittelpunkt einer sich konsolidierenden und von der persischen Staatsgewalt zugelassenen und wohl auch geförderten Religionsgemeinschaft und darüber hinaus der ideale Mittelpunkt und ein Symbol auch für die jüdische Diaspora in Babylonien, in Ägypten und sonst in der bewohnten Welt. Die eschatologische Bewegung von 520 hatte zur Festigung einer Theokratie der jüdischen Kultgemeinde geführt.

Theokratisches Denken fand einen sichtbaren und institutionellen Ausdruck auch in der hervorragenden Stellung der Priesterschaft. Schon in vorexilischer Zeit hatten an den verschiedenen Heiligtümern Oberpriester an der Spitze der jeweiligen Priesterschaften amtiert. Jetzt war nur der Tempel zu Jerusalem mit seiner Priesterschaft der Zadokiden übriggeblieben. Der zadokidische Oberpriester wurde nunmehr Hoherpriester, d. h. Oberpriester, der im Kult auch die Lücke des fehlenden Königtums ausfüllte und zum Zeichen dafür die entsprechenden königlichen Insignien bekam. Als staatlicher Schutzherr fungierte faktisch in der Nachfolge der Davididen, wenn auch unter ganz anderen Vorzeichen, der persische König.

Daß daneben und auch dagegen die eschatologische Hoffnung über die bestehende theokratische Gemeinde hinaus nicht erlosch und immer neu aufloderte, bezeugen die späteren eschatologischen Abschnitte der Prophetenbücher, wie Tritojesaja (56—66), Deutero- und Tritosacharja (9—11; 12—14). Diese sekundären und tertiären Stücke sind vielfach Neuinterpretationen älterer Prophetenworte und insofern eine Art schriftgelehrter Arbeit. Die Theokratie bleibt also prophetisch und schriftgelehrt in Frage gestellt. Die ur-israelitische Frage, wer Israel sei, hat noch keine endgültige Antwort gefunden und wird als eine existentielle immer mehr zum wesentlichen Antrieb der nachexilischen Geschichte.

Lit.: K.-M. Beyse, Serubbabel und die Königserwartungen der Propheten Haggai und Sacharja. Eine historische und traditionsgeschichtliche Untersuchung, AVTRW 52, 1971; K. Galling, Die Proklamation des Kyros in Esra 1, Stud. z. Gesch. Israels im pers. Zeitalter, 1964, S. 61—77; ders., Die Exilswende in der Sicht des Propheten Sacharja, ibid, S. 109—116; ders., Serubbabel und der Hohepriester beim Wiederaufbau des Tempels in Jerusalem, ibid, S. 127—148; F. M. Heichelheim, Orientalische Geschichte von Kyros bis Mohammed, HO I, 2, 1966; W. Th. In der Smitten, Historische Probleme zum Kyrosedikt und zum Tempelbau von 515, Persica 6, 1972/73; ders., Gottesherrschaft und Gemeinde.

Beobachtungen an Frühformen eines jüdischen Nationalismus in der Spätzeit des ATs, 1974; A. T. Olmstead, History of the Persian Empire, 1970[6]; O. Plöger, Theokratie und Eschatologie, WMANT 2, 1960; L. Rost, Erwägungen zum Kyroserlaß, Verbannung und Heimkehr, Festschr. W. Rudolph, 1961, S. 301—307; E. Sellin, Studien zur Entstehungsgeschichte der jüdischen Gemeinde nach dem babylonischen Exil, 2 Bde, 1900—01.

2. Die Gemeinde des Zweiten Tempels bis 450

Über die Geschichte der jüdischen Gemeinde und Diaspora in der Zeit zwischen der Wiederherstellung des Tempels 515 und dem Auftreten Esras und Nehemias (um 450?) ist praktisch direkt nichts bekannt. Zwischen Esra 6 und 7, wo der Esrabericht einsetzt, übergeht die biblische Geschichtsschreibung diese Jahrzehnte. Die fünfzig bis sechzig Jahre ab 515 waren allerdings von weltgeschichtlich hervorragender Bedeutung. 513/12, also kurz nach der Einweihung des Tempels in Jerusalem, unternahm Darius einen Zug gegen die Skythen; er durchzog dabei Thrakien und drang bis zur Westküste des Schwarzen Meeres vor. Damit war die persische Macht unmittelbar bis an das griechische Mutterland vorgedrungen. 500 brach der Jonische Aufstand aus. Es begann die weltgeschichtliche Auseinandersetzung zwischen Griechen und Persern-»Barbaren«.

Glänzend waren die Taten der Hellenen. 490 siegten die Athener bei Marathon. Nach dem spartanischen Heldenkampf bei den Thermopylen wurde 480 die Flotte des Xerxes (485—465), des Nachfolgers des Darius, bei Salamis und im Jahre 479 bei Plataeae auch das persische Heer geschlagen. Es ist die große Zeit des Themistokles, der Hegemonie Athens, des Delisch-Attischen Seebundes (477), dann des Perikles und der attischen Demokratie. In Athen schuf Pheidias seine berühmten Bilder und war doch nur einer unter vielen hervorragenden Geistern. Dieses 5. Jahrhundert ist die Epoche der Tragödie (Aischylos, Sophokles, Euripides), aber auch der Komödie (Aristophanes). Während Hippokrates und seine Schule die medizinische Wissenschaft begründeten und Anaxagoras Athen auch zum philosophischen Zentrum machte, legte Herodot die Grundlagen der wissenschaftlichen Geschichtsschreibung. In diesem Jahrhundert — dem Jahrhundert nach der Gründung des Zweiten Tempels in Jerusalem! — wurden wesentliche Fundamente der westlichen Kultur gelegt.

Die militärischen Siege der Griechen führten aber nur zu einem Ausgleich zwischen Hellenen und Persern (Kallias-Friede 448). Ein Endsieg über das persische Reich war den Griechen nicht möglich. In der Folgezeit verursachten Uneinigkeiten zwischen den einzelnen Poleis, die von den Persern geschickt ausgenutzt wurden, den Verfall der politischen Macht der Griechen. Aber dieser Prozeß des politischen Niedergangs bedeutete nicht die Niederlage, sondern den Sieg griechischen Denkens und Geistes und die allmähliche Durchdringung des Orients und später auch des Okzidents mit griechischer Kultur im Hellenismus.

Es ist keine unerlaubte Verkürzung, als eigentlichen Grund der Auseinandersetzung zwischen Griechen und Persern das unterschiedliche Daseins- und Freiheitsverständnis zu nennen. Nach griechischem Verständnis ist frei, wer den Nomos, das Gesetz, und sonst nichts in der Welt über sich fürchtet. Das Gesetz aber ist kein fremdes, sondern beruht auf der Anerkennung durch die Bürger der Polis und steht darum unter dem Schutz der Götter. In der Polis und als Bürger unter dem Gesetz, das sich die Bürger selbst in Harmonie mit den Göttern gaben, kommt der Mensch »zu sich selbst« und ist wahrhaft Mensch. Von diesem Menschen- und Freiheitsverständnis her konnten die Griechen die Perser nur als Barbaren empfinden und bezeichnen; sie kamen ihnen wie Sklaven vor. Den Griechen gegenüber stand statt der Vielzahl der Poleis das geschlossene Reichssystem, worin der Großkönig den Gott oder die Götter repräsentiert und Leben und Heil gegen alle Chaosmächte des Bösen realisiert. Die Autorität, die der Nomos in der Polis hat, repräsentiert in Persien der Großkönig in seiner Person. Ist es eines Hellenen

Ehre, dem Gesetz zu gehorchen, so ist es des persischen Untertanen Heil, des Heilskönigs Untertan zu sein und im Kollektiv am kollektiven Heil zu partizipieren.

Mit den diametral entgegengesetzten Geisteshaltungen von Griechen und Persern sind die Juden schon früh in Berührung gekommen und mit beiden haben sie sich auseinandersetzen müssen. Von der Auseinandersetzung mit dem griechischen Geist im hellenistischen Zeitalter wird später noch die Rede sein. Den Persern hat sich die jüdische Theokratie unterzuordnen vermocht und zu diesen Oberherren sogar ein recht gutes Verhältnis gefunden. Diese von dem Verhalten der Griechen so sehr unterschiedene Einstellung ist typisch nicht etwa für Feigheit im Gegensatz zu griechischem Heldenmut, sondern für die Besonderheit der Größe »Israel« auch in dieser nachexilischen Epoche. Für Israel, gleichviel ob es mehr zu einer theokratischen oder eschatologischen Haltung neigt, kommt das Heil nicht von menschlicher Daseinsrealisierung, sondern von Jahwe, also aus einem dem Menschen unverfügbaren Bereich. Der Verlust der Eigenstaatlichkeit war deshalb kein Identitätsverlust gewesen und konnte sogar nachträglich auch als Gewinn verstanden werden, zumal die vorexilische Politik, wie die ältere Prophetie gelehrt hatte, nur ins Gericht geführt hatte. Der Verlust des Staates und dessen, was des Staates ist, konnte darum auch als Befreiung vom Staat und seinen immanenten Notwendigkeiten verstanden werden: in der Zeit neuen Heils überläßt Jahwe das Staatliche den Persern.

Dieses sich also verstehende Israel hatte, anders als die Griechen, zum Kampf gegen die Perser keinen Grund, solange diese die Kultgemeinde gewähren ließen, ja gar schützten. Auch noch Bewegungen, die sich in Zeiten eschatologischer Hochspannung regten, mußten sich nicht — wiederum anders als etwa der Jonische Aufstand — unbedingt gegen die staatliche Oberherrschaft richten, sondern wollten nur Jahwes Kommen den Weg ebnen und nicht selbst das politische Ruder an sich reißen.

Das gilt mit Bezug auf die Ereignisse um 520 ebenso wie von einer nicht mehr ganz einsichtigen, aber vermutlich gleichfalls eschatologischen Beunruhigung in der Zeit des Xerxes. Xerxes, der Bekämpfer der Griechen, hat die Toleranzpolitik seiner Vorgänger verlassen. Eine Revolte in Ägypten am Anfang seiner Regierung warf er nieder und behandelte das Land nicht als Pharao wie seine Vorgänger, sondern als Fremdherrscher. Ähnlich ging er in Babylonien vor. Hatten seine Vorgänger über diesen Reichsteil in Personalunion regiert, so wurde Babylon jetzt Persien unterstellt und als sich dagegen Protest erhob, ließ Xerxes Babylon grausam züchtigen. Die Mauern wurden zum Teil niedergerissen, Esagila, der berühmte Marduktempel mit der Zikkurat, dem »Turm zu Babel«, zerstört, das goldene Mardukbild eingeschmolzen und das Vermögen von Handelsleuten und Priestern konfisziert. Babylonien hörte als besondere Verwaltungseinheit zu bestehen auf; es wurde mit der Satrapie Assyrien vereinigt; Transeuphratene, wozu ja auch Juda gehörte, wurde abgetrennt und zu einer besonderen Satrapie. Die von atl Propheten vorausgesagte Rache an Babel war, wenn auch spät, gekommen.

Es ist nicht ausgeschlossen, daß sich die Notiz von Esra 4,6 über eine Anklage, die am Anfang der Regierung des Xerxes (485) gegen Juda erhoben wurde, sich auf eine eschatologische Bewegung bezieht, die durch die skizzierten Ereignisse — ähnlich wie um 520 — ausgelöst worden war. Diese Nachricht, allzu summarisch und unbestimmt, ist die einzige, welche der Zeit zwischen Tempeleinweihung 515 und dem Auftreten Esras und Nehemias entstammt. Um 470 pflegt man noch das anonyme, Maleachi genannte Prophetenbuch anzusetzen. Hier werden mancherlei Mißstände gerügt, aus denen zu schließen ist, wie nach Vollendung des Tempels die eschatologische Hoffnung ebenso wie der theokratische Eifer nachgelassen und einer lässigen Praxis in kultischer und moralischer Hinsicht Platz gemacht hatten.

Es waren aber nicht nur die internen jüdischen Zustände, sondern überhaupt die Verhältnisse im persischen Reich, die eine Neuordnung der Dinge geraten erscheinen ließen. Die Züchtigung Babylons durch Xerxes und die Verselbständigung der Satrapie Transeuphratene sind in diesem Licht zu sehen. Nach den harten Maßnahmen Xerxes' lenkte sein Nachfolger Artaxerxes (464—423) vorsichtig zu einer toleranteren Politik zurück. In Ägypten nannte er sich wieder Pharao und in Babylonien wurden die Mardukpriester neu in ihrem Amt bestätigt und bekamen einen Teil des konfiszierten Landes zurück. Das große Reich beruhigte sich aber noch nicht. 460 kam es in Ägypten zu einem neuen Aufstand, in den auch die Athener gegen die Perser eingriffen, aber starke Verluste hinnehmen mußten. Um dieselbe Zeit unternahm Megabyzos, der Satrap von Transeuphratene, wozu auch das judäische Gebiet gehörte, einen Aufstand gegen den Großkönig, der damit endete, daß ihm der König Pardon gab, also faktisch nachgeben mußte. Auch dieses Ereignis machte eine organisatorische Befriedung dieses Reichsgebietes erforderlich.

3. Das Reformwerk Esras und Nehemias

Über das Reformwerk Esras und Nehemias liegt im chronistischen Esra-Nehemia-Buch wieder eine durchgehende, direkte Quelle vor. Nach der Lücke zwischen Esra 6 und 7 setzt mit Esra 7 der Bericht über Esras Reise nach Jerusalem und seine dortige Tätigkeit ein. Im 7. Jahre des Artaxerxes (458) sei der Schriftgelehrte-Schreiber-Priester Esra von Babylon nach Jerusalem gezogen, um im Auftrage des persischen Königs und auf Grund eines in seiner Hand befindlichen Gesetzes über Juda eine Untersuchung anzustellen und Verwalter und Richter für die Judenschaft von Juda und überhaupt von Transeuphratene einzusetzen. Das israelitisch-jüdische Gesetz soll als königlich-persisches Recht in Geltung gesetzt und mit staatlichen und weltlichen Strafen sanktioniert werden. Der Inhalt dieser Beauftragung wird im aramäischen Wortlaut mitgeteilt (Esra 7,(11)12—26). Nach seiner und seiner Mitreisenden Ankunft in Jerusalem (Esra 8) wird in Esra 9—10 zunächst ein anderes Thema angeschnitten. Es sei Esra gemeldet worden, daß viele Judäer fremde Frauen geheiratet hätten, und auf einer Volksversammlung unter der Leitung Esras sei beschlossen worden, die Auflösung solcher Mischehen herbeizuführen. Damit schließt das Esrabuch ab und das Nehemiabuch behandelt von Neh 1,1 an wiederum ein anderes Thema. Hier beginnen die sogenannten Nehemiamemoiren, worin Nehemia, jüdischer Mundschenk des Artaxerxes, von seiner Reise nach und seiner Tätigkeit in Jerusalem in autobiographischer Form berichtet. Der Bericht datiert den Anfang der geschilderten Geschehnisse im 20. Jahr des Artaxerxes, also 12—13 Jahre nach Esras Reise, im Jahre 445 (Neh 1,1; 2,1). In diesem Jahre bekam Nehemia von Artaxerxes den Auftrag, Jerusalems Stadtmauer wieder aufzubauen (Neh 1—2) und Nehemia hat diesen Auftrag auch sogleich ausgeführt und dazu verschiedene soziale Maßnahmen in Jerusalem getroffen (Neh 3—7,3). Obwohl das zunächst nicht deutlich wird, war Nehemia zum Provinzstatthalter (Pechah) von Juda ernannt worden (5,15). Daß der Titel hier nur diese Bedeutung haben kann, geht aus dem Zusammenhang klar hervor. Juda war damit zu einer besonderen Provinz in der Satrapie Transeuphratene verselbständigt und der Unterordnung unter Samaria entzogen worden. Die Genehmigung zum Wiederaufbau der Stadtmauer hätte das ältere Verbot des Artaxerxes, das der in Esra 4,7-6,18 enthaltenen aramäischen Korrespondenz zufolge der König auf den Einspruch der Provinzbehörde von Samaria hin erlassen haben soll (Esra 4,7—23), widerrufen. Neh 8—10 bricht dieses Thema und überhaupt der Selbstbericht des Nehemia ab und wird die Esrageschichte fortgesetzt. Von einer Tätigkeit Esras in der langen

Zwischenzeit von zwölf Jahren, nachdem er anfangs die Mischehenangelegenheit geregelt hatte, verlautet nichts. Jetzt wird das Thema des Gesetzes, das »in Esras Hand« war, endlich wieder aufgenommen. Auf einer großen Gemeindeversammlung verliest Esra das Gesetz, es wird Laubhütten gefeiert und eine Bußfeier begangen und das Volk schließlich auf einzelne Bestimmungen des Gesetzes verpflichtet (Neh 8—10). Nach der feierlichen Einweihung der Mauer (Neh 12) schließt das Buch mit dem Selbstbericht des Nehemia über sonstige Anordnungen, die er traf, ab.

Sowenig wie schon Esra 1—6 kann auch dieser zweite und größere Teil des Esra-Nehemia-Buches als reine Wiedergabe des wirklichen historischen Verlaufs gewertet werden. Allzu viele Auffälligkeiten formaler Art und Unwahrscheinlichkeiten des Inhalts sprechen gegen die Historizität dieser Darstellung. Es befremdet, daß die Esrageschichte von der Nehemiageschichte scheinbar ohne Grund unterbrochen und dann ebenso plötzlich wieder aufgenommen wird. Dieser stilistischen Eigentümlichkeit entspricht der inhaltlich auffällige Umstand, daß Esra zwölf Jahre lang untätig gewesen sein soll, ehe er mit Nehemia zusammen sein Gesetzeswerk, wozu er doch entsandt worden war, zur Hand nahm. Obwohl beide also zusammen gewirkt haben sollen, weist sonst in der Darstellung nichts daraufhin, daß Esra und Nehemia sich gekannt hätten oder daß deren Werk sich gegenseitig voraussetzte. Neh 8,9 und Neh 12,36, wo beide zusammen genannt werden, sind deutlich sekundär. Zu diesen Bedenken treten andere hinzu.

Die Esrageschichte, obwohl teilweise in der ersten Person des Esra formuliert, ist nicht das Werk des Esra, sondern des chr Verfasserkreises, der Person und Werk des Esra offensichtlich nach dem Muster des Nehemia gestaltet hat. Auch das Edikt des Artaxerxes, das als die offizielle Legitimation Esras dienen soll (7,12—26), ist in der vorliegenden Form nicht authentisch und nicht persischen, sondern jüdischen Ursprungs, wie Terminologie und Inhalt verraten. Die gelegentlich wohl gegebene Auskunft, Esra selber habe dieses Edikt im persischen Auftrag formulieren dürfen, ist eine Notlösung. Es liegt allenfalls ein nicht erhaltenes, echtes Edikt zugrunde. Das eigentümliche Ineinander von Esra- und Nehemiageschichte sollte besser nicht, wie wohl versucht worden ist, mit der Hypothese späterer Umstellungen erklärt werden. Die Abfolge der beiden Bücher und die vorliegende Reihenfolge der Kapitel und Themen kann als geschlossene, chronistische Komposition gut verstanden werden. Sie will das Werk Esras als des großen nachexilischen Gesetzgebers in das volle Licht rücken und die Tätigkeit Nehemias in den Schatten von Esras Werk stellen. Außer vielleicht irgendeiner Vorlage des Ediktes Artaxerxes' und möglicherweise mündlicher Überlieferung über Esra hat der Chr die authentische Schrift des Nehemia als Quelle benutzt. Es empfiehlt sich daher, bei der Darstellung der mit Esra und Nehemia zusammenhängenden Ereignisse von diesem Dokument auszugehen.

Als Datum der Entsendung Nehemias wird das 20. Jahr des Artaxerxes genannt (1,1; 2,1). Obwohl noch zwei weitere persische Könige dieses Namens regiert haben (Artaxerxes II. 404—358 und Artaxerxes III. 358—338), kann nur Artaxerxes I. gemeint sein. Das ergibt sich aus einem der Elephantine-Papyri, der 408 anzusetzen ist und der die Söhne des mit Nehemia gleichzeitigen Sanballat, des Statthalters von Samaria, nennt. Damit ist dann überhaupt ein fester Punkt der absoluten Chronologie gefunden. Nehemias Mission fand im Jahre 445 statt und seine Statthalterschaft dauerte zwölf Jahre bis 433 (Neh 5,14; 13,6). Nehemias Maßnahmen zielten vor allem auf die verwaltungstechnische Verselbständigung, auf militärische Sicherheit durch Wiederherstellung der Stadtmauer und auf eine religiös-nationale Absonderung der neuen Provinz durch Maßnahmen gegen eheliche Verbindungen mit nichtjüdischen und insbesondere samaritanischen Frauen. Und da eine Vermischung mit Leuten aus dem samaritanischen Norden und eine Verwischung gerade dieser Grenze am nächsten lag — sogar die hohepriesterliche Familie war mit Sanballat, dem Statthalter von Samaria, verschwägert (Neh 13,28) —, hat sich Nehemia mit den Samaritanern am intensivsten auseinandersetzen müssen. Dort war ja das Gebiet des ehemaligen Bruderstaates Israel und der zehn Stämme, deren Oberschicht 722 von den Assyrern deportiert worden war. Hier wohnten immer noch Jahweverehrer, wenn auch Gehalt und Gestalt dieses Jahwekultes synkretistisch gewesen sein mögen oder wenigstens in den Augen der Judäer und erst recht der aus dem Exil Heimgekehrten so ausgesehen haben werden. Insbesondere die ehemaligen Exulanten, die in der Fremde die Notwendigkeit der Absonderung erfahren hatten, nahmen eine rigoristische Haltung ein. Noch ein anderer Gedanke wird ebenfalls von Wichtigkeit gewesen sein: Waren nicht diejenigen, die durch das Gericht des Exils hindurchgehen mußten, die einzig Geläuterten und darum das wahre Israel? Dieses Motiv wird zwar in der Nehemiaschrift nicht thematisiert, aber der Anspruch Jerusalems und Judas und hier insbesondere der heimgekehrten Exulanten, allein das wahre Israel zu sein, war gewiß ein mächtiger Impuls, der zur Absonderung von allem Fremden antrieb. Überhaupt mußte die Verselbständigung Judäas als besonderer Provinz auf national-religiöser Basis eine solche Absonderung insbesondere von den Samaritanern mit sich bringen, sollte doch nunmehr eindeutig und endgültig geklärt werden, wer zu dieser neuen, verwaltungsmäßig, national und religiös besonderen Größe rechtlich gehörte und künftighin gehören würde.

Der Abgrenzung gegen Fremde entsprach die Reintegrierung von sozial Schwächeren im Innern. Nach Neh 5,1 ff. veranlaßte Nehemia einen Schuldenerlaß zugunsten der ärmsten und z. T. in Schuldsklaverei geratenen unteren Bevölkerungsschicht. Damit wurde diese Gruppe wieder in die Gesellschaft aufgenommen. Angesichts der kleinen Zahl, die das wahre Israel stellte, war auch diese Maßnahme von Bedeutung.

Schwieriger als diese Erhebung des historischen Inhalts der Nehemiaschrift ist die Beantwortung der Frage nach der Intention dieses Dokumentes und — damit zusammenhängend —, ob Nehemia alles berichtet, was zu erzählen gewesen wäre. Trotz aller bisher darauf verwandten Mühe ist es nicht gelungen, die Gattung der Nehemiaschrift zu bestimmen, weil eindeutige Parallelen fehlen. Wohl aber ist mit einiger Sicherheit anzunehmen, daß die Schrift apologetischen Charakter hat. Es wird auch einigermaßen klar, wie die Vorwürfe lauteten, gegen die Nehemia sich zu wehren hatte. Nach 2,19 f.; 6,6 f. habe er König werden und von den Persern abfallen wollen. Es stellt sich die Frage, ob dies nur böse Unterstellungen von Nehemias Gegnern waren, oder ob sich darin nicht doch noch ein anderer Aspekt von Nehemias Tätigkeit spiegelt. Da zeigt sich zunächst eine gewisse Ähnlichkeit der zeitgeschichtlichen Situation Nehemias mit den Jahren um 520, als Serubbabel messianische Würde zuerkannt wurde. Auch die Jahre vor Nehemias Entsendung waren voller Irrungen und Wirrungen gewesen. 460—458 war Ägypten in Aufruhr gegen Persien gekommen; der Satrap von Transeuphratene hatte einen halbwegs geglückten Aufstand gewagt; 449 hatten die Perser bei Salamis gegen die Athener abermals eine Niederlage erlitten. Solche Geschehnisse hatten auch früher schon die eschatologische Hoffnung aufleben lassen. Die Wiederherstellung der Mauer der heiligen Stadt Jerusalem konnte als Vorzeichen der nahen Wende zur Heilszeit verstanden werden. Wie Nehemia sich zu dieser Deutung seiner Person, seines Werkes und der Zeichen der Zeit verhielt, ist schwer zu sagen. In seiner Schrift verneint oder verschweigt er diesen Aspekt seiner Tätigkeit. Der Chr, der ja auch in seiner Darstellung der Ereignisse um 520 die eschatologische Komponente geflissentlich übergeht, konnte diese anti-eschatologische Darstellung des Nehemia gut und ohne Abstriche und Zutaten gebrauchen, entsprach sie doch ganz der theokratischen Konzeption des Chr. Die persischerseits als Pazifizierungsmaßnahme gedachte Verselbständigung Judäas als besonderer Provinz unter eigenem Statthalter auf der Basis der angestammten väterlichen Religion bekam in Jerusalem noch andere, eben eschatologische Farben. Daß diese nicht antipersisch gemeint sein mußten, wurde in anderem Zusammenhang schon erörtert. Aber sie konnten immerhin als gegen die Perser gerichtet verstanden oder gedeutet werden; dagegen wendet sich Nehemias Apologie.

Schwieriger ist die historische Beurteilung von Person und Werk des Esra. Ein authentischer Bericht Esras ist nicht erhalten. Das gelegentlich in der Esraerzählung begegnende Ich Esras ist literarische Fiktion und Nachahmung der Nehemiaschrift durch den Chronisten. Das einzige einigermaßen historisch sichere Dokument ist hier das Beglaubigungsschreiben, das Esra mit sich führt (Esra 7,12—26), das in aramäischer Sprache mitgeteilt wird und dessen Grundbestand keine freie Erfindung des Chronisten sein dürfte. Aber auch das gilt nur in dem Sinne, daß dieser Bestand zur Zeit des Chronisten als geltendes Reichsrecht bekannt war. Eine kritische Analyse ergibt außer mancherlei Übermalung im israelitisch-jüdischen und mehr speziell chronistischen Sinne — Esra als Haupt einer Rückwandererschar, als Überbringer heiliger Geräte und einer babylonischen (!) Kollekte — insbesondere einen Widerspruch zwischen der Beauftragung Esras in Hinsicht auf Jerusalem und Juda einerseits und Anweisungen an die Schatzmeister und der Installierung der synagogalen Gerichtsbarkeit in ganz Transeuphratene andererseits. Anscheinend ist vom Chronisten zweierlei kombiniert und in einen Erlaß des Artaxerxes zusammengefaßt und als Beauftragung des Esra aufgefaßt worden. Da Esras Werk nach der Darstellung des Chronisten sonst vornehmlich in der Promulgierung des Gesetzes und der Verpflichtung des Volkes auf es gipfelt, dürfte hier auch in der historischen Wirklichkeit das Hauptgewicht von Esras Tätigkeit gelegen haben. Die Mitteilungen über mit Esra in Zusammenhang gebrachte Anordnungen bezüglich der Judenschaft in der weiteren Satrapie Transeuphratene zeigen wohl, daß die Perser es bei einer rechtlichen Regelung der Verhältnisse in Jerusalem und Juda nicht bewenden ließen, sondern auch der übrigen Judenschaft Rechnung trugen und ihr eine rechtliche Basis schufen. Esras Werk bestand darin, in Juda und Jerusalem klare Rechtsverhältnisse zu schaffen. Das entspräche der auch sonst bezeugten persischen Politik, welche nicht bestrebt war, ein für das ganze Reichsgebiet gültiges Recht zu erlassen, sondern die lokalen, angestammten Rechtssysteme reichsrechtlich zu sanktionieren. Esras Werk läßt sich in etwa mit der Kodifizierung des alten ägyptischen Rechtes unter Darius, der mit einem solchen Auftrag einen ägyptischen Priester nach Ägypten entsandte, vergleichen. So vieles leider auch unsicher bleiben mag, die Esraüberlieferung insgesamt — die ja weiter reicht als die chr Darstellung und später Esra nicht nur für den letzten biblischen Verfasser hielt, sondern gar den hebräischen Kanon in seiner Dreiteilung auf ihn zurückführte (4 Esra 14,18—48) und von noch weiteren, geheimen Offenbarungen, die ihm zuteil wurden, zu berichten wußte (4. Esrabuch) — legt es nahe, in Esra wenn nicht den, so doch einen der Väter des Judentums zu sehen. Dies gilt in dem Sinne, daß seit Esra das israelitisch-jüdische Gesetz als persisches Reichsrecht bindend war. Wer künftighin als Jahweverehrer und damit mit allen rechtlichen Konsequenzen als Jude anerkannt werden wollte, mußte auf dieses Gesetz verpflichtet sein. Auszumachen und zu bestimmen, für wen das Gesetz gelten sollte und wer der jüdischen Jurisdiktion unterstehen würde, war Esras organisatorische Aufgabe. Israels Religion wurde nunmehr zur religio licita. Wer sich zu ihr bekannte, bekannte sich eo ipso zu ihrem Gesetz. Das Halten des Gesetzes konstituierte jetzt die rechtliche Zugehörigkeit zu Israel. Diese in staatsrechtlicher Hinsicht konstitutive Bedeutung des Gesetzes mußte ein mächtiger Impuls werden, der zu einem gesetzlichen Verständnis von Israels Religion überhaupt führen konnte. Dennoch werden Religion und Gesetz und auch Israel und die auf der Basis des Gesetzes konstituierte und staatlich privilegierte Gemeinde nicht restlos und nahtlos identisch. Rein rechtlich gehört derjenige zu Israel, für den das Gesetz gilt; ob aber diese rechtliche Mitgliedschaft die Zugehörigkeit zum wahren Israel bedeutet, ist eine andere Frage, die in der Folgezeit verschieden und vielfach verneinend beantwortet worden ist. Auch Esras Reform ließ die Größe Israel nicht mit der sichtbaren jüdischen Gemeinschaft in und außerhalb Judäas schlechthin zusammenfallen oder darin aufgehen.

Schwierig zu beantworten ist die Frage, welches das konkrete Gesetz war, das durch Esra zur rechtlichen Basis der jüdischen Religionsgemeinschaft gemacht wurde. Man hat an den Pentateuch oder an den Priesterkodex oder an einzelne Gesetzeskorpora, etwa das Heiligkeitsgesetz (Lev 17—26) oder an eine ältere Gestalt des Deuteronomiums gedacht. Wenn man bedenkt, daß Esras Aufgabe nicht die Einführung eines neuen Gesetzes, sondern die staatliche Sanktionierung eines bereits faktisch anerkannten Gesetzes gewesen ist (Esra 7,14.25f.), wie es persischer Praxis entsprach, so könnte einiges dafür sprechen, daß es das Deuteronomium war, das von Esra zur Grundlage seiner Reform gemacht wurde. Die Nehemiaschrift scheint die Gültigkeit des Deuteronomiums stillschweigend vorauszusetzen. Erst später haben sich typische P-Bestimmungen durchgesetzt, wie aus einem der Elephantine-Papyri, dem sogenannten Passa-Papyrus des Jahres 419 hervorgeht. Erst in dieser Zeit scheint die Passaordnung nach in der Priesterschrift erhaltenen Vorschriften (Ex 12,14—20; Lev 23,5—8; Num 28,16—25) neu geregelt worden zu sein. Allerdings ist völlige Sicherheit bezüglich des »Esragesetzes« infolge der Quellenlage nicht mehr zu erlangen.

Dasselbe gilt auch von der zeitlichen Ansetzung Esras. Die Verzahnung der Esra- und der Nehemiaüberlieferungen ist das Werk des Chronisten, und es ist also zu fragen, ob diese Darstellung aus sachlichen, historischen Gründen haltbar oder korrekturbedürftig ist. Insbesondere aus der Erwägung heraus, daß nach Esras grundlegendem und umfangreichem Werk Nehemias Tätigkeit — außer seinem Mauerbau — überflüssig gewesen wäre, neigt man vielfach dazu, Esra nach Nehemia anzusetzen und das 7. Jahr des Artaxerxes (Esra 7,7) nicht auf Artaxerxes I., sondern auf Artaxerxes II. (404—358) zu beziehen, demzufolge Esras Reise 398 zu datieren wäre. Das Hauptargument für diese Spätansetzung Esras wird jedoch hinfällig, wenn die Darstellung des Werkes Esras vornehmlich chronistische Konstruktion ist, die Person und Tätigkeit Esras auf Nehemias Kosten überhöhen und Nehemias Beitrag als relativ unwichtig hinstellen wollte. Diese Tendenz darf nicht als historisches Argument fungieren. Da es nun der chronistischen Absicht besser entsprochen hätte, den Bericht über die Konstituierung der nachexilischen Gemeinde mit Esras Tätigkeit als glänzendem Finale abzuschließen, ist anzunehmen, daß der Chronist an eine Tradition gebunden war, die um die Priorität Esras wußte. Sodann kann man darauf hinweisen, daß die Entsendung und Beauftragung Esras offenbar nicht voraussetzt, daß Judäa bereits eine besondere Provinz unter eigenem Statthalter war, während dies seit Nehemia bis hin zu der Zeit Alexanders des Großen wohl der Fall war. Ist

Nehemia nach Esra anzusetzen, so folgte der inneren Neuregelung die verwaltungsmäßige Verselbständigung des Territoriums, für das das Gesetz galt; das Sonderrecht führte zur rechtlichen Absonderung. Seit etwa 400 bezeugen auch Münzen mit dem Stempel Jehud diese Entwicklung.

Lit.: A. Alt, Judas Nachbarn zur Zeit Nehemias, II, S. 338—345; ders., Die Rolle Samarias bei der Entstehung des Judentums, ibid, S. 316—337; F. M. Cross, A Reconstruction of the Judean Restoration, Interp. 29, 1975, S. 187—201; R. Fruin, Is Ezra een historisch persoon?, NThT 18, 1929, S. 121—138; K. Galling, Bagoas und Esra, Stud. zur Gesch. Israels im persischen Zeitalter, 1964, S. 149—184; W. Th. In der Smitten, Esra, Quellen, Überlieferung und Geschichte, 1972; U. Kellermann, Erwägungen zum Problem der Esradatierung, ZAW 80, 1968, S. 55—87; ders., Erwägungen zum Esragesetz, ibid, S. 373—385; ders., Nehemia, Quellen, Überlieferung und Geschichte, BZAW 102, 1967; K. Koch, Ezra and the Origins of Judaism, JSS 19, 1974, S. 173—197; S. Mowinckel, Studien zu dem Buche Ezra-Nehemia II, Die Nehemia-Denkschrift, 1964; ders., Studien zu dem Buche Ezra-Nehemia III, Die Ezra-Geschichte und das Gesetz Moses, 1965; H. H. Schaeder, Esra der Schreiber, BHTh 5, 1930; H. C. M. Vogt, Studie zur nachexilischen Gemeinde in Esra-Nehemia, 1966; J. P. Weinberg, Der 'am ha'ares des 6.—4. Jh. v. u. Z., Klio 56, 1974.

4. Das spätpersische Zeitalter

Mit den Büchern Esra und Nehemia gehen die direkten hebräischen und kanonischen Quellen für die Geschichte Israels zu Ende. Von da an ist man auf Geschichtsbücher des umfangreicheren griechischen Kanons angewiesen. Unter diesen sind die Makkabäerbücher besonders zu erwähnen. Diese Quelle beginnt aber erst für eine spätere Zeit im 2. Jahrhundert v. Chr. zu fließen. Für die persische Zeit nach Esra und Nehemia ist das chronistische Werk indirekt eine interessante Quelle. Die chr Theologie entstammt ja dieser Zeit. Eine wichtige Nebenquelle für das 5. Jahrhundert stellen auch die bereits mehrfach erwähnten Papyri von Elephantine dar. Sie machen auch Rückschlüsse auf die Geschichte der Judenschaft überhaupt möglich. Als Quelle für die Geschichte dieser Zeit kommt natürlich auch das zahlreiche und vielfache historische Material in Betracht, das sich auf die persisch-griechische Geschichte überhaupt bezieht. Auch der jüdische Historiker Josephus (1. Jahrh. n. Chr.) gehört hierher.

Gerade für die Zeit kurz nach Esra und Nehemia vermitteln die Papyri von Elephantine einiges Interessante über diese jüdische Kolonie in der Gegend von Assuan, die bereits seit der vorpersischen Zeit hier ansässig geworden war. Sie hatte sogar einen eigenen Tempel, und in diesem Heiligtum wurden neben Jahwe, der hier Jahu heißt, noch zwei andere Gottheiten, eine Göttin und ein jugendlicher Gott, verehrt. Jahwe galt als Obergott, dem das bekannte Paar von Muttergöttin und sterbendem und auferstehendem Gott untergeordnet war. Trotz dieses Synkretismus unterhielt Elephantine Beziehungen zu Jerusalem, wie aus einem Brief an den Statthalter Bagoas von Juda — also an den oder einen Nachfolger Nehemias — hervorgeht. Es werden auch die Söhne des samarischen Statthalters Sanballat genannt, was die zeitliche Ansetzung Nehemias ermöglicht (s. o. S. 143). Ansonsten berichtet der Brief (ANET S. 491 f.), daß die ägyptischen Priester des Gottes Chnum den Jahu-Tempel zerstört hatten. Man habe ebenfalls an den Hohenpriester und die Priester von Jerusalem sowie an die Söhne Sanballats geschrieben und sie gebeten, sie möchten dazu beitragen, daß der Tempel wieder aufgebaut werde. Ob der hier genannte Bagoas ein Perser oder Judäer mit persischem Namen war, ist nicht zu entscheiden. Als Hoherpriester wird Jochanan genannt. Ihm stehen ein Priesterkollegium und eine adlige Laienvertretung zur Seite. Daß die Leute von Elephantine sich in derselben Angelegenheit zugleich an Jerusalem und Samaria wandten, zeigt, daß trotz Verselbständigung der Provinz Juda Samaria und Juda noch nicht durch ein Schisma getrennt waren. Einem anderen Elephantine-Papyrus zufolge hat Bagoas geantwortet, man möge dem persischen Satrapen von Ägypten den Wiederaufbau des Tempels empfehlen. Ob das auch die Meinung des Hohenpriesters und überhaupt der Vertreter der Jerusalemer Gemeinde war, kann füglich bezweifelt werden, galt doch der Jerusalemer Tempel als allein legitim. Auf jeden Fall kam es in Jerusalem zu einer blutigen Auseinandersetzung und man kann vermuten, daß sie mit der Elephantine-Angelegenheit zusammenhing. Nach Josephus, dem jüdischen Historiker des 1. Jahrhunderts n. Chr. (Antiquitates XI), hat der bereits erwähnte Hohepriester Jochanan seinen Bruder Jeschua, der mit Bagoas befreundet war, ums Leben gebracht, weil dieser Bruder von dem Provinzstatthalter das Versprechen bekommen hatte, er würde statt seines Bruders Hoherpriester werden. Das können natürlich rein persönliche Intrigen gewesen sein. Denkbar ist aber auch, daß der Statthalter Bagoas eine liberalere Haltung einnahm, auch Elephantine gegenüber, als es der offiziellen Gemeindevertretung von Jerusalem lieb war, und daß Bagoas darum versucht hat, einen Mann seiner Richtung zum Hohenpriester zu machen. Nach der Ermordung seines Günstlings hat Bagoas laut Bericht des Josephus Jerusalem »sieben Jahre seine Hand fühlen lassen«.

Die Elephantine-Papyri gehören dem Ende des 5. Jahrhunderts an. Über die späteren Geschicke dieser jüdischen Kolonie ist nichts bekannt, da die Quelle hier aussetzt. Man kann aber vermuten, daß diese Gruppe immer stärker in die Isolation geriet und wegen ihres Synkretismus später von Jerusalem nicht mehr als jüdisch anerkannt wurde.

Ganz anders ist die jüdische Diaspora in Unterägypten zu beurteilen. Sie tritt allerdings erst in späterer, hellenistischer Zeit in das helle Licht der Geschichte. Es kann aber als sicher gelten, daß sie schon in persischer Zeit stark gewachsen ist und an geistiger Potenz gewonnen hat. Leider kann diese Geschichte wie die der sonstigen Judenschaft in der Zeit zwischen Bagoas und der Mitte des 2. Jahrhunderts v. Chr. in Ermangelung von Quellen nicht geschrieben werden.

Desto detaillierter ist die übrige Geschichte dieser wichtigen Epoche bekannt. Sie führt über die Ablösung der Hegemonie Athens durch Sparta und die zunehmende finanzielle und diplomatische Einflußnahme Persiens auf griechische Entscheidungen zum politischen Verfall des Griechentums, der im sogenannten Königsfrieden von 387, der einem persischen Diktat gleichkam, vorläufig besiegelt wurde. Auch die Vorherrschaft Thebens bedeutete keine politische Renaissance und blieb nur eine Episode. Während Griechenland immer mehr zersplitterte und auch verblutete, vollzog sich der Aufstieg Makedoniens unter dem König Philipp II. (359—336). Angesichts der Lage in Griechenland war es für Philipp nicht schwer, sich neben dem persischen Großkönig ebenfalls in die hellenischen Verhältnisse einzumischen. Nicht einmal in der Beurteilung Philipps waren sich die Griechen einig. Während Demosthenes den Kampf gegen den Barbaren Philipp propagierte, predigte Isokrates die Einheit aller Hellenen unter Philipp und den gemeinsamen Krieg gegen die Perser. Auf Betreiben des Demosthenes kam 340 der Hellenische Bund gegen Makedonien zustande, das inzwischen Thrakien unterworfen hatte. Aber 338 errang Philipp bei Chaironeia den entscheidenden Sieg über die Griechen. Auf seine Veranlassung wurde der Korinthische Bund aller griechischen Städte außer Sparta gegründet, der unter dem Patronat des makedonischen Königs stand. Dieser Bund beschloß einen Feldzug gegen die Perser, um an ihnen die Tempelzerstörungen durch Xerxes 480 zu rächen. Als die Vorbereitungen hierzu gerade anliefen, starb Philipp durch Mörderhand. Sein Sohn hieß Alexander. Er sollte als Alexander der Große in die Weltgeschichte eingehen.

Wichtigstes Ereignis innerhalb des persischen Reiches in dieser Epoche war, daß Ägypten gegen Ende der Regierung Darius' II. (423—404) mit Erfolg in Aufstand kam. Unter seinem Nachfolger Artaxerxes II. (404—358) ging Ägypten alsbald für Persien verloren und erlebte nun seine letzte Epoche staatlicher Selbständigkeit, bis um 340 Artaxerxes III. (358—338) es noch einmal für kurze Zeit unterwerfen konnte. Daß der Aufstand von 404 gelang, war auch durch ein Ereignis bedingt, das in der Weltliteratur als die Anabasis des Xenophon (401) Berühmtheit erlangte. Der Zug des jüngeren Kyros gegen seinen Bruder Artaxerxes II. hatte zwar keinen Erfolg, aber durch diese Wirren war Artaxerxes außerstande, Ägypten niederzuwerfen, zumal dem Kyrosaufstand ein Krieg mit Sparta folgte.

Unter dem relativ schwachen König Artaxerxes II. wurden die Satrapen immer selbständiger und einflußreicher, und die Schlappe gegen Ägypten führte dazu, daß insbesondere die westlichen Reichsteile sich der Zentralregierung gegenüber verselbständigen konnten. Um 360 ereignete sich der große Satrapenaufstand, der — drei Jahrzehnte vor dem Alexanderzug — das Ende des Perserreiches bedeutet hätte, wenn die Aufständischen unter sich einig gewesen wären. Der Aufstand brach durch Verrat und Bestechung zusammen und die Einheit des Reiches konnte noch einmal wiederhergestellt werden.

In diesem Zusammenhang ist der Name des Satrapen von Karien im Südwesten von Kleinasien Maussollus zu erwähnen. Es gelang ihm, aus seiner Satrapie faktisch ein unabhängiges Königtum zu machen. Wichtiger aber ist, daß in seiner Person der Hellenismus als Durchdringung des Orients mit griechischer Kultur sichtbar wird. Sein Grabmal (»Mausoleum«) zeigt deutlich frühhellenistischen Charakter. Charakteristikum der hellenistischen Zeit ist auch die Vereinigung mehrerer kleinerer Städte zu einem Land mit einer neu gegründeten Hauptstadt. In diesem Sinne baute Maussollus Halikarnassos. An seinen Hof lud er griechische Gelehrte und Künstler. Seine Inschriften sind in griechischer Sprache verfaßt. Auf Münzen ist er als Herakles abgebildet, und das ist als eine Vorwegnahme der hellenistischen Vergöttlichung einzelner Dynasten und Herrscher zu werten. Wie später in Ägypten die hellenistischen Ptolemäer ist er mit seiner Schwester verheiratet. Es zeigt sich hier beispielhaft, daß der Hellenismus nicht erst das Resultat der bewußten Kulturpolitik Alexanders und seiner Nachfolger war, sondern Ergebnis sich ständig intensivierender Verbindungen und Kontakte zwischen Ost und West; Ergebnis aber auch des allmählichen Verfalls des persischen Reiches und der es tragenden Reichsidee, so wie des Verfalls der griechischen Polis. Dieser Niedergang und Umbruch setzte neue menschliche Kräfte frei, indem sie den Menschen ohne den Schutz der Polis und ohne die Obhut des umfassenden und den einzelnen tragenden großköniglichen Systems auf sich selbst zurückwarfen. Aus diesem Verfall bisheriger Bindungen und Sicherheiten konnte der Mensch, sofern er sieghaft sich bewährte, als Gott hervorgehen — wie schon Maussollus — oder eine nicht-königliche und unpolitische Vergottung wie in den späteren Mysterienkulten anstreben. Der Zusammenbruch aller umgreifenden Schutzmächte konnte aber auch zur totalen Verunsicherung und zu einem ebenso radikal pessimistischen Daseins- und Weltverständnis führen und die Erlösungsbedürftigkeit des Menschen in neuer Weise offenbar machen, wie sie sich in Gnosis und Apokalyptik späterhin manifestierte. Das war das geistige Klima, in dem aus dem Schoße des Judentums die christliche Botschaft vom Heil inmitten einer unheilvollen Welt geboren wurde.

Nach langer Regierung starb Artaxerxes II. 358. Sein Nachfolger war Artaxerxes III. (358—338). Ihm gelang es noch einmal vor dem Ende, die Satrapen wieder zu Satrapen zu machen und die Macht der Zentralregierung zu festigen. 351 versuchte er einen Angriff auf Ägypten, der aber mißlang. Wiederum predigte der Rhetor Isokrates den panhellenischen Feldzug unter Führung Philipps von Makedonien gegen Persien. Die phönikischen Städte — direkte Nachbarn Jerusalems — versuchten, angeführt von Sidon, den Aufstand. Das löste in Jerusalem anscheinend eine ebenfalls aufständische Bewegung aus, die aber erfolglos verlief. Von Euseb, dem christlichen Historiker (gest. 339 n. Chr.) wird die Nachricht überliefert, daß bei der Niederwerfung dieses Aufstandes durch die Perser Judäer nach Babylonien und Hyrkanien am Kaspischen Meer verschleppt worden sind. Wenn diese Notizen zutreffen, wird man den judäischen Aufstand der Jahre um 340 wieder mit dem Aufflackern der alten eschatologischen Erwartung in Verbindung bringen dürfen. Ob dies dann auch im AT einen direkten Niederschlag fand, kann man fragen. Aber der Zusätze und Erweiterungen eschatologischer Art sind so viele, daß eine eindeutige Bestimmung nicht mehr möglich ist. Nach der Niederwerfung Phöniziens vermochte Artaxerxes Ägypten zu erobern und dessen letzte selbständige Epoche zu beenden. Artaxerxes III. war noch einmal ein Herrscher vom Format eines Kyros oder Darius gewesen. Auf der Höhe seines Erfolgs wurde er 338 ermordet. Wenige Wochen danach errang Philipp von Makedonien durch die gewonnene Schlacht bei Chaironeia die Vorherrschaft in Griechenland. Ägypten kam abermals in Aufstand. Persiens letzter König Darius III. (335—331) hat Ägypten noch einmal botmäßig gemacht, es dann aber mitsamt seinem übrigen Reich an Alexander den Großen verloren.

Lit.: O. Plöger, Theokratie und Eschatologie, WMANT 2, 1960.

5. Die geistige und religiöse Lage des Judentums am Ende der persischen Zeit

Ist über die äußeren Fakten der Geschichte des Judentums im angestammten Lande und in der Diaspora während der spätpersischen Zeit so gut wie nichts bekannt, so läßt sich doch über die geistige und religiöse Lage wohl einiges mit Sicherheit sagen. Diese ist ja aus atlichen Schriften, welche dieser Zeit entstammen oder auch noch etwas jünger sind, aber mit ihren geistigen Wurzeln in diese Zeit zurückreichen, zu rekonstruieren. Auch das Faktum der Sammlung der älteren Überlieferungen, die Komposition des Pentateuch und auch der Prophetenworte und deren Anordnung nach dem Unheil-Heil-Schema ist als geistiges und religiöses Phänomen in Betracht zu ziehen. Ein einheitliches Bild ergibt eine solche Betrachtung freilich nicht. Das Judentum als einheitliche Größe gab es sowenig wie ein einheitliches Israel in früheren Zeiten. Trotz aller Überschneidungen und trotz fließender Grenzen lassen sich wohl zwei Hauptströmungen unterscheiden, deren Ursprünge freilich älter sind: eine theokratische Geisteshaltung und eine eschatologische, von der Hoffnung bestimmte Richtung. Wichtigstes Dokument der »Theokratie« ist das chronistische Geschichtswerk. Hatte bereits P eine antieschatologische Spitze, indem die Priesterschrift das Eschaton als vom Sinai her präsent verkündete, so hat Chr eine antieschatologische und dazu eine antisamaritanische Pointe. Außerhalb des Kreises der durch das Gericht des Exils Geläuterten und aus diesem Gericht Erretteten und Heimgekehrten und ihrer Nachkommen existieren keine wahren Israeliten. Damit sind insbesondere diejenigen Angehörigen Israels, die in der Provinz Samaria leben, als Abgefallene abgetan. Mit dieser Geschichtstheologie schließt eine Entwicklung ab, die mit der Zweiheit Israel-Juda in vorstaatlicher Zeit begann. Die eigentliche Trennung vollzog sich nach dieser Konzeption, als das Nordreich nach Salomos Tod von der allein legitimen Davidsdynastie und der allein wahren Hauptstadt Jerusalem abfiel. Dementsprechend erzählt das chr Werk mit keinem Wort von der Geschichte des Nordreiches; das Nordreich ist nicht Israel. Zwar hat auch Juda gesündigt, aber ganz Juda wurde durch das Exil zum wahren

Israel geläutert. Nach dem Unheil dieses Gerichtes brach die Zeit neuen Heils an. Es bekundete sich gleich darin, daß Kyros im ersten Jahr seiner Regierung die Gola sofort heimkehren ließ und den Wiederaufbau des Tempels anordnete. Da seither die Zeit des Gerichtes vorüber ist, gilt, daß jetzt Heilszeit ist, und sei das Heil der Gegenwart nach den Sünden der Vergangenheit auch nur ein bescheidenes (Esra 9,8). Neben der antisamaritanischen enthält diese Konzeption eine antieschatologische Spitze: die prophetischen Verheißungen sind bereits erfüllt (2 Chr 36,22; Esra 1,1). Es ist zu bedenken, daß diese Polemik auf mancherlei schlechten Erfahrungen und auf bitteren Enttäuschungen beruht, die die Folge von eschatologischen Wirren und von Aufständen gewesen waren.
Es kann kein Zweifel daran bestehen, daß die von P entworfene und dann vom Chr antisamaritanisch zugespitzte Konzeption das Selbstverständnis der tragenden Kreise der nachexilischen Gemeinde widerspiegelt. So verstanden die Priester und Leviten und die gesetzeskundigen Schriftgelehrten — als welcher schon ein Esra gezeichnet wird — die Gemeinschaft in Jerusalem-Juda. Das priesterschriftliche-chronistische Verständnis von dem, was »Israel« ist, war das offizielle. Nur dieses Verständnis war seit Esra offiziell legalisiert; das Gesetz der Theokratie ist ja zugleich königlich-persisches Gesetz.
Daneben und dagegen existierte die eschatologische Strömung mehr im Untergrund. Sie konnte aber, sooft die Zeichen der Zeit, wie man meinte, die große Wende ankündigten, jäh aus dem Untergrund wieder auftauchen. Wird die theokratische Richtung im Werk von P und Chr direkt faßbar, so bleibt die eschatologische Strömung viel weniger präzise greifbar. Zwischen 538 und dem Alexanderzug 334—330 liegen so viele Ereignisse, die als Vorzeichen der eschatologischen Wende aufgefaßt werden konnten und sie sind sich so ähnlich — manchmal wiederholt sich die Geschichte eben doch! —, daß eventuelle Anspielungen nur schwer identifizierbar sind. Als erschwerender Umstand kommt hinzu, daß diese nachexilische Prophetie in anonymer Verborgenheit bleibt, ihren schriftlichen Niederschlag in Erweiterungen und Bearbeitungen älterer Prophetenworte findet und ihre Botschaft vielfach archaisierend oder in verschlüsselten Bildern (so schon Sacharja) darbietet. Diese Unbestimmtheit der eschatologischen Äußerungen ist bezeichnend für sie. Wie die Theokratie im Stile P-s oder des Chr aus der Wirklichkeit der Geschichte ausweicht, weil ja die Geschichte in der gegenwärtigen Gemeinde ihr Ziel erreicht habe, so läßt auch diese späte Prophetie die Geschichtswirklichkeit hinter sich. Sie bezieht sich weitgehend nicht mehr auf konkrete Begebenheiten und reale geschichtliche Völker, sondern sie weiß zu künden, wie alle Völker in einem großen Gericht vernichtet werden, oder auch — ganz anders — wie alle Völker mit Jauchzen gen Zion pilgern und Jahwe huldigen werden.
Gemeinsam ist den entgegengesetzten Richtungen der »Theokratie« und der »Eschatologie«, daß sie von der Frage nach dem wahren Israel bewegt sind: Wer ist das wahre Israel? Die vorhandene, verfaßte und vom fremden Reich garantierte Gemeinde, oder diejenigen, die auf das Eschaton der Verwirklichung des wahren Israel hoffen, ein Eschaton, das als Restitution Israels in Herrlichkeit und als Rückkehr der Diaspora aus aller Welt gedacht werden kann, oder auch als kosmisches Ereignis und Entmachtung aller widergöttlichen Mächte (vgl. z. B. Joel 3—4; Jes 2 // Mi 4; Sach 9—11; 12—14; Jes 24—27).
Der Gegensatz von Theokratie und Eschatologie hat im Laufe der Zeit zur inneren Emigration, später sogar zur Separation eschatologischer Kreise geführt. Während die theokratische Gemeinde die eschatologischen Kreise, deren Erwar-

tung Gegenwärtiges in Frage stellte, an den Rand drängte, hielten sich die eschatologischen Kreise für das wahre Israel und glaubten, daß die Wende nicht zuletzt darin bestehen werde, daß das wahre Israel offenbar werde (z. B. Sach 13,7—9, wo Hoherpriester und Priester als Repräsentanten des unwahren Israel gelten). Erst der gemeinsame Gegensatz gegen einen Feind, der das wahre und das unwahre Israel gleichermaßen in Frage stellte, hat die Parteien zeitweise zum gemeinsamen Widerstand zusammengeführt, ohne sie freilich endgültig zu versöhnen.

Lit.: O. Plöger, Theokratie und Eschatologie, WMANT 2, 1960; M. Smith, Das Judentum in Palästina während der Perserzeit, Griechen und Perser, Fischer-Weltgeschichte 5, 1965, S. 336—370; O. H. Steck, Das Problem theologischer Strömungen in nachexilischer Zeit, EvTh 28, 1968, S. 445—458.

XII. Das Zeitalter des Hellenismus

1. Alexander der Große

Im Jahre 338 hatte die entscheidende Schlacht bei Chaironeia stattgefunden, die der makedonischen Vorherrschaft in Griechenland den Weg bereitete. Auch der Tod Philipps von Makedonien konnte diese Entwicklung nicht rückgängig machen. 334 begann Alexanders des Großen beispielloser Siegeszug, dem Namen nach ein panhellenischer Rachezug, in Wahrheit geführt mit dem Ziel, die Achämenidenherrschaft zu vernichten und die makedonisch-hellenistische Weltherrschaft zu begründen. Noch im Jahre 334 wurden die kleinasiatischen Satrapen bei dem Fluß Granikus in der Gegend des alt-berühmten Troja besiegt und Alexander legte sich als ein wieder erstandener Achilles oder Ajax die den mythischen Helden der Urzeit — angeblich — gehörenden Waffen an. Bei Issus in Nordsyrien wurde 333 ein Heer, das von Darius III. selbst befehligt wurde, von Alexander besiegt. Darauf konnte die syrisch-phönikische Küste, also der Weg nach Ägypten, unterworfen werden. Die Bewohner von Tyrus verteidigten sich bis zum äußersten; sonst leistete hauptsächlich Gaza vergeblichen Widerstand. Auch Ägypten hatte der militärisch stramm disziplinierten Phalanx und der überlegenen Kriegstechnik der Makedonen nichts Gleichwertiges entgegenzusetzen. Im Amontempel der Oase Siwa westlich des Deltas ließ sich Alexander von den dortigen Priestern als Sohn des Amon feiern. 331 fiel bei Gaugamela südlich Armeniens die Endentscheidung, als Darius III. nunmehr definitiv geschlagen wurde. Wenig später hat einer der Satrapen den letzten, unglücklichen persischen König ermordet. Die Stadt Babylon lieferte sich kampflos Alexander aus. Der Sieger ordnete den Wiederaufbau des von Xerxes zerstörten Marduktempels an, aber — der Feldzug sollte ja ein hellenischer Rachezug sein — der Palast des Xerxes in Persepolis wurde angezündet, das Grab des Kyros in Pasargadai hingegen ließ Alexander restaurieren. Gegen 325 erreichte Alexander Indien und damit die äußerste Ostgrenze der damaligen Ökumene. Das Ideal einer wirklichen Weltherrschaft und damit einer Weltordnung als Befriedung des barbarischen Chaos schien erreicht zu sein, als Alexander am 13. Juni 323 im Alter von 33 Jahren in Babylon starb.
Es ist anzunehmen, daß die von den Persern der Jerusalemer und der judäischen Gemeinschaft zugebilligten Privilegien von Alexander und seinen Nachfolgern nicht angetastet worden sind. Das entspricht der Politik der neuen Herrscher und der Geisteshaltung des Hellenismus. Hatte die persische Reichspolitik auf der relativen Autonomie der Reichsteile und auf der Anerkennung der angestammten Kulte beruht, so erstrebte der Hellenismus eine Verschmelzung und Identifizierung der Götter und Kulte des Orients und Okzidents. Eine aus Prinzip intolerante Exklusivität kennt also gerade der Hellenismus nicht.
Die weltweiten geschichtlichen Erschütterungen, der Zusammenbruch des letzten orientalischen Weltreiches und der Anbruch einer neuen, der hellenistischen

Epoche bedeutete für das Judentum also zunächst kaum mehr als einen erneuten Wechsel der Oberherrschaft, der das Eigenleben nicht berührte, auch wenn die fremden Heere durch das Land zogen. Die Zukunft aber sollte lehren, daß der Sog des Hellenismus stärker war, als daß man sich ihm mit Hilfe von Privilegien rechtlicher Art hätte entziehen können. Die Auseinandersetzung mit dem neuen Geist der Zeit war unvermeidlich und zu ihr bedurfte es anderer Kräfte. In dieser Auseinandersetzung wuchs das Judentum, empfangend und abwehrend, zu einer Weltreligion heran.

2. Das samaritanische Schisma

Auf Alexanders Zug nach Ägypten an der syrisch-palästinensischen Küste entlang hatten sich die meisten dort gelegenen Städte außer Tyrus und Gaza mehr oder weniger kampflos ergeben. Die Besetzung des Binnenlandes überließ Alexander seinem Feldherrn Parmenio. Samaria, die alte nordisraelitische Festungsstadt, kapitulierte nicht kampflos und mußte erobert werden. Die Stadt wurde zerstört und in ihr eine makedonische Militärkolonie angesiedelt. Um dieselbe Zeit ist wohl auch das samaritanische Schisma, also die endgültige Verselbständigung der samaritanischen Gemeinde und die Errichtung eines eigenen Tempels auf dem Garizim anzusetzen. Um das Jahr 170 ist die Existenz des Garizim-Tempels bezeugt (2 Makk 6,2), während in der Zeit des Nehemia und noch des Bagoas nichts darauf hinweist, daß Samaria zu der Zeit bereits ein eigenes Heiligtum besessen hätte. Josephus weiß sogar genau zu berichten (Ant. XI), daß der Statthalter von Samaria als Belohnung dafür, daß er sich Alexander sofort und im Gegensatz zum Hohenpriester von Jerusalem, der nicht sogleich kapitulierte, ergab, vom Sieger die Erlaubnis zum Bau des neuen Heiligtums bekam. Aber dieser Bericht ist unzuverlässig; die antisamaritanische Polemik ist allzu dick aufgetragen, und es werden außerdem Personen und Ereignisse verschiedener Zeiten — Austreibung eines Sohnes des Hohenpriesters durch Nehemia (!) (Neh 13,28) — verwechselt. Historisch dürfte jedoch an dieser Erzählung sein, daß es in der Zeit des Alexander zur Gründung eines eigenen samaritanischen Tempels gekommen ist. Als heiliges Buch galt den Samaritanern nur der Pentateuch; mit dessen Abschluß und Endgestalt unter Einschluß von P ist nicht vor 400 zu rechnen. Auch diese Erwägung führt in die Zeit Alexanders des Großen. Die Ansiedlung einer Militärkolonie in Samaria und die damit rapide einsetzende Hellenisierung der Stadt wird den Anlaß dazu gegeben haben, daß jahwetreue Kreise außerhalb Samarias bei dem traditionsreichen und uralten Heiligtumsort Sichem einen eigenen Tempel erbauten. Es ist nicht ausgeschlossen, daß Alexander oder einer seiner Nachfolger in Tausch für das hellenisierte Samaria die Erlaubnis zum Bau erteilte. Neuere Forschungen (Cross, Purvis) machen es wahrscheinlich, daß der Bruch mit dem judäisch-jerusalemischen Judentum erst später, nachdem der Hasmonäer Johannes Hyrkanos (137—104) Sichem eingenommen und das Garizimheiligtum zerstört hatte, endgültig geworden ist.

Lit.: A. Alt, Die Rolle Samarias bei der Entstehung des Judentums, II, S. 316—337; ders., Zur Geschichte der Grenze zwischen Judäa und Samaria, ibid. S. 346—362; R. J. Coggins, Samaritans and Jews. The Origin of Samaritanism Reconsidered, 1975; F. M. Cross, Aspects of Samaritan and Jewish History in Late Persian and Hellenistic Times, HThR 59, 1966, S. 201—211; H. G. Kippenberg, Garizim und Synagoge, RVV 30, 1971, S. 33 ff.; 48 ff.; J. D. Purvis, The Samaritan Pentateuch and the Origin of the Samaritan Sect, HSM 2, 1968.

3. Die Herrschaft der Ptolemäer und Seleukiden und die Begegnung mit dem Hellenismus

Die Auseinandersetzungen seit Alexanders Tod 323 zwischen seinen Nachfolgern — die Diadochenkriege — führten schließlich 281 zur endgültigen Preisgabe der Idee eines einheitlichen Reiches und zur Bildung von drei selbständigen Staatswesen: Makedonien unter den Antigoniden, Ägypten unter den Ptolemäern und Vorderasien unter den Seleukiden. Ehe die bewohnte Welt dieses politische Gleichgewicht wiederfand, war ein Krieg dem andern gefolgt. Politische Gegensätze mischten sich mit persönlichen Animositäten und ein politischer Mord provozierte den andern. Auch die Familie Alexanders des Großen wurde nahezu vollständig ausgemordet. Bis zur Schlacht bei Ipsos 301, die mit dem Sieg über Antigonos das Ende der Reichseinheit brachte, durchzogen zu wiederholten Malen Heere Palästina. 302 (?) wurde Jerusalem von Ptolemaios besetzt und er ließ eine größere Zahl von Judäern nach Ägypten führen. Trotz der Proteste des Seleukos I. Nikator fiel nach der Schlacht bei Ipsos Syrien-Palästina an die Ptolemäer. Damit wurde Judäa-Jerusalem Teil des bestorganisierten, konstantesten und reichsten der hellenistischen Staaten. Eine lange und gute Friedenszeit begann. Es war für Juda wohl ein Glück, daß es diese fast ein Jahrhundert während Zeit zu Ägypten gehörte. Dieser hellenistische Staat war mehr als die anderen in sich abgerundet, homogen, konnte an ältere Traditionen anknüpfen und hat so mehr als die Nachbarstaaten eine relativ ruhige Entwicklung gehabt. Das hat gewiß auch und nicht zuletzt an der Qualität mancher der Ptolemäerfürsten gelegen. Klug und umsichtig war der Begründer der Dynastie und des hellenistischen Staates Ägypten Ptolemaios I. Soter (311—283). Klug war es auch, daß er seinen Sohn und Nachfolger Ptolemaios II. Philadelphos (283—246) sorgfältig für sein hohes Amt erziehen ließ. Dieser zweite König regierte circa 40 Jahre, und diese lange Regierung hat ebenfalls zu einer beständigen Entwicklung beigetragen. Judäa (Judaia) war in diesem Reich wie schon in persischer Zeit eine besondere, kleine Verwaltungseinheit wie südlich und nördlich daran grenzend Idumaia, Samareia, Galilaia und wie östlich des Jordans die Ammanitis, die Gaulanitis usw. Diese Einheiten wurden jetzt Hyparchien genannt; sie unterstanden einem Hyparchos, dem — der Geschäftigkeit und Geschäftstüchtigkeit der Zeit entsprechend — ein Oikonomos genannter Finanzmann beigesellt war. Im innern und religiösen Bereich hatte die Hyparchie Judäa Autonomie. Höchster Amtsträger war hier anstatt des Hyparchos der Hohepriester, dem ein Rat von Notablen, Sippenhäuptern oder Ältesten, die Gerusia, zur Seite stand. Von einem solchen Gremium ist auch schon in der Zeit Esras und Nehemias und in den Elephantine-Papyri gelegentlich die Rede; es hat aber wohl erst in späterer Zeit eine festere Gestalt bekommen und heißt seit Herodes Synhedrion. Die Befugnisse des Hohepriesters wurden dadurch erheblich eingeschränkt, daß die Finanzen nicht zu seinem Ressort gehörten, sondern von einem von der Obrigkeit bestätigten Beamten verwaltet wurden. Die Steuern wurden nach griechischem Muster wie auch sonst im Reich an Steuereinnehmer verpachtet. Der politische und sonstige Einfluß dieser Steuerpächter war gelegentlich beträchtlich.

Die friedliche Entwicklung, die ein Anwachsen des Wohlstandes zur Folge hatte, wurde auch durch Kriege, welche die Ptolemäer gegen die Seleukiden, die Syrien und Palästina ebenfalls für sich beanspruchten, führten, nicht in Frage gestellt. Diese Auseinandersetzungen berührten nachhaltig nur die Peripherie.

Die Epoche des Hellenismus ist auch die Zeit eines beginnenden Weltjudentums. Noch immer existierte in Babylonien eine beträchtliche Diaspora, welche in Kontinuität zu den Exilierten der Chaldäer stand. Jüdische Siedler wohnten in Kleinasien, wohin sie wahrscheinlich aus Babylonien auf Initiative der Seleukidenherrscher gekommen waren. Nach Josephus (Ant. XII) hat Antiochos III. (223—187) 2000 jüdische Familien in Lydien und Phrygien angesiedelt. Auf Delos entstand eine Synagogengemeinde wie in manchen anderen griechischen Poleis; auch Sparta hatte eine jüdische Gemeinschaft, wo sogar ein unter Antiochos IV. (175—164) geflohener Jerusalemer Hoherpriester Asyl fand (1 Makk 12,5 ff.). Ähnliches gilt von Sardes, von Damaskus und von Antiochia. Zu besonderer Bedeutung gelangte die ägyptische Judenschaft. In Ägypten saßen bereits vor 587 Judäer und vielleicht auch Israeliten. Diese Gruppe hat während der persischen und dann insbesondere der hellenistischen Zeit starken Zuwachs bekommen. Neben manchen Siedlungen im Lande, wo die Juden in der Zeit des Ptolemaios III. (246—221) nicht weniger als drei Synagogen unterhielten, war die Judenschaft von Alexandria von großer Wichtigkeit. Hier bewohnten sie ein ganzes Stadtviertel. In Alexandria ist die griechische Übersetzung des AT, die Septuaginta, entstanden. Auch sonst hat die ägyptische Judenschaft eine rege literarische Tätigkeit entwickelt.

In diesen Jahrzehnten des politischen Gleichgewichts der Kräfte und des Friedens, des wachsenden Handels und Verkehrs und der intensiven Kontakte über bisherige Grenzen hinweg vollzog sich jene eigentümliche Durchdringung von Orient und Okzident, die als Hellenismus bezeichnet zu werden pflegt. Der Hellenismus ist nicht die Schöpfung Alexanders des Großen und auch nicht das zivilisatorische Nebenergebnis seiner Welteroberung. Schon Alexander ist ebensosehr Hellenisierer wie Exponent des Hellenismus und insofern ein Kind seiner Zeit wie seine hellenistischen Nachfolger. Er und sie verwirklichen eine Möglichkeit menschlicher Daseinsgestaltung, die als Möglichkeit nicht von ihnen geschaffen, sondern vorgefunden wurde. Mit dem Aufstand der jonisch-griechischen Städte, die unter persischer Oberhoheit standen, hatte die griechisch-persische Auseinandersetzung begonnen. In deren Verlauf hatte Persien nach schweren Niederlagen schließlich doch gewonnen und die unter sich uneinigen griechischen Poleis weitgehend von der persischen Gunst abhängig gemacht. Aber diese Siege waren vielfach von griechischen Söldnerheeren errungen worden, und die erfolgreichen strategischen Pläne stammten oft von griechischen Generälen. Griechische Söldner, Kaufleute, Philosophen und ganze Poleis waren in das orientalische System, das ein Staats- und Religions- und Heilssystem in einem war, aufgenommen. Das persische Reich hatte sich mit ihnen als mit einem Ferment durchsetzen lassen, das sich in das alte Ordnungsgefüge nicht integrieren ließ, es vielmehr aufsprengen mußte. Der aufständische Satrap Maussollus, der sich als Herakles abbilden ließ, war ein frühes Symptom des Neuen, das sich anbahnte. Dieses Neue war der Hellenismus. Das Wort Hellenismus bedeutete ursprünglich nur die Beherrschung des Griechischen als Bildungssprache. Von J. G. Droysen wurde es in der ersten Hälfte des 19. Jahrhunderts zum Inbegriff jener neuen Geisteswelt gemacht, die aus der Begegnung des Orients mit dem Griechentum als »moderne Zeit des Altertums« hervorging. Der Hellenismus ist mehr noch als eine Kulturmischung eine Metamorphose der sich begegnenden Komponenten. Alexander und die ihm folgenden ptolemäischen und seleukidischen Herrscher sind ihren orientalischen Vorgängern ähnlich, aber doch in typischer Weise von ihnen auch unterschieden. Standen jene im Zentrum ihres staatlichen und religiösen Heilssystems, dort, wo die göttliche und menschliche, die unsichtbare und sichtbare Sphäre sich berühren und kommunizieren, so standen die hellenistischen Herrscher gleichsam als Heiland, Wohltäter und auf Erden erscheinender Gott (Soter, Euergetes, Epiphanes), wie ihre Titel besagen, darüber. Sieghafte Griechen, zu göttlichen Heroen erhoben und mit der Rüstung mythischer Recken angetan, hatten das Erbe der orientalischen Herrscher angetreten. Trotz mythischer Überhöhung ihrer Person war das Heil, das sie brachten, weniger mythischer als rationaler Art und darum von hellenistischer Paideia = Bildung nicht zu trennen. Dem entsprach es, daß das neue Heil vornehmlich den hellenistischen »Intellektuellen« galt, deren Bildung freilich oft kaum weiterreichte als die Beherrschung der griechischen Sprache. Wer Anteil am neuen Heil und am rasch wachsenden Wohlstand bekommen wollte, mußte Paideia erlernen. Der Hellenismus war die Sprache, die Kultur, der Way of Life der gebildeten höheren Schichten. Sowenig wie das hellenistische Koinegriechisch mit der klassischen griechischen Sprache identisch ist, sowenig auch der Geist der klassischen Poleis mit dem der neugegründeten hellenistischen Städte, die Antiochia, Alexandria, Seleukia und Ptolemais usw. heißen und mit ihren Namen die vergotteten Herrscher ehren. Aus der großen Autonomie der Städte, die über sich nur die Götter als Schirmherren des Gesetzes verehrten, war die kleine Autonomie für den kleinen Bereich geworden, in die aber der Herrscher durch einseitige Verfügungen eingreifen konnte. Wie aus der großen Autonomie die kleine, so wurde auch aus der großen Freiheit die kleine, die im innersten Bereich des Menschen, im Mikrokosmos angesiedelt ist. Als die Polis dahinsank, mußte der Mensch es lernen, ohne sie zu leben, gleichsam auf Grund seiner Paideia seine eigene Polis zu sein und »alles bei sich zu tragen«, wie Stilpon, der Lehrer des Stoikers Zenon, gesagt haben soll.

Auch auf das Judentum, in der Diaspora sowohl als auch in Palästina, hat der Hellenismus tief und nachhaltig eingewirkt. Eine direkte Quelle, die den Verlauf der Geschichte des Judentums in und außerhalb Palästinas berichtet, liegt nicht vor, aber verschiedenartige Zeugnisse vermitteln doch ein Bild seiner Entwicklung.

Erwähnenswert sind besonders die sog. Zenon-Papyri, welche die Korrespondenz des Zenon, eines Agenten oder Staatssekretärs des ptolemäischen Finanzministers Apollonios während der Regierung des Ptolemaios II. Philadelphos (283—246), enthalten. Außer interessanten Einblicken in das rege Geschäftsleben der Zeit gibt diese Korrespondenz auch Aufschluß über die geistige Lage um die Mitte dieses 3. Jahrhunderts. Zenon besuchte u. a. den jüdischen Großgrundbesitzer Tobias in der Ammanitis. Haltung und Taten der Tobiadenfamilie sind zwar nicht von weltgeschichtlicher Bedeutung gewesen, aber doch als frühe Symptome der Hellenisierung in vornehmen jüdischen Kreisen interessant. Tobias, vermutlich verwandt mit Tobia, der z. Z. des Nehemia schon persischer Beamter in derselben Gegend war, gibt sich in dieser Korrespondenz ganz und gar griechisch, weltmännisch und heidnisch. Desto bemerkenswerter ist es, daß er mit dem Hohenpriester Onias II. verschwägert war. Tobias' Sohn Joseph hatte eine glänzende Karriere als ptolemäischer Generalsteuerpächter und wird im sog. Tobiadenroman, der von Flavius Josephus als Quelle benutzt wurde (Ant. XII), hoch gerühmt. Dieser Roman wiederum stammt vermutlich aus Alexandria; er setzt sich über sämtliche Speisegebote und Reinheitsvorschriften hinweg und rühmt an Joseph, daß er die Juden aus elenden Verhältnissen heraus zu einer glänzenderen Lebensart geführt habe. Hier wird das typisch hellenistische Ideal ausgesprochen, wie es gewiß nicht nur in der ägyptischen Diaspora, sondern ebenso auch im Mutterland als erstrebenswert erschien.

Der Hellenismus war Mode und zugleich allgegenwärtige zivilisatorische Notwendigkeit. Wer Reichtum und eine höhere Lebensart anstrebte, mußte sich ihm öffnen und zumindest Griechisch lernen. Auch in Palästina wurde das Griechische zu der zivilisierten Sprache. In der ägyptischen Diaspora nahmen viele Juden nachweislich seit 250 griechische Namen an. Ähnliches ist auch für den palästinensischen Bereich anzunehmen, wie die Makkabäerbücher, die jüngeren Datums sind, aber in dieser Hinsicht ältere Verhältnisse widerspiegeln, zeigen. In welchem Maße das Judentum hellenisiert wurde, darf nicht unterschätzt, aber auch nicht übertrieben werden. Die Tobiadenfamilie mag Symptom, aber sie muß nicht allgemein typisch gewesen sein. Es ist mindestens ebenso bezeichnend für die Situation des Judentums, daß es in der Diaspora zwischen der hellenistischen Oberschicht und der einheimischen, »barbarischen« Bevölkerung eine Zwischenposition innehatte. Der rechtliche Status beruhte auf der Synagoge, welche gemäß dem angestammten Gesetz die Jurisdiktion ausübte. Daß die Hellenisierung nicht eo ipso die Preisgabe des israelitisch-jüdischen Erbes bedeuten mußte, geht schon daraus hervor, daß seit dem 3. Jahrhundert in Alexandria zunächst vom Pentateuch und dann allmählich vom ganzen AT eine griechische Übersetzung angefertigt wurde. Sie wurde als Septuaginta bekannt und war auf lange Zeit die Heilige Schrift, insbesondere der christlichen Kirche. Dieses griechische AT, in der ägyptischen Diaspora entstanden, ist ein besonders typisches Zeugnis: wer eine solche griechische Übersetzung anfertigt oder benutzt, bedarf ihrer, weil sein Hellenismus sein Judentum einschließt.

Obwohl unmittelbar griechische Einflüsse oft höchst unsicher sind, so legt auch die in dieser Zeit entstehende Literatur, die nur zum Teil in den hebräischen und griechischen Kanon Eingang fand, von der Berührung und Auseinandersetzung mit dem Geist der »modernen Zeit des Altertums« Zeugnis ab. Schon die romanhafte Form von Büchern wie Tobit, Esther und Judith, die allerdings erst dem 2. Jahrhundert entstammen, zeigt das Neue an. Das Hiobbuch ist zwar gewiß keine Nachahmung der griechischen Tragödie, wie man wohl gemeint hat, und läßt sich durchaus ohne die Annahme unmittelbarer fremder Beeinflussung verstehen. Zeitlich muß das Werk wohl auch noch vor Alexander dem Großen angesetzt werden. Aber der Hellenismus ist älter als Alexander und spricht nicht immer griechisch. Der Individualismus Hiobs und der Universalismus seiner Gottesvorstellung, die bohrende Infragestellung der überlieferten Weisheit und des den Menschen tragenden Ordnungsgefüges, das an der individuellen Erfahrung zerbricht, sind typisch »modern«, obwohl hier hebräisch gedacht wird. Auch das Buch Qohelet mit dem Satz: »Es ist alles ganz eitel«, wo die Erfahrung, daß Gott fern und verborgen ist, ausgesprochen wird, ist mit seinem am Individuum orientierten, radikalen Pessimismus, der alle optimistischen Dogmen der Überlieferung kritisch zersetzt, wenn nicht selbst hellenistisch, so doch Geist von jenem Geist, aus dem im Zusammenbruch bisheriger Sicherheiten der Hellenismus hervorging. Dennoch wird auch hier das israelitisch-jüdische Erbe nicht ganz abgestreift und Gott nicht mit dem blinden Fatum ineinsgesetzt. Aber Gott wird menschlicher Einsicht unzugänglich und nun gilt es, das Leben ohne Sinngebung zu bestehen. Der Ausweg in den stoischen Satz, daß der Mensch alles bei sich trage, war Qohelet ebenso verwehrt wie die apokalyptische Lösung, die dem total bösen, gegenwärtigen Äon einen neuen Äon des Heils entgegenstellt und die Uneinsichtigkeit der Gegenwart auf Grund geheimer Apokalypsis für die Zukunft zu überbieten versucht. Als fortschrittliches und gebildetes Kind seiner Zeit zeigt sich Qohelet auch in seinem Universalismus,

der vom Partikularen des Volkes Israel, seiner Geschichte und seiner kultischen Frömmigkeit ganz abstrahieren kann.
Wo die Auseinandersetzung mit dem Hellenismus und der Kampf gegen ihn bewußt aufgenommen wird, wie im Weisheitsbuch des Jesus Sirach, ist auch solcher Konservatismus, der die alte Vergeltungslehre erneuern und mit ihrer Hilfe Gott und die Welt rational einsichtig machen will, genötigt, dem Geist der Zeit seinen Zoll zu zahlen. Das Gesetz wird mit der Weisheit, die Weisheit mit dem Gesetz gleichgesetzt. Aber diese Ehrenrettung der Tora ähnelt selbst wiederum der Identifizierung von göttlicher Weltvernunft und menschlichem Sittengesetz in der Stoa und fast stoisch kann es heißen, Gott sei alles (43,27). Nach dem jüdischen Philosophen Aristobul in Alexandria, der in etwa ein Zeitgenosse des Jesus Sirach war, ist die jüdische religiöse Überlieferung die wahre Philosophie und sind die Juden ein Volk von Philosophen.
Die Ineinssetzung von Tora und Weisheit bzw. Philosophie war auch kein bloßes Theorem, sondern hatte eine institutionelle Grundlage in der Synagoge. Deren Allerheiligstes ist die Tora, und Zutritt zu diesem Heiligtum hat darum nur derjenige, der torakundig ist. So gilt es, den Zugang zum wahren Heiligtum zu lernen. Wie der Heide nur durch Paideia, die er im Gymnasion durch das Studium Homers erlernt, zur höheren Kultur und in die höhere soziale Schicht aufsteigen kann, so der Jude nur durch das Studium der Tora. Wie griechische Philosophen sich ganz der Philosophie widmeten, so jüdische Schriftgelehrte dem Studium der väterlichen Schriften. Und wie sich an Philosophen ihr Schülerkreis so schlossen sich an die Schriftgelehrten lernbegierige Jünglinge an. Der Stand der Schriftgelehrten begann die Priesterschaft an innerer Bedeutung zu überflügeln wie, nicht nur in der Diaspora, die Synagoge den Tempel.
Wie insbesondere das Weisheitsbuch des Jesus Sirach zeigt, regte sich trotz aller Beeinflussung und Rezeption sehr früh auch der Widerstand gegen den Hellenismus. Es war im allgemeinen die Oberschicht von Laien, aber auch der höheren Priesterfamilien, die sich dem Hellenismus zu öffnen bereit war. Der Widerstand kam vor allem aus der unteren Volksschicht und aus denjenigen Kreisen, in welchen die eschatologische Hoffnung lebendig geblieben war. Erst der Versuch, mit Gewalt eine totale Hellenisierung durchzuführen, löste den leidenschaftlichen Widerspruch und den Aufruhr der jahwetreuen Kreise aus und machte wohl überhaupt erst recht offenbar, welch tödliche Bedrohung für Israels Glauben der Hellenismus darstellte.
Der Jahrzehnte während Friede endete um 220, als Antiochos III., der Große (223—187), das Seleukidenreich noch einmal festigte. Ein 217 unternommener Versuch, Phönikien und Palästina zu erobern, schlug fehl. Antiochos erlitt gegen Ptolemaios IV. bei Raphia im ägyptischen Grenzgebiet eine empfindliche Niederlage. Um 200 aber, nach dem Tode des Ptolemaios IV., als sein Nachfolger Ptolemaios V. Epiphanes noch ein Kind war, gelang ein neuer Angriff. Phönikien und Südpalästina fielen an die Seleukiden. Von dieser Zeit an begann aber noch eine ganz andere Macht in den Mittelmeerraum hinein ihren Einfluß geltend zu machen: Rom. Im Jahre 202 hatte Rom seinen entscheidenden Sieg über Karthago errungen. Dieses Ende des Zweiten Punischen Krieges (218—201) gab Rom die Hand frei für diplomatische und militärische Einmischung in den östlichen Mittelmeerraum; das Mittelmeer galt den Römern von dieser Zeit an als »mare nostrum«.
Lit.: C. C. Edgar, The Zeonon Papyri, 5 Bde, 1925—40; M. Hengel, Judentum und Hellenismus, Studien zu ihrer Begegnung unter besonderer Berücksichtigung Palästinas bis

zur Mitte des 2. Jh.s v. Chr., WUNT 10, 1973²; E. Janssen, Das Gottesvolk und seine Geschichte. Geschichtsbild und Selbstverständnis im palästinensischen Judentum von Jesus Sirach bis Jehuda ha-Nasi, 1971; J. Maier - J. Schreiner, Literatur und Religion des Frühjudentums, 1973; W. O. E. Oesterley, Jews and Judaism in the Greak Period, 1970²; A. Schalit u. a., The Hellenistic Age, The World History of the Jewish People I, 6, 1972; V. A. Tcherikover, Hellenistic Civilisation and the Jews, 1961².

4. Der Aufstand der Makkabäer

Für die Zeit des Makkabäischen Aufstandes stehen wieder direkte detaillierte Quellen zur Verfügung. Außer Flavius Josephus müssen hier das 1. und 2. Makkabäerbuch genannt werden. Das 1. Makk will Geschichtsschreibung sein, wenn auch der Verfasser unbedingt auf der Seite der aufständischen Makkabäer steht. Es ist die griechische Übersetzung eines hebräischen Originals und erzählt die Ereignisse von Alexander dem Großen bis Johannes Hyrkanus (134—104); ausführlicher ist die Darstellung erst von Antiochos IV. an. 2. Makk ist die stark verkürzte Form eines Werkes von Jason von Kyrene, das weniger reine Historiographie als vielmehr eine Apologetik zur Verherrlichung des von Gott immer wieder auf wunderbare Weise beschützten Tempels bietet. Es bezieht sich auf die Geschehnisse von Seleukos IV. (187—175) bis zum Sieg des Judas über Nikanor 161. Trotz seines apologetischen Charakters enthält das Buch interessante historische Nachrichten. 1. und 2. Makk dürften zwischen 100 und 60 v. Chr. ihre heutige Gestalt bekommen haben. Außer diesen Quellen ist auch auf das apokalyptische Danielbuch hinzuweisen, das in der Zeit der makkabäischen Erhebung noch vor dem Tode Antiochos IV. (164) entstanden ist. Durch kritische Benutzung dieser Quellen ist eine Rekonstruktion der Ereignisse und ihrer Hintergründe möglich.

Der Übergang der Macht von den Ptolemäern auf die Seleukiden hatte Jerusalem und Juda schwer in Mitleidenschaft gezogen. Nachdem Antiochos III., der in einem Bündnis mit Philipp V. von Makedonien stand, 201 Palästina unterworfen hatte, gelang dem ägyptischen General Skopas noch einmal ein Gegenschlag. Er hat die proseleukidischen Kollaborateure züchtigen lassen (Dan 11,14). Kurz darauf konnte Antiochos aber seine Herrschaft über die ehemals ptolemäischen Provinzen endgültig festigen. In Jerusalem befehdeten sich eine proptolemäische und eine proseleukidische Partei.

Die Tobiaden-Familie, einst in ptolemäischen Diensten, gehörte jetzt zur proseleukidischen Richtung, die hohenpriesterlichen Oniaden hingegen waren proptolemäisch und, obwohl selbst auch für den Hellenismus aufgeschlossen, doch konservativer. Als konservativ wird schon Onias II. im Tobiadenroman gezeichnet; sein Sohn Simon der Gerechte wird vom konservativen Jesus Sirach gelobt (50,4); und dessen Nachfolger Onias III. stand in guter Beziehung zu Hyrkan (2 Makk 3,11), einem Enkel Tobias', der im Gegensatz zu seinen Brüdern die proptolemäische Richtung unterstützte. In den Wirren der Zeit hat sich dieser Hyrkan zeitweilig im Ostjordanland halbwegs selbständig gemacht. Wenn die mit seinem Namen in Verbindung zu bringenden Ruinenstätten von Arak el Emir u. a. als die Überreste eines Tempels zu deuten sind, so hat Hyrkan sogar einen Gegentempel erbauen lassen, als der konservativere Onias III. von seinem Bruder Jason, der stärker hellenistisch gesinnt und proseleukidisch war, verdrängt wurde und der Jerusalemer Tempel nunmehr in Händen der Gegenpartei war. Diese Parteiauseinandersetzungen sind der Anfang des Konfliktes, der unter Antiochos IV. in voller Schärfe ausbrach. Innerjüdische Auseinandersetzungen und auch persönliche Animositäten und Intrigen und die Entscheidungen, die auf höchster politischer Ebene fernab von Jerusalem fielen, verzahnten sich von nun an auf das engste.

Antiochos III. hatte der jüdischen Gemeinschaft in Jerusalem, wo Simon der Gerechte als Hoherpriester amtierte, die Wahrung der alten Privilegien zuge-

sichert, ihr erlaubt, nach dem väterlichen Gesetz zu leben, und ihr als Entschädigung für die durch Kriegseinwirkungen entstandenen Verluste einen Steuererlaß gewährt. Die Machtübernahme durch die Seleukiden bedeutete somit zunächst eine Stärkung der konservativen Partei in Jerusalem, die in Simon ihren wichtigsten Exponenten hatte. Dann aber erlitt Antiochos 190 gegen die mit den Ptolemäern verbündeten Römer eine schwere Niederlage. Ägypten, das sich seit der Eroberung Palästinas durch das Seleukidenreich bedroht fühlte, hatte sich Rom zum Bundesgenossen gemacht. Auf der Gegenseite verbündeten sich Antiochos und Makedonien. Rom erklärte den Krieg (2. Makedonischer Krieg 200—197), der mit einer Niederlage Makedoniens und der angeblichen Befreiung Griechenlands endete. Ein rundes Jahrzehnt danach verlor Antiochos III. gegen die Römer die Schlacht von Magnesia (190). Bei dem Friedensschluß von Apamea (188) mußte er nicht nur seinen kleinasiatischen Besitz abtreten, sondern auch seine Elephanten, die seine schwere Kriegsrüstung waren, und seine gesamte Flotte ausliefern und dazu eine sehr schwere Kriegsentschädigung zahlen. Diese Niederlage bedeutete das Ende der hochgesteckten politischen Ziele des Antiochos und leitete den Verfall seines Reiches ein. Die schweren Reparationszahlungen mußten von den seleukidischen Untertanen aufgebracht werden. Die zugesagten Steuerermäßigungen stellten sich als illusorisch heraus; statt Vergünstigungen geschahen Tempelplünderungen; bei dem Versuch, einen Bel-Tempel in Elam zu plündern, kam Antiochos 188 ums Leben. Da sein Sohn Antiochos als Geisel in Rom weilte, folgte ihm sein anderer Sohn Seleukos IV. (187—175). Dessen Minister Heliodor versuchte, Jerusalems Tempelschätze zu konfiszieren, um Bargelder für die Kriegsentschädigung in die Hand zu bekommen (2 Makk 3). Die Sympathien für die Ptolemäer wuchsen und stärkten die proägyptische Partei, die offenbar mit einem abermaligen Machtwechsel rechnete. Der schwache König Seleukos IV. veranlaßte die Rückkehr seines Bruders Antiochos aus Rom in Tausch gegen seinen (des Seleukos) Sohn Demetrios, um in diesem energischeren Bruder eine Stütze zu finden. Seleukos wurde daraufhin von seinem Minister Heliodor ermordet und Antiochos IV. (175—164) bestieg den Thron. Hier begannen die endlosen Konflikte um den seleukidischen Thron und mit ihnen verflochten sich solche um das hohepriesterliche Amt. Nicht mehr genau durchsichtige Ränkespiele führten zur Absetzung des Hohenpriesters Onias III., der von dem Tobiaden Hyrkan unterstützt wurde. Onias' Bruder Jason, der eindeutiger auf der Seite der Hellenisten stand, erhielt das Amt. Wie Antiochos den legitimen Nachfolger Demetrios, so hatte auch Jason den legitimen Hohenpriester Onias verdrängt. Onias' Sohn Onias IV. amtierte als Hoherpriester am Tempel von Leontopolis östlich des Nildeltas, der als Gegentempel gegen das nicht mehr legitim verwaltete Heiligtum von Jerusalem gegründet wurde. Dieses Heiligtum bestand bis 73 n. Chr. Die Makkabäische Erhebung ist Teil und Aspekt dieser Auseinandersetzungen und die Entstehung des hasmonäischen Staates ihr Ergebnis.
Antiochos IV. war vierzehn Jahre als Geisel in Rom gewesen. Er war, wie sein Vater, ein bedeutender König. Die römische Politik bewunderte er ebenso wie die griechische Kultur. Er war Bürger der Stadt Athen und Anhänger der Philosophie Epikurs. Sein politisches Ziel war die Konsolidierung seines von zentrifugalen Kräften bedrohten Staates und der Hellenismus Mittel zu diesem Zweck. Der Aufstieg Roms einerseits und die schwierige Lage seines Staatsgebildes andererseits nötigten ihn zu seiner hellenisierenden Politik. War — etwas schematisch gesprochen — die erste Phase des Hellenismus durch eine Helleni-

sierung der orientalischen Kultur und entsprechend durch eine Vorherrschaft der Hellenisten gekennzeichnet gewesen, so setzte seit etwa 200 eine rückläufige Bewegung ein, für die ein Vordringen ägyptischen und orientalischen Gedankengutes und eine Renaissance orientalischer Religion und Mythologie charakteristisch ist. Gegen diese Entwicklung, als deren Teilaspekt auch die Makkabäische Erhebung zu verstehen ist, widersetzte sich Antiochos sowohl als Hellenist, wie auch als seleukidischer Herrscher.

Hatten sich die hohepriesterliche Familie wie überhaupt die höheren Schichten dem Hellenismus geöffnet, so war es die Absicht Jasons und der Kreise, die seine Berufung betrieben hatten, Jerusalem in eine hellenistische Polis mit Namen Antiochia (2 Makk 4,9) zu verwandeln, den seit persischer Zeit bestehenden und von den Ptolemäern und Seleukiden und zuletzt noch von Seleukos (2 Makk 3,3) bestätigten Sonderstatus und die nur noch von Ungebildeten als falsche Tabus respektierten religiösen Schranken zu beseitigen, um so die wirtschaftlich, politisch und geistig verhängnisvolle Isolierung zu überwinden (1 Makk 1,11). Blieb auch die Tora als Volkssitte äußerlich noch in Geltung und konnte der Opferkult im Tempel fortgesetzt werden, so bedeutete das Programm der Hellenisten nichts weniger als eine Revolution einer kleinen intellektuellen Elite mit Hilfe der ausländischen Macht und auf Kosten des im hellenistischen Sinn ungebildeten und rückständigen Volkes. Diesem hellenistischen Geist der Zeit entsprach es, daß der Umsturz sich als Bildungsreform vollziehen sollte; in Jerusalem wurde 175 ein Gymnasion errichtet, wo die Epheben sportlich in Nacktkämpfen geübt und geistig gebildet und so zu Vollbürgern der neuen hellenistischen Gesellschaft erzogen werden sollten. Dieser neuen Elite sollte wie sonst im Hellenismus die breite ungebildete und reaktionäre Masse des Volkes endgültig untergeordnet werden. Die Initiative hierzu ging von den hellenistischen Jerusalemern und nicht von Antiochos aus, der diese Entwicklung allerdings nach Kräften förderte. Einige Jahre später ersetzte er eigenmächtig den Hohenpriester Jason durch einen anderen, nichtzadokidischen Bewerber, der bezeichnenderweise Menelaos hieß und seinen Konkurrenten Jason überbot, indem er dem König eine noch höhere Tributzahlung zusicherte (2 Makk 4,23—26). Jason setzte sich, vermutlich zu dem Tobiaden Hyrkan, ins Ostjordanland ab.

Der Willkürakt des Antiochos und die rücksichtslos proseleukidische Haltung des Menelaos, der, von den Tobiaden unterstützt, in Jerusalem vornehmlich die finanziellen Interessen des fremden Herrschers vertrat, führte zur Spaltung der hellenistischen Partei, deren kleiner, radikaler Flügel allein noch Menelaos unterstützte. In Jerusalem kam es zu einem ersten offenen Ausbruch des Unbehagens, und Menelaos' Bruder und Stellvertreter Lysimachos wurde von einer aufgebrachten Volksmenge getötet. Auf dem Heimweg von einem Feldzug gegen Ägypten kam Antiochos 169 auch nach Jerusalem und konfiszierte einen Teil des Tempelschatzes, wobei er selbst den Tempel betrat (1 Makk 1,20—28). Das hat die Stimmung gegen ihn und seine Parteigänger noch mehr verbittert. Auf das falsche Gerücht hin, Antiochos sei auf einem weiteren Feldzug in Ägypten ums Leben gekommen, unternahm Jason vom Ostjordanland aus einen Vorstoß, um sich des hohenpriesterlichen Amtes wieder zu bemächtigen. Viele in Jerusalem sahen in ihm jetzt das geringere Übel (2 Makk 5,1—10). Er vermochte sich freilich in der Stadt, wo bürgerkriegsähnliche Unruhen ausgebrochen waren, nicht lange zu halten.

Um dieselbe Zeit wurde Rom, das inzwischen dem makedonischen Staat ein Ende bereitet hatte (168 Schlacht bei Pydna) wieder gegen Antiochos aktiv und zwang ihn, Ägypten zu verlassen und überhaupt seine gegen diesen Staat gerichtete Politik aufzugeben. Desto härter griff Antiochos jetzt in Jerusalem durch, er besetzte die Stadt, behandelte sie nach Kriegsrecht und ließ viele Einwohner töten und andere versklaven (2 Makk 5,11—20) (168). Jason war indes geflohen; er ist schließlich in Sparta (!) gestorben. Zur Unterstützung des Menelaos und der extremen Hellenisten wurde als seleukidischer Staatskommissar ein gewisser Philippos angestellt.

Was als Aufbruch zu einer freieren und feineren Lebensart begonnen hatte, stellte sich nun für viele als rücksichtslose Ausbeutung durch eine ausländische Macht mit Hilfe einer kleinen Zahl von hellenistisch Gebildeten, die nicht versäumten, die finanziellen Früchte ihrer Progressivität zu pflücken, heraus. Die Unruhe wuchs, und schon 167 mußte erneut ein Heer gegen Jerusalem entsandt werden. Es hatte die Aufgabe, jeden Widerstand endgültig zu brechen und die Verwandlung in eine hellenistische Polis mit Gewalt durchzusetzen. Der Kommandant Apollonios ließ die Stadtmauern schleifen und in der Stadt die sogenannte Akra, eine größere befestigte Anlage, errichten. In ihr wurde eine seleukidische Besatzung angesiedelt und unter ihrem Schutz die hellenistische Minderheit untergebracht. Viele der übrigen Jerusalemer verließen die Stadt und flohen. Jerusalem war eine hellenistische Stadt mit schwach jüdischem Einschlag geworden. Der Tempel war im Besitz der jüdisch-heidnischen Bürger der Akra (1 Makk 1,29—40; 2 Makk 5,24—26). Die Dan 11,39b angedeutete Landverteilung wird sich auf eine Enteignung der nicht genehmen, reaktionären Judäer beziehen, deren Grundbesitz Militärkolonisten zugeteilt wurde (vgl. 1 Makk 3,36). Die ehemaligen Grundeigentümer wurden zu rechtlosen Beisassen im eigenen Land. Die Flucht vieler in die Wüste (Anachoresis: 2 Makk 5,27) war zugleich der Beginn des Aufstandes in der Form von Steuerverweigerung und passivem Widerstand (1 Makk 2,29—30). Nach dieser Eskalation der Ereignisse war ein Kompromiß nicht mehr möglich. Blieb den zunächst Unterlegenen nur die Kapitulation oder Widerstand mit allen Mitteln, so den Hellenisten nur noch der konsequente Weg in eine totale Assimilation unter Preisgabe des letzten Restes an israelitisch-jüdischer Eigenheit. Nur so ist die jetzt einsetzende Religionsverfolgung, die die Ausmerzung der israelitisch-jüdischen Religion zum Ziel hatte, zu verstehen. Aus den Hellenisierungsbestrebungen und der inneren Konsolidierungspolitik des Antiochos allein läßt sie sich nicht ableiten, ist doch der Hellenismus per definitionem religiös tolerant. Der alle einheimischen Sonderkulte abschaffende Reichserlaß von 1 Makk 1,41 f. ist in dieser Form gewiß nicht historisch; reine Religionsverbote sind in der Antike nicht üblich. Es ist daher viel wahrscheinlicher, daß die Jerusalemer Hellenisten selbst die Initiatoren waren (vgl. 2 Makk 5,23; 13,3 f.), die, wenn auch mit seleukidischer Genehmigung und Unterstützung, selbst den Jerusalemer Tempel dem Zeus Olympios weihten — wie auf dem Garizim der Kult des Zeus Xenios etabliert wurde —, und im Tempel den »Greuel der Verwüstung« genannten Altaraufsatz behufs der neuen heidnischen Opfer errichteten (2 Makk 6,1—7; 1 Makk 1,54; Dan 11,31; 12,11). Sie selbst veranlaßten den Antiochos schließlich, sein berüchtigtes Religionsverbot zu erlassen (1 Makk 1,44—50). Wegen dieser seiner Politik zeichnen die jüdischen Quellen den König ganz und gar negativ und gar als den bösen Fürsten des gegenwärtigen bösen Äons (Dan 11,37—39).

Die scharfen staatlichen Maßnahmen, welche die Beschneidung, die Sabbatheiligung und die üblichen Opferriten unter Androhung der Todesstrafe verboten, hatten den Abfall vieler bis dahin noch Gesetzestreuer zur Folge (1 Makk

1,11.52), ließen aber auch den Widerstand wachsen. Der Eifer gegen das Gesetz provozierte einen Eifer für das Gesetz. Überhaupt ist das Religionsverbot, das in der hellenistischen Geisteswelt etwas Einmaliges darstellt, nur aus der Einmaligkeit dessen, was ausgelöscht werden sollte, zu erklären. Mochte der Hellenismus sonst tolerant sein, so ließ sich doch Israels Glaube an den einen Gott von Zion als den universalen und sittlichen Gott der Geschichte und der Welt, dem gegenüber alle anderen Götter von Menschen gemachte Götzen sind, nicht einebnen. Gleichschaltung wäre hier Auflösung gewesen. Und diese Konsequenz führten die Hellenisten jetzt folgerichtig vor Augen, indem sie zu vernichten versuchten, was sich dem innersten Wesen nach nicht gleichschalten ließ. Alle Juden- und Christenverfolgungen blutiger und unblutiger Art mitsamt ihrer Motivation sind hier bereits präfiguriert.

Die Führung der Widerstandsbewegung fiel der priesterlichen Familie der Hasmonäer (genannt nach dem Ahnherrn Hasmon) aus der Sippe Jojarib (Neh 12,6.19; 1 Chr 24,7) aus Modein östlich von Lydda zu, deren Familienhaupt Mattathja fünf Söhne hatte. Die Tötung eines seleukidischen Beamten und eines Israeliten, der in Modein dem Zeus opfern wollte, durch Mattathja wirkte als Signal zur offenen Rebellion. Die Familie des Mattathja mußte in die Wüste Juda fliehen und andere schlossen sich ihr an (1 Makk 2,23—28). Als Partisanen und Freischärler überfielen sie kollaborationswillige Landsleute, zerstörten heidnische Altäre, führten Beschneidungen durch an Kindern, die infolge des Verbotes noch nicht beschnitten waren, kurzum, »sie überließen den Sündern nicht das Feld« (1 Makk 2,45—48).

Nach Mattathjas Tod übernahm sein Sohn Judas, genannt Makkabäus (nach dem aramäischen Wort makkaba = Hammer), die Führung (166). Er war ein Mann, der, tapfer, robust und verschlagen, in mancher Hinsicht David ähnlich war. Er hat den Widerstand, der bis dahin nur aus unzusammenhängenden Aktionen bestanden hatte, organisiert und in eine planmäßige Offensive gegen die hellenistische Macht verwandelt. Sein Prestige wuchs und festigte sich, als er gleich anfangs einige Erfolge gegen überlegene seleukidische Trupps unter Apollonios (1 Makk 3,10—12) und danach unter Seron, dem Befehlshaber von Süd-Syrien, bei Beth-Horon nordwestlich von Jerusalem erzielen konnte (1 Makk 3,13—26). Beide Anführer verloren das Leben. Judas kämpfte seither mit dem Schwert des Apollonios (1 Makk 3,12).

Im Osten in einen Krieg gegen die Parther verwickelt, konnte Antiochos nicht seine volle militärische Macht gegen Judas einsetzen. Dennoch war das Heer, das der Reichsverweser Lysias 165 ins Feld führte, den makkabäischen Kämpfern überlegen. Aber wiederum blieb Judas gegen das von Lysias eingesetzte Triumvirat von Ptolemaios Makron, Nikanor und Gorgias bei Emmaus siegreich (1 Makk 3,27—4,25); eine große Beute an Waffen fiel den Makkabäern in die Hände. Als jetzt Lysias selbst vom Süden her gegen Judäa anrückte, vermochte sich Judas sogar gegen die Übermacht des Reichsverwesers bei Beth-Zur an Judäas Südgrenze zu behaupten (1 Makk 4,26—35; 2 Makk 11,1—12).

Diese erstaunlichen Siege stärkten nicht nur die Zuversicht, sondern auch den Glauben, dem Gotte Israels diese Erfolge zu verdanken und seiner Sache zu dienen.

Wenn die betreffenden Dokumente, die in 2 Makk 11 mitgeteilt werden, historisch zuverlässig sind, was allerdings umstritten ist, kam es jetzt sogar zu Verhandlungen, an denen auch eine römische Gesandtschaft beteiligt war und die zu dem Ergebnis führten, daß das Religionsverbot in seiner strengsten Form aufge-

hoben wurde (2 Makk 11,27—33). Freilich war nach den großen Erfolgen Judas' ein Kompromiß nicht mehr denkbar. Noch war der Tempel in Händen der Hellenisten und seine Rückgewinnung schien im Bereich des Möglichen zu liegen, nachdem Lysias fürs erste abgezogen war. Judas rückte in Jerusalem ein, ließ die Bewohner der Akra einschließen und jetzt konnte der Tempel von allem Heidnischen gereinigt werden. Der entweihte Altar wurde durch einen anderen ersetzt und Ende 164 konnte die feierliche Tempelweihe mit einem achttägigen Fest begangen werden (1 Makk 4,36—59). Am Chanukkafest wird bis heute dieses Ereignisses gedacht. Um den Tempel künftighin besser zu schützen, ließ Judas den Zionsberg und auch den südlichen Grenzort Beth-Zur befestigen (1 Makk 4,60—61).
Sodann mußte an die schwierige Lage der in der Provinz lebenden und hier schutzlosen Juden gedacht werden. Zu ihrer Unterstützung unternahm Judas Kriegszüge nach Idumäa und mit seinem Bruder Jonathan zusammen nach Gilead, während sein älterer Bruder Simon nach Galiläa zog (1 Makk 5; vgl. 2 Makk 10 und 12). Es ist nicht ausgeschlossen, daß sich hier bereits eine Wende abzuzeichnen beginnt. Aus einem Verteidigungskampf von Verfolgten wird der Versuch, die »Heiden ringsum« (1 Makk 5,1) zu vertreiben oder zu entmachten und selber die Macht im Lande zu übernehmen. Manchem und so wohl auch dem Verfasser von 1 Makk 5 mochte es jetzt scheinen, es seien die sagenhaften Tage Josuas wiedergekehrt.
Jetzt galt es nur noch, die Akra, jenes hellenistische Zentrum Jerusalems, zu gewinnen. Judas begann diese befestigte Anlage zu belagern. Die Belagerung hätte beinahe die Wende des makkabäischen Kriegsglückes und das Ende der Makkabäerbewegung überhaupt herbeigeführt. Die Erfolge der Makkabäer und ihre sich offensichtlich nicht mehr nur auf Restitution, sondern auf religiöse und politische Unabhängigkeit gerichtete Politik mußten die Hellenisten und überhaupt die den seleukidischen Staat loyal unterstützenden Kreise desto ärger gegen sie einnehmen. Die Bewohner der Akra erbaten sich in Antiochia Abhilfe (1 Makk 6,18—27) (163). Inzwischen war im Osten Antiochos IV. unerwartet gestorben, nachdem er auf dem Sterbebette seinen Freund Philippos zum Reichsverweser und Kommandeur des Heeres im Osten bestellt hatte (1 Makk 6,14—17). Lysias, dem einstigen Reichsverweser und Erzieher des noch unmündigen Antiochos V. Eupator, war ein gefährlicher Konkurrent erstanden. Unter diesen Umständen unternahm er seinen zweiten Feldzug gegen Judas (1 Makk 6,28—63; 2 Makk 13,1—26). Lysias setzte diesmal eine überlegene Heeresmacht, darunter Kriegselefanten ein. Die Grenzfestung Beth-Zur wurde belagert; bei der Straße Jerusalem-Hebron bei Beth-Sacharja kam es zu einem Zusammenstoß mit der seleukidischen Hauptmacht, der die Makkabäer ausweichen mußten, weil sie sich ihr nicht gewachsen sahen. Judas zog sich nach Jerusalem zurück, dessen Belagerung Lysias nunmehr begann. Beth-Zur mußte kapitulieren und Jerusalem wäre eine Kapitulation nicht erspart geblieben, wenn nicht Lysias die Nachricht erreicht hätte, daß sein Konkurrent Philippos sich angeschickt hatte, sich des Thrones zu bemächtigen. Dies nötigte Lysias zum Einlenken und es kam zu einem Kompromißfrieden (162). Die Mauer des Tempelbezirkes wurde geschleift und die Akra blieb bestehen, aber den Juden wurde die freie Ausübung der Religion dem väterlichen Gesetze gemäß zugesichert. Der illegitime Hohepriester Menelaos, der den Seleukiden früher manchen finanziellen Nutzen gebracht hatte, aber unter den geänderten Bedingungen keine Persona grata mehr war, wurde auf Empfehlung von Lysias hingerichtet (2 Makk 13,3—8).

Damit war das ursprüngliche Ziel des Makkabäischen Aufstandes erreicht. Bald jedoch stellten neue Verwicklungen und Wirren im Seleukidenreich die wiedererlangte Freiheit in Frage. Lysias' Konkurrent Philippos konnte sich zwar nicht halten; weit gefährlicher aber für den jungen König und seinen Protektor Lysias war die aufsteigende Weltmacht Rom. Rom hatte die Entwicklung der Verhältnisse im Seleukidenreich mit wachsamem Interesse verfolgt und dem Antiochos V. ein Beraterteam von drei Senatoren geschickt. Die Ratschläge dieser Römer dienten allerdings zuerst den Interessen Roms. Als einer der entsandten Römer ermordet wurde, konnte der in Rom als Geisel wohnende Sohn des Seleukos IV. mit Namen Demetrios, der einst von Antiochos IV. übergangen worden war, »entfliehen«. Diese Flucht war kein Zufall, sondern ein Schachzug Roms. Bald darauf wurden Antiochos V. und Lysias auf Betreiben des Demetrios ermordet, der jetzt als Demetrios I. Soter den Thron bestieg (162—150). Demetrios bestätigte zwar die jüdische Religionsfreiheit, aber die Makkabäerbewegung war längst mit dem bisher Erreichten nicht mehr zufrieden. Alle Siege des Judas hatten ja nichts daran geändert, daß neben der makkabäischen Partei die Partei der Hellenisten immer noch eine bevorzugte Stellung hatte, deren befestigtes Zentrum nach wie vor die Akra war. Dem neuen Herrscher Demetrios konnte zudem die wahre Absicht der Makkabäer, die auf völlige Selbständigkeit abzielten, nicht verborgen bleiben. Darum ließ er mit Hilfe seines Gouverneurs Bakchides, der die Nachfolge des Lysias angetreten hatte, den ihm genehmen Alkimos als Hohenpriester einsetzen. Alkimos ist zwar wahrscheinlich ein Zadokide gewesen (1 Makk 7,14), vertrat aber durchaus hellenistische Interessen. Hatten Judas' und seiner Mitkämpfer Erfolge zunächst zur Beruhigung der Gemüter geführt, so verstärkte sich die Opposition gegen Alkimos unter dem Eindruck der antimakkabäischen Aktionen des Bakchides, der an den Verteidigern von Beth-Zur und anderen Anhängern des Judas blutige Rache üben ließ (1 Makk 7,1—17), erheblich. Um diesen Widerstand zu brechen, wurde jetzt Nikanor — schon als Befehlshaber unter Lysias bekannt (1 Makk 3,38 ff.) — entsandt (1 Makk 7,26—50; 2 Makk 14,12—15,36). Nikanor konnte bei Kapharsalama (Lage unsicher) Judas nicht besiegen, und bald darauf wurde sein Heer von Judas bei Adasa sieben Kilometer nördlich von Jerusalem überfallen, verfolgt und niedergemacht. Auch Nikanor fiel. Man hieb seinen Kopf und seine rechte Hand ab und hängte sie bei Jerusalem auf. Auch dieses Sieges wurde seither an einem jährlich zu begehenden Fest, dem Nikanortage, gedacht. Mit der Einsetzung dieses Festes schließt das zweite Makkabäerbuch ab.
Wie schon unter Antiochos IV. lösten Judas' Erfolge desto energischere und größere Gegenaktionen aus. Noch hatte Demetrios seine Herrschaft nicht endgültig gegen einen jetzt von Rom protegierten Usurpator Timarchos in Babylonien festigen können. Es lag ihm deshalb daran, nicht nur die jüdische Angelegenheit endgültig zu regeln, sondern die von der Makkabäischen Bewegung ausgehenden politischen Selbständigkeitsbestrebungen in diesem Teile seines Reiches niederzuwerfen. Dazu entsandte er jetzt den Statthalter Bakchides (1 Makk 9,1—22). Dieses Mal war die Übermacht zu groß, als daß Judas sie hätte überwinden können, zumal ihn viele seiner Getreuen angesichts der Überlegenheit des Feindes verließen. Bei dem heute nicht mehr lokalisierbaren Ort Elasa fand die entscheidende Schlacht statt, in der Judas den Tod fand (160). Seine Brüder Jonathan und Simon setzten ihn im Familiengrab in Modein bei und beklagten ihn: »Wie ist der Held gefallen, der Retter Israels!« (1 Makk 9,21).

Lit.: D. Arenhoevel, Die Theokratie nach dem 1. und 2. Makkabäerbuch, 1967; E. Bickermann, Die Makkabäer, 1935; ders., Der Gott der Makkabäer. Untersuchungen über Sinn und Ursprung der makkabäischen Erhebung, 1937; C. H. Lebram, Zur Chronologie in den Makkabäerbüchern, Das Institutum Judaicum der Univ. Tüb. 1968—70, 1970, S. 63—70; ders., König Antiochus im Buch Daniel, VT 25, 1975, S. 737—772; B. Mazar, The Tobiads, IEJ 7, 1957, S. 137—145; 225—238; B. Niese, Kritik der beiden Makkabäerbücher, 1900; O. Plöger, Die Feldzüge der Seleukiden gegen den Makkabäer Judas, Aus der Spätzeit des AT, Studien, 1971, S. 134—164; ders., Hyrkan im Ostjordanland, ibid, S. 90—101; A. Schlatter, Jason von Kyrene. Ein Beitrag zu seiner Wiederherstellung, 1891; K. D. Schunck, Die Quellen des 1. und 2. Makkabäerbuchs, 1954; J. Wellhausen, Über den geschichtlichen Wert des zweiten Makkabäerbuches im Verhältnis zum ersten, NGWG 1905, S. 117—163; S. Zeitlin, The Tobias Family and the Hasmoneans PAAJR 4, 1932/33, S. 169—223; ders., The Rise and Fall of the Judean State, 2 Bde, 1962—67.

5. Das Königtum der Hasmonäer

Der Bericht über Judas' Tod (1 Makk 9,7—10) enthält Hinweise, daß Judas sich zuletzt in einer verzweifelten Lage gewußt und in der Schlacht bei Elasa den Freitod nicht gemieden hat. Tatsächlich war der Anhang der Makkabäer zusammengeschrumpft, nachdem das ursprüngliche Ziel der Wiederherstellung der Religionsfreiheit erreicht worden war. Diejenigen, denen nur hierum zu tun gewesen war, wandten sich ab. Insbesondere die »Frommen«, die schon vor Aufkommen der Makkabäerbewegung anscheinend eine besondere Gruppe gebildet hatten und Chasidim (griechisch Asidaioi) genannt wurden, waren die ersten, die Frieden zu schließen (1 Makk 7,13; vgl. 2,42) und Alkimos, der immerhin formalrechtlich legitim war, als Hohenpriester anzuerkennen (1 Makk 7,14) bereit waren. Hier ließ man sich an dem genügen, was seit persischer Zeit Israels Teil gewesen war. Diese Distanzierung der Chasidim und der eschatologischgläubigen Kreise, die in den Makkabäern lediglich eine »kleine Hilfe« sahen (Dan 11,34), schwächte die Zahl der Anhänger und stärkte den rein weltlich-politischen Charakter der Makkabäerbewegung. Diese Entwicklung kam spätestens schon in den mancherlei militärischen Aktionen des Judas über Judäas Grenzen hinaus zum Ausdruck (1 Makk 5). Ein rein politischer Akt, der den Freiheitskampf in den großen politischen Zusammenhang zu bringen beabsichtigte, war ein Vertrag mit den Römern, den nach 1 Makk 8 schon Judas abgeschlossen hatte. Es war den Makkabäern klar geworden, daß trotz aller Tapferkeit der Kampf ohne Unterstützung durch mächtigere Verbündete auf lange Sicht aussichtslos sein mußte. Damit aber begaben sich die Makkabäer in eine ähnliche Position wie ihre Gegner, die sich ebenso auf eine weltliche Macht stützten und mit diesen stehen oder fallen mußten. Auch die Makkabäer erfuhren, daß wer sich in die Politik begibt, nur noch den Gesetzmäßigkeiten der Politik gemäß handeln kann. Unter verwandelten Umständen wiederholte sich die Tragik Sauls, Davids und ihrer königlichen Nachfolger.

Auch nach Judas' Niederlage wurden die erneuerten Privilegien der Jerusalemer Kultgemeinde nicht eingeschränkt. Die Anhänger Judas' aber waren harten Verfolgungsmaßnahmen ausgesetzt, und Bakchides versuchte, den als Nachfolger bestimmten Bruder Judas', Jonathan, zu verhaften, was jedoch mißlang. Die Situation, in der sich die Bewegung befand, war derjenigen am Anfang der Erhebung ähnlich. Die Kampfgefährten flohen in die Wüste, wo sie ein Partisanenleben begannen (1 Makk 9,23—33). Daß Jonathan versuchen mußte, wenigstens die

Frauen und Kinder und die Habseligkeiten in Sicherheit zu bringen und in dieser Angelegenheit seinen ältesten Bruder Johannes zu den das alte Edom bewohnenden Nabatäern entsandte, zeigt an, wie schwierig die Lage war. Johannes kam bei diesem Bittgang ums Leben, zu einer Vereinbarung mit den Nabatäern gelangten die Makkabäer nicht (1 Makk 9,35—40). Als 159 der Hohepriester Alkimos starb, befürchteten die Hellenisten wohl, daß Jonathan die Nachfolge anstreben könnte, und versuchten Bakchides dazu zu bewegen, die gesamte makkabäische Führerschaft umzubringen. Der Anschlag hatte jedoch keinen Erfolg (1 Makk 9,54—69).

Die Wende kam trotz mancherlei für Jonathan und Simon glücklich ausgehender Scharmützel nicht durch eine militärische Aktion, sondern war politisch bedingt. Ein gewisser Alexander Balas, welcher der Sohn Antiochos IV. zu sein behauptete, machte Demetrios I. den Seleukidenthron streitig. Beide — auch der vermeintliche oder wirkliche Sohn des Erzfeindes Antiochos IV. — bewarben sich um die Gunst Jonathans, der mit großem Geschick und ohne Skrupel einen gegen den andern auszuspielen begann. Von Demetrios' Gouverneur Bakchides, der ihn vor kurzem noch zu verhaften suchte, bekam er nach Verhandlungen die Erlaubnis, sich in Michmas rund 10 km nordöstlich von Jerusalem, wo einst Saul gegen die Philister gekämpft hatte (1 Sam 13,16—18), einzurichten und hier wie einer der alten Richter das Volk zu richten (1 Makk 9,70—73). Hier in Michmas und mit dieser Richtertätigkeit Jonathans, der offenbar an älteste Traditionen Israels bewußt anknüpfen wollte, begannen eine Entwicklung und ein Aufstieg der Hasmonäer, die überraschend schnell zur Bildung eines neuen israelitisch-jüdischen Staates und Königtums führen sollten.

Lange brauchte Jonathan nicht in Michmas zu bleiben, denn bald erteilte ihm Demetrios sogar die Genehmigung, nach Jerusalem umzusiedeln und eigene Truppen zu unterhalten. Damit war die unlängst noch verfolgte makkabäische Partei mitsamt ihrer militärischen Macht legalisiert worden (1 Makk 10,1—14). In Jerusalem gab sich Jonathan ganz als legitime Obrigkeit. Er befestigte den Zion und schüchterte die Bürgerschaft der Akra ein. Als bald darauf Alexander Balas von Ptolemais aus, wo er sich zum König erhoben hatte (1 Makk 10,1), Jonathan das Hohepriesteramt anbot, nahm dieser sofort an (1 Makk 10,15—21) (152). Wieder war ein Nichtzadokide Hoherpriester geworden und wieder hatte ein ausländischer Machthaber, dessen Rechte dazu noch umstritten waren, diese höchste Würde verliehen. Hatte schon Judas durch seine Tempelreinigung bekundet, daß er und die Seinen sich als das wahre Israel verstanden, so hat sich sein Bruder auf Grund desselben Verständnisses folgerichtig für berechtigt gehalten, als streitbarer Vertreter dieses wahren Israel das höchste priesterliche Amt anzutreten. Zu der geistlichen Würde kam die weltliche, deren Symbole, ein Purpurgewand und eine Krone, Jonathan von Alexander Balas übersandt wurden (1 Makk 10,20). Kreise von Frommen, die früher den Makkabäischen Kampf unterstützt hatten, wandten sich enttäuscht ab. Es kam sogar zu einer Sezession einer Gruppe von eschatologisch eingestellten Chasidim, der sogenannten Essener, und damit zu einem förmlichen Schisma (s. u. S. 173).

Mit seiner Politik der Unterstützung des Alexander Balas hatte Jonathan aufs richtige Pferd gesetzt. Im Entscheidungskampf unterlag Demetrios und Alexander wurde endgültig König (150—145) (1 Makk 10,48—50). Anläßlich seiner Vermählung mit Kleopatra, einer Tochter des Ptolemaios VI. Philometor, ernannte er Jonathan zum »Strategen« und »Meridarchen« (Teilherrscher) (1 Makk 10,69).

Anhaltende innere Wirren im Seleukidenreich waren dem weiteren Machtanstieg Jonathans nur förderlich. Ein Sohn des Demetrios I., der ebenfalls Demetrios hieß — Demetrios II. Nikator — landete 147 in Syrien und marschierte auf Antiochia. Er fand die Gunst des Ptolemaios VI., bekam dessen Tochter Kleopatra zur Frau und besiegte Alexander Balas (145). Es gelang Jonathan jedoch, auch die Gunst des neuen Herrschers zu erlangen und sogar mit seiner Erlaubnis das Gebiet seiner Zuständigkeit um die südlichen Teile der Provinz Samaria zu erweitern (1 Makk 11,1—37), deren Bewohner sich traditionellerweise nicht zum Garizim- sondern zum Jerusalemer Tempel zu halten pflegten. Diese Zugeständnisse waren weniger erstaunlich angesichts der bedrängten Lage, in der Demetrios II. sich befand. Auch er mußte sich alsbald mit einem Gegenkönig auseinandersetzen, mit dem noch jugendlichen Sohn des Alexander Balas mit Namen Antiochos VI., dessen Interessen ein gewisser Diodotos Tryphon vertrat (1 Makk 11,38—41) (145). Als Demetrios nicht zu weiteren Zugeständnissen und insbesondere nicht zur Preisgabe der Akra bereit war, wechselte Jonathan die Partei und schlug sich auf die Seite Tryphons. Für seinen neuen Herrn hat er den südlichen Teil Palästinas bis zur ägyptischen Grenze mit militärischen Mitteln pazifiziert (1 Makk 11,59—74). Jonathan und Simon traten ganz als die auf, die sie mittlerweile geworden waren: Strategen und Teilfürsten im Dienste der sich ablösenden seleukidischen Machthaber, und wie jene stets auf den eigenen Machtzuwachs bedacht.

Schon früher hatten die Römer in dieses Machtspiel hineingewirkt und die seleukidische Politik zu beeinflussen versucht. Jetzt trat, wie eher schon Judas, Jonathan mit den Römern und außerdem mit den Spartanern in Verhandlungen ein (1 Makk 12,1—23). Der von den streitenden Parteien gleichermaßen Umworbene geriet jetzt in die Gefahr, allen Beteiligten schließlich zu mächtig und zu gefährlich zu werden. Schon hatte Demetrios weitergehende Konzessionen verweigert. Jetzt witterte auch Tryphon Gefahr, zumal Jonathan Jerusalem und Umgebung zu befestigen begann (1 Makk 12,35—38). Er lockte Jonathan in einen Hinterhalt, ließ ihn in Ptolemais gefangensetzen und nicht lange danach umbringen. Jonathans älterer Bruder Simon übernahm die Führung und trat die Ämter und Würden seines Bruders an (1 Makk 12,39—53).

Simon (143—134) hielt sich an Demetrios II., der, selbst arg von Tryphon bedrängt, den neuen Gefolgsmann gewähren ließ. Dieser nannte sich nunmehr mit höchster Erlaubnis »Großer Hoherpriester, Stratege und Hegemon der Juden« und ließ wie die Könige die Jahre nach seinem Regierungsantritt datieren (1 Makk 13,41—42). Nachdem er endlich noch die Akra, die seit rund einem Vierteljahrhundert ein hellenistischer Dorn im Fleisch gewesen war, erobert und deren Bewohner zum Abzug gezwungen hatte, war Judäa praktisch ein selbständiger Staat geworden (1 Makk 13,49—53) (141). Dessen Territorium hat Simon durch Eroberungen noch erweitert und ihm durch die Inbesitznahme der Hafenstadt Joppe einen Zugang zum Meer gesichert (1 Makk 13,43—48; 14,5). Auch nach Norden bis nahe Sichem hat er die Grenze verschoben, wie das Makkabäerbuch andeutet (1 Makk 14,6) und F. Josephus bezeugt (Bell. Jud. III 3). Ein Feldzug Tryphons zu Anfang der Führerschaft Simons (1 Makk 13, 12—24) konnte diese Entwicklung hin zur völligen Selbständigkeit Judäas sowenig rückgängig machen wie das Unternehmen des Antiochos VII. Sidetes, des Bruders des mittlerweile bei den Parthern in Gefangenschaft geratenen Demetrios II. Nach Besiegung des Tryphon meinte Antiochos VII. (138—129), die Machtstellung Simons doch noch brechen zu können und entsandte seinen

General Kendebaios mit Heeresmacht, der aber bei Modein von Simons Söhnen Judas und Johannes geschlagen wurde. Damit war die Selbständigkeit endgültig besiegelt (1 Makk 16,1—10). Simon wurde hochbetagt zusammen mit seinen Söhnen Judas und Mattathja von seinem Schwiegersohn Ptolemaios, der selber die Führung anstrebte, ermordet (1 Makk 16,11—23) (134). Simons Sohn Johannes entging dem Attentat und trat mit dem Namen Johannes Hyrkanos die Nachfolge als Hoherpriester an.

Johannes Hyrkanos (134—104) hatte am Anfang seiner Regierung noch einmal um Selbständigkeit und Bestand Judäas zu kämpfen, als Antiochos VII. Sidetes einen neuerlichen Versuch unternahm, sich die unbotmäßige Provinz zu unterwerfen. Er hatte mehr Erfolg als vor ihm sein Feldherr Kendebaios und konnte sogar Jerusalem einschließen, aber mußte schließlich infolge der anhaltenden übrigen Bedrängnisse, insbesondere der Parthergefahr, wieder abziehen. Die Zahlung, die er für das von Simon eroberte Joppe forderte, war faktisch die Anerkennung dieser Annexion. Die innere Zerrissenheit des seleukidischen Reiches verhinderte von nun an jede Einflußnahme auf die judäischen Dinge.

Wieder einmal lag Judäa in einem machtpolitischen Vakuum, anders und doch ähnlich dem, in welchem sich vor einem Jahrtausend Israels Stämme auf dem Boden Kanaans hatten konsolidieren können. Die hellenistischen Reiche des Ostens verfielen und ihr Griff auf Palästina lockerte sich. Und noch war Rom nicht so weit, unmittelbar im Osten einzugreifen. In dieser Windstille konnte Judäa sich entfalten und eine späte Wiederholung der Politik Davids und Josias zu betreiben versuchen. Der seit 598 abgetrennte Süden, jetzt Idumäa genannt, wurde angegliedert und Johannes ließ die Bewohner zwangsweise judaisieren. Wie nach Süden so sollten auch nach Norden hin die alten Grenzen Israels wiederhergestellt werden. Johannes nahm Sichem ein und zerstörte den Garizimtempel. Auch die alte Hauptstadt Samaria konnte eingenommen und verwüstet werden (Ant. XIII) (107).

Es war keine wesentliche Änderung, sondern nur eine nachträgliche Bestätigung des Bestehenden, daß Johannes' Sohn Judas Aristobulos, der 104, nachdem er seine als Nachfolgerin vorgesehene Mutter im Gefängnis hatte verhungern lassen, die Nachfolge antrat, sich den Königstitel zulegte. Unter seiner kurzen Regierung (104—103) wurden auch die Ituräer nördlich Galiläas judaisiert und durch Annahme der Beschneidung der Kompetenz Jerusalems unterstellt. Mehr noch als Johannes Hyrkanos glich Aristobul einem hellenistisch-orientalischen Herrscher. Der politische Mord an Verwandten — Mutter und Bruder — hat ein trauriges Vorbild für spätere Zeiten abgegeben. Als Aristobul 103 starb, setzte seine Gemahlin Salome Alexandra einen seiner Brüder mit Namen Alexander Jannaios (=Jonathan) als König ein (103—76) und heiratete ihn. Auch er ließ einen seiner Brüder, der ihm hätte gefährlich werden können, umbringen. Alexander war einer der kriegerischsten der Hasmonäerfürsten. Wie schon seit Johannes Hyrkan üblich geworden war, führte er seine Kriege, die das Staatsgebiet abrunden sollten, mit Söldnern, darin trotz aller Unterschiede dem Staatsgründer David nicht unähnlich. Insbesondere das Ostjordanland und Teile der südlichen Küstenebene wurden von ihm unterworfen. Daß nicht alle seine Untertanen diese Eroberungen mit ungetrübter Freude erlebten, erhellt daraus, daß er nach einer Niederlage gegen die Nabatäer in der Gaulanitis östlich des Sees von Genezareth vor seinen eigenen Landsleuten, die mit Unterstützung eines Seleukidenfürsten gegen ihn revoltierten, fliehen mußte. Als der Putsch mißlang, hat er sich blutig gerächt. Der Urenkel Mattathjas, der sich gegen Zwang und Ver-

folgung erhoben hatte, war selbst ein Zwingherr von der Art eines Antiochos Epiphanes geworden und konnte sich nur noch mit blutigem Terror behaupten. Obwohl wegen des Besitzes der ostjordanischen Gebiete gegen die Nabatäer nicht immer erfolgreich Krieg geführt wurde, hatte Alexander Jannaios' Staat gegen Ende seiner Regierung in etwa den Umfang wie zur Zeit Davids und Salomos.
Als Alexander im Jahre 76 starb, übernahm seine energische Frau Salome Alexandra die Regierungsgeschäfte als Königin (76—67), während ihr Sohn Hyrkan II. das hohepriesterliche Amt erhielt, das seine Mutter ja nicht selbst verwalten konnte. Diese nach Athalja, der Tochter des Omriden Ahab, zweite Königin auf dem Thron Jerusalems, hatte eine nicht unglückliche und auf jeden Fall friedliche Regierungszeit. Während ihrer Regierung begann der Aufstieg der Pharisäer zur bedeutendsten religiösen Partei (s. u. S. 174 f.).
Es war jedoch eine Ruhe vor dem Sturm. Als Salome Alexandra 67 starb, brach wie einst im Seleukidenreich der Bruderzwist um den vakanten Thron aus. Hyrkan, bereits Hoherpriester, hatte als der Ältere die besseren Rechte, aber im Vergleich zu seinem Bruder Aristobul II. die geringere Energie. Bei Jericho wurde Hyrkan, dessen Truppen überliefen, von seinem Bruder geschlagen und schließlich in Jerusalem zur Übergabe gezwungen, Aristobul II. (67—63) wurde Hoherpriester und König. Um diese Zeit stand Rom im Begriff, die Verhältnisse im Osten neu und nun im römischen Sinne zu regeln.

Lit.: Th. Fischer, Untersuchungen zum Partherkrieg Antiochos' VII. im Rahmen der Seleukidengeschichte, 1970; ders., Zu den Beziehungen zwischen Rom und den Juden im 2. Jh. v. Chr., ZAW 86, 1974, S. 90—93; G. Giovannini und H. Müller, Die Beziehungen zwischen Rom und den Juden im 2. Jh. v. Chr., MH 28, 1971, S. 156—171; O. Plöger, Die makkabäischen Burgen, Aus der Spätzeit des AT, Studien, 1971, S. 102—133.

6. Religiöses Leben, theologische Strömungen und Parteien in der Zeit der Hasmonäer

Trotz Überschneidungen und fließender Grenzen ließen sich seit dem Exil zwei Hauptströmungen verfolgen, deren eine als theokratisch und deren andere als eschatologisch bezeichnet wurde. Hatte die erstere ihren Rückhalt vornehmlich in der Priesterschaft, die ja die Theokratie institutionell repräsentierte, und in den übrigen die judäische und Jerusalemer Gemeinde tragenden höheren Schichten, so waren es vor allem schriftgelehrte Kreise, welche die eschatologische Hoffnung wachhielten. Beide Richtungen und beide verschiedene sie tragenden Gruppen haben sich unter dem Einfluß des Hellenismus, aber auch bedingt durch das brutum factum, daß seit der persischen Zeit Jerusalem-Juda als politisch unselbständige Provinz und Religionsgemeinschaft existiert hatte, tiefgreifend gewandelt. Was manchem anfangs ein Provisorium geschienen hatte, stellte sich als Dauerzustand heraus. Wie überall sonst in der hellenistischen Ökumene waren es auch hier die höheren Schichten gewesen, die sich dem neuen Zeitgeist geöffnet hatten. Die theokratischen Priester- und Laienfamilien — die Zadokiden und Tobiaden vor anderen — hatten einen Onias, einen Jason und schließlich Menelaos gestellt. In diesen ihren Exponenten war die zunehmende Hellenisierung bis hin zur völligen Preisgabe des väterlichen Erbes und bis zur krassesten Kollaboration mit einer ausländischen Macht, die nicht länger als Schutzherr, sondern als rücksichtsloser Ausbeuter aufgetreten war, sichtbar geworden. Die Theokratie, die auf jegliche eschatologische Hoffnung verzichtet und das Bestehende als Erfüllung der prophetischen Verheißungen proklamiert hatte, erwies sich als sterile Erstarrung oder als scheinbarer Konservatismus, dem Gesetz und Kult allenfalls noch als Volkssitte galten. Daß dieser Konservatismus in Wahrheit bereit und willens war, das Konservierte im Entscheidungsfalle dem neuen und fremden Geist der Zeit zu opfern, hatten die Ereignisse unter Antiochos IV. gelehrt. Sie wurden zu der eigentlichen Krisis in der nachexilischen Geschichte Israels. Mit Jason und vollends mit Menelaos haben sich die Stützen der Gesellschaft in den Augen der Mehrheit des Volkes kompromittiert. Das Religionsverbot und die Verfolgung lösten eine Polarisierung aus, die das Judentum von seiner regierenden Oberschicht entfremdete und es auf lange Zeit danach geprägt und eine wahre Allergie gegen jegliche Antastung des Gesetzes ausgelöst hat. Das angegriffene Gesetz wurde jetzt erst recht zur einzigen Offenbarungsquelle des Glaubens und zum Zentrum des Lebens überhaupt.

Diese Polarisierung bekundet sich in der Bildung der Gruppe der Chasidim (= Fromme = griech. Asidäer), von welchen das 1. Makkabäerbuch berichtet, daß sie sich zu den Makkabäern gehalten haben (2,42). Die Chasidim erscheinen gleich bei der ersten Erwähnung als eine bestimmte, geschlossene Partei und werden auch in der Forschung vielfach als solche betrachtet. Die Bezeichnung Chasidim jedoch ist ziemlich allgemein und bedeutet »Fromme«, und aus dem Zusammenhang wird nur dies mit Sicherheit klar, daß ihre Frömmigkeit die hellenistische Religionspolitik kompromißlos ablehnte. Man wird die Chasidim darum weniger als eine schon früher bestehende religiöse Partei denn vielmehr als eine recht bunte Notgemeinschaft verschiedener Gruppen verstehen müssen, die sich gegen Religionsverbot und Verfolgung zur Wehr setzten oder auch nur von diesen Maßnahmen bedroht wurden. Zu ihnen gehörten gewiß auch jene Kreise, die von alters her das prophetisch-eschatologische Erbe überliefert hatten und bei denen die Hoffnung auf ein Eschaton über die bestehenden Verhältnisse hinaus wachgeblieben war. Angesichts des Abfalls Vieler vom Gesetz und der massiven Angriffe auf es verstärkten auch die streng Gesetzestreuen die Gruppe der Chasidim.

Aus diesem Kreis ging das Danielbuch hervor. In seinem ersten Teil, der Erzählungen über Daniel enthält (1—6), will es zum Trost der Bedrängten dartun, daß Gesetzestreue weiser macht, denn die Weltweisen sind, und daß wer das Gesetz dennoch hält, auch in ärgster Gefahr auf Rettung hoffen darf. In seinem zweiten, apokalyptischen Teil deutet es die bedrängte und notvolle Gegenwart als Zeit, wie noch nie eine Zeit gewesen ist (12,1), als letzte Tage kurz vor dem Ende und vor der Wende, welche die eschatologische Errettung herbeiführen wird (7,13—27; 12,2—3). Die Bedrängnis der Gegenwart, die Erfahrung des Abfalls Vieler innerhalb des Gottesvolkes und die Verfolgung durch Feinde und Apostaten hat hier die Hoffnung auf ein Heil innerhalb der Geschichte zunichte gemacht. Die aus Israels prophetischem Erbe stammende Zukunftshoffnung auf ein neues die Not wendendes Eingreifen Jahwes in die Geschichte schlägt nunmehr um in die Erwartung des Geschichtsendes und in die Hoffnung auf ein Heil jenseits aller Geschichte, wenn die Toten auferstehen zur Seligkeit oder zur Verdammnis (12,2—3). Hatte schon früher eine konsequent theokratische Theologie die gegenwärtige Kultgemeinde als Ziel aller Wege Gottes und damit — im positiven Sinn! — das Ende der Geschichte Gottes mit seinem Volk proklamiert, so wurde jetzt, aber nunmehr negativ und auf Grund eines radikalen Pessimismus, das Ende der Geschichte angekündigt. In den Geschichtsaufrissen und Geschichtsweissagungen des Danielbuches geht es nicht mehr um die Geschichte als Ort, wo Heil und Gericht geschehen; die konkrete Geschichte Israels findet bezeichnenderweise nicht einmal mehr Erwähnung, vielmehr tritt an ihre Stelle eine schematisierte und periodisierte Weltgeschichte des Unheils, deren Ende in diesen Tagen geschehen soll. Wie die konsequente Theokratie, so ging auch die apokalyptisch-konsequente Eschatologie der konkreten Geschichte verlustig. Am eigenen Sinn verzweifelnd, lieferte sich eine geschichtsvergessene Theokratie unter Preisgabe ihrer Identität dem Hellenismus aus, während sich die Eschatologie vor dem Unheil der Geschichte in ein Heil jenseits aller geschichtlichen Zeit flüchtete.

Dieses gegenüber allem Bisherigen Neuartige der Apokalyptik ist schon im Danielbuch und in älteren Partien der Henochapokalypse (Zehnwochenapokalypse äthHen 93; 91,12—17; Tiersymbolapokalypse 85—90), die mit dem Danielbuch etwa gleichzeitig sind, vorgezeichnet und wird mit verschiedener und zunehmender Klarheit im späteren apokalyptischen Schrifttum bis hin zum 4. Esrabuch und der Baruchapokalypse, die in der Zeit zwischen 70 n. Chr. (Fall Jerusalems) und 130 (Bar-Kochba-Aufstand) entstanden sind, ausgesprochen. Die Apokalyptiker selbst hielten sich ob der ihnen durch Apokalypse (= Offenbarung) zuteil gewordenen höheren Erkenntnis für den heiligen Rest inmitten einer massa perditionis, aus dem das wahre Israel auferstehen werde. Gemessen an diesem entscheidend Neuen und Andersartigen, ist die Rezeption von mancherlei Mythologumena und Spekulationen — Totenauferstehung, Determinismus, Geschichtsperiodisierung, Endzeitberechnung, Menschensohn, Angelologie u. a. m. — von untergeordneter Bedeutung. Mit dieser Wiederbelebung verschiedenartigen Gedankengutes partizipiert die Apokalyptik an der allgemeinen Renaissance orientalischer Religiosität in der zweiten Phase des Hellenismus.

Daß das Neuartige später als fremdartig erkannt wurde, geht daraus hervor, daß die apokalyptische Literatur in den hebräischen Kanon keinen Eingang fand. Nur das Danielbuch wurde aufgenommen, aber auch dieses bekam seinen Platz nicht unter den Propheten, sondern im dritten Teil der Schriften.

Auf Grund ihrer religiösen Einstellung vermochten die Chasidim die Makkabäer nur solange zu unterstützen, als sie einen Verteidigungskampf gegen ein Religionsverbot führten, das alle Antihellenisten gleichermaßen bedrohte. Zumal die »Apokalyptiker« unter den Chasidim konnten in den Makkabäern allenfalls eine »kleine Hilfe« sehen (Dan 11,34). Sobald das Religionsedikt aufgehoben worden war, erklärten sie sich bereit, Frieden zu schließen und den legitimen Hohenpriester Alkimos anzuerkennen. Die kleine Hilfe war geschehen, die große Rettung erwarteten sie anderswoher.

Außer einer inneren Emigration apokalyptischer Kreise hat sich auch eine Sezession in dieser Zeit ereignet. Die Gruppe der Essener (griech. Essaioi = aramäisch Chasajja = hebr. Chasid = fromm), von F. Josephus und Philo von Alexandria (1. Jahrh. n. Chr.) erwähnt und geschildert und durch die Funde von Qumran (seit 1947) wieder ins helle Licht der Geschichte eingetreten, hat unter ihrem »Lehrer der Gerechtigkeit« auch diesen äußeren Schritt der Abtrennung vollzogen und eine ordensartige Gemeinschaft beim Nordwestufer des Toten Meeres gebildet. Sie führte in strenger Gesetzestreue und Askese nach einer eigenen »Sektenregel« — so die Bezeichnung einer Qumranschrift — ein klosterähnliches Leben. Unmittelbarer Anlaß zu der Abwanderung dieser Gruppe apokalyptischer Chasidim war die Einsetzung Jonathans als Hoherpriester durch Alexander Balas (152). Der Nichtzadokide Jonathan, der noch dazu von der fremden Obrigkeit eingesetzt worden war, wurde von den Essenern nicht anerkannt. Sie sahen in ihm ein Zeichen dafür, daß, wie der Tempel von unreinen Händen regiert wurde, so überhaupt die Jerusalemer Gemeinschaft des Namens Israel nicht mehr wert sei. Das wahre Israel werde vielmehr von der Essenergemeinde präfiguriert. Sie sind die Söhne des Lichtes, die sich von den Söhnen des Frevels abgetrennt und in die Wüste abgesondert haben, um dem Teil der Endzeit entgegenzuharren und dem kommenden Herrn in der Wüste den Weg zu bereiten, wie es die Prophetie gefordert hatte (Jes 40,3). Der apokalyptische Dualismus nimmt hier kämpferische Gestalt an: nach essenischer Engellehre kämpft gegen den »Frevelgeist« der gute Geist (= Michael) einen kosmischen Kampf. Entsprechend kämpfen die essenischen Söhne des Lichtes gegen die Söhne der Finsternis (so nach der »Kriegsrolle«). Der iranische Ursprung dieser Vorstellungen liegt am Tage; auch dieses »wahre Israel« kam ohne fremde Anleihen nicht aus. Intellektualistisch und darin der hellenistischen Denkweise verwandt ist auch die Betonung von »Erkenntnis«, worüber die Gemeinde auf Grund besonderer Offenbarung zu verfügen glaubte. Der hellenistischen Bildungselite setzte sich eine Elite von Erleuchteten entgegen. Auch dieses Schrifttum — außer Sektenregel und Kriegsrolle die Damaskusschrift, das Jubiläenbuch und die Dankliederrolle u. a. m. — ist nicht in den hebräischen Kanon aufgenommen worden.

Aus der in der Not geborenen Sammlung der Chasidim ist auch die außerordentlich bedeutsame Gruppe und später Partei der Pharisäer (hebr. Peruschim = Abgesonderte) hervorgegangen. Wie ihre Bezeichnung besagt, sonderten auch sie sich von der Masse des Volkes ab. Sie bildeten eine Genossenschaft und nannten sich gegenseitig Chaber, was Bruder oder Genosse heißt. Die Pharisäer gingen aus nicht-priesterlichen Laienkreisen hervor. Ihre Formierung als eine besondere Gruppe wird in der Zeit Simons (143—134) und Johannes' Hyrkan (134—104) anzusetzen sein. Im Gegensatz zu den Sadduzäern, die weniger eine theologische Richtung als vielmehr die standesmäßige Gruppierung der adligen priesterlichen und anderen höheren Familien bildeten, deren Konservatismus sich mit Aufgeschlossenheit für den Hellenismus verband, waren die Pharisäer eine theologische Gruppierung. Zentrum ihrer Theologie und ihrer Praxis ist das Gesetz. Es gilt, das Gesetz für die Gegenwart und die Zukunft auszulegen. Nicht alle Schriftgelehrten sind Pharisäer, aber alle Pharisäer sind Schriftgelehrte. Auslegung, Anwendung und Befolgung der Tora wird zum Inhalt der Religion schlechthin. Nur in solcher Befolgung, die mehr ist als bloße traditionelle Anstandsübung im Stile der »Hellenisten« und Sadduzäer und die den durch Interpretation gewonnenen wahren Sinn des Gesetzes auch noch über seinen Wortlaut hinaus, wie er in der mündlichen Überlieferung seinen Ausdruck gefunden hat, beachtet, wird Gottes Wille verwirklicht. So gelten auch nur denen, die in diesem Sinne das Gesetz erfüllen, die alten Verheißungen. Denn nur sie sind das wahre Israel, das sich vom »Volk des Landes«, den Heiden und allem Unreinen trennt. Trotz dieser Trennung und wohl auch wegen ihrer moralisch-strengen und konsequent-ernsten Haltung gewannen die Pharisäer zunehmenden Einfluß auf das Volk. Das lag nicht nur daran, daß die hellenistische Priesterschaft in der Stunde der Krisis versagt hatte, die sadduzäische Haltung sich als steril erwies und daß schließlich auch die Makkabäer nur noch rein politische Ziele verfolgten und einer Art von Nationalhellenismus verfielen, der sie von der Masse des Volkes trennte. Daß in dieser Lage die Pharisäer zu den geistigen und religiösen Führern des Volkes werden konnten, hatte seinen positiven Grund darin, daß es dem Pharisäismus gelang, das Gesetz festzuhalten, ohne jedoch in solchem Konservatismus bloß ein Überkommenes zu konservieren. Die pharisäische Auslegung bewahrte vor Erstarrung. Mit seiner Lehre von einer dem schriftlichen Gesetz ebenbürtigen mündlichen Tradition vermochte sich der Pharisäismus neuen möglichen Antworten auf akut gewordene Fragen kritisch zu öffnen. In einer Zeit, da kollektive Bindungen nicht mehr selbstverständlich den einzelnen trugen und bargen und da, zumal unter dem Eindruck der über die Gesetzestreuen ergangenen Verfolgungen, das Individuum individuell nach Gerechtigkeit in einer Welt voller Unrecht, Sinnwidrigkeit und Blutvergießen zu fragen begonnen hatte, nahm auch der Pharisäismus die Lehre von der Totenauferstehung und der Vergeltung nach dem Tode, von der Seele, die nach dem Tode bestraft oder belohnt werden kann, auf. Es entspricht dem individualistischen Zug der Zeit, daß nach pharisäischer Anschauung der einzelne sich durch seinen Gehorsam erst zum rechten Juden machen muß und die Geburt als Jude allein noch nicht die Zugehörigkeit zum wahren Israel bedeutet. Trotz dieser und anderer Theologumena — Messiaserwartung, Reichgotteshoffnung, Angelologie — ist der Pharisäismus nicht im eigentlichen Sinne apokalyptisch, sofern für ihn die Gesetzeserfüllung in der Gegenwart schon in der Gegenwart Lebenserfüllung bedeutet und das Kommen des neuen Äons nicht als unmittelbar bevorstehend erwartet wird. Theokratische und eschatologisch-apokalyptische Motive tun sich hier zusammen, ohne freilich eine echte Einheit zu bilden. Das Theokratische wird zur Herrschaft des Gesetzes in der Auslegung durch die Pharisäer und die Eschatologie zum Lehrstück von den letzten Dingen.

Schon unter Johannes Hyrkanos (134—104) kam es zu einem schweren Zerwürfnis zwischen Hasmonäern und Pharisäern, das zur Folge hatte, daß die Sadduzäer von der Regierung begünstigt wurden. Unter Alexander Jannaios (103—76) spitzte sich das Verhältnis weiter zu. Pharisäer standen hinter dem Volksaufstand gegen Alexander, den der König mit blutigen Vergeltungsmaßnahmen gegen die Pharisäer und ihren Anhang unterdrückte. Die äußere Niederlage des Pharisäismus leitete jedoch seinen Sieg ein. Schon Salome Alexandra (76—67) sah sich genötigt, auf die Forderungen der Pharisäer Rücksicht zu nehmen, weil ihnen die Sympathie breiter Kreise gehörte. Pharisäer erhielten nunmehr Sitz und Stimme im Synhedrion. Aber nicht nur über diese Institution, sondern durch seine beharrliche Gesetzesbelehrung des Volkes ist der Pharisäismus schließlich zur offiziellen jüdischen Orthodoxie geworden. Die pharisäisch geprägte Synagoge, nicht mehr auf Tempelkult und Priesterschaft angewiesen, überzog das Leben des einzelnen mit einem Netz von Vorschriften und ließ die Tora das Leben auch des einfachsten Menschen mit der Religion der Väter durchdringen. Es waren schließlich die Pharisäer, die entscheidenden Einfluß auf die Kanonbildung nahmen und — rund 100 Jahre n. Chr. — die apokalyptischen und sonst synkretistischen Schriften verwarfen.

Auch der eigentümliche Werdegang der Hasmonäer von antihellenistischen Freiheitskämpfern zu national-hellenistischen Herrschergestalten ist ein typisches Phänomen dieser Zeit und gleichsam die Kehrseite der Medaille, die spezifisch von dieser Epoche geprägt ist. Man hat diese Entwicklung als »Entartung« bezeichnet. Gemessen an politischen Maßstäben ist dieses Urteil zu hart. Jonathan und Simon waren gewandte Politiker, Johannes Hyrkanos und Alexander Jannaios hart durchgreifende Herrscher, aber nicht despotischer, als in diesen Kreisen üblich ist. Honny soit qui mal y pense. Sie wurden aber wie vor ihnen Israels Könige seit Saul und David an Maßstäben gemessen, die einem anderen als nur politischen Verständnis von dem, was Israel in Wahrheit ist, entsprangen. Weil für sie ein anderer Maßstab gültig sein sollte, wanderten die Essener aus, gingen die Chasidim in die innere Emigration, hofften Apokalyptiker auf ein Israel jenseits alles geschichtlich Möglichen und sonderten die Pharisäer sich ab, um die Tora zu lernen und das Gottesvolk zu lehren. Auch die späteren Hasmonäer waren freilich Exponenten eines bestimmten Israelverständnisses, nämlich des primär politischen. Schon in der frühen Königszeit waren die Gegensätze blutig aufgebrochen, als der Machtpolitiker David Israels Geschick zu leiten begann, und schon David hatte mit fremden Truppen gegen Israel kämpfen müssen. Jetzt, nach dem Exil und einer Jahrhunderte währenden Geschichte, in der sich Israel zu einer Kultgemeinde und zu einer Religionsgemeinschaft, die sich längst nicht mehr auf Judäa beschränkte, gewandelt hatte, mußte eine rein politisch orientierte Politik den Politiker erst recht in die Isolierung drängen. Den Israeliten war er kein Israelit. Dies war das Schicksal der Hasmonäer; es wurde zur Tragödie der ihnen folgenden Herodianer.

Lit.: H. Bardtke, Die Handschriftenfunde am Toten Meer, 1953[2]; ders., Die Sekte von Qumran, 1958; W. Bousset/H. Greßmann, Die Religion des Judentums im späthellenistischen Zeitalter, 1926 (Nachdruck 1966); W. W. Buehler, The Pre-Herodian Civil War and Social Debate, 1974; L. Finkelstein, The Pharisees, 1962[3]; H. Kosmala, Hebräer, Essener, Christen, 1959; M. Limbeck, Die Ordnung des Heils. Untersuchungen zum Gesetzesverständnis des Frühjudentums, KBANT, 1971; J. Maier - K. Schubert, Die Qumran-Essener. Texte der Schriftrollen und Lebensbild der Gemeinde, 1973; R. Meyer, Tradition und Neuschöpfung im antiken Judentum, BAL 110, 2, 1965, S. 7—88; O. Plöger, Prophetisches Erbe in den Sekten des frühen Judentums, Aus der Spätzeit des AT, Studien, 1971, S. 42—49; D. Rössler, Gesetz und Geschichte, WMANT 3, 1962[2]; H. H. Rowley, The Relevance of Apocalyptic, 1950[3]; W. Schmithals, Die Apokalyptik, eine Einführung, 1973; P. Volz, Die Eschatologie der jüdischen Gemeinde im neutestamentlichen Zeitalter, 1934[2]; J. Wellhausen, Die Pharisäer und die Sadducäer, 1864 (1967[3]).

XIII. Die römische Zeit

Das 1. Makkabäerbuch schließt mit der Erwähnung des Johannes Hyrkanos (134—104). Für die spätere Hasmonäerzeit und die römische Epoche ist man auf andere Quellen angewiesen. Besonders wichtig sind die Werke des Flavius Josephus. In seinem Werk über den Jüdischen Krieg berichtet Josephus als Zeitgenosse, als aktiv Beteiligter und z. T. aus unmittelbarer Anschauung. Eine ausführlichere Einleitung geht auch auf die Zeit von Antiochos IV. bis 66 n. Chr. ein. In seiner Jüdischen Archäologie (Antiquitates Judaicae) schreibt er die Geschichte Israels von den Anfängen bis 66 n. Chr. Außer den kanonischen Geschichtsbüchern des ATs benutzte er u. a. das 1. Makkabäerbuch, das nicht erhaltene Werk eines Nikolaus von Damaskus, eines Freundes Herodes' des Großen, für die Zeit der Hasmonäer und des Herodes, und dazu verschiedenes urkundliches Material. Auch verfaßte Josephus eine Autobiographie (Vita) über seine eigene militärische Tätigkeit zu Anfang des Krieges und schließlich eine Apologie des Judentums »Gegen Apion« (Contra Apionem). So wichtig und wertvoll diese Werke sind, so dürfen sie doch nicht unkritisch benutzt werden. Josephus' eigene Haltung — zuerst aktiv am Aufstand beteiligt, dann im Lager des Vespasian und sich nach den Flavischen Kaisern Flavius nennend — ist etwas zwielichtig. Darum wird seine Beurteilung der Freiheitskämpfer ihnen kaum gerecht.

Von den griechischen und römischen Historikern muß Cassius Dio genannt werden (geb. um 155 n. Chr.), der eine römische Geschichte von den Anfängen bis 229 n. Chr. schrieb. Es sind nur Bruchstücke erhalten, darunter solche, die den Bar-Kochba-Aufstand behandeln.

1. Herodes und die Herodianer

Der von seinem Bruder Aristobulos II. abgesetzte Hyrkan II. hat seine Sache nicht verlorengegeben. Er fand in Antipatros (Kurzform: Antipas) einen energischen, aber nicht uneigennützigen Protektor. Antipas' Vater war Statthalter der Hasmonäer in Idumäa gewesen; die Familie war idumäischer Herkunft. Der gleichnamige Sohn Antipas wußte die Unterstützung der Nabatäer für Hyrkan zu bekommen. Aristobul geriet in größte Gefahr, als er im Tempelbezirk von dem Nabatäerkönig Aretas belagert wurde (65). Möglicherweise wäre Hyrkan wieder in sein Amt eingesetzt worden und hätte Aristobul vertrieben werden können, jedoch es kam anders. Daß die Geschichte eine Wende nahm, lag am Eingreifen der Römer. Pompeius, mit Vollmachten für den Osten ausgestattet, hatte 66 den gefährlichen Gegner Roms Mithridates von Pontus endlich besiegt und den armenischen König Tigranes, der das verfallene seleukidische Reich mehr als ein Jahrzehnt beherrscht hatte, zum Einlenken gezwungen und setzte sich nunmehr das große Ziel, als ein neuer Alexander der Große den Osten zu unterwerfen. Das Machtvakuum, das seit dem Verfall des Seleukidenstaates entstanden war und in dem der Hasmonäerstaat überhaupt hatte entstehen können, begann sich — abgewandelte Wiederholung der Geschichte — zu schließen.

Die Aufgabe, die Ostküste des Mittelmeeres zu besetzen, überließ Pompeius seinem General Scaurus. Scaurus mischte sich sogleich in den Bruderzwist zwischen Hyrkan und Aristobul ein, die auch beide nichts Eiligeres zu tun hatten, als den Römer um eine Entscheidung zu bitten. Diese fiel zunächst für Aristobul günstig aus. Die Nabatäer durften ihre Belagerung nicht fortsetzen und wurden auf dem Rückzug hart geschlagen. Als beide Parteien und dazu eine Abordnung der Pharisäer 63 in Damaskus vor ihm erschienen, entschied sich Pompeius jedoch gegen Aristobul. Dieser versuchte zunächst, sich gegen die Römer zu wehren, mußte aber bald die Unmöglichkeit eines solchen Unternehmens erkennen. Seine Anhänger in Jerusalem aber waren nicht bereit, die Stadt kampflos den Römern zu überlassen. Sie bildeten nur eine Minderheit, und die pharisäisch beeinflußte Mehrheit des Volkes war gegen den Krieg und öffnete Pompeius die Tore der Stadt. Die Anhänger Aristobuls jedoch zogen sich auf den befestigten Tempelbezirk zurück, so daß Pompeius zur Belagerung schreiten mußte. Nach drei Monaten war der Widerstand gebrochen und wurde nun mit einem Blutbad unter Verteidigern und Priestern bestraft. Pompeius selbst betrat mit seinem Gefolge zum Entsetzen der Gesetzestreuen den Tempel und das Allerheiligste. Auf ausdrückliche Anordnung des Pompeius wurde der Opferkult wieder aufgenommen.

Wichtig sind Pompeius' Maßnahmen zur bleibenden Neuordnung der Verhältnisse in Syrien. Der Seleukidenstaat wurde endgültig liquidiert und dessen westlicher Teil in die römische Provinz Syria verwandelt. Mit dem Amt des Statthalters wurde Scaurus betraut. Judäa war nunmehr Teil dieser neugeschaffenen Provinz. Das judäische Territorium wurde erheblich verkleinert; die von den Hasmonäern eroberten hellenistischen Küstenstädte und ostjordanischen Städte (»Dekapolis«) wurden abgetrennt und der Provinz unmittelbar unterstellt. Samaria, 107 von Johannes Hyrkan erobert, erhielt seine Selbständigkeit wieder. Zu Judäa gehörten aber weiterhin die südsamarischen Bezirke, Idumäa im Süden, Peräa östlich des Jordans und das Binnenland Galiläas. Das waren diejenigen Gebiete, deren Bewohner sich ohnehin am Jerusalemer Kult beteiligten. Für sie sollte der Jerusalemer Hohepriester, der dem Provinzstatthalter unterstand, zuständig sein. Als Hoherpriester wurde Hyrkan II. bestätigt; er verlor jedoch seine königliche Würde. Seinen Bruder Aristobul und dessen beide Söhne Alexander und Antigonos ließ Pompeius gefangen nach Rom führen. Alexander gelang allerdings die Flucht. Im Jahre 57 hat der Statthalter Gabinius diese Verwaltungsreform dahingehend vervollkommnet, daß er dem Hohenpriester nur sein kultisches Amt beließ und das Gebiet der Kultgemeinde in fünf dem Statthalter unterstellte Bezirke einteilte: Jerusalem (Judäa-Idumäa), Gazara (Teile des westlichen Hügellandes), Jericho (Jericho und Umgebung), Amathus (Peräa) und Sepphoris (Galiläa). Diese zumindest aus römischer Sicht sachgemäße Regelung fand wenig Gegenliebe. Die Abschaffung des Hasmonäerstaates wurde von vielen als tiefe Demütigung empfunden. Die Wurzel für künftige Aufstände, großes Elend und viel Blutvergießen war schon 63 v. Chr. gelegt worden. Die Sympathien für den zeitweilig aus römischer Haft geflohenen Aristobul und seine Söhne, die Hyrkan vertreiben wollten, wuchs. Sie konnten aber keinen bleibenden Erfolg erzielen; ihre Stützpunkte, die von den Hasmonäern erbauten Burgen Alexandreion, Machärus und Hyrkania ließ Gabinius zerstören. An diesen Kämpfen beteiligte sich römischerseits auch der spätere Triumvir M. Antonius in untergeordneter Stellung. Die Erfolge der Römer lösten innerhalb der Judenschaft eine zunehmende Polarisierung aus. Hyrkan und sein mächtiger Berater und Beschützer Antipas galten immer mehr als Handlanger der Römer, während die Gegenpartei für die angestammte Freiheit einzutreten beanspruchte. Die rücksichtslose Ausbeutung des Ostens durch Crassus — zusammen mit Pompeius und Caesar war er einer der Männer des Triumvirats des Jahres 60 —, der zur Finanzierung eines Zuges gegen die Parther auch Tempelschätze konfiszierte (54), führte zu neuerlichen Unruhen, die von den Römern niedergeschlagen wurden.

Antipas hat in diesen Zeiten den Römern unbeirrt die Treue gehalten und in den mißlungenen Aufständen eine Bestätigung seiner Politik gesehen, welche auf Unterordnung unter die Römer und Zusammenarbeit mit ihnen ausgerichtet war. Wie früher der Hasmonäer Simon den sich bekämpfenden und ablösenden seleukidischen Herren die Treue hielt, so hat auch Antipas alle Gefahren, die ihm infolge der innenpolitischen Verwicklungen in Rom drohten, überstanden; Hyrkan war Hoherpriester, aber die eigentliche Macht lag in der Hand des Antipas und wuchs beständig.

In Rom hatte sich die Lage zugespitzt. Nach glänzenden Siegen über Gallier und Germanen entschloß sich Caesar, der Anarchie in Rom ein Ende zu machen. Ein Bürgerkrieg zwischen ihm und Pompeius war die Folge (49—46); er endete mit dem Tod des Pompeius, der in Ägypten ermordet wurde (49), und dem Siege Caesars (46). Caesar hatte als Feind des Pompeius auch die Anhänger seines Gegners in Judäa zu bekämpfen getrachtet und dazu den Aristobulos II. von Rom in seine Heimat Judäa senden wollen. Pompeius war dem aber durch die Liquidierung des Aristobul und auch seines Sohnes Alexander zuvorgekommen. Obwohl sie einst Parteigänger des Pompeius gewesen waren, gewannen Antipas und Hyrkan Caesars Gunst. Sie stellten ihm Hilfstruppen für einen Zug gegen Ägypten und veranlaßten die ägyptische Judenschaft zur Loyalität gegen Caesar. Zum Dank bestätigte Caesar Hyrkans Hohepriesteramt und ernannte ihn zum Ethnarchen. Joppe wurde zurückerstattet. Auch der Judenschaft Alexandrias und Kleinasiens bestätigte Caesar das Privileg freier Religionsausübung. Antipas erhielt das römische Bürgerrecht und das in seinen Befugnissen recht unbestimmte und daher ziemlich unbeschränkte Amt eines Prokurators, das seinen bisherigen politischen Einfluß nunmehr römischerseits offiziell bekräftigte. Antipas betraute seine Söhne Phasael und Herodes mit der Verwaltung von Judäa-Peräa beziehungsweise von Galiläa. Der energische Herodes, der viele galiläische Rebellen hinrichten ließ, erregte bald durch dieses eigenmächtige Auftreten den Unwillen des Synhedrions, das ihn aber, der sich von Anfang an konsequent auf die Römer stützte, nicht in die Schranken zu weisen oder gar zu bestrafen wagte.

Caesars neuer Politik, welche, weitsichtiger und auf Pazifizierung anderer Art angelegt, die gnadenlose Ausbeutung der Provinzverwalter einzuschränken bestrebt war, wurde durch das Attentat auf den Diktator Mitte März (Iden des März) 44 ein jähes Ende bereitet. Der frühere Quaestor des Crassus, Cassius, erpreßte als neuer Statthalter Syria und auch Judäa ärger denn je zuvor; wo Zahlungen ausblieben, wurden die Bewohner — wie die von Emmaus und von Lydda — in die Sklaverei verkauft. Auch diesem Tyrannen dienten Antipas und seine Söhne Phasael und Herodes treu und zuverlässig. Die angestaute Wut gegen die römische Zwangsherrschaft und ihre Handlanger im eigenen Lande, welche sogar dem schwachen Hohenpriester Hyrkan gelegentlich zu arg schien, entlud sich in einem Attentat, dem Antipas zum Opfer fiel. Dieser politische Mord war freilich ein Schlag ins Wasser, denn er bereitete dem Herodes, der, anders als sein vorsichtig mit allen Seiten paktierender Vater Antipas, rücksichtslos und einlinig mit römischer Hilfe die Macht anstrebte, den Weg. Die Unruhen im Lande ermutigten den Hasmonäer Antigonos, den aussichtslosen Kampf gegen Römer und Antipassöhne zu wagen, er wurde aber von Herodes besiegt. Dieser Sieg über den Konkurrenten des Hohenpriesters führte zur Aussöhnung zwischen ihm und Herodes und vielleicht auch zur Verlobung des Herodes mit der Hasmonäerin Mariamme, einer Enkelin des Aristobulos II. und Tochter von dessen Sohn Alexander. Durch diese Verbindung verschwägerte sich Herodes mit den Hasmonäern. Seine Liebe zu dieser Frau und sein Wille zur Macht waren ebenso groß.

Inzwischen hatten in Rom Antonius, Lepidus und Octavianus ein neues Triumvirat gebildet (43), aus dem Lepidus durch seine Wahl zum Pontifex maximus ausschied (36). Im Jahre 42 besiegten die Truppen der Triumvirn die Caesarmörder Cassius und Brutus in der Schlacht von Philippi, die das Ende der Republik bedeutete. Die Rivalität zwischen Octavianus und Antonius wurde durch den Frieden von Brindisi (40), der fast einer Reichsteilung gleichkam — Octavianus bekam den Westen, Antonius den Osten zugewiesen — provisorisch überbrückt. Zu dieser Zeit dichtete Vergil seine berühmte »messianische« Vierte Ekloge, in der er das Ende der Kriege, einen Friedensherrscher und ein Goldenes Zeitalter ankündigte. Apokalyptische Hoffnungen waren nicht auf die Judenschaft beschränkt... Aber auch die radikale Verzweiflung an einem endlichen Frieden fand in dieser Zeit in Gedichten des Römers Horaz Ausdruck. Abgrundtiefer Pessimismus pflegt das Gegenstück exaltierter Hoffnung zu sein.

Verzweifelt schien die Lage Judäas zu werden, als die Besiegung des Cassius nicht Befreiung brachte und Antonius die alte republikanisch-römische Politik krasser Ausbeutung der Provinzen fortsetzte. Auch des Antonius Gunst wandte sich dem Herodes und seinem Bruder Phasael zu. Dem neuen Herrn war seit seinen Unternehmungen in der Zeit des Gabinius die Antipasfamilie nicht unbekannt und er wußte sich ihrer Romtreue gewiß. Er bestätigte Herodes und Phasael als Tetrarchen und Hyrkan als Hohenpriester.

Es war wohl nur als Akt der Verzweiflung zu werten, daß der Panthereinfall des Jahres 40 von großen Bevölkerungsteilen als Befreiung empfunden wurde. Phasael und Hyrkan gerieten in parthische Gefangenschaft; der erstere kam ums Leben, dem Hohenpriester schnitt man die Ohren ab, um ihn für das Priesteramt unfähig zu machen. Antigonos, Sohn des Aristobulos II., wurde als letzter Hasmonäer Hoherpriester und König von Gnaden der Parther (40—37). Aber der wichtigste Mann, Herodes, konnte entkommen, er hatte seine Familie in der alten Hasmonäerburg Masada am Westufer des Toten Meeres in Sicherheit gebracht und sich über Ägypten, wo er Kleopatra traf, nach dem einzigen Ort der Welt, wo die Entscheidung fallen konnte, nach Rom begeben. Roms und Herodes' Interessen gingen durchaus konform: der Flüchtling wollte in Jerusalem König werden und Rom suchte einen Bundesgenossen, um die Parther aus Jerusalem zu vertreiben und die römische Oberhoheit wieder herzustellen. So fand sich der Senat im Jahre 40 bereit, einen Beschluß zu fassen, der dem Herodes den Titel eines Königs von Judäa und auch Samaria, das angegliedert werden sollte, verlieh. In feierlicher Prozession zum Kapitol schritt Herodes zwischen den Triumvirn Antonius und Octavianus einher. Diese Zeremonie charakterisiert den späteren Rex socius et amicus populi Romani, der dieser Würde immer treu geblieben ist.

Es hat bis 37 gedauert, ehe Herodes nach wechselvollen Kämpfen, die er mit Söldnertruppen und mit Anhängern aus Idumäa und von römischen Legionen unterstützt, führte, seine Regierung antreten konnte. Jerusalem wurde von dem Hasmonäer Antigonos, der wußte, daß es um Leben und Tod der Hasmonäerdynastie ging, hartnäckig verteidigt. Wie in der Zeit der chaldäischen Eroberung Jeremia von Widerstand abriet und die Ereignisse als Gottes Gericht deutete, so betrachteten jetzt die Pharisäer Samaias und Pollion diese neuerliche Katastrophe als Gerichtshandeln Gottes und den Idumäer Herodes als göttliche Zuchtrute. Nach Einnahme auch noch des Tempelbezirkes, wo die Verteidiger sich am längsten halten konnten, richteten die plündernden Römer ein Blutbad an. Antigonos wurde gefangen und auf Herodes' Bitte hingerichtet. Er war der letzte regierende Hasmonäer gewesen.

Herodes' Thron hat auch die Ereignisse überstanden, die das Triumvirat und den Machtkampf zwischen Antonius und Octavianus beendeten und schließlich zum Prinzipat des Octavianus Augustus führten. In der Schlacht bei Aktium unterlag Antonius (31). Er und Kleopatra, die als Dionysos und Isis heilige Hochzeit gefeiert und von einer Wiedererstehung eines hellenistisch-orientalisch-ägyptisch-römischen Reiches geträumt hatten, nahmen sich das Leben. Im Jahre 30 fand als letzter der hellenistischen Staaten, die aus dem Erbe Alexanders des Großen hervorgegangen waren, mit der Eroberung Alexandrias auch der Ptolemäerstaat ein Ende. Ägypten wurde römische Provinz. Octavianus Augustus war Herr der Welt.

Herodes, Parteigänger der Besiegten von Aktium, sah seinen Thron wanken und entschloß sich, sich in die Höhle des Löwen zu wagen und persönlich Octavianus seine Ergebenheit zu bekunden. Des Ausgangs unsicher, ließ Herodes zuvor den greisen Hyrkan II. als möglichen Konkurrenten umbringen, damit auf keinen Fall wieder ein Hasmonäer den Thron besteigen könne. Der Bittgang war aber erfolgreich. Octavianus Augustus bestätigte Herodes in seiner Würde, denn auch der Römer wußte, daß er keinen tatkräftigeren, rücksichtsloseren, verschlageneren, aber auch keinen treueren Gefolgsmann hätte finden können. Herodes' Macht ging sogar gestärkt aus dieser Krise hervor. Augustus unterstellte ihm auch Jericho, das zuletzt der Kleopatra gehört hatte, und Gaza, Anthedon, Joppe und Stratonsturm an der Küste, außerdem Samaria sowie Gadara und Hippos im Ostjordanischen. Später wurden sogar die Trachonitis, Batanäa und Auranitis ganz im Nordosten dem herodianischen Vasallenstaat angegliedert. Über dieses ansehnliche Gebiet hat Herodes bis 4 v. Chr. als Rex socius et amicus populi Romani regiert. Diese Bezeichnung war kein leerer Ehrentitel, sondern beschrieb seinen Rechtsstatus. Er durfte Krone und Purpur anlegen und ein Szepter führen, hatte jedoch als »Klient« nur innerhalb enger Grenzen Selbständigkeit und Autonomie nur insofern, als römische Interessen nicht berührt wurden. Die Herrschaft war ihm persönlich auf Veranlassung des Antonius durch den Senat verliehen und später dem Bittsteller als Gnadenakt von Augustus bestätigt worden. Von der Gunst und Gnade der Römer hing sie nach wie vor ab. Der König war im Bedarfsfalle zur Heeresfolge und zu Geldleistungen verpflichtet und durfte ohne römische Genehmigung keine Kriege und keine Außenpolitik führen. Im Innern jedoch war seine Macht theoretisch unbeschränkt. Er konnte nach Gutdünken Steuern erheben und war höchster Richter, oberster Gesetzgeber und Exekutive in einem. Diese Machtvollkommenheit wurde allerdings praktisch durch die nötige Rücksichtnahme auf die pharisäisch beeinflußten religiösen Empfindungen des Volkes eingeschränkt. Bewußt diese zu verletzen, wie es Antiochos IV. getan hatte, war nicht seine Absicht und lag auch nicht im Sinne der römischen Politik, die eine Pazifizierung Syriens wollte.

Dennoch waren des Herodes Regierungsstil und Lebensführung für die Rechtgläubigen und nicht nur für sie in höchstem Maße anstößig. Selbst »nur« ein Idumäer und mit dem Schimpfnamen »Halbjude« belegt, nur mit Hilfe der Römer an die Macht gekomken, ohne Basis im Volk, wußte Herodes sich von lauter Gegnern umgeben. Diese Erkenntnis hat sich im Laufe der Zeit in seinem Gemüt bis zum Verfolgungswahn gesteigert. Insbesondere der Hasmonäerfamilie galt sein Mißtrauen. Die Ermordung des greisen Hyrkan wurde schon erwähnt. Opfer seines Mißtrauens und scheußlicher Hofintrigen wurden auch seine Frau Mariamme (hingerichtet 29 v. Chr.), deren Mutter Alexandra, eine Tochter des Hyrkan (28), seine und der Mariamme Söhne Alexandros und Aristobulos (7 v. Chr.). Herodes hat förmlich versucht, die gesamte Hasmonäerfamilie systematisch auszurotten. Auch viele andere sind der blutigen Tyrannei des Königs zum Opfer gefallen. Noch kurz vor seinem Tode wurde sein Sohn Antipatros hingerichtet (4 v. Chr.). Dem Ziele einer Absicherung seiner Herrschaft diente es auch, daß Herodes gleich nach seiner Machtübernahme viele Adlige und darunter Mitglieder des Synhedrions, die den Hasmonäern nahestanden, hinrichten und deren Güter einziehen ließ. Er hielt sich auf Grund seiner Machtvollkommenheit für berechtigt, den Hohenpriester ein- und abzusetzen. Selbst konnte er ja dieses Amt als Nichtpriester und Idumäer nicht übernehmen. Der neue Hohepriester hieß Hananel. Da aber des erbberechtigten Aristobulos III. Mutter, Alexandra, zeitweise gute Beziehungen zu der göttlichen Braut des Antonius, Kleopatra, unterhielt, mußte er Hananel wieder absetzen und den Alexandrasohn einsetzen. Aber binnen Jahresfrist ließ er diesen ihm nicht genehmen Hasmonäer im Bad ertränken (35 v. Chr.). Dennoch sind diese Bluttaten des Herodes keine reinen Willkürakte. Er hat sie für politisch notwendig gehalten und verfuhr mit politischen Gegnern nicht viel anders als in Rom ein Marius oder Sulla, Pompeius, Antonius und auch noch Octavianus Augustus und andere Caesaren nach ihnen. Wie jene meinte er, einer höheren Notwendigkeit zu gehorchen und damit dem Heil des ihm anvertrauten Staates zu dienen. Charakterliche, machtpolitische, philosophische und religiöse Motive flossen zusammen. Die Eingliederung in das römische Reich war kein bloß säkular-politischer Akt, sondern Aufnahme in ein umfassendes Heilssystem: Zentrum des »orbis terrarum« ist Rom. Von Rom kommt die von Dichtern und Propheten besungene und von den Völkern der Erde mit heißer Sehnsucht erwartete Erlösung in Gestalt der die hellenistische Kulturwelt vereinigenden und beglückenden Pax Romana, deren göttlicher Vermittler der gnadenreiche Augustus ist. Die altorientalisch-mythische Idee von der das Chaos bezwingenden Heilsbedeutung des Königs und des Staates hat sich mit dem hellenistischen Bildungsdenken verbunden und wird nun von römischen Legionen und ihren Hilfstruppen in die politische Realität des Imperium Romanum umgesetzt. Die hellenistische Paideia-Idee war auf ihre Füße gestellt; es waren die marschierenden Füße römischer Soldaten. Die Friedenssehnsucht von Römern und Nichtrömern nach den blutigen Bürgerkriegen und Feldzügen ließ diese Idee zur Gefühlswirklichkeit breiter Volksmassen sich verdichten. Herodes hat die römische Reichs- und Heilsidee bejaht. Seine Politik war der Versuch ihrer Verwirklichung in dem ihm von den Römern anvertrauten Teilbereich. Er handelte nicht nur hart, sondern seine politische Klugheit, die nicht über das Mögliche hinausstrebte, bewahrte Herodes vor dem verhängnisvollen Irrtum des Antiochos Epiphanes. Seine Bluttaten dienten nur der Absicherung seiner Person, seiner Politik und damit dem Erlösungswerk, wie er es verstand. Darum kam er, der die sadduzäisch-hasmonäische Partei zu vernichten trachtete, den Pharisäern, die ihn, die Römer und das römische Heil ebensowenig bejahten, nach Möglichkeit entgegen und vermied es, die Empfindungen der pharisäisch eingestellten Bevölkerung allzu direkt zu verletzen. Nichtsdestoweniger verfolgte er unbeirrbar sein Ziel, das jüdische Volk zum Glied des römischen Orbis terrarum zu machen und ihm am neuen Heil römischer Provenienz Anteil zu geben. Er war selbst des Glaubens, daß seine Person eine Abschattung des Erlösers Augustus sei. Seine tatsächlichen Erfolge mögen ihn in diesem Glauben bestärkt haben. Ein Mittel, seinen jüdischen Untertanen diese seine göttliche Mission zu »beweisen«, war ein fingierter Stammbaum, der seine Abstammung von David und damit seine Messianität behauptete.

Ausdruck seines Selbstverständnisses ist auch seine berühmte Bautätigkeit. Auch noch wenn sie seinem eigenen Ruhme diente, war sie deshalb nicht weniger Gestaltwerdung der römischen Heilsidee, deren Exponent Herodes war. Das ihm von Augustus zugewiesene Samaria baute er zu einer hellenistisch-römischen Stadt mit Augustustempel aus und nannte sie Sebaste (Sebastos = Augustus). An der Mittelmeerküste entstand die neue Hafenstadt Caesarea (früher Stratonsturm) 30 km südlich des Karmel, später Sitz der römischen Prokuratoren. In Hebron, nach der Tradition Beisetzungsort der Patriarchen (Gen 23,6 f.; 35,27—29; 50,12—13), und an der Abrahamsstätte Mamre (Gen 13,18; 18) ließ er Umfassungsmauern errichten. Wie vor ihm die Hasmonäer baute er in der jüdischen Wüste und beim Toten Meer Burgen oder ließ bestehende Festungsanlagen erweitern, so vor allem Masada auf dem Westufer des Toten Meeres, wo er einst, von den Parthern verjagt, seine Familie untergebracht hatte. Nach seinem Namen benannte er die Burg Herodeion in der Wüste Juda unweit Bethlehems. Die ältere Burg Machärus, von Alexander Jannaios im Ostjordanischen erbaut, wurde erweitert. Sein besonderes Interesse galt seiner Residenz Jerusalem. Hier hat er vor allem den Zweiten Tempel im neuen Stil umgebaut. Er ließ ihn mit Säulenhallen umgeben und — ähnlich wie an den Gedenkstätten in Hebron und Mamre — eine gewaltige Umfassungsmauer aufziehen. Sie ist noch heute teilweise erhalten (»Klagemauer«). Der Tempelbezirk wurde sehr erheblich erweitert. Für sich errichtete er eine Königsburg im Nordwesten der sich jetzt stark nach Westen und Norden ausweitenden Stadt und nordöstlich des Tempelbezirks die Burg Antonia — nach seinem damaligen Protektor Antonius benannt —, von den aus der Tempelbezirk übersehen und militärisch beherrscht werden konnte. Der politisch-ideologische Charakter von Herodes' Bautätigkeit kommt noch deutlicher darin zum Ausdruck, daß er auch ein Theater und Amphitheater bauen ließ; alle fünf Jahre sollten darin zu Ehren des Kaisers Ringwettkämpfe stattfinden. Noch die Überreste der Herodianischen Bauten, die alles Bisherige in den Schatten stellen sollten, sind für den heutigen Betrachter imposant und erfüllen damit ihren ursprünglichen Zweck. Zum Imponieren sind sie errichtet worden: die überragende Größe der hellenistisch-römischen Reichskultur und die Herrlichkeit römischen Heiles sollte sinnfällig vor aller Augen geführt und das jüdische Volk durch solchen architektonischen Anschauungsunterricht darüber aufgeklärt werden, wie rückständig und unbedeutend es und seine Religion bis dahin gewesen waren. Was der Tobiadenroman an dem Hellenisten Joseph rühmt, daß er als edler und großzügiger Mann das jüdische Volk aus Armut und elenden Verhältnissen zu einem glanzvolleren Leben habe führen wollen (s. o. S. 157), hätte er mit desto größerem Recht auch von Herodes sagen können.

Das jüdische Volk hat sich aber in seiner breiten Masse nicht von diesem König beeindrucken lassen. Es vermochte in Herodes keinen Messias zu erkennen, sondern sah in ihm nur den edomitischen Vasallen und im römischen Reich und seinem Kaiser keine göttliche Heilsveranstaltung, sondern nur wieder eine andere fremde und heidnische Macht, die nach Assyrern, Babyloniern, Persern, Ptolemäern und Seleukiden über Israel um Israels Sünden willen herrschte, bis der Tag des wahren Messias anbrechen würde. Daß *das* Heil nicht von dieser Welt ist, hatte Israel in einer langen, mühsamen Geschichte gelernt. Da es Herodes und Augustus und ihr Heil an eben diesem Maßstab maß, war Herodes' Werk zum Scheitern verurteilt. Er und sein Kreis von Vertrauten und das Volk waren durch die unüberbrückbare Kluft des schlechthin Unvereinbaren getrennt. Es war allerdings politische Klugheit, daß Herodes die Gesetzestreuen gewähren ließ, so daß sie ihr Leben unter der Fremdherrschaft leben konnten, wie es die Väter unter anderen fremden Obrigkeiten auch schon getan hatten. Die wirklichen Führer des Volkes waren die Pharisäer. Auf längere Sicht sind die pharisäische Schule, in der die Knaben von Jugend auf in der Tora eingeübt wurden (Beth hassepher = Haus des Buches als Unterstufe; Beth hammidrasch = Haus des Studiums als höhere Stufe) und vor allem die Synagoge längst vor dem Ende des Zweiten Tempels wichtigere und nachhaltiger wirkende Institutionen gewesen als Königtum und Opferkult. Das hohe Ansehen, das die torakundigen Schriftgelehrten (Sopher = Schreiber; griech. grammateus oder — bei F. Josephus — exegetes) genossen, findet Ausdruck in dem nunmehr aufkommenden Titel Rabbi, der ursprünglich »Mein Herr«, »Monsignore« bedeutete.

Herodes starb 4 v. Chr. nach langer Krankheit in Jericho. Der Aufwand des Staatsbegräbnisses, das sein Sohn Archelaos veranstaltete, war größer als die Trauer des Volkes. Nach seiner Beisetzung im Herodeion brachen Unruhen aus, welche die Römer selbst niederschlagen mußten, da die Nachfolgefrage noch nicht endgültig geregelt war. Herodes hatte in seinem Testament zwei Söhne aus seiner Ehe mit der Samaritanerin Malthake, Archelaos und Herodes Antipas, und einen Sohn aus seiner Ehe mit der Jerusalemerin Kleopatra mit Namen Philippos als Erben eingesetzt. Aber diese Verfügung bedurfte, da ja Herodes' Macht nur ihm persönlich verliehen war, der römischen Bestätigung. Nachdem diese eingeholt worden war, konnte Archelaos das Haupterbe, nämlich Judäa, Idumäa und Samaria antreten, allerdings ohne den Königstitel führen zu dürfen; sein Titel war nur Ethnarch. Sein Gebiet wurde um die zur Dekapolis gehörenden Städte Gadara und Hippos und um Gaza verringert. Mit dem Titel Tetrarch bekamen Herodes Antipas Galiläa und Peräa und Philippos die ostjordanischen Gebiete Trachonitis, Batanäa und Auranitis. Eine Schwester Herodes', Salome, erhielt Asdod und Jamnia/Jabne an der Küste und das von Herodes gegründete Phasaelis am Jordan.

Die Herodianer haben sehr verschieden lang regieren können. Der Haupterbe Archelaos wurde schon nach kaum zehnjähriger Tätigkeit im Jahre 6 n. Chr. von den Römern abgesetzt und nach Gallien in die Verbannung geschickt. Er hatte wohl die Härte, aber nicht die politische Klugheit seines Vaters, so daß die Römer, als ihn seine eigenen Untertanen in Rom verklagten, es vorzogen, Judäa von nun an als prokuratorische Provinz von römischen Prokuratoren verwalten zu lassen.

Dieser neue Rechtsstatus Judäas innerhalb der größeren Verwaltungseinheit der Provinz Syria ließ allerdings ein erhebliches Maß an Autonomie zu, die dem Gesetz der Väter seine Gültigkeit und dem Synhedrion seine Befugnisse sicherte.

In Jerusalem überwachte zwar ein römisches Kommando in der Burg Antonia Stadt und Tempel, aber der Prokurator residierte nicht hier, sondern in Caesarea. Die Römer zeigten sich also zu dieser Zeit prinzipiell bestrebt, auf die für sie schwer verständlichen Eigentümlichkeiten der Judenschaft Rücksicht zu nehmen, wenn auch oft genug das Verhalten einzelner Römer alles andere als rücksichtsvoll war.

Die erste römische Maßnahme, die notwendig wurde, war eine Steuerreform. Dazu wurde eine Aufzeichnung der Einwohner und ihres Vermögens angeordnet (vgl. Lk 2,1—5 — nach dem Jahre dieses Census berechnet, wäre Jesus 6/7 n. Chr. geboren). Dieser Census verstärkte die antirömische Stimmung sehr, weil er als Eingriff in Freiheit und Eigentum empfunden wurde. Der Prokurator des durch die lukanische Weihnachtsgeschichte berühmt gewordenen Census hieß Quirinius (»Cyrenius«). Bei der Eintreibung der Steuern bediente sich der Prokurator einheimischer Behörden. Die Erhebung der Zollgebühren oblag nach altem griechischem und hellenistischem Muster den Zollpächtern (publicanus; griech. telones), die seit der Absetzung des Archelaos ihre Pachtsumme den Römern zu zahlen hatten. Die Abneigung gegen die Römer, die nunmehr auch jedem Schein jüdischer Eigenstaatlichkeit ein Ende gemacht hatten, richtete sich, mit Verachtung vermischt, auch gegen die Zöllner.

In dieser Zeit, als Judäa prokuratorische Provinz war und Galiläa und Peräa von Herodes Antipas verwaltet wurden (4 v. — 39 n. Chr.), wirkte Jesus von Nazareth. Er sagte das Reich Gottes als jetzt hereinbrechend an. Jesus wurde von seiner anfangs kleinen Anhängerschaft, die aber bald über Palästina und das Judentum hinauswuchs, als der in der Fülle der Zeit erschienene Messias, als der Christus geglaubt. Seinen Tod und seine Auferstehung verkündigte seine Gemeinde als das alle Welt erlösende eschatologische Handeln Gottes. Das in der Geschichte geschehene Eschaton des Gekreuzigten und Auferstandenen Jesus Christus wird von den Evangelien in der Zeit des Pontius Pilatus angesetzt. Pontius Pilatus war von 26—36 Prokurator.

Herodes Antipas hat über Galiläa und Peräa recht lange bis 39 n. Chr. regiert. Aber auch er starb wie sein Bruder Archelaos als Verbannter in Gallien. Etwas umsichtiger als Archelaos, war auch dieser Herodianer ein Mann vom Schlage seines Vaters, ein serviler Freund der Römer und tyrannischer Herrscher über seine Untertanen. Am Westufer des Sees Genezareth baute er eine neue Stadt und nannte sie zum Ruhme des damaligen Kaisers Tiberius (14—37) Tiberias; hier residierte er auch. Er heiratete Herodias, eine Tochter des Mariammesohnes Aristobulos; deren Tochter aus früherer Ehe hieß Salome. Mutter und Tochter sollen Herodes Antipas dazu überredet haben, Johannes den Täufer, der in Peräa aufgetreten war, zu enthaupten (Mt 14,1—12). Im Jahre 39 wurde Herodes Antipas von dem römischen Kaiser Caligula (37—41) abgesetzt und verbannt. Sein Herrschaftsgebiet wurde dem Herodianer Agrippa, dem Bruder der Herodias, anvertraut.

Agrippa war schon als junges Kind zur Erziehung nach Rom geschickt worden. Als Jüngling geriet er in schlechte Gesellschaft und hatte sich bald schwer verschuldet. Nach mancherlei Abenteuern und Umwegen fand er persönlichen Kontakt mit dem Kaiser Tiberius und Caligula, fiel aber bei Tiberius in Ungnade und blieb bis zu dessen Tod im Gefängnis. Caligula befreite ihn und verlieh ihm, nachdem Philippos 34 verstorben war, dessen noch erweiterte Tetrarchie und den Königstitel und im Jahre 39 nach der Absetzung des Antipas auch noch Galiläa und Peräa. Von Caligulas Nachfolger Claudius (41—54) bekam er sogar Judäa, Idumäa und Samaria, also das frühere Gebiet des Archelaos zugewiesen.

Damit war das Königreich Herodes' des Großen noch einmal nahezu vollständig in der Hand eines Herodianers vereint.

Agrippa hat sich Juden gegenüber als pharisäisch-gesetzestreuer Jude verhalten und in dieser Hinsicht die auf die religiösen Empfindungen Rücksicht nehmende Politik seines Großvaters verstärkt wiederaufgenommen. Diese Haltung hatte er schon an den Tag gelegt, als Caligula noch regierte. Caligula hielt sich in einem massiv-direkten Sinne für einen Gott und forderte entsprechende Verehrung. Als dies auf Widerstand der jüdischen Diaspora in Alexandria stieß, waren blutige Ausschreitungen gegen Juden die Folge. Auch Agrippa, der sich auf der Durchreise in Alexandria aufhielt, wurde angepöbelt. Die Frage des Kaiserkultes begann nunmehr zur über Leben und Tod entscheidenden Frage schlechthin zu werden. Eine von Philo angeführte alexandrinische Gesandtschaft nach Rom machte auf den Kaiser keinen Eindruck. Auch Agrippas Vermittlungsversuch blieb erfolglos. Als Caligula die Aufstellung seines Bildnisses im Jerusalemer Tempel anordnete, hat Agrippa wiederum zu intervenieren versucht. Durch die Ermordung Caligulas im Jahre 41 kam es jedoch nicht zu dieser Schändung des Tempels, die der syrische Statthalter Petronius klugerweise hinausgezögert hatte.

Nachdem Agrippa von Claudius Judäa, Idumäa und Samaria anvertraut worden war, wußte er auch in Jerusalem einige Sympathie für seine quasi-pharisäische Frömmigkeit zu gewinnen. Um sich bei den Gesetzestreuen beliebt zu machen, verfolgte er, der sich gegen Judenverfolgungen gewehrt hatte, die Christen. Der Zebedaide Jakobus wurde hingerichtet, Petrus entkam ihm mit knapper Not (Apg 12,1–19 – Agrippa wird hier Herodes genannt). Außerhalb des Einflußbereiches von Pharisäern und Synhedrion war er ganz römischer Hellenist und orientalischer Römer und wie sein Großvater ein Bauherr aus Passion. Er begann zur abermaligen Erweiterung Jerusalems den Bau der sogenannten »dritten Mauer« im Norden der Stadt, die aber unvollendet blieb, weil sie den Römern nicht genehm war und Agrippa schon 44 in Caesarea starb (Apg 12,21–23). Agrippas Einstellung und Politik waren die ins Abenteuerliche gesteigerte Wiederholung derjenigen seines Großvaters Herodes gewesen, so wie sich die Apotheose des Augustus und seiner staatlichen Heilsidee in der Gestalt von Agrippas Schutzherrn Caligula — »oderint dum metuant« — folgerichtig bis hin zum Grotesken fortentwickelt hatte.

Rom hat Agrippas Sohn das Erbe seines Vaters anzutreten nicht erlaubt, sondern seinem gesamten Herrschaftsgebiet abermals den Status einer prokuratorischen Provinz gegeben, deren Prokuratoren in Caesarea residierten.

Lit.: H. Fuchs, Der geistige Widerstand gegen Rom, 1938; M. Grant, Herod the Great, 1971; A. H. M. Jones, Herods of Judaea, 1967[2]; S. Sandmel, Herodes, 1968; A. Schalit, König Herodes, SJ 4, 1969.

2. Der Jüdische Krieg (66—73)

Das schlechthin Unvereinbare, das unter den Herodianern noch mühsam zusammengehalten und von Kompromissen überspielt worden war, mußte sich über kurz oder lang als das herausstellen, was es in Wirklichkeit war: als unvereinbar. Der Schalom von Gott her und die Pax Romana, der alleinige Gott und der vergottete Caesar, der erwartete Messias Israels und der regierende Kaiser waren inkommensurable Größen. Der Umstand, daß Judäa nunmehr direkt der römischen Verwaltung unterstand, hat die Lage gewiß noch verschärft. In dieser Situation, ohne jede Aussicht auf Beendigung der Römerherrschaft, konnte die typisch apokalyptische Stimmung der Verzweiflung an der Gegenwart und der Erwartung des Endes und der großen Wende jäh aus Passivität in wütende Aktionen umschlagen.

Zu Unruhen war es schon gleich nach Herodes' des Großen Tod gekommen. Der Census des Quirinius hatte eine neue Protestbewegung ausgelöst. Ein gewisser Judas, genannt der Galiläer (vgl. Apg 5,37), aus der Gaulanitis predigte zusammen mit dem Pharisäer Sadduk den offenen Aufstand. Auch unter Pontius Pilatus gab es manche Unruhen, deren Anlaß die harte und gelegentlich bewußt provozierende Haltung dieses Prokurators war. Die Regierung in Rom war — noch — auf Frieden bedacht und hat Pilatus 36 abberufen. Als Entgegenkommen der Römer ist es auch zu verstehen, daß sie einem Herodianer, dem Sohn des 44 verstorbenen Agrippa, der auch Agrippa hieß, Anfang der fünfziger Jahre das kleine Königtum Chalkis zwischen Libanon und Antilibanon, die ehemalige Tetrarchie des Philippos und die Aufsicht über den Jerusalemer Tempel verliehen (50—68).

Aber auch in ruhigeren Tagen schwelte das Feuer der antirömischen Stimmung weiter. Wichtigste Träger des Widerstandes waren die Zeloten (= Eiferer von griech. zelos = Eifer), nach dem Organisator und Begründer dieser Bewegung, Judas dem Galiläer, und wohl auch wegen der großen Zahl von Anhängern in Galiläa Galiläer genannt. Sie »eiferten« für kompromißlose Befolgung des Gesetzes — darin den Pharisäern ähnlich — und griffen zur Gewalt gegen alle, die solchen Radikalismus nicht bejahten. Ihr Eifer richtete sich primär gegen die Römer, in zweiter Linie aber auch gegen diejenigen, die in irgendeiner Weise mit Rom zusammenzuarbeiten oder auch nur — so in der Endphase des Jüdischen Krieges — zum Friedensschluß und zur Unterwerfung bereit waren. Flavius Josephus, der sich von ihnen distanzierte und in ihnen die Wurzel alles Übels sah, nennt sie vielfach »Räuber«. Diese Bezeichnung ist despektierlich gemeint, charakterisiert aber doch wohl zutreffend ihre Lebensweise im Stile von Freischärlern oder Guerillakämpfern. Sie — oder eine Gruppe unter ihnen — können auch Sikarier genannt werden, was soviel bedeutet wie Dolchmänner (von sica = Dolch) oder Messerstecher. Wie früher bei den Hasmonäern scheint sich auch hier eine Art Dynastie von Anführern gebildet zu haben. Außer von Judas, dem Begründer der militanten Bewegung, hört man von seinen zwei Söhnen, die der Prokurator Tiberius Alexander im Jahre 48 hat kreuzigen lassen. Zu Anfang des Jüdischen Krieges machte ein anderer Sohn oder Enkel des Judas namens Menahem von sich reden. Aber anders als die Hasmonäer erstrebten die zelotischen Anführer, weil sie keine Herrschaft außer der Herrschaft Gottes anerkannten, kein weltliches Königtum. Wohl aber konnten sie sich für den Messias halten, wie es bei Menahem der Fall war, der zu Beginn des Jüdischen Krieges Masada besetzte, in Jerusalem einzog, das Kommando über die Herodesburg übernahm, aber dann von einer anderen Widerstandsgruppe ums Leben gebracht wurde. Auch Simon bar Giora (= Simon Heidensohn; offenbar war er ein Proselyt), der um dieselbe Zeit in die inneren Wirren in Jerusalem eingriff, hatte ein messianisches Bewußtsein. Aber gleichviel welche und wieviele Zelotenführer sich als Messias verstanden, der hier begegnende Messianismus ist auf jeden Fall ein eindeutiges Symptom für den eschatologisch-apokalyptischen Charakter des Zelotismus. Wie in der älteren Apokalyptik gilt die Gegenwart als Zeit des Gotteszornes, der Bedrängnis und der Endzeitwehen. Wie früher schon im Danielbuch das Seleukidenreich, so wird jetzt das römische

Reich als letztes Reich der Finsternis vor der Wende zum neuen, seligen Äon verstanden. Diese apokalyptische Grundanschauung wurde aber jetzt »zelotisch« umgewandelt: es galt, die Wehen der Endzeit durch höchste eigene Aktivität zu verkürzen (anders Mk 13,20 parr: Gott verkürzt die Endzeit!) und, diesem göttlichen Ziele dienend, kompromißlos der Römerherrschaft abzuschwören. Hier liegt wohl der Hauptunterschied von der Makkabäischen Erhebung begründet. Die Makkabäer konnten sich noch auf Kompromisse und auf ein Paktieren mit den weltlichen Herrschern einlassen, weil sie selbst auch weltlich und »nationaler« als die Zeloten eingestellt waren. Ob dieser ihrer Weltlichkeit sagten sich die Chasidim ja von ihnen los. Für die Zeloten aber mochte Israel bis auf einen Rest zugrunde gehen, diesem Rest würde das Reich des neuen Äons gehören. Diese Politisierung der Apokalyptik verursachte die politische Blindheit für die Realität, die den Zelotismus kennzeichnet, und führte zum Untergang. Die Makkabäerbewegung endete als Nationalhellenismus und scheiterte als religiöse Bewegung. Der Zelotismus endete heldenmütig im Selbstmord. Weder den einen noch den andern war das Reich Gottes, das nicht von dieser Welt ist und darum nicht mit menschlicher Aktivität nicht herbeigeführt werden kann, aber dennoch in dieser Welt ereignishafte Realität wird, offenbart worden.

Der unmittelbare Anlaß zum Jüdischen Krieg war die rücksichtslose Ausplünderung des Landes durch den Prokurator Gessius Florus (64—66). War schon die Amtsführung seiner Vorgänger Ventidius Cumanus, Antonius Felix und Porcius Festus — von den letzten beiden wurde der Apostel Paulus verhört und schließlich nach Rom geschickt (Apg 23,12—26,32) — und Albinus mit Ausnahme allein des redlichen Festus wenig glücklich gewesen, so hat die Rücksichtslosigkeit des Gessius Florus offenbar die angestaute Wut zum Ausbruch gereizt. Als Florus eigenmächtig den Tempelschatz antastete, brach ein Aufruhr aus. Plünderungen und Hinrichtungen waren die römischen Repressalien. Versuche der gemäßigten Mehrheit, die Gemüter zu beruhigen, wurden überhört. Auch die Vermittlung des Königs Agrippa II., der dazu nach Jerusalem kam, blieb erfolglos. Von einem Sohn des Hohenpriesters namens Eleasar angeführt, besetzten Aufständische den Tempelbezirk. Auch einer auf Wunsch der Gemäßigten und des Hohenpriesters von Agrippa entsandten Reiterstaffel gelang es nicht mehr, die förmliche Machtübernahme durch die Rebellen zu verhindern. Die königlichen Truppen Agrippas wurden in die Herodesburg abgedrängt. Der hohepriesterliche Palast, der Amtssitz des Agrippa und die Burg Antonia, wo das römische Kommando lagerte, standen in Flammen. Als die römische Kohorte, der freier Abzug gewährt worden war, die Waffen niedergelegt hatte, wurde sie bis auf den letzten Mann abgeschlachtet. Es sollte von vornherein jedem und insbesondere den Gemäßigten exemplarisch vor Augen geführt werden, daß von nun an Kompromisse unmöglich sein würden. Inzwischen waren auch die Burgen Masada und Herodeion von Zeloten besetzt worden. Der erfolgreiche Überfall auf Masada hatte das Ansehen des Judas-Sohnes Menahem ungemein wachsen lassen. Wahrscheinlich war er, der sich als Messias verstand, das Haupt der zelotischen Agitation überhaupt. Wie dem auch sei, Menahem zog in Jerusalem ein, übernahm die Führung, ließ die Herodesburg belagern und konnte die Truppen Agrippas zum Abzug zwingen. Als Menahem daraufhin den gemäßigten Hohenpriester Ananias umbringen ließ, kam es zu einem Zerwürfnis zwischen dem weltlichen Messias Menahem und dem priesterlichen Anführer der Aufständischen Eleasar, der ja ein Sohn des Ermordeten war. Menahem und ein Teil seines Anhangs wurden getötet. Die zelotische Bewegung in Jerusalem war auseinandergebrochen.

Trotz erheblicher Anfangserfolge mußte jedem Vernünftigen einsichtig sein, daß die Römer über lang oder kurz zurückschlagen würden. Allerdings sah sich auch der syrische Statthalter Cestius Gallus nicht gleich in der Lage, Jerusalem zu besetzen; als er unverrichteter Dinge wieder abmarschierte, wurde seine Truppe überfallen und empfindlich getroffen. In Galiläa, wo der Zelotismus viele Anhänger hatte, rüstete man sich zur Verteidigung. Hierbei spielte der spätere Historiker Josephus, obwohl selber der gemäßigten Richtung angehörend, eine führende Rolle. Er wurde von dem galiläischen Zelotenführer Johannes von Gischala als Verräter verdächtigt und entkam mit Mühe seinen Nachstellungen.

Daß man in Rom den jüdischen Aufstand nicht leichtnahm, erhellt daraus, daß der Kaiser Nero den Feldherrn Flavius Vespasianus beauftragte, mit starken militärischen Mitteln die Rebellen zu unterwerfen. Vespasianus' Sohn Titus beschaffte in Alexandria weitere Hilfstruppen. Es gelang Vater und Sohn zunächst, Galiläa nahezu kampflos zu besetzen, vornehmlich die Festung Jotapata mitten in Galiläa verteidigte sich; Flavius Josephus führte das Kommando. Als die Römer nach längerer Belagerung den befestigten Ort einnahmen, verübten viele Verteidiger Selbstmord. Josephus ging zu Vespasian über (67). Nicht lange danach mußten auch andere Widerstandszentren — Tiberias und der Heimatort des Zeloten Johannes von Gischala — kapitulieren. Johannes entwich mit einer Zahl von Anhängern nach Jerusalem, wo er die Gemäßigten, die sich nach des Messias Menahem Tod wieder hatten durchsetzen können, des Verrats und der heimlichen Kollaboration mit Rom bezichtigte. Mit Hilfe von herbeigeholten Idumäern ließ er viele von ihnen umbringen. In Jerusalem herrschte der Terror. Der radikal-zelotische Flügel bestimmte nunmehr die Geschicke Jerusalems. In dieser Zeit oder auch schon eher hat sich die Jerusalemer Christengemeinde aus der Stadt abgesetzt. Sie fand in Pella in Peräa eine vorläufige Bleibe.

Wohl in der Erwartung, daß Jerusalem, durch diese anhaltenden inneren Kämpfe geschwächt, zu einem späteren Zeitpunkt desto leichter zu erobern sein würde, besetzte Vespasian zuvor die weitere Umgebung von Jerusalem sowie Peräa, wo sich nur die Hasmonäerburg Machärus halten konnte. In Jerusalem hatte sich die Lage zugespitzt; ein Bürgerkrieg war ausgebrochen. Auch Simon bar Giora war inzwischen mit Anhang in die Stadt eingerückt. Er war ebenfalls ein messianischer Zelotenführer und kontrollierte bald die Oberstadt, während Johannes von Gischala den Tempelberg besetzt hielt.

Mittlerweile war in Rom nach dem Selbstmord Neros (68) auch ein Bürgerkrieg ausgebrochen. Das Jahr 68/69 sah die drei Kaiser Galba, Otho und Vitellius. Aus diesen Wirren ging im Jahre 69 Vespasian als Kaiser hervor (69—79). Eine seiner ersten Regierungstaten war die Beauftragung seines Sohnes Titus mit der endlichen und endgültigen Niederwerfung des jüdischen Aufstandes. Mit vier Legionen und vielen Hilfstruppen begann Titus im Frühjahr 70 die Belagerung Jerusalems. Trotz mehrerer Mauerzüge war der Norden die strategisch schwächste Stelle der Stadt. Die Belagerung beendete die blutigen inneren Auseinandersetzungen, und Simon bar Giora und Johannes von Gischala teilten sich nunmehr in der Führung. Die Kämpfe waren hart und erbittert, setzten sich noch lange fort, als die Römer bereits in der Stadt standen, und konzentrierten sich schließlich auf die Burg Antonia und den Tempelbezirk. Trotz Hunger, Seuchen und feindlicher Übermacht wurde an Kapitulation nicht gedacht und etwaiger Wankelmut exemplarisch bestraft. Titus selbst tat ein Übriges, daß der Kampf bis zum letzten bitteren Ende fortgesetzt wurde; Überläufer ließ er verstümmeln oder kreuzigen. Im Juni des Jahres 70 fiel die Burg Antonia, im August darauf auch der Tempelbezirk. Der Tempel ging in Flammen auf. Die Eroberer richteten unter den letzten Verteidigern ein Blutbad an. Erst September 70 konnte auch die bis zuletzt von Johannes von Gischala verteidigte Herodesburg von den Römern eingenommen werden. Mit Mord und Plünderungen feierten die Römer ihren schwer errungenen Sieg, an den bis zum heutigen Tage in Rom der Titusbogen erinnert. Die beiden Anführer Simon und Johannes mußten sich in Rom beim Triumphzug, in dem auch der siebenarmige Leuchter und der Schaubrottisch als Beute mitgeführt wurden, dem Populus Romanus zeigen. Simon wurde danach hingerichtet und Johannes mit lebenslänglichem Gefängnis bestraft.

Nach der Einnahme Jerusalems setzten einzelne »Hasmonäerburgen« den Kampf noch einige Zeit fort. Während Herodeion und Machärus sich relativ bald ergaben, hat sich Masada noch lange gehalten. Die Überreste dieser Festungsanlage am Westufer des Toten Meeres und der römischen Belagerungswerke (circumvallatio) legen noch heute von dem letzten, verzweifelten Verteidigungskampf, der vom Sommer 72 bis Anfang 73 dauerte, Zeugnis ab. Als der römische Kommandant Flavius Silva endlich zum Sturm ansetzte und die Römer in die Festung eindrangen, waren die Verteidiger ihrem Anführer Eleasar bis zum letzten gefolgt und hatten sich gegenseitig den Tod gegeben.

Ein Nachspiel hatte der Jüdische Krieg auch für die Judenschaft außerhalb Palästinas, insonderheit für die Diaspora von Alexandria und Kyrene, wo ebenfalls Unruhen ausgebrochen waren. Der von Onias IV. gegründete schismatische Tempel von Leontopolis wurde geschlossen. Im Zusammenhang mit den Ereignissen des Jüdischen Krieges fand auch die Gemeinschaft von Qumran im Jahre 68 ein Ende. Die Siedlung wurde durch Brand zerstört.

Judäa war seither kaiserliche Provinz und nicht länger Teil von Syria; Caesarea blieb Residenz der Statthalter; das Land hatte den Rechtsstatus kaiserlichen Eigentums. Statt der Tempelsteuer für Jerusalem waren von allen Juden die üblichen zwei Drachmen für Jupiter Capitolinus zu entrichten. Die jüdische Religion blieb aber religio licita.

Die wichtigste Folge des Jüdischen Krieges war, daß die Judenschaft ihr kultisches Zentrum und ihre Jerusalemer Obrigkeit in Gestalt des Synhedrions verlor. Das hohepriesterliche Amt, die Priesterschaft überhaupt und mit ihr die Sadduzäer, die bis dahin den Hohenpriester gestellt hatten, gingen ihrer Bedeutung verlustig. Der Judenschaft in Palästina und sogar in der Heiligen Stadt Jerusalem verblieb somit, wie eher schon den Glaubensbrüdern in der Diaspora, nur das Gesetz als Lebensmitte und die Synagoge als Institution. In Jamnia/Jabne, südlich von Joppe an der Küste, konstituierte sich ein Rat von 72 Ältesten. Er war ein schriftgelehrter Ersatz für das aufgehobene Synhedrion und stand unter entscheidendem Einfluß des Pharisäismus. In der schwierigen Anfangszeit nach der Zerstörung von Tempel und Stadt wirkte als rabbinisches Schulhaupt Jochanan ben Sakkai. Er hatte noch während der Belagerung Jerusalem verlassen und war zu den Römern gegangen.

Die tiefe Erschütterung und Anfechtung des Glaubens in dieser Zeit findet einen Niederschlag u. a. in den apokalyptischen Büchern, die als das 4. Esrabuch und als Baruchapokalypse bezeichnet zu werden pflegen. Die Verfasser dieser Schriften versuchen, die Niedergeschlagenheit ihrer Adressaten durch den Verweis auf die Notwendigkeit des gegenwärtigen Unheils inmitten »dieser Welt« und durch die Aussicht auf die gültige göttliche Verheißung zu überwinden.

Lit.: M. Aberbach, The Roman-Jewish War (66—70 AD), 1966; S. Applebaum, The Zealots, JRS 61, 1971, S. 155—170; G. Baumbach, Zeloten und Sikarier, ThLZ 90, 1965, Sp. 727 bis 740; W. R. Farmer, Maccabees, Zealots and Josephus, 1956; W. Harnisch, Verhängnis und Verheißung der Geschichte. Unters. z. Zeit- und Geschichtsverständnis im 4. Buch Esra u. in der syr. Baruchapokalypse, FRLANT 97, 1969; M. Hengel, Die Zeloten. Unters. z. jüdischen Freiheitsbewegung in d. Zeit v. Herodes I. bis 70 n. Chr., AGSU 1, 1961; ders., Zeloten und Sikarier. Zur Frage der Einheit und Vielfalt der jüdischen Freiheitsbewegung 6—74 n. Chr., Josephus-Studien, FS O. Michel, 1974, S. 175—196; H. Kreissig, Die sozialen Zusammenhänge des jüdischen Krieges, 1970; P. Prigent, La fin de Jérusalem, 1969; K. Schubert, Die jüdischen Religionsparteien im neutestamentlichen Zeitalter, 1970; C. Thoma, Auswirkungen des jüdischen Krieges auf das rabbinische Judentum, BZ 12, 1968, S. 186—210; Y. Yadin, Masada, 1969³.

3. Der Bar-Kochba-Aufstand (132—135)

Unter den Kaisern der Flavischen Dynastie (Vespasian 69—79; Titus 79—81; Domitian 81—96) hat sich nach 73 die Lage in Judäa anscheinend beruhigt. Der Kaiser Nerva (96—98) hat auch die Steuer für den Jupiter Capitolinus wieder aufgehoben. Unter seinem Nachfolger Trajanus (98—117) ereigneten sich in der Diaspora in Ägypten, Kyrene, Zypern und Babylonien jüdische Aufstände, deren Anlaß und Hintergründe nicht mehr bekannt sind. Sie sind von Trajan oder auch erst in der Zeit des Hadrian (117—138) unterdrückt worden. Vielleicht wurde auch die Judenschaft in Palästina von diesen Unruhen erfaßt; das könnte man der Tatsache entnehmen, daß Lusius Quietus, der in Mesopotamien den Aufstand niedergeworfen hatte, danach Statthalter von Judäa wurde.
Nur in Umrissen erkennbar ist auch der nach Bar-Kochba genannte Aufstand gegen Rom in den Jahren 132—135. Der Anlaß zu dieser Erhebung ist nicht eindeutig; der Plan des Kaisers, Jerusalem als Aelia Capitolina mit einem Tempel für Jupiter wiederaufzubauen und ein kaiserliches Verbot der Beschneidung werden in den Quellen als Grund genannt. Wie dem auch sei, trotz aller traurigen Erfahrungen der Vergangenheit kamen die Juden in Palästina gegen die römische Übermacht in Aufstand. Der Anführer hieß Simeon und wurde Bar-Kochba (= »Sternensohn«) genannt, was offenbar als messianischer Titel gemeint war (vgl. Num 24,17: »Stern aus Jakob«); nach seinem Scheitern machten die Rabbinen »Bar-Koziba« daraus, was Lügensohn bedeutet. Ursprünglich lautete der Name Simeon Bar-Koseba, wie die in den Höhlen von Murabba'at nahe dem Toten Meer 1951/52 gefundenen Texte, darunter authentische Schriftstücke Simeons, lehren. Die erhaltenen jüdischen Münzen dieser Zeit, denen der Name Simeons, »Freiheit Zions« und »Befreiung Israels« u. ä. aufgeprägt ist, zeigen deutlich, daß der Aufstand anfangs Erfolg hatte, und daß Simeon Bar-Kochba tatsächlich zeitweise wie ein König regiert hat. Andere Münzen enthalten die Aufschrift »Priester Eleasar« und machen es darum wahrscheinlich, daß neben dem weltlichen Messias Simeon ein priesterlicher Messias die geistliche Führung hatte. Der eschatologisch-messianische Charakter auch dieses Aufstandes ist deutlich.
Nachdem einige Versuche, die Aufständischen niederzuwerfen, infolge der Guerillataktik, welche diese anwandten, zu keinem Erfolg geführt hatten, wurde kein Geringerer als der vormalige Statthalter von Britannia Julius Severus nach Judäa entsandt. Er hat den offenen Kampf, der gegen die Guerillakriegführung auch kaum möglich gewesen wäre, gemieden, die erbittert Kämpfenden vielmehr

in ihren Verstecken und Höhlen eingeschlossen und ausgehungert. Auch die schon genannten Höhlen von Murabba'at sind Unterschlupf von Widerstandskämpfern oder Flüchtlingen gewesen. Viele Männer, Frauen und Kinder sind hier den Hungertod gestorben; ihre Skelette hat man in den Höhlen wiedergefunden. Simeon Bar-Kochba selbst hat sich in dem Ort Beth-Ther (Chirbet-el-jehud = Judenruine) westlich von Jerusalem bis zuletzt verteidigt, bis er im Kampfe fiel.

Der Jahre währende Kleinkrieg hat das Land arg verwüstet, die Bevölkerung war dezimiert, unzählige Menschen traten den Weg in die Sklaverei an, und viele Rabbinen erlitten den Märtyrertod, darunter auch Rabbi Akiba, der nach rabbinischer Überlieferung Simeon die messianische Würde zuerkannt hatte.

Jerusalem wurde in die heidnische Stadt Colonia Aelia Capitolina umgewandelt, deren Haupttempel dem Jupiter Capitolinus geweiht war. Juden durften ihre Heilige Stadt nicht mehr betreten. Als neue Bezeichnung der Provinz Judäa kam jetzt der Name Palaestina in Schwang, der an Israels Erzfeinde, die Philister, erinnert.

Lit.: A. D. Fuks, Aspects of the Jewish Revolt in AD 115—117, JRS 51, 1961, S. 98—104; H. Mantel, The Causes of the Bar Kohba Revolt, JQR 58, 1968, S. 224—242; 274—296; Y. Yadin, Bar Kochba, 1971.

Zeittafel

Ägypten

1670–1570	Hyksosherrschaft
1570–1200	Neues Reich
1570–1345	18. Dynastie
1502–1448	Thutmose III.
1413–1377	Amenophis III.
1377–1360	Amenophis IV. Nophretete Amarna-Zeit Tutanch-Amon
1340–1200	19. Dynastie
1290–1223	Ramses II.
1223–1210	Merneptah
1200–1085	20. Dynastie
1197–1165	Ramses III. Seevölker
935–745	22. (libysche) Dynastie
935–915	Schoschenk I.

Syrien - Palästina

1500–1200	Spätbronzezeit ägyptische Oberherrschaft
1400–1200	Landnahme Konsolidierung Israels in Kanaan Seevölker (Philister)
1200–1000	Richterzeit Staatenbildung Saul, David
1000	Salomo
965–926	
926	Reichsteilung

	Staat Israel		Staat Juda
926–722/21		926–586	
926–906	Jerobeam I.	926–909	Rehabeam
906–905	Nadab	909–907	Abia
		907–867	Asa
905–882	Baesa		
882–881	Ela		
881	Simri		
881–845	Omridendynastie Aramäerkriege Elia, Elisa		
881–870	Omri		
870–851	Ahab	867–850	Josaphat
853	Schlacht bei Karkar gegen Assyrer		
851–850	Ahasja	850–845	Joram
850–845	Joram	845	Ahasja

Mesopotamien

1830–1550	1. Dynastie von Babylon
1749–1717	Samsi-Adad I. von Assyrien
1728–1686	Hammurabi von Babylon Zimrilim von Mari
1300–1000	Mittelassyrisches Reich

900–612	Neuassyrisches Reich
884–859	Assurnasirpal II.
859–824	Salmanassar III.

Ägypten		Israel		Juda		Assyrien / Babylonien / Persien	
740–323	Spätzeit	845–817	Jehu	845–839	Athalja	810–782	Adadnirari III. Assyrische Expansion nach Westen
		845	Revolution des Jehu Aramäerkriege	839–800	Joas	771–754	Assurdan III.
		817–801	Joahas	800–786	Amazja		
		801–786	Joas	786–746	Asarja (Ussia)		
		786–746	Jerobeam II.	756–741	Jotham (zuerst Mitregent, später als König) Propheten Jesaja und Micha		
			Prophet Amos				
		746	Sacharja			745–727	Tiglat-Pileser III.
		746	Sallum				
		746–734	Menahem				
			Prophet Hosea				
		736–734	Pekahja				
		734–732	Pekah	742–725	Ahas	727–722	Salmanassar V.
			Syrisch-ephraimitischer Krieg	725–696	Hiskia	722–705	Sargon II.
		732–723	Hosea				
		722/21	Eroberung Samarias Ende des Staates Israel				
						705–681	Sanherib
						701	Sanheribs Feldzug nach Palästina
714–663	25. (nubische) Dynastie			Staat Juda			
663–525	26. (saïtische) Dynastie					681–669	Assarhaddon
				696–641	Manasse	669–631	Assurbanipal
				641–639	Amon	626–604	Verfall des assyrischen Reiches Nabopolassar von Babylonien, Begründer des neubabylonischen (chaldäischen) Reiches
609–593	Necho			639–608	Josia Josianische Reform Prophet Jeremia	612	Fall Ninives
						611–606	Assur-uballit II.
				608	Joahas	604–562	Nebukadnezar II. von Babylon
				608–598	Jojakim		
				597–586	Zedekia		
				586	Fall Jerusalems Ende des Staates Juda	550	Kyros II. von Persien unterwirft Medien
				586–538	Babylon. Vorherrschaft Babylon. Exil Propheten Ezechiel und Deuterojesaja	539	Kyros erobert Babylon Ende des Neubabylonischen Reiches
525	Ägypten wird persische Satrapie					539–333	Persisches Weltreich
						539–529	Kyros der Große

Griechenland

500	Ionischer Aufstand	
500–479	Perserkriege	
		520 Haggai und Sacharja
		Serubbabel und Josua
		515 Einweihung des Zweiten Tempels
490	Schlacht bei Marathon	
480	Schlacht bei Salamis	
479	Schlacht bei Plataeae	475 Maleachi
489–471	Themistokles	
462–458	Bildung der attischen Demokratie	
461–429	Perikles	445–433 Esra und Nehemia
431–404	Peloponnesischer Krieg	
401	Anabasis	
359–336	Philippos II. von Makedonien	
338	Schlacht bei Chaironeia, Sieg des Philippos über die Griechen	
336–323	Alexander der Große	

Ägypten

323–30	Herrschaft der Ptolemäer	
(323)311 –283	Ptolemaios I. Soter	
283–246	Ptolemaios II. Philadelphos	ca 250 Zenon-Papyri
246–221	Ptolemaios III. Euergetes	
221–204	Ptolemaios IV. Philopator	
203–180	Ptolemaios V. Epiphanes	
		198 Phönikien und Südpalästina einschl. Judäas werden Teil des Seleukidenreiches

Rom

216	Römische Niederlage gegen Hannibal bei Cannae	
202	Hannibal besiegt	

529–522	Kambyses	
521–485	Darius I.	
500	Ionischer Aufstand	
500–479	Persisch-griechische Kriege	
492	Eroberung Thrakiens und Makedoniens	
485–465	Xerxes	
465–424	Artaxerxes I.	
423–404	Darius II.	
404–358	Artaxerxes II.	
358–338	Artaxerxes III.	
338–335	Arses	
335–331	Darius III.	
333	Schlacht bei Issus, Ende des persischen Reiches	
312–64	Seleukidenreich	
312–280	Seleukos I.	
280–261	Antiochos I.	
261–246	Antiochos II.	
246–225	Seleukos II.	
225–223	Seleukos III.	
223–187	Antiochos III. der Große	
198	Sieg über Ptolemaios V. bei Paneas	

		190	Niederlage gegen Römer bei Magnesia Seleukos IV.
		187–175	
	175	175–164	Antiochos IV. Epiphanes
		163	Antiochos V.
	Beginn des Aufstandes gegen Seleukiden und Hellenisten Mattathja Haupt der Erhebung	162–150 150–145 145–138 138–129 129–125	Demetrius I. Soter Alexander Balas Demetrios II. Antiochos VII. Sidetes Demetrios II. Verfall des Seleukidenreiches
168	röm. Sieg bei Pydna, Ende des makedonischen Staates		
146	Karthago zerstört		
	166–160 Judas Makkabäus 160–143 Jonathan		
	143–134 Simon, Hoherpriester 134–104 Johannes Hyrkanos I. Hoherpriester		
	103–63 **Hasmonäisches Königtum** 103–102 Aristobul I. 102–76 Alexander Jannaios 75–67 Salome Alexandra 67–66 Hyrkan II. (König und Hoherpriester) 66–63 Aristobul II.	64	Ende des Seleukidenstaates Römische Provinz Syria
83–79 Sulla Diktator			
70 Konsulat von Pompeius und Crassus			
66 Pompeius besiegt Mithridates			
64 röm. Neuordnung des Ostens	63–40 Hyrkan II. (Hoherpriester)		
63 Pompeius erobert Jerusalem			
60 Triumvirat Pompeius, Crassus, Caesar			
49 Pompeius in Ägypten ermordet			
46–44 Caesar Diktator	40 Parthereinfall 40–37 Antigonos 37–4 Herodes der Große		
31 Schlacht bei Aktium, Sieg des Octavianus (Augustus) über Antonius und Kleopatra			
30 Ägypten römische Provinz			
27 a.C.n. –14 p.C.n. Octavianus Augustus	4 a.C.n. –6 p.C.n. Archelaos Ethnarch über Judäa, Samaria, Idumäa		
	4 a.C.n. –39 p.C.n. Herodes Antipas Tetrarch über Galiläa und Peräa Jesus von Nazareth		
	4 a.C.n. –34 p.C.n. Philippos Tetrarch über Trachonitis, Bataniä, Auranitis		

14–37	Tiberius	6–41	Judäa prokuratorische Provinz
		26–36	Pontius Pilatus Prokurator
			Tod Jesu
37–41	Caligula	41–44	Herodes Agrippa I. König über Judäa
41–54	Claudius	44–50	Judäa prokuratorische Provinz
54–68	Nero	50–68	Agrippa II. König von Chalkis mit Aufsicht über Jerusalemer Tempel
68–69	Galba, Otho, Vitellius	66–73	Jüdischer Krieg
69–96	Flavische Dynastie		
69–79	Flavius Vespasianus	70	Zerstörung Jerusalems
		73	Eroberung Masadas
79–81	Titus		
81–96	Domitianus		
96–98	Nerva		
98–117	Trajanus		
	Sieg über Parther, Eroberung Armeniens und Mesopotamiens, Größte Ausdehnung des Imperium Romanum		
117–138	Hadrianus	132–135	Bar-Kochba-Aufstand
		135	Niederlage Bar-Kochbas bei Beth-Ther

Stellenregister

Altes Testament

Gen	Seite
2,4b–11	96
10,24 f.	24
11,1–9	40
13,18	183
14,7	29
15 f.	19
15,16	24
16,14	29
18	183
20,1	29
22,20–24	46
23,6f.	183
25,2	46
25,13–16	46
26	21
28,11 ff.	21
30	19
31,44 ff.	21
32,1 ff.	21
33,18	21
33,19	51
33,20	32
34	37, 49
34,7	51
35,9 ff.	21
35,27–29	183
36,10–14	46
47,1	23
48,22	21, 51
49	45
49,13	38
49,14 f.	38
50,10 f.	21
50,12 f.	183
50,20	23

Ex	
1 ff.	23
1–14	25
1,11	24
3	27
3,9 ff.	27
3,16 f.	27
5	27
8,18	23
9,26	23
12,14–20	146
12,40	24
14,2	25
14,5	24
15,21	25
15,22	29
15,23	29
15,27	29
16,1	29
17,7	29
18	32
24,1.2.9–11	27
32	102
33,6	31

Lev	
17–26	146
23,5–8	146
26	46

Num	Seite
13 f.	38, 40
13,26	29
13,30	30
14,30.38	30
20	29
21,4–9	119
21,21 ff.	54
21,21–31	40
21,27–30	40
24,17	191
28,16–25	146
32	36, 54
32,39 ff.	40

Dtn	
1,19	29
1,46	29
6,20 ff.	32
12,13 ff.	120
22,21	51
26,5 ff.	32
27 f.	46
33	45
33,2	31
34,5 f.	26

Jos	
1–9	40
1–12	36, 39 f.
1	39
2–11	39
2	39
3 f.	39
6	39
7,26	39
8	39
8,30	32
9	39
10 f.	40
10,1–11	40
10,27	39
11	40, 56
11,1 ff.	54
12	39
13 ff.	36
13	121
13,24 ff.	39
14,6 f.	29
14,6–15	30
15	121
17,14 ff.	38
18	121
19	121
19,10–39	38
19,40–48	38
19,44	117
24	30, 32, 46, 47, 51
24,1 ff.	32
24,30	53

Ri	
1	37, 41
1,1 f.	54

Ri	Seite
1,17	41
1,21.27–33	36
1,22–26	41
1,31–32	38
3,12–30	54
3,15	53
3,31	57
4–5	56
4	40, 56
4,5	53
4,15 f.	57
5	40, 56
5,4 f.	31
5,5	31
5,6	57
5,17	39
6–8	55
6,9	52
6,11	53
7,23	55
8,22 f.	55
8,23	55
8,31	55
8,33	51
9	55, 56
9,4	51
9,46	51
9,50–57	51, 56
10,1–5	50
10,17–12,7	54
11,1	53
12,4	53
12,7–15	50, 51
13–16	38, 60
17 f.	38
17,7	50
19–21	85
19,1.16	50
20,6	51

1 Sam	
3,20	65
4–6	60
4,1	67
7 f.	62
7–12	51, 64
7,15–17	50, 61
8	62
9–10,16	61
9,1–10,16	62
9,16	89
10,1	89
10,5	61
10,11	64
10,17–27	62
10,19b–21abα	62
10,21bβ–23,4	62
10,25	65
10,27	64
11	62–65
11,1–10	62 f.
11,12 f.	64
11,14–15	62
11,15	62, 64 f.

198

1 Sam	Seite	2 Sam	Seite	1 Kön	Seite
12	62	5,3	64	9,26	25
13	63, 65, 66	5,5	78	9,26–28	91, 94
13 f.	66 f.	5,6	81	10	91
13,1	67	5,6–8	93	10,11–12	91
13,2 f.	66	5,9	81, 93	10,14–25	91
13,3	61	5,11	93	10,28 f.	94
13,5	66	5,17–25	81	11,14–22	92, 98
13,5 ff.	66	5,21	81	11,15–17	84, 129
13,7b–15	67	6,1–19	60	11,23–25	92, 98, 100
13,16–18	168	7,1–16	82 f.	11,26–28.40	95, 98
13,19–22	61	8	82	11,29–39	95, 98 f.
14	63 ,65, 66	8,2	83	11,41	91
14,15	66	8,3–12	84	11,42	98
14,20	66	8,4	93	11,43	98
14,52	65, 72	8,13 f.	84, 129	11; 12–2 Kön 17	98
15	66, 67	8,15–18	82	12	95
16	72	8,18	81, 85	12,1–32	98
16,1–13	63	9–20; 1 Kön 1–2	71	12,3a	99
16,(14)–2 Sam 15,25	66, 71	10,6–11,1; 12,26–31	71, 83	12,7	99
16,14–23	71	11,11	85	12,21–24	99
17	72	13,12	51	12,25	101
17,5–7	59	13–19	85	12,26–32	98, 102
17,12–31. 55–18,5	72	13–20	85	14,1–18	95, 98
18–20	72	15,1	93	14,25–28	101
18,3	74	15,2–4	86	14,30	99
18,7	73	15,6	86	15,2	103
19	72	15,10	86	15,8	103
19,24	64	15,18	81	15,10	103
10,25	65	15,21 f.	86	15,16	100, 103
20,30 ff.	74	16,5–7	79	15,17–22	103
21	72	17,25	87	15,25	103
21 f.	74	18,2	86	15,27	103
21,11 ff.	74	19,9	87	15,33	101, 103
22	72, 73	19,14	87	16,8–20	105
22,2	73	19,44	87	16,9	101
22,8	74	20	85	16,15	101
23,1–5	74	20,1	87	16,15–17	103
25	73	20,23	85	16,15–28	105
27	74	21,1–14	79, 88	16,17	105
27,6	74	21,19	72	16,23	101
28	68	24	82	16,30	107
28,1 f.	75			17–19	98
28,6	68	1 Kön		20,26.30	106
29	75	1	88	20,34	106
29,1	67	1,5	93	21	98
30	75	1,32–40	89	22	107
30,27–31	76	1,35	89, 92	22,2–37	98
31	69	1,51–53	92	22,3 ff.	106
		2	91	22,40	107
2 Sam		2,5	88	22,45	105
1–5	76	2,13–46	92	22,48	104
1,17–27	68	2,35	92		
2,1–4a	76	2,39 f.	100	2 Kön	
2,3	76	3	91	1,1–17	98
2,4	64	3–11	91	2	98
2,4a	76	4	94	3,4	104
2,4b–7	78	4,7	94	3,4–27	98
2,8–10	77	4,7–19	48	4,1–8,15	98
2,10	78	4,9–12	81	8,11–12	109
2,12 ff.	78	5	91	9–10	98, 108
2,30–31	78	5,2–3	93	9	108
3	79	5,6–8	93	9,14	106
3,3	86	5,15–26	93	9,30–37	109
3,12 f.	79	5,27 ff.	94	10,15 ff.	108
3,21	80	6–7	91	10,18–27	109
3,39	79	8	91	10,32 f.	108 f.
4	79	9,15	121	11,1–3	109
4,9–12	76	9,15.17–19	93	11,4–12,17	110
5	81	9,15–23	91	11,18–20	122
5,1–3	80	9,21 f.	94	11,14.18.20	127

199

2 Kön	Seite	Jes	Seite	Jer	Seite
12,20–22	110	7	113	52	126
13,1–13	110	7,1 ff.	113	52,4–12	124
13,7	110	9,11	110	52,12	124
13,14–21	98	18	116	52,28–30	126
13,17	106	20	116	52,29	124
13,25	110	22,1–14	117 f.	52,30	129
14,7	111	22,9b	118		
14,8–14	111	24–27	151	Ez	
14,17–20	111	30,1–5	117	1–24	131
14,22	111	31,1–3	117	1,1–3	123
14,25	110	34,5–17	129	1,1 ff.	129
15,1–7	111	36–39	118	1,2	130
15,8–12	112	37,36–38	118	3,1–5	123
15,13–16	112	39	117	3,15	129
15,19–20	112	40–55	126, 129, 132	8,1	130
15,29	113	40,3	174	8–11	131
15,37	113	41,4	132	11,16	131
16,5	113	43,11	132	14,1	130
16,8	114	43,18 f.	132	16,29	130
16,9	113	44,6	132	17,4	130
16,10–18	114	44,26	132	18	132
17,4–7	114	44,28	132	20,1	130
17,24	116	45,1	132	25–32	131
18,1–8.13–16	118	45,13	132	25,12–14	129
18,4	119	48,14 f.	132	33	132
18,4–7	119	51,6.8	132	33–48	131
18,8	118	54,8.9 f.	132	35,1–15	129
18,13–16	117	56–66	139	43,8	93
18,17–20,19	98, 118	62,8	128		
19,8	117	63,7–64,11	128	Hos	
19,9	118	65,13	128	1,3–4	108
19,35–37	118	65,21 f.	128	5,8–11	113
20,12–19	117				
20,20	118	Jer		Joel	
20,20 f.	117 f.	7,12	61	3–4	151
21,1–18	119	13,18 f.	124		
21,16	119	19 f.	123	Am	
21,19–26	119	22,10	122	1,3	109
21,24	119, 122, 127	22,13–19	123	1,6	110
22,1	120	22,15 f.	120	1,13	109
22 f.	121	22,24–30	123		
21,1–23,30	120	24	125, 128	Mi	
23,3	127	25,1	124	4	151
23,4	121	26,24	126	4,14	50
23,8	104	27–28	124		
23,8–9,19	120	29	130, 124, 125	Nah	
23,15–20	121	29,3	124	2–3	122
23,29	121	29,4–7.11 ff.	128		
23,29–30	122	29,10	128	Hag	
23,30	122, 127	29,23	51	1,1	138
23,33	122	32,1	124	1,14	138
23,36–24,7	122	32,15	128	2,2	138
24,1	123	34	124	2,6–9	139
24,7	123	34,21	124	2,21	138
24,8–17	123	35,1–11	108		
24,12	123	36	123	Sach	
24,14	126	37–38	124	2,10	138
24,16	126	37,5	124	4,14	138
24,18–25,26	124	37,11	124	6,9 ff.	138
25,1–3,8	124	39,1–2	124	6,9–14	139
25,8	124	39,10	127	6,10	138
25,11	126	39,11 ff.	127	7,2 f.	129
25,12	127	39–41	128	8,19	129
25,22	126	40,1 ff.	127	9–11	139, 151
25,27–30	123, 129	40,9 ff.	127	12–14	139, 151
		41,1 f.	127	13,7–9	152
Jes		41,4–5	130		
1,4–9	117 f.	46,2	122	Mal	
2	151	49,7–22	129	1,2–3	129
6,1	111	51,59	124	3,22	31

Ps	Seite	Neh	Seite	1 Makk	Seite
2,7	82	8,9	143	10,1–37	169
44	128	12,36	143	11,38–41	169
68,9	31	12,6	164	11,59–74	169
74	128	12,19	164	12,1–23	169
79	128	13,6	143	12,5 ff.	156
89,27 f.	82	13,28	144, 154	12,35–38	169
106,19	31			12,39–53	169
110	82	1 Chron		13,12–24	169
		3,19	136	13,41–42	169
Klgl		24,7	164	13,43–48	169
5,2	128			13,49–53	169
		2 Chron		14,5	169
Dan		11,5–12	100	14,6	169
1–6	172	26,6	111	16,1–10	170
7,13–27	172	36,20	126	16,11–23	170
11,14	160	36,22	151		
11,31	163			2 Makk	
11,34	167, 173	Apokryphen		3	161
11,37–39	163	1 Makk		3,3	162
11,39b	163	1,11	162, 163 f.	3,11	160
12,1	172	1,20–28	162	4,9	162
12,2–3	172	1,29–40	163	4,23–36	162
12,11	163	1,41 f.	163	5,1–10	162
		1,44–50	163	5,11–20	163
Esra		1,52	163	5,23	163
1	136	1,54	163 f.	5,24–26	163
1,1	151	2,23–28	163	5,27	163
1–6	143	2,29–30	164	6,1–7	163
1,1–4.7–11	135	2,42	163	6,2	154
1,2–4	135	2,45–48	167, 172	10	165
3,1 ff.	135	3,10–12	164	11	164
4,1–5	135	3,12	164	11,1–12	164
4,6	141	3,13–26	164	11,27–33	165
4,7–23	142	3,36	163	12	165
4,7–6,18	136, 142	3,37–4,25	164	13,1–26	165
5,3	137	3,38 ff.	166	13,3 f.	163
5,3 ff.	136	4,26–35	164	13,3–8	165
5,1–17	135	4,36–59	165	14,12–15,36	166
6	140, 142	4,60–61	165		
6,1 ff.	135	5	165, 167	Jes Sir	
6,3–5	135	5,1	165	43,27	159
6,15–18	139	6,14–17	165	50,4	160
7	140, 142	6,18–27	165		
7,7	146	6,28–63	165	4 Esra	
7,(11) 12–26	142	7,1–17	166	14,18–48	145
7,12–26	143, 145	7,13	167		
7,14	146	7,14	166 f.	Neues Testament	
7,25 f.	146	7,26–50	166	Matth	
8	142	8	167	6,29	94
9–10	142	9,1–22	166	14,1–12	185
9,8	151	9,7–10	167		
		9,21	166	Mk	
Neh		9,23–33	167	13,20	188
1–2	142	9,35–40	168		
1,1	142 f.	9,54–69	168	Luk	
2,1	142 f.	9,70–73	168	2,1–5	185
2,19 f.	144	10,1	168		
3–7,3	142	10,1–14	168	Apg	
5,1 ff.	144	10,15–21	168	5,37	187
5,14	143	10,20	168	12,1–19	186
5,15	142	10,48–50	168	12,21–23	186
6,6 f.	144	10,69	168	23,12–26,32	188
8–10	142 f.				

Namenregister

Aaron(iden) 43, 102
Abel-Beth-Maacha 103, 113
Aberbach 191
Abia 103
Abigail 73 f.
Abimelech 55 f., 57
Abisag 91
Abjathar 74, 82 f., 88, 92
Abner 63 f., 77 ff., 80
Abraham 18 ff., 29, 96, 183
Absalom 85 ff., 92, 95
Achämeniden 133, 135, 137, 153
Achilles 153
Achis 74 f.
Ackroyd, P. R. 133
Adadnirari III. 110
Adasa 166
Adonia 88 f., 91 f.
Adullam 72
Ägypten 11 ff., 16, 22 ff., 27 f., 42 f., 52, 60, 82, 92 ff., 99, 112, 114, 166 ff., 119, 121 ff., 124, 126 f., 132, 137 ff., 141 f., 144, 148 ff., 153, 155 f., 161 f., 179 ff., 191
Aelia Capitolina 191 f.
Afrika 94
Agag 67
Agrippa I. 185 ff.
Agrippa II. 187 f.
Ahab 35, 106 f., 108 f., 171
Aharoni, Y. 43, 96
Ahas 113 f., 116, 119
Ahasja 108 f.
Ahia 95, 98
Ahikam 126
Ahinoam 74
Ahmose 11
Ahirman 132
Ahura-Mazda 132
Ai 39 f.
Aischylos 138, 140
Ajax 153
Ajjalon 40
Akaba (Golf v.) 25, 31, 84, 94, 111
Akiba 192
Akkad(er) 12
Akra 163 ff., 168 f.
Aktium 181
Albinus 188
Albright, W. F. 35
Alexander (Sohn des Aristobul) 178–180
Alexander Balas 168 f., 173
Alexander d. Große 133, 146, 148 f., 151, 153 f., 156, 158, 160, 177, 181
Alexander Jannaios 170 f., 175, 183
Alexandra 182
Alexandreion 178
Alexandria 156 f., 179, 181, 186, 188, 190
Alexandros 182
Alkimos 166 ff., 173
Alt, A. 14, 16, 20, 22, 37, 43, 46, 51, 57, 69, 89, 96 f., 103, 108, 115, 120, 122, 147, 154
Altaku 117 f.
Amalekiter 66 f., 75 f.
Amarna (-tafeln, -korrespondenz) 12, 14 f., 23 f., 36 ff., 42, 49, 50, 55, 81
Amasa 87 f.
Amathus 178
Amazja 110 f.

Amel-Marduk s. Evil-Merodach
Amenophis III. 11, 14, 15
Amenophis IV. 11, 14
Ammanitis 155, 157
Ammon(iter) 13, 43, 54, 62 f., 65, 68, 83 f., 87, 100, 109, 117, 124, 127, 129
Ammoniterkriegsbericht 71, 83
Ammonitis 137
Amnon 86, 88, 100
Amon (König) 119 f., 122
Amon (Gott) 153
Amoriter 12 f.
Amos 110 f., 114, 125
Amphiktyonie 45 ff., 49 ff., 60 f., 65, 67, 69, 73, 76 f., 80 ff., 86 f., 95, 114
Anabasis 149
Ananias 188
Anathoth 92
Anaxagoras 140
Andersen, K. T. 35
Ankara 13
Anthethon 181
Antigoniden 155
Antigonos 155
Antigonos (Sohn d. Aristobul II.) 178, 180 f.
Antilibanon 187
Antiochia 156 f., 165, 169
Antiochia (= Jerusalem) 162
Antiochos III. 156, 159 ff.
Antiochos IV. Epiphanes 156, 160 ff., 168, 171f., 177, 181 f.
Antiochos V. Eupator 165
Antiochos VI. 169
Antiochos VII. Sidetes 169 f.
Antipas/Antipatros 177 ff., 180, 182, 185
Antipatros (Sohn d. Herodes) 182
Antonia 183 f., 185, 188 ff.
Antonius, Marcus 178, 180 ff., 183
Antonius Felix 188
Apamea 161
Aphek (westjordanisch) 60, 67
Aphek (ostjordanisch) 106
Apokalyptik(er) 149 f., 173, 176, 187 f., 190
Apollo 46
Apollonios (ptolem. Beamter) 157
Apollonios (seleuk. General) 163 f.
Applebaum, S. 191
Arak el Emir 160
Aramäer/Aram 13 f., 84, 86, 93, 100, 103 ff., 106 ff., 109 f., 111, 113
Aramäische Wanderung 13 f.
Archelaos 184 ff.
Arenhoevel, D. 167
Aretas 177
Aristobul (Philosoph) 159
Aristobulos I. 170
Aristobul II. 171, 177–180
Aristobul III. 182
Aristobulos (Sohn des Herodes) 185
Aristophanes 140
Armenien 110, 122, 133, 153
Artaxerxes I. 133, 142 ff., 146
Artaxerxes II. 143, 146, 149
Artaxerxes III. 143, 149 f.
Aruma 56
Asa 100, 103 ff.
Asarja 111
Asdod 60, 111, 116 ff., 184

202

Aseka 124
Asidaioi s. Chasidim
Askalon 50, 60, 117
Assarhaddon 119
Asser 38, 49, 55
Assuan 135, 147
Assur (Gott) 113
Assur s. Assyrien
Assurbanipal 112, 119, 133
Assurdan III. 35
Assurnasirpal II. 106
Assur-uballit I. 13
Assur-uballit II. 121
Assyrien, Assyrer, Assur 13, 34 f., 100, 105 ff.,
    109 f., 112 f., 116 ff., 123, 125, 130, 137,
    141, 144, 184
Athalja 105, 109 f., 171
Athen(er) 140, 142, 144, 148, 161
attisch s. Delisch-attischer Seebund
Auerbach, E. 125
Aufstiegsgeschichte 71 f.
Augustus s. Octavianus
Auranitis 181, 184

Baal 106
Baal Berith 51
Baal-Zaphon (Ort, Gott) 25
Babel, Babylon(ien) 12 f., 35, 40, 114, 117,
    119 f., 121, 126 ff., 130, 132, 135 ff., 141 f.,
    150, 153, 156, 184, 191
Bächli, O. 8, 47, 57 f.
Baesa 100, 103
Bagoas 147 f., 154
Bakchides 166 ff.
Baltzer, D. 133
Baltzer, K. 57
Barak 53, 56
Bardija s. Gaumata
Bardtke, H. 97, 176
Bar-Kochba, Bar-Koseba, Bar-Koziba 173, 177,
    191
Barnett, R. D. 16
Bartlett, J. R. 16, 108
Baruch 127
Baruchapokalypse 173, 190
Batanäa 181, 184
Bathseba 71, 83, 88
Bauer, Th. 16
Baumbach, G. 191
Beerseba 20 f., 104
Begrich, J. 35, 115
Behistun (inschrift) 138
Belsasar 133
Benaja 88, 92
Benhadad I. 103
Benjamin 28, 37 ff., 40 f., 49, 52 ff., 63, 66 ff.,
    87, 99 f., 103, 124
Bentzen, A. 122
Bernhardt, K. H. 89
Beth-Horon 93, 164
Beth-Sacharja 165
Beth-Sean 68
Beth-Ther 192
Beth Zur 137, 164 ff.
Bethel 20 f., 43 f., 51, 53, 62, 102, 121
Bethlehem 15, 73, 76, 183
Beyerlin, W. 25, 28, 32
Beyse, K.-M. 139
Bickermann, E. 167
Bilabel, F. 17
Bilha 49

Bittel, K. 17
Boecker, H. J. 69
de Boer, P. A. H. 133 f.
Boghazköi 14
Bousset, W. 176
Breasted, J. H. 17
Bright, J. 18 f.
Brindisi 180
Britannia 191
Brutus 180
Buccellati, G. 43, 103
Buehler, W. W. 176
Burney, C. F. 43

Caesar 179, 186
Caesarea 183, 185f., 190
Caligula 185 f.
Callaway, J. 43
Caspari, W. 57
Cassius 179 f.
Cassius Dio 177
Cazelles, H. 28
Cestius Gallus 188
Chabiru (ägypt. 'pr) 23 f., 39, 42, 49 f.
Chaironeia 148, 150, 153
Chaldäer 13, 120, 122 ff., 132 f., 156, 181
Chalkis 187
Chanukka(fest) 165
Chasidim, Chasajja 167 f., 172 ff., 176, 188
Childs, B. S. 28, 43, 112
Chirbet-el-jehud s. Beth-Ther
Chnum 147
Christen(tum) 132, 149, 158, 164, 186, 189
Chronist 126, 135, 142 f., 145 f., 150 f.
Claudius 185
Clements, R. E. 69
Coats, G. W. 28
Codex Hammurabi 12 f.
Coggins, R. J. 154
Colonia ... s. Aelia Capitolina
Conrad, J. 89
Cornelius, F. 35
Crassus 179
Cross, F. M. (jr) 22, 147, 154
Crüsemann, F. 89

Damaskus 84, 93, 100, 103, 106, 109 f., 112 f.,
    116, 137, 156, 178
Damaskusschrift 173
Dan (Stamm) 38 f., 49, 60
Dan (Stadt) 87, 102 f.
Daniel(buch) 160, 172 f., 187
Dankliederrolle 174
Darius I. 135 f., 137 f., 140, 145, 150
Darius II. 149
DariusIII. 150, 153
David 11, 22, 38, 48, 55, 60, 63 ff., 66 ff.,
    71 ff., 80–89, 91 ff., 98 ff., 120, 124, 129,
    167, 170, 175 f., 183
Davididen 82, 92, 98f., 101, 104 f., 109, 127,
    138 f., 150
Debora(-lied) 53, 56 f.
Debus, J. 103
Dekapolis 178, 184
Delisch-attischer Seebund 140
Delos 156
Delphi 46
Demeter 46
Demetrios I. Soter 161, 166, 168 f.
Demetrios II. Nikator 169
Demosthenes 148

203

Deuterojesaja 126, 129, 131 ff., 138 f.
Deuteronomist 62, 75, 91, 94, 98, 102, 105, 107 f., 110, 114, 119, 120 f., 128
Deuteronomium 46, 114, 120 f., 146
Deuterosacharja 139
Diadochen(-kriege) 155
Diebner, B. 97
Dietrich, K. 122
Diodotos s. Tryphon
Dionysos 181
Domitian 191
Donner, H. 115
Dor 57, 59, 113
Dorische Wanderung 59
Droysen, J. G. 156
Dubberstein, W. H. 36
Dumbrell, W. J. 57

Eber 24
Ebirnari 133, 137
Edgar, C. C. 159
Edom(iter) 13, 23, 43 f., 46, 54, 84, 92, 98, 100, 104, 107, 110, 116 f., 124, 129, 168, 184
Egibi 130
Eglon 54
Ehrich, R. W. 35
Ehud 53 f.
Eißfeldt, O. 103, 134
Ekbatana 133
Ekron 60, 103, 117 f.
El 20 f., 43, 47, 49, 51 f., 53 f.
Ela 104
Elam 161
Elasa 166 f.
Elath 111
El-Berith 51
Elchanan 72
Eleasar S. d. Ananias 188
Eleasar (Zelot) 190
Eleasar (Priester) 191
Elephantine(-texte, -papyri) 127, 135, 138, 143, 146 f., 155
Elia 31, 98, 105, 107 f.
Elim 29
Elisa 98, 105, 107 f.
Eljakim s. Jojakim
Elohist 27, 96, 114
Eltheke s. Altaku
Emmaus 164, 179
Endor 68
Ephraim 21, 28, 32, 37, 41, 43 ff., 48 ff., 53 f., 56, 60, 63, 66 ff., 78, 95, 101, 113 f.
Epikur 161
Esagila 141
Eschatologie 128, 137 f., 141, 144 f., 150 ff., 159, 167, 173, 175, 187 f.
Esra(-buch) 126, 135 f., 140 f., 142 f., 145 ff., 151, 155
Esrabuch, IV 145, 173, 190
Essener 168, 173 f., 175
Esther(-buch) 158
Euphrat 35, 122, 129 f., 133
Euripides 140
Euseb 150
Evil-Merodach 123, 129
Ezechiel(-buch) 120, 123, 126, 129 ff.
Ezeon-Geber 94

Farmer, W. R. 191
Finegan, J. 35
Finkelstein, L. 176

Fischer, Th. 171
Flanagan, J. H. 89
Flavius Silva 190
Flavius s. Vespasianus
Fohrer, G. 22, 42, 45, 47, 57, 69, 89
Forrer, E. 115
Franken, H. J. 43
Fritz, V. 30, 69
Fruin, R. 147
Fuchs, H. 186
Fuks, A. D. 192

Gabinius 178, 180
Gad 39, 41, 49
Gadara 181, 184
Gadd, D. J. 122
Galba 189
Galiläa, Galilaia 15, 37 f., 38, 42 f., 49, 68, 104 f., 113, 121, 155, 165, 170, 178 f., 185, 187 ff.
Gallien 179, 184 f.
Galling, K. 9, 97, 134, 139, 147
Garizim 154, 163, 169 f.
Garstang, J. 43
Garstang, J. B. E. 43
Gath 60, 74, 86, 100, 104, 110 f.
Gaugamela 153
Gaulanitis 155, 170, 187
Gaumata, 138
Gaza 60, 112, 116 ff., 153 f., 181, 184
Gazara 178
Geba 66, 104
Gedalja 126 ff., 129 f., 137
Genezareth (See v.) 38, 106, 170, 185
Gerar 21
Germanen 179
Gerstenberger, E. 47, 57
Gerusia 155
Gese, H. 32, 89
Geser, Gezer 50, 93
Gessius Florus 188
Geus, C. H. J. de 7, 45, 47, 50
Gibbethon 103
Gibea 61, 65 f., 74
Gibeon(iter) 39 f., 79, 88
Gideon 53, 55, 68
Gihon (Quelle) 93, 118
Gilboa (Gebirge) 66, 68 f., 76 f.
Gilead 49, 53 f., 62, 78, 107, 109, 113, 165
Gilgal 51, 62 f., 80
Giovannini, G. 171
Gischala 189
Gnosis 149
Gobryas 133
Goetze, A. 17
Goliath 59, 72
Gorgias 164
Gosen 23
Granikus 153
Grant, M. 186
Gressmann, H. 176
Griechen(-land) 48, 140, 148 ff., 153, 156, 161
Grønbaek, J. H. 89
Gunn, D. M. 89
Gunneweg, A. H. J. 30, 32, 57
Gurney, O. R. 17

Hadad 84, 92, 98
Hadadeser 84
Hadrian 191
Haggai 135 ff., 138 f.

Halbe, J. 57
Haldar, A. 17
Halikarnassos 149
Hamadan 133
Hamath 106, 112, 114, 116
Hammurabi 12, 14, 35
Hananel 182
Hanhart, R. 35
Harnisch, W. 191
Haroseth 56 f., 59
Harran 121
Hasael 109 f.
Hasmon(äer) 161, 164 ff., 167 ff., 170 f., 175 f, 177 ff., 180 ff., 183, 187, 190
Hattuša 14
Hazor 15, 37, 40, 56, 93, 113
Hebräer 23, 24
Hebron 20, 30, 38, 40, 74, 76 f., 78 ff., 86, 124, 165, 183
Heichelheim, F. M. 139
Heiliger Krieg s. Jahwekrieg
Heiligkeitsgesetz 146
Helck, W. 17, 28
Heliodor 161
Hellenen s. Griechen
Hellenismus 140, 149–156, 157 ff., 161 ff., 171, 173 f.
Hellenisten 161 ff., 168, 174
Hengel, M. 159, 191
Henochapokalypse 173
Henry, M.-L. 134
Herakles 149, 156
Herodeion 183 f., 188, 190
Herodes s. Agrippa I.
Herodes Antipas 184 f.
Herodes d. Gr. 155, 177 ff., 180 ff., 183, 186
Herodianer 176, 184, 186
Herodias 185
Herodot 135, 140
Herrmann, S. 28, 32, 57, 134
Hesbon 40 f.
Hethiter 13 f., 25, 59
Hiob(buch) 158
Hippokrates 140
Hippos 181, 184
Hiram 93
Hiskia 116, 117 ff.
Hoftijzer, J. 22, 57 f.
Hoherpriester 139, 152, 154 f., 160 ff., 167, 169, 171, 173, 178 ff., 190
Hollenstein, H. 122
Homer 59, 159
Horaz 180
Horeb 31 f.
Horma 41
Horn, F. H. 125
Hosea (v. Israel) 35, 110, 113 f.
Hosea (Prophet) 108, 111, 114
Hrouda, B. 69
Hyksos 11, 12, 14, 74
Hyrkan (Tobiade) 160 ff.
Hyrkan II. 171, 177 ff., 179 ff.
Hyrkania 178
Hyrkanien 150

Idumäa, Idumaia 129, 137, 155, 165, 170, 177 f., 180 ff., 184 ff., 189
Ijjon 103, 113
illyrisch 57
In der Smitten, W. Th. 133, 139 f., 147
Indien 153

Ipsos 155
iranisch 122, 133
Irwin, H. W. 47, 57
Isaak 18 f., 29
Isai 87, 99
Ischbaal, Ischboschet 76 ff., 101
Isebel 106, 109
Ishida, T. 89
Isis 181
Ismael 46
Ismael (Davidide) 127
Isokrates 149
Israel (Eponym) 19
Israel (Gottesvolk) 11, 16, 18, 22, 24, 27, 31, 35 ff., 42, 50 ff., 53 ff., 59 ff., 62 ff., 65, 67, 76 f., 83 f., 93 f., 99, 103 ff., 125 f., 128, 131, 133, 135 f., 141, 144 f., 150 ff., 168, 170, 172 f., 176 f., 184, 188
Israel (Nordreich) 34, 43, 77 ff., 81, 84, 87, 112 ff., 150
Issachar 37 f., 41, 49
Issus 153
išr 39
Ittobaal 106
Ituräa 170

Jabbok 78, 101
Jabes 62, 68, 78
Jabin 40, 56 f.
Jabne 111, 184, 190
Jael 56
Jahu 147
Jahwe 22, 25, 27–31, 49, 52, 57, 60, 62 ff., 82, 93 ff., 101, 106, 108, 128, 131, 138 f., 140, 147, 151, 172
Jahwekrieg 53, 56, 63, 66 f., 73
Jahwist 22, 27, 31, 96, 112
Jakob 18 ff., 28, 45, 49, 51
Jakob (Bankier) 130
Jakobssegen 38
Jakobus (Zebedäus) 186
Jamnia s. Jabne
Jannoah 113
Janssen, E. 125, 134, 160
Jaroš, K. 57
Jason v. Kyrene 160
Jason (Oniade) 160 ff., 171 f.
Jebusiter 81, 93
Jehu 35, 106 ff., 109 ff.
Jehu ben Hanani 103
Jehud 147
Jenoam 50
Jephtha 53 f.
Jepsen, A. 35, 108
Jeremia (-buch) 54, 92, 120, 122 ff., 125 f., 127 ff., 130 f., 181
Jeremias, J. 32
Jericho 39 f., 121, 124, 171, 178, 181, 184
Jerobeam I. 95, 98 ff., 101 ff., 110, 121
Jerobeam II. 111, 112, 120
Jerubbaal 55 f.
Jerusalem 12, 15, 35, 38 f., 43, 60 f., 81 ff., 85 ff., 92 f., 100 ff., 110 f., 113, 118 f., 120 ff., 124 ff., 130, 135 ff., 140, 142, 144 f., 147 ff., 150 f., 154 f., 160 f., 165, 168 ff., 171, 173 f., 178, 180 f., 183 f., 186 ff., 189 ff.
Jesaja 98, 110 f., 113, 116 ff., 132
Jeschua 148
Jesreel (-ebene) 15, 38, 55 ff., 67, 108, 113
Jesreel (in Juda) 73 f.
Jesus v. Nazareth 26, 185

Jesus Sirach 159 f.
Jizhak 19
Joab 79, 84 ff., 87 f., 92, 129
Joahas (v. Israel) 10
Joahas (S. d. Josia) 122
Joas (v. Israel) 110
Joas (v. Juda) 110 f., 122
Jochanan 147 f.
Jochanan ben Sakkai 190
Johannes (Makkabäer) 168, 170
Johannes von Gischala 188 f.
Johannes Hyrkanos I. 154, 160, 170, 174 f., 177 f.
Johannes d. Täufer 185
Johnson, A. R. 89
Johnston, J. O. D. 35
Jojachin 123, 129 f.
Jojada 110
Jojakim 122 f.
Jojarib 164
Jonadab 108
Jonathan 63 f., 66, 68 f., 72, 74
Jonathan (Makkabäer) 165 ff., 169, 173, 175
Jonathan s. Alexander Jannaios
Jones, A. H. M. 186
Jones, Gw. H. 57
Jonien 140 f., 156
Joppe 169 f., 179, 181, 190
Joram (v. Israel) 108
Joram (v. Juda) 105
Jordan (-graben) 21, 38, 40, 54, 68, 87, 113, 155, 168, 184
Josaphat 104 f., 107
Joseph 18 f., 28, 32, 37 ff., 45, 48 f., 49 f., 52 f., 54, 96
Joseph (Tobiade) 157, 183
Josephus, Flavius 123, 147 f., 154, 156 f., 160, 169, 173, 177, 184, 187, 189
Josia 36, 91, 119–122, 170
Josua 28, 32, 41, 51 f., 53 f., 165
Josua (Hoherpriester) 136, 138 ff.
Jotapata 189
Jotham 111 f.
Jubiläenbuch 174
Juda (Stamm) 37, 41, 48, 60, 77, 83
Juda (Südreich) 34 f., 36, 43, 49, 64, 74, 76 ff., 80 ff., 87 ff., 92 ff., 98 ff., 101, 106, 110, 114 f., 116–125, 126 f., 129 f., 136 ff., 141 f., 145, 148, 150, 155, 160
Judäa, Judaia 16, 127, 137 f., 144 f., 155, 167, 169 ff., 176, 178 ff., 184–186, 190 f.
Judas Aristobulos s. Aristobulos I.
Judas d. Galiläer 187
Judas Makkabäus 160, 164 ff., 167, 169 f.
Judas (S. d. Simon) 170
Judith (buch) 158
Julius Severus 191
Jupiter Capitolinus 190 ff.

Kades 29 f.
Kaiser, O. 22, 120, 122, 134
Kaleb 40
Kalibbiter 30
Kallias (-Friede) 140
Kambyses 137 f.
Kamose 11
Kanaan 18, 20, 34, 36, 42 f., 49 f., 51 f., 56, 64, 81, 94, 106, 127, 170
Kapharsalama 166
Kapitol 180
Karien 149

Karkar 35, 106 f.
Karkemisch 122
Karmel 57, 59, 113, 183
Karthago 159
Kaspisches Meer 150
Kassiten 13
Kaufmann, Y. 18 f., 134
Kebar(kanal) 123, 129
Kedes 113
Kegila 74
Kellermann, U. 147
Kendebaios 170
Keniter 30, 56, 73, 83
Kenyon, K. M. 17, 43, 97
Ketura 46
Kippenberg, H. G. 154
Kirjath-Jearim 61
Kitchen, K. A. 17
Klagelieder 126, 128
Klengel, H. 17
Kleopatra (Tochter von Ptolemaios VI.) 168 f.
Kleopatra (Königin) 180 ff.,
Kleopatra (Fr. d. Herodes) 184
Koch, K. 28, 147
Koenig, J. 32 f.
Korinth 148
Kosmala, H. 176
Kramer, S. N. 17
Kreissig, H. 191
Kreta 14
Krethi und Plethi 81, 86, 88, 92
Kriegsrolle 174
Krösos 133
Kutsch, E. 7, 35, 69, 89, 125
Kyaxares 121
Kyrene 160, 190 f.
Kyros d. Gr. 132 ff., 136 ff., 150 f., 153
Kyros d. Jg. 149

Labaja 15, 37
Lachis 117, 124
Lade(-geschichte) 60 f., 68, 71, 82, 85, 100, 102
Langlamet, F. 69, 89
Lea(stämme) 37, 47, 49
Lebram, C. H. 167
Lehrer der Gerechtigkeit 173
Leontopolis 161, 190
Lepidus 180
Levi (Leviten) 37, 45, 49 f., 99, 151
Lévi-Strauss, Cl. 48, 57
Lewy, J. 28
Libanon 187
Libna 117
Limbeck, M. 176
Long, B. O. 43
Lus 41
Lusius Quietus 191
Luther, B. 45
Lydda 164, 179
Lydien 133, 156
Lysias 164 ff.
Lysimachos 162

Machärus 178, 183, 189 f.
Machir 49
Magnesia 161
Mahanaim 78, 87, 101
Maier, J. 69, 160, 176
Makedonien 148, 153 ff., 161
Makkabäer 160, 167 f., 172 f., 174 f., 188
Makkabäerbuch, I. 147, 158, 160, 169, 177 f.

Makkabäerbuch, II. 147, 158, 160, 166
Malamat, A. 57, 125
Maleachi 141
Malthake 184
Mamre 21, 183
Manasse 45, 49, 53 ff., 59 f., 68
Manasse (v. Juda) 119
Manetho 11, 34
Mantel, H. 192
Maon 74
Mara 29
Marathon 140
Marduk 133, 140, 142, 153
Mari(-texte) 23, 35
Mariamme 180, 182, 185
Marius 182
Masada 180, 183, 187 f., 190
Massa (-Meriba) 29 f.
Matthanja s. Zedekia
Mattathja 164, 170
Mattathja (S. d. Simon) 170
Maussollos 149, 156
Mayes, A. D. H. 47 f., 57, 69
Mazar, B. 69, 167
McCarthy, D. J. 69
McKenzie, D. A. 57
Meder, Medien 114, 120 ff., 133, 137
Megabyzos 142
Megiddo 8, 56 f., 60, 93, 113, 121
Meißner, B. 17
Memphis 12, 119
Menahem 35, 112 f.
Menahem (Zelot) 187 f., 189
Mendenhall, G. E. 28, 42 f.
Menelaos 162, 165, 171 f.
Meriba s. Massa
Merneptah 12, 50, 59
Merodach-Baladan 117
Mesa(-stein) 104, 107
Mesopotamien 13, 16, 34, 114, 191
Metzger, M. 8, 48 f.
Meyer, Ed. 29 f., 45, 57
Meyer, R. 176
Micha ben Jimla 98
Michael 174
Michal 72
Michmas 66, 168
Midianiter 30 ff., 53, 68
Migdol 25
Miller, J. M. 108
minoisch 14, 59
Mirjam(-lied) 25, 32
Mithridates 177
Mizpa 62, 65, 104, 125 ff., 128, 137
Moab(iter) 13, 26, 43, 54, 83, 100, 106 f., 109, 116 f., 124, 129
Moabitis 137
Modein 164, 166, 170
Möhlenbrink, K. 97
Moortgat, A. 17
Moritz, B. 33
Mose 22, 24 ff., 27 f., 68, 103, 119, 128
Motzki, H. 103
Mowinckel, S. 44, 57, 147
Mühlmann, W. E. 57
Müller, H. 171
Murabba'at 191 f.
Muraschu 130
Musil, A. 33
mykenisch 59

Nabal 73, 76
Nabatäer 129, 168, 170 f., 177 f.
Nabi, Nebiim 64, 108
Nabonid 133
Nabopolassar 120, 123
Nadab 103 f.
Nahor 46
Nahum(-buch) 122
Naphthali 38, 49 f., 53 ff., 56, 113
Nathan(-verheißung) 82, 88 f.
Nebukadnezar (Nebukadrezar) 123 f., 129, 133
Necho 122
Negeb 29, 75, 124, 126, 129
Nehemia(-buch) 140 f., 142 ff., 146 f., 154 f., 157
Nero 188 f.
Nerva 191
Nicholson, E. W. 28, 134
Niese, B. 167
Nikanor 160, 164, 166
Nikolaus v. Damaskus 177
Nil(-delta) 12, 23 ff., 119, 127, 161
Ninive 112, 117, 119, 121 f., 135
Nippur 130
Nob 72, 74, 82, 88
Noth, M. 7, 10, 17 f., 22, 28, 30, 33, 36 f., 44, 46 ff., 57 f., 89, 97, 103, 122, 125, 134
Numelin, R. 58
Nuzi 19, 23

Obadja 129
Obed, B. 115
Octavianus (Augustus) 133, 180–183
Oesterley, W. O. E. 160
Olmstead, A. T. 140
Omri(den) 103 ff., 106 ff., 109 f., 113 f., 171
Oniaden 160
Onias II. 157, 160, 171
Onias III. 160 f., 171
Onias IV. 161, 190
Ophir 94
Ophra 53, 55, 121
Oppenheim, A. L. 17
Orlinsky, H. M. 47, 58
Orontes 106
Oßwald, E. 28
Ostkanaanäer 12 f.
Otho 189
Otto, E. 17

Padi 117 f.
Paideia 157, 159, 182
Palästina 11 ff., 16, 23, 60, 101, 113, 116, 123, 126, 128, 131, 133, 137, 155, 157 f., 159 ff., 169 f., 185, 190 f., 192
Parker, R. A. 36
Parmenio 154
Parrot, A. 97, 108
Parther 164, 169 f., 179 ff., 183
Pasargadai 153
Paulus 188
Pekah 35, 113
Pekahja 113
Pella 189
Peloponnesischer Krieg 135
Peräa 178 f., 184 f., 189
Perikles 135, 140
Perlitt, L. 25, 28, 33, 47, 58
Persepolis 153
Perser, Persien 127, 132, 135 ff., 144 f., 148 f., 152 ff., 184

Petronius 186
Petrus 186
Pharisäer 171 f., 174 ff., 178, 183 f., 186 f., 190
Phasael 179 f.
Phasaelis 184
Pheidias 140
Philey, H. St. J. 33
Philipp II. 148 ff., 153
Philipp V. 160
Philippi 180
Philippos 163, 165 f.
Philippos (S. d. Herodes) 184 f., 187
Philister, Philistäa 14, 16, 38, 57, 59 ff., 64, 66, 68 f., 74 ff., 77 f., 80 ff., 86, 100, 103, 105, 109 ff., 118, 168, 192
Philo v. Alexandria 173, 186
Phöniker, Phönikien 94, 106, 112, 150, 159
Phraortes 138
Phrygien 156
Pi-Hachiroth 25
Pithom 23 f.
Plataeae 140
Plein, I. 103
Plöger, O. 140, 150, 152, 167, 171, 176
Pnuel 101
Pollion 181
Polynesien 48
Pompeius 177 ff., 182
Pontius Pilatus 185, 187
Pontus 177
Porcius Festus 188
Porter, J. R. 58
Priesterschrift (-kodex) 24 f., 128 f., 146, 150 f.
Prigent, P. 191
Pritchard, J. B. 9
Ptolemäer 149, 155, 160 ff., 181, 184
Ptolemaios (Makkabäer) 170
Ptolemaios I. Soter 155
Ptolemaios II. Philadelphos 155, 157
Ptolemaios III. Euergetes 156
Ptolemaios IV. Philopator 159
Ptolemaios V. Epiphanes 159
Ptolemaios VI. Philometor 168 f., 170
Ptolemaios Makron 164
Ptolemais 157, 168 f.
punisch 159
Purvis, J. D. 154
Pydna 162

Qohelet 158
Quirinius 185, 187
Qumran(-gemeinde) 173, 190

Rabba 84
Rabbi(-nen) 184, 191 f.
von Rad, G. 22, 46, 58, 97
Rahel 28, 47, 49
Rama 53, 62, 103 f.
Ramoth (Gilead) 106 ff.
Ramses (Stadt) 24
Ramses II. 12, 24, 39
Ramses III. 24, 59
Ramses IV. 24
Ranke, H. 17
Raphia 159
ras-esch-schamra s. Ugarit
Rathjen, B. D. 58
Rechabiter 108, 111
Rehabeam 98–103
Rephaim(ebene) 80
Reson 92, 98

Rezin, Rezon 113
Ribla 122, 124
Richter 18, 46 f., 65 f., 78, 86, 159
Richter, W. 43, 50 f., 58
Rössler, D. 176
Rom 159, 161 ff., 166 f., 169 ff., 177–185, 188 ff., 191
Rose, M. 122
Rost, L. 22, 89, 120, 140
Rotes Meer 84, 92
Rowley, H. H. 29 f., 120, 176
Rowton, M. B. 44
Ruben 37, 39, 41, 49

Sacharja (v. Israel) 112
Sacharja (Prophet) 135 ff., 151
Sachsse, Ed. 58
Sadduk 187
Sadduzäer 174 f., 182, 190
Salamis 140
Salamis (Zypern) 144
Sallum 112
Salmanassar I. 13
Salmanassar III. 35, 100, 106, 109
Salmanassar V. 114
Salome (Schw. d. Herodes) 184
Salome (Tochter d. Herodes) 185
Salome Alexandra 170 f., 175
Salomo 22, 34, 48, 71, 77, 84, 87 ff., 96, 98, 100 ff., 108, 114, 121, 171
Samaias 181
Samaria, Samareia, Samaritaner 35, 98, 105, 112 f., 114, 116, 121, 127, 130, 135 ff., 142 ff., 148, 150, 154, 169 f., 178, 180 f., 183 ff.
Samgar 57
Samsi-Adad I. 13, 35
Samuel 61 ff., 64 f., 67, 69, 72
Samuel, E. A. 36
Sanballat 143, 147
Sandmel 186
Sanherib 35, 116 ff., 119
Saphan 126
Sardes 156
Sargon v. Akkad 12
Sargon II. 35, 114, 116
Saul 11, 55, 59, 61 ff., 64 ff., 71 ff., 78, 87 f., 108, 167 f., 175
Sauliden 77 ff., 92
Scaurus 178
Schabaka 116
Schaeder, H. H. 147
Schalit, A. 160, 186
Schamasch-schum-ukin 119
Scharff, A. 17
Schear-Jaschub 113
Schedl, C. 125
Scheschbazzar 135, 137
Schickelberger, F. 69
Schilfmeer 25, 28, 31
Schlatter, A. 167
Schmid, H. 28, 89
Schmidt, L. 69
Schmithals, W. 176
Schmitt, G. 58
Schmitt, H. Chr. 108
Schoschenk I. 101
Schreiner, J. 160
Schubert, K. 176, 191
Schunck, K. D. 58, 97, 167
Schur 29
Schwarzes Meer 140

Seba 85 ff., 92, 99
Sebaste 183
Sebulon 37 f., 49, 56
Seebass, H. 22, 103
Seevölker 14 f., 57 ff., 59 f., 68
Sektenregel 173 f.
Seleukia 157
Seleukiden 155 f., 159 ff., 165 f., 168 ff., 171, 177 f., 179, 184, 187
Seleukos I. Nikator 155
Seleukos IV. 160 f., 166
Sellin, E. 22, 140
Sepphoris 178
Septuaginta 72, 156, 158
Seron 164
Serubbabel 136 ff., 144
Seters, J. van 17, 22
Sethos I. 12, 39, 59
Sethos II. 23
Seybold, K. 89
Sichem 15, 20 f., 31 f., 46, 49 ff., 55 ff., 99, 101, 130, 154, 169 f.
Sidon 117, 124, 149
Sihon 40
Sikarier 187
Silo 60 f., 95, 130
Siloah(-kanal) 118
Silpa 49
Silva s. Flavius Silva
Simei 93
Simeon 37, 41, 48 f.
Simeon s. Bar-Kochba
Simon (Makkabäer) 165 f., 168 ff., 174 f., 179
Simon bar Giora 187, 189
Simon d. Gerechte 160 f.
Simons, J. 97
Simri 104 f.
Simson 38, 60
Sinai 18, 25 ff., 42, 52, 128, 150
Sirbonischer See 25
Sisak s. Schoschenk I.
Sisera 56 f., 59 f.
Siwa 153
Skopas 160
Skythen 120, 140
Smend, R. (jr.) 26, 58, 108
Smerdes s. Gaumata
Smith, M. 152
Soggin, J. A. 10, 44, 70, 89
Sophokles 140
Sparta(ner) 140, 148 f., 156, 163, 169
Speiser, E. A. 44
Steck, O. H. 108, 152
Steuernagel, C. 44, 58
Stilpon 157
Stoa 157 ff.
Stolz, F. 58, 90
Strange, J. 108
Stratonsturm 181, 183
Sulla 182
Sumer(er) 12, 133
Sunem 38 f., 49, 92
Synagoge 129, 156, 158 f., 175, 190
Synhedrion 155, 175, 179, 182, 184, 186, 190
Syria 178 f., 184, 190
Syrien 11–14, 16, 23, 60, 84, 93, 100, 106 f., 109, 112 f., 116 f., 120, 122 f., 133, 137, 153 ff., 169, 178

Tadmor, H. 36
Täubler, E. 58

Tatnai 135, 137
Tcherikover, V. A. 160
Teku 23
Tel Abib 123, 129
Tell el Amarna s. Amarna
tell-en-nasbe s. Mizpa
Theben (Ägypten) 11 f., 59, 119
Theben (Griechenland) 148
Thebez 56
Themistokles 140
Theokratie 138 f., 141, 144 f., 150 f., 171 ff.
Thermopylen 140
Thibni 105
Thiele, E. R. 36 f.
Thirza 101, 103 ff.
Thoma, C. 191
Thompson, Th. L. 22
Thrakien 140, 148
Thronnachfolgegeschichte 71, 83, 86, 88, 91, 95
Thukydides 135
Thutmose III. 11, 15
Tiberias 185, 189
Tiberius 185
Tiberius Alexander 187
Tiersymbolapokalypse 173
Tiglatpileser I. 13
Tiglatpileser III. 35, 111–114
Tigranes 177
Tigris 13, 19, 129 f.
Timarchos 166
Titus 189–191
Tkr 59
Tobia 157
Tobias, Tobiaden 157 f., 160 ff., 171
Tobiadenroman 157, 160, 183
Tobit(-buch) 158
Totes Meer 129, 173, 180, 183, 191
Trachonitis 181, 184
Trajanus 191
Transeuphratene 135, 137, 141f., 144 f.
Transvaal 94
Tritojesaja 139
Tritosacharja 139
Troja 153
Tryphon (Diodotos) 169
Tukulti-Ninurta I. 13
Tyrus 93, 106, 109, 124, 153 f.

Ugarit 23, 25, 53
Umakischta s. Kyaxares
Urartu 110
Uria 83, 85
Ussia s. Asarja

de Vaux, R. 10, 22, 58
Veijola, T. 90
Ventidius Cumanus 188
Vergil 180
Vespasianus, Flavius 177, 189, 191
Vincent, L. H. 43
Vitellius 189
Vogt, E. 125
Vogt, H. C. M. 147
Volz, P. 176

von Waldow, H.-E. 134
Wallis, G. 108 f.
Weber, M. 58
Weidmann, H. 22
Weinberg, J. P. 147

Weippert, H. 44, 58
Weippert, M. 17, 28, 44, 58, 103
Weiser, A. 58, 70, 90
Weisman, Z. 58
Wellhausen, J. 167, 176
Welten, P. 97
Wen-Amon 59
Westermann, C. 22
de Wette, W. M. L. 120
Whitley, C. F. 58, 109
Wildberger, H. 70
Winckler, H. 13
Wiseman, D. J. 17, 36
Wolff, H. W. 134
Wright, G. E. 70, 104 f., 118
Würthwein, E. 90, 97, 122
Wüst, M. 44

Xenophon **135, 149**
Xerxes I. 140 ff., 148, 153

Yadin, Y. 191 f.
Yeidin, Y. 97
Yeivin, Sh. 44

Zadok 82 f., 88 f., 92, 102
Zadok, R. 134
Zadokiden 43, 83, 102, 139, 166, 171
Zarathustra 132
Zedekia 123 ff., 130
Zehnwochenapokalypse 173
Zeitlin, S. 167
Zeloten 187 ff.
Zenger, E. 33
Zenon (Philosoph) 157
Zenon (-Papyri) 157
Zeus 164
Zeus Kasios 125
Zeus Olympios 163
Zeus Xenios 163
Ziklag 74 ff., 80
Zimmerli, W. 134
Zimrilim 35
Zion 82, 151, 164, 165, 168, 191
Zoba 84
Zobel, H. J. 58
Zuber, B. 33
Zyl, A. H. van 17
Zypern 191

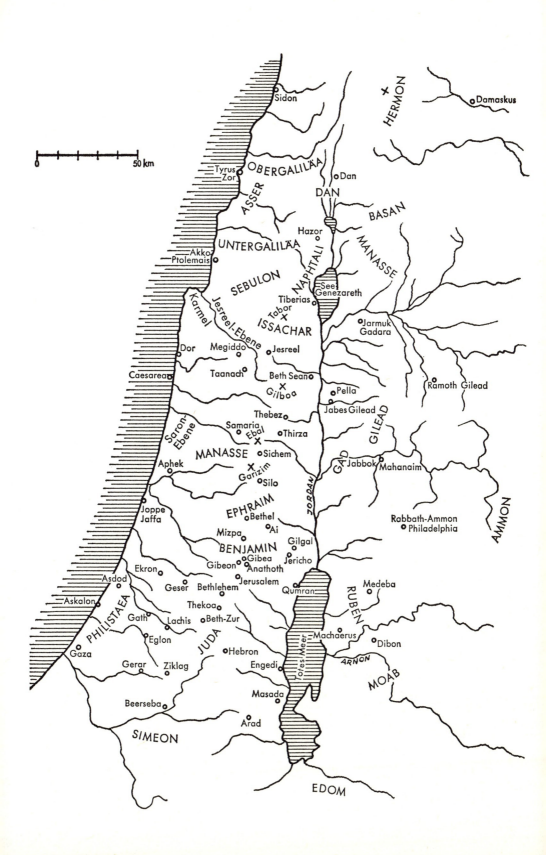

Theologisches Wörterbuch zum Alten Testament

Herausgegeben von G. Johannes Botterweck und Helmer Ringgren

Unter Mitarbeit von G. W. Anderson; H. Cazelles; D. N. Freedman; S. Talmon; G. Wallis

Das Wörterbuch ist auf etwa 6 Bände mit einem Umfang von jeweils etwa 1160 Spalten (ca. 580 Seiten in ca. 9 Lieferungen) angelegt. Jährlich erscheinen 3—4 Lieferungen.
Subskriptionspreis einer Lieferung DM 19,80.

Bereits lieferbar:

Band I
1973. XVI, 560 Seiten. Leinen DM 198,—. ISBN 3-17-001209-6

Band II
1977. XVI, 576 Seiten. Leinen DM 198,—. ISBN 3-17-004160-6

Band III
Lieferung 1. 1977. 64 Seiten. Kart. DM 19,80. ISBN 3-17-004375-7
Lieferung 2/3. 1978. 128 Seiten. Kart. DM 39,60. ISBN 3-17-004573-3
Lieferung 4. 1978. 64 Seiten. Kart. DM 19,80. ISBN 3-17-004914-3 (i. V.)

Das Theologische Wörterbuch zum Alten Testament hat sich neben dem Theologischen Wörterbuch zum Neuen Testament ("Kittel") und als dessen Gegenstück schon heute als hochqualifiziertes Standardwerk international durchgesetzt.

Das Werk, dessen Artikel nach hebräischen Zentralbegriffen des Alten Testaments geordnet sind, wendet sich zunächst an Fachexegeten, Religionswissenschaftler und Orientalisten, dann aber auch an Pfarrer und Lehrer, für die das hier erarbeitete Material zur Unterstützung ihrer exegetischen Arbeit bei der Predigt- und Unterrichtsvorbereitung durch ein ausführliches Register zugänglich gemacht wird; hebräische Wörter werden in Originalschrift und Umschrift geboten.

Den Einzellieferungen ist ein kurzes deutsches Sach- und Stichwortverzeichnis beigegeben, das für die Gesamtbände jeweils neu bearbeitet und erweitert wird. Darüber hinaus enthält das Register einen Index zentraler und eingehend behandelter Textstellen.

Verlag W. Kohlhammer
Stuttgart·Berlin·Köln·Mainz